中央财经大学211工程三期资助

投资项目评估

TOUZI XIANGMU PINGGU

主编　王瑶琪　李桂君

中国金融出版社

责任编辑：王效端　虞　晖
责任校对：张志文
责任印制：陈晓川

图书在版编目（CIP）数据

投资项目评估（Touzi Xiangmu Pinggu）／王瑶琪，李桂君主编.—北京：中国金融出版社，2011.12

21世纪高等学校金融学系列教材

ISBN 978-7-5049-6163-1

Ⅰ.①投…　Ⅱ.①王…②李…　Ⅲ.①投资项目—项目评价—高等学校—教材　Ⅳ.①F830.59

中国版本图书馆 CIP 数据核字（2011）第 228274 号

出版
发行　中国金融出版社

社址　北京市丰台区益泽路 2 号
市场开发部　（010）63266347，63805472，63439533（传真）
网上书店　http：//www.chinafph.com
　　　　　（010）63286832，63365686（传真）
读者服务部　（010）66070833，62568380
邮编　100071
经销　新华书店
印刷　保利达印务有限公司
尺寸　185 毫米×260 毫米
印张　21.75
字数　477 千
版次　2011 年 12 月第 1 版
印次　2016 年 9 月第 4 次印刷
印数　15041—20060
定价　38.00 元
ISBN 978-7-5049-6163-1/F.5723
如出现印装错误本社负责调换　联系电话（010）63263947

21世纪高等学校金融学系列教材
编审委员会

顾　问：
黄　达　中国人民大学　教授　博士生导师

主任委员：
蒋万进　中国金融出版社　总编辑
刘锡良　西南财经大学　教授　博士生导师

副主任委员：（按姓氏笔画排序）
吴晓求　中国人民大学　教授　博士生导师
宋逢明　清华大学　教授　博士生导师
张　杰　中国人民大学　教授　博士生导师
张亦春　厦门大学　教授　博士生导师
查子安　中国金融出版社　副总编辑

委员：（按姓氏笔画排序）
王爱俭（女）　天津财经大学　教授　博士生导师
史建平　中央财经大学　教授　博士生导师
叶永刚　武汉大学　教授　博士生导师
刘　亚　对外经济贸易大学　教授　博士生导师
孙祁祥（女）　北京大学　教授　博士生导师
朱新蓉（女）　中南财经政法大学　教授　博士生导师
邢天才　东北财经大学　教授　博士生导师
吴　军　对外经济贸易大学　教授　博士生导师
张桥云　西南财经大学　教授　博士生导师
李志辉　南开大学　教授　博士生导师
李晓林　中央财经大学　教授　博士生导师
汪祖杰　南京审计学院　教授
陈伟忠　同济大学　教授　博士生导师
姚长辉　北京大学　教授　博士生导师
胡庆康　复旦大学　教授　博士生导师
胡炳志　武汉大学　教授　博士生导师
赵锡军　中国人民大学　教授　博士生导师
高正平　天津财经大学　教授　博士生导师
崔满红　山西财经大学　教授　博士生导师
彭元勋　中国金融出版社　副编审
彭建刚　湖南大学　教授　博士生导师
潘英丽（女）　上海交通大学　教授　博士生导师
戴国强　上海财经大学　教授　博士生导师

主编简介

王瑶琪，女，汉族，1967年1月生，中共党员，江苏江阴人。毕业于中央财经大学国民经济学专业，获经济学博士学位。现任中央财经大学副校长、教授、博士生导师。兼任中国投资学会常务理事，商业部"中埃苏伊士经济区合作项目中方政策研究小组"顾问。目前主要研究方向为投资项目管理、高等教育管理。先后在国内外专业刊物上发表论文40余篇，主持并参与科研课题20余项，参与编著教材4部。

李桂君，男，汉族，1973年4月生，中共党员，黑龙江人，中央财经大学科研处副处长，教授，硕士研究生导师。2000年毕业于哈尔滨商业大学，获经济学硕士学位；2003年毕业于哈尔滨工业大学，获管理学博士学位。2003年起在中央财经大学任教，2005年，在美国史蒂文斯理工学院（Stevens Institute of Technology）访学。主要研究领域为项目评价与管理，目前主要研究兴趣为战略项目管理与研究方法论。先后在国内外专业刊物上发表论文30余篇，主持并参与科研课题20余项，参与编著教材10余部。

前　言

　　投资项目评估是一门研究如何有效利用有限资源的应用经济学类课程，主要从投资项目的市场、资源、工程与技术、经济和社会等几个方面，讨论如何评价单个投资项目的合理性，以及如何从若干个投资项目方案中选择最佳可行方案。本书为适应我国对项目管理人才培养的需要，吸收了国内外高等学校同类课程以及相关课程的内容与知识，如工程经济学、经济学、会计学、项目管理、财务管理和税法等课程体系中适用的原理与方法。

　　本书结合我国投资项目评估的实践而编写，主要有三个特点：第一，服务于教学，每章后面都安排了与章节内容匹配的习题，便于学生练习，强化对所学内容的理解。第二，应用导向，投资项目评估知识的应用性强，本书的内容充分借鉴《建设项目经济评价方法与参数》（三版），并以投资项目实例作为分析案例，利于学生加强对投资项目评估知识的理解。第三，突出实用性，本书的章节安排与投资项目评估报告的内容基本一致，在学时分配和内容选取方面充分考虑了知识的系统性和合理性，每章配有大量的投资项目实例、例题和习题，可供教材使用者练习参考，突出了本书的实用性和可读性。

　　全书由中央财经大学的王瑶琪、李桂君主编，共分为 13 章。第 1、2、3 章由李桂君、王瑶琪撰写；第 4、5 章由李桂君、郭健撰写；第 6、7、8 章由李桂君、宋砚秋撰写；第 9、10 章由林则夫撰写；第 11 章由刘志东撰写；第 12、13 章及附录由李桂君撰写。全书由王瑶琪、李桂君统稿。本书写作过程中，中央财经大学的硕士研究生刘静琳、沙莎、罗春竹、沈帅、胡博、王楚、张一帆为本书收集整理了部分资料与案例。感谢中央财经大学 2008 年、2009 年项目管理专业本科生在本书试用过程中提出的宝贵意见。

　　鉴于作者水平有限，纰漏与不足之处在所难免，恳请读者批评指正。

编者
2011 年 10 月

目 录

第1章 投资项目评估导论/1
1.1 投资项目/1
　1.1.1 投资及其特征/1
　1.1.2 投资项目及其分类/3
1.2 投资项目管理的流程/7
　1.2.1 投资项目管理周期/8
　1.2.2 贷款项目管理周期/11
1.3 投资项目评估/13
　1.3.1 项目评估及其发展历程/13
　1.3.2 项目评估的内容/15
　1.3.3 项目评估的程序/16
　1.3.4 项目评估应遵循的基本原则/17
　1.3.5 项目评估与可行性研究的关系/17
【本章小结】/18
【习题】/19
【推荐阅读】/19

第2章 项目建设必要性评估/21
2.1 项目的提出/21
　2.1.1 设立项目的基本动因和方法/21
　2.1.2 设立项目的宏观经济条件/26
　2.1.3 设立项目的微观经济条件/27
2.2 市场调查/28
　2.2.1 市场调查概述/28
　2.2.2 市场调查的程序/29
　2.2.3 市场调查的内容/30
　2.2.4 调查的方法/31
2.3 市场预测/34
　2.3.1 市场预测概述/34
　2.3.2 市场预测的内容和程序/36
　2.3.3 市场预测方法/37
　2.3.4 产品生命周期分析/45
　2.3.5 市场需求预测应考虑的主要因素和预测结果的综合分析/48
【本章小结】/50
【习题】/50
【推荐阅读】/53

第3章 项目生产规模与建设生产条件评估/54
3.1 项目生产规模分析/54
　3.1.1 项目生产规模的概念及其决定因素/54
　3.1.2 项目生产规模的确定方法/57
3.2 建设条件评估/60
　3.2.1 工程地质和水文地质条件的评估/60
　3.2.2 项目场（厂）址选择条件的评估/61
3.3 生产条件评估/67
　3.3.1 资源条件评估/67
　3.3.2 原材料供应条件评估/68
　3.3.3 燃料及动力供应条件评估/69
　3.3.4 交通运输和通信条件评估/70
　3.3.5 外部协作配套条件和同步建设评估/70
【本章小结】/71
【习题】/71
【推荐阅读】/73

第4章 项目技术评估/74
4.1 项目技术评估的原则与内容/74
　4.1.1 技术的类型/74

4.1.2 项目技术评估的原则/75
4.1.3 项目技术评估的内容/76
4.2 项目工艺技术方案评估/76
4.2.1 生产工艺和工艺技术方案/76
4.2.2 工艺技术方案的选择与评估/77
4.3 项目设备选择评估/78
4.3.1 设备分类/79
4.3.2 设备方案选择原则/79
4.3.3 最优设备方案的选择及分析论证/80
4.3.4 设备方案投资费用估算/80
4.4 项目工程设计方案评估/81
4.4.1 项目构成范围的评估/81
4.4.2 项目总平面设计方案评估/81
4.4.3 项目建筑工程方案评估/82
【本章小结】/84
【习题】/85
【推荐阅读】/85

第5章 项目组织与人力资源评估/86
5.1 组织机构条件评估/86
5.1.1 项目组织结构的设计/86
5.1.2 组织机构的环境适应性评价/93
5.2 人力资源配置的评估/94
【本章小结】/95
【习题】/95
【推荐阅读】/95

第6章 项目投资估算与筹资方案评估/97
6.1 投资估算/97
6.1.1 建设投资估算/98
6.1.2 几种投资估算的方法/105
6.1.3 流动资金估算/107
6.1.4 建设投资成本估算的注意事项/112
6.2 筹资方案评估/113
6.2.1 融资的分类/113
6.2.2 资金渠道及筹措/115
6.2.3 债务资金筹措/116
6.2.4 项目融资/117

6.2.5 筹资方案的评估/121
【本章小结】/128
【习题】/129
【推荐阅读】/130

第7章 项目财务基础数据估算/131
7.1 项目财务基础数据及参数选取/131
7.2 项目收入估算/132
7.2.1 营业收入估算/132
7.2.2 增值税及营业税金及附加估算/133
7.3 项目总成本费用估算/136
7.3.1 生产成本的构成/136
7.3.2 期间费用的构成/137
7.3.3 总成本费用构成/137
7.4 利润及利润分配估算/146
7.4.1 利润总额的估算/146
7.4.2 所得税及税后利润的分配估算/147
【本章小结】/148
【习题】/148
【推荐阅读】/152

第8章 项目的财务效益评估/154
8.1 财务效益评估的内容/154
8.1.1 财务效益评估的意义/154
8.1.2 财务效益评估的目标/155
8.1.3 财务效益评估的程序/155
8.1.4 财务效益评估的基本报表/156
8.2 资金的时间价值/167
8.2.1 资金时间价值的概念及理论基础/167
8.2.2 资金时间价值的表现形式/168
8.3 盈利能力的分析/176
8.3.1 静态指标的计算与分析/176
8.3.2 动态指标的计算与分析/178
8.4 清偿能力的分析/184
8.5 财务生存能力分析/186
【本章小结】/187
【习题】/188
【推荐阅读】/192

第9章 项目的经济费用效益分析/194

- 9.1 费用效益分析概述/194
  - 9.1.1 经济费用效益分析与财务效益评估的主要区别/194
  - 9.1.2 经济费用效益分析的对象与程序/196
  - 9.1.3 经济费用效益分析的原则与方法/198
- 9.2 费用和效益的鉴别与计量/198
  - 9.2.1 费用和效益的分类/198
  - 9.2.2 费用的鉴别与计算/200
  - 9.2.3 效益的鉴别与计量/200
  - 9.2.4 转移支付的处理与评估/203
  - 9.2.5 费用和效益鉴别与计量应注意的几个问题/204
- 9.3 影子价格/205
  - 9.3.1 影子价格的含义/206
  - 9.3.2 影子价格的特征/207
  - 9.3.3 国家参数/209
  - 9.3.4 价格的调整/212
- 9.4 费用效益分析的报表/218
- 9.5 费用效益分析指标/222
  - 9.5.1 国民经济盈利能力分析指标/223
  - 9.5.2 外汇效果分析指标/224
- 【本章小结】/227
- 【习题】/228
- 【推荐阅读】/229

第10章 项目社会效益评估/230

- 10.1 社会效益评估概述/230
- 10.2 社会效益评估的特点/237
  - 10.2.1 宏观性/237
  - 10.2.2 定量难/237
- 10.3 社会效益评估与经济评价的区别/238
- 10.4 社会效益评估的必要性/238
  - 10.4.1 社会效益评估是追求国民福利最大化的需要/239
  - 10.4.2 社会效益评估是财政、税收等政策的必要补充/239
  - 10.4.3 社会效益评估是解决投资资金短缺问题的需要/239
  - 10.4.4 社会效益评估是区域布局合理化的要求/239
- 10.5 社会效益评估的原则、应用范围及程序/240
  - 10.5.1 社会效益评估应遵循的原则/240
  - 10.5.2 社会效益评估的应用范围/242
  - 10.5.3 社会效益评估的程序/245
- 10.6 社会效益评估的基本方法/247
  - 10.6.1 动态评价法/247
  - 10.6.2 静态评价法/251
  - 10.6.3 定性分析方法/253
- 【本章小结】/253
- 【习题】/254
- 【推荐阅读】/254

第11章 项目的不确定性分析/256

- 11.1 项目不确定性分析概述/256
  - 11.1.1 不确定性产生的原因/256
  - 11.1.2 不确定性因素的主要内容/258
  - 11.1.3 不确定性分析的基本方法/260
- 11.2 项目的盈亏平衡分析/260
  - 11.2.1 盈亏平衡分析的基本原理/260
  - 11.2.2 盈亏平衡分析的基本方法/262
  - 11.2.3 盈亏平衡分析的优点和局限/265
- 11.3 项目的敏感性分析/265
  - 11.3.1 敏感性分析的基本原理/266
  - 11.3.2 敏感性分析的基本步骤/268
  - 11.3.3 敏感性分析评估/273
  - 11.3.4 敏感性分析的优点与局限/273
- 11.4 项目的概率分析/274
  - 11.4.1 概率分析概述/274
  - 11.4.2 概率分析的基本方法/276
  - 11.4.3 概率分析的优点与局限/282
- 11.5 风险分析评估/283
- 【本章小结】/283
- 【习题】/284

【推荐阅读】/286

第12章　投资项目方案比选/288
12.1　投资项目的类型/288
12.2　投资项目方案比选的基础/289
12.3　投资项目方案比选的程序/291
12.4　投资项目方案比选的优选原理/292
12.5　投资项目方案比选的方法/293
【本章小结】/298
【习题】/298
【推荐阅读】/300

第13章　项目总评估/301
13.1　项目总评估概述/301
13.2　项目总评估的任务/302
13.3　项目总评估的内容/303
13.4　项目总评估的步骤/304

13.5　项目评估报告/306
　13.5.1　编写项目评估报告的内容和格式/306
　13.5.2　项目评估常用报表/307
　13.5.3　项目评估报告撰写要求/309
【本章小结】/309
【习题】/310
【推荐阅读】/311

附录一　公园沙滩排球场可行性研究评估报告/312

附录二　北京×××酒店项目可行性研究报告/326

参考文献/334

第 1 章

投资项目评估导论

1.1 投资项目

1.1.1 投资及其特征

投资是经济主体（法人和自然人）为获得未来预期收益而在现时投入生产要素，以形成资产并实现其增值的经济活动；或是指经济主体（法人和自然人）为未来获得收益而现时投入的资金或资本。投资可以分为生产性投资和金融投资两种方式。其中的生产性投资即直接投资，也可称做实业投资，是通过购置生产资料的活动，形成实物资产，并通过其生产活动增加经济生产能力，实现经济的增长。金融投资也可称为间接投资或证券投资，是通过资金所有者与使用者、资产所有权与经营权的分离和资产所有权的不断转换来取得投资的回报。就金融投资本身而言，它并不能增加经济体的生产能力。如果没有特别说明，本书所涉及的投资仅限于生产性投资。

投资活动是国民经济发展的重要促进因素，在数量和结构两方面对国家的经济增长发挥着显著的作用。一般而言，投资数量的增加意味着积累现时国民财富，是保证未来经济发展的重要动力之一；投资数量的减少将延缓下一个经济周期的发展速度，可能使经济运行陷入低谷。在结构上，投资活动会对经济产生重要的引导作用，一定时期内投入某个地区或某个行业的资金越多，则相应地区或行业的发展速度就会越快，如果资金投入的方向不尽合理，就会导致地区或行业的发展失衡，最终影响一国经济发展的速度和质量，诱发一定的社会问题。

投资活动能够产生如此重要的作用，主要是因为投资具有下述主要特性：

1. 资金需求量大。投资是为了实现未来的收益而投入各种生产要素，以期形成经营所需要的各类资产，如建筑物、机器设备等，这一类资产的金额通常比较大。而且，资产形成时间相对集中于一个较短的时段，这个时期内投资项目聚集的资金量也会比较大。

2. 占用时间长。从资金的投入到形成资产，再到最终效益的产出，一般要经历相当长的时间，现时投入的资金在一段时期内不能为社会提供有效的产出。投入和回收之间存在着明显的时滞。

3. 实施风险高。由于投资经历的时间较长，投资在实施过程中受到诸多风险因素的影响，如政策风险、技术风险、财务风险、市场风险、政治风险、自然风险等。任何一项风险的发生，对计划中的投资活动都将产生一定程度的冲击。由于始终面临着失败的潜在可能性，因而未来投资收益的实现变得不那么可靠。

4. 影响不可逆。投资的过程是组合各种资源形成新的生产能力的过程，它主要是资金的物化过程，投入的资金一旦得到了物化，也就被固化在某一场所，具有显著的固定性和不可分割性。投资产生的效果无论好坏都将对国民经济产生持续的影响，如果某项投资行为被证明是错误的，在短期内将难以消除其不良影响，同时扭转错误的投资行为，需要付出的代价也是巨大的。从相当长的一段时期来说，投资的影响通常是不可逆的。

尽管投资从宏观上对国民经济发展的影响较大，但是要实现良好的宏观投资效益，必须针对比较具体的对象，采用具体的方法，对投资进行管理。因为投资多与项目结合在一起，投资的最终载体是投资项目，在一定时期内，国家从总体上无论投入数量多么庞大的投资，都是通过将资金分别投入到一个个具体的项目中去，项目是开展投资活动的现实经济实体。因此，以项目为对象进行投资管理是恰当的选择。可以这样认为，如果国家每个投资项目（或者至少大多数投资项目）能够取得普遍良好的效益，那么良好的宏观投资效益就比较容易实现；如果投资项目的效益普遍不佳，那么也将难以取得理想的宏观投资效益。

为了使投资能够发挥正常的扩大再生产能力，保证经济运行的连续性，要求在资金的筹措和运用方面均应采用科学的管理方法，合理安排每一时期的投资活动，以合法、合理、适时筹措到足够的资金，降低资金成本，并控制资金的投入数量、投入速度、投入质量和产出效益。

【例 1-1】

长江三峡水利枢纽工程

长江三峡水利枢纽工程于1992年第七届全国人民代表大会五次会议表决立项，完成了近半个世纪的研究论证和决策，转入了实施阶段。

长江三峡水利枢纽工程是当今世界特大水利工程，批准的投资预算近2000亿元，它是具有防洪、发电、航运等综合效益的巨型水利枢纽工程。枢纽主要由大坝、水电站厂房、通航建筑物三部分组成。其中大坝的最大坝高181m，水电站厂房共装机26台，总装机容量18200MW；通航建筑物由双线连续五级船闸、垂直升船机、临时船闸及上下游引航道组成。三峡工程规模宏伟，工程量巨大，其主体工程土石方开挖约1亿立方米，土石方填筑4000多万立方米，混凝土浇筑2800多万立方米，钢筋46万吨，金属结构安装26万吨。工程于1993年开始建设，计划于2009年年底全部机组发电和三峡枢纽工程完工。

长江三峡水利枢纽工程分三个阶段实施。

第一阶段工程施工工期为5年。这一阶段的目标和任务是：1994年5月完成施工的前期准备；1995年6月完成场内外交通道路建设；1997年10月导流明渠通航；1997年12月临时船闸通航。

第二阶段工程施工工期为6年。这一阶段的目标和任务是：1999年2月左岸电站厂房及大坝基础开挖结束，并全面开始混凝土浇筑；2002年6月永久船闸完建并开始调试；2003年6月大坝下闸水库开始蓄水，永久船闸通航；2003年12月第一批机组发电。

第三阶段工程施工工期为6年。这一阶段的目标和任务是：2009年12月全部机组发电和三峡枢纽工程完工。2008年10月29日，三峡水电站26台机组全部投产发电。

2009年8月29日，国务院长江三峡三期工程验收委员会枢纽工程验收组同意，正常蓄水（175米水位），验收通过。

资料来源：关于兴建长江三峡工程的决议——1992年4月3日第七届全国人民代表大会第五次会议通过。

1.1.2 投资项目及其分类

（一）项目及其内容

项目的一般概念是指在规定的时间内、在规定的预算范围内、按照一定的质量要求实现预定目标的一项一次性任务。例如建造一家工厂、一栋楼房、一座桥梁、一条道路，改建或扩建一个企业，设计制造一套新设备，开展一项科学研究等，都属于项目的范畴。投资项目作为承担具体投资活动的主体，既符合项目的一般要求，也体现了投资固有的特点。

通常，一个项目大致可以包括以下内容：（1）具备明确的项目目标和具体的实施计划；（2）拥有一个负责实施各项活动的、高效精干的组织机构，协调与投资项目有关各方的关系；（3）具有对土建工程、设备或二者兼而有之的资金投资；（4）具有为投资方或特定对象提供产品或服务的能力。

（二）项目的特征

从项目的定义上看，项目一般具有以下几个方面的主要特征：

1. 目标性。项目都具有明确的目标，这些目标可以是经济目标、技术目标，也可以是竞争目标如市场占有率等。

2. 一次性。项目具有明确的起点和终点，只在一段有限的时间里存在，经过一定的寿命周期后，原来构成一个项目的各种要素就将不复作为一个项目而存在。正如赫拉克利特所说"人不能两次踏入同一条河流",我们也不能找到两个完全一样的项目,这是项目与日常经营活动的一个重要区别。

3. 约束性。任何项目都有限定条件,这些构成了项目的约束性,一般包括项目的投入要素(人、财、物)、时间和质量等,这些约束性对项目的决策和实施造成了很大的限制和制约。

4. 不确定性。由于项目具有以上特征,因而项目的最终实施结果与原定目标发生偏差的可能性大大增加。为降低这种不确定性的负面影响带来的投资风险,提高投资效益,人们需要在项目投资决策时进行项目评估。

【例1-2】

2200亿元巨额资金打造世界第一高铁

2008年4月18日,在北京大兴区京沪高速铁路北京特大桥桥址开工典礼现场,温家宝总理正式宣布京沪高速铁路全线开工。

京沪高速铁路前期研究工作历时十余年,经过了长期筹划和准备。2006年2月,国务院常务会议批准京沪高速铁路项目建议书。2007年8月,国务院常务会议原则同意可行性研究报告。2008年1月16日,国务院常务会议同意开工建设。京沪高速铁路完全由我国自行设计,自主开展系统集成,利用国内技术建设基础工程,装备全部由国内企业生产制造。作为一项举世瞩目的重大工程,京沪高铁总投资达2209.4亿元人民币,是世界上一次建成线路最长、标准最高的高速铁路。京沪高速铁路的技术含量之高、投资之大、线路之长在世界上都是前所未有的。

该线自北京南站起到上海虹桥站,新建双线铁路全长为1318公里,全线共设北京南、天津西、济南西、南京南、虹桥等21个车站。设计时速350公里,初期运营时速300公里,规划输送能力为单向每年8000万人。这条完全由我国自行设计、自行施工,技术装备由国内企业生产制造的世界第一高铁,总工期5年左右,预计2010年基本建成。

京沪高铁桥梁长度约1140公里,占正线长度86.5%;隧道长度约16公里,占正线长度1.2%;路基长度162公里,占正线长度12.3%;全线铺设无砟轨道约1268正线公里,占线路长度的96.2%;有砟轨道约50正线公里,占线路长度的3.8%。全线用地总计5000平方公里。

京沪高速铁路跨越了四大水系——海河、黄河、淮河、长江,桥梁占到全线长度的80.5%。京沪高铁沿线超过100万人口的城市就有11座。

资料来源:蔡海霄.2200亿巨额资金打造世界第一高铁——京沪高速铁路正式开工[J].交通世界,2008(5).

(三) 投资项目的分类

根据不同的划分标准,可将项目划分成以下类型:

1. 按项目的目标，分为经营性项目和非经营性项目。

经营性项目通过投资以实现所有者权益的市场价值最大化为目标，以投资牟利为行为趋向。绝大多数生产或流通领域的投资项目都属于这类项目。

非经营性项目不以追求营利为目标，其中包括本身就没有经营活动、没有收益的项目，如城市道路、路灯、公共绿化、航道疏浚、水利灌溉渠道、植树造林等项目，这类项目的投资一般由政府安排，营运资金也由政府支出。

另外，有的项目的产出直接为公众提供基本生活服务，本身有生产经营活动，有营业收入，但产品价格不由市场机制形成。在这一类项目中，有些能回收全部投资成本且略有节余；有些不能回收全部投资成本，需要政府补贴才能维持运营。

2. 按照项目的内容，可分为工业投资项目和非工业投资项目。

工业投资项目，简称工业项目。是指国民经济中各工业部门的投资项目，主要包括石油、化工、电力、机械、煤炭、钢铁、有色金属、轻工、纺织、建材等工业部门的投资项目。

非工业投资项目，简称非工业项目。是指工业投资项目之外的所有投资项目，主要包括农业、林业、水利、水产、交通运输、邮电、公用事业等部门的投资项目。

3. 按项目的产品（或服务）属性，可分为公共项目和非公共项目。

公共项目是指为满足社会公众需要，生产或提供公共物品（包括服务）的项目，如上述第一类非经营性项目。公共物品的特征是具有非排他性或排他无效率，有很大一类物品无法或不应收费。一般认为，由政府生产或提供公共物品可以增进社会福利，是政府的一项合适的职能。

非公共项目是指除公共项目以外的其他项目。相对于"政府部门提供的公共物品"的是"私人部门提供的商品"，其重要特征是供应商能够向那些想消费这种商品的人收费并因此得到利润。

4. 按照生产规模或投资额的大小，可分为大型项目、中型项目和小型项目。

这种划分一般是分行业进行的，如建设项目规模的划分，是以颁布的《基本建设项目大中小型划分标准》为依据的。

基本建设大中小型项目，是按项目的建设总规模或总投资来确定的。新建项目按一个项目的全部设计能力或所需的全部投资（总概算）计算；扩建项目按扩建新增的设计能力或扩建所需投资（扩建总概算）计算，不包括扩建前原有的生产能力。

凡是产品为全国服务，或者对生产新产品、采用新技术等具有重大意义的项目，以及边远的、经济基础比较薄弱的省、区和少数民族地区，对发展地区经济有重大作用的建设项目，其设计规模和总投资虽不够规定的标准，经国家发展改革委批准，也可以按大中型建设项目管理。

5. 按项目的投资管理形式，分为政府投资项目和企业投资项目。

政府投资项目是指使用政府性资金的建设项目以及有关的投资活动。政府性资金包括：财政预算投资资金（含国债资金）；利用国际金融组织和外国政府贷款的主权外债资金；纳入预算管理的专项建设资金；法律、法规规定的其他政府性资金。政府按照资金来源、项目性质和宏观调控需要，分别采用直接投资、资本金注入、投资补助、转贷、贴息等方式进行投资。

不使用政府性资金的投资项目统称企业投资项目。

6. 按项目与企业原有资产的关系，分为新建项目和改扩建项目。

新建项目是指没有基础、从头开始建设的项目。如建造新电站、新的食品加工厂、新矿井等。

改扩建项目与新建项目的区别在于：改扩建项目是在原有企业基础上进行建设的，在不同程度上利用了原有企业的资源，以增量带动存量，以较小的新增投入取得较大的新增效益，建设期内项目建设与原有企业的生产同步进行。

如果投资项目的原有基础很小，经扩大建设规模后，其新增固定资产价值超过原有固定资产价值三倍以上，需要重新进行总体设计的建设项目，以及迁移厂址的建设工程，都算做新建项目。

7. 按项目的融资主体，分为新设法人项目和既有法人项目。

新设法人项目由新组建的项目法人为项目进行融资，项目投资由新设法人筹集的资本金和债务资金构成；由新设项目法人承担融资责任和风险；从项目投产后的财务效益情况考察偿债能力。

既有法人项目要依托现有法人为项目进行融资，拟建项目不组建新的项目法人，由既有法人统一组织融资活动并承担融资责任和风险；拟建项目一般是在既有法人资产和信用的基础上进行的，并形成增量资产；从既有法人的财务整体状况考察融资后的偿债能力。

除上述几种分类外，项目还可以从其他角度进行分类。事实上，没有一种分类方法可以涵盖各种属性的项目，为便于后面叙述，本文列举了几种主要的投资项目分类。这些分类对经济评价内容、评价方法、效益与费用估算、报表设置等都有重要影响。实际工作中可以根据需要从不同的角度另行分类。

【例 1 – 3】

不同类型的项目

1. 帕卡公司（Paccar，美国第二大卡车制造企业）

项目：为提高卡车行业的技术水平，将配件采购业务转为网上采购，在每辆卡车上建立网络界面的发动机监测设备，对互联网创业企业进行风险投资。

回报：每年减少配件开支 50 万美元，期望风险投资收益达到 2000 万美元。

系统能监测卡车行驶时的状态，如果诊断出发生了问题，就会提醒司机和下一个经销商，让其准备好配件。这一系统还包括在线采购，这样就免去了客户、供应商、配件制造商间的文件旅行。

2. 思科（Cisco）

项目：将思科与供应商、制造商、客户联系在一起的销售和库存跟踪系统。

回报：每年节约 8 亿多美元，即 20% 的年利润。

客户直接在网上订购系统下订单，并由外部的供应商完成供应。由于供应商能够看到订单，他们就能与其配件供应商实时地维持他们的库存，做到及时供货。

3. 联合包裹公司（UPS）

项目：从包裹的速递扩展到帮助互联网企业做任何事情，从管理库存到跟踪货物。

回报：全球有大约 50 万家公司使用 UPS 的在线物流服务，产生 14 亿美元的收入。

UPS 开发了一种在线电子销售系统，从产品运输和跟踪，库存管理，与供应商打交道，到账单处理。供应链上的参与者，直到终端客户的开支都大幅下降了。UPS 的系统让竞争者处于追赶的状态。

4. 西南航空公司

项目：让在线订票的吸引力不可阻挡，强调简单和快速。

回报：网上销售占收入的 30%，节省 8000 万美元的代理佣金和其他费用。

西南航空公司网站的开发与他们不摆架子、简单明了的商业哲学是一致的。这一系统非常简单，以至有些客户认为他们被骗了。现在在线订票额已占到公司总收入的 30%，而其他大型航空公司却只有 6~7 个百分点。

5. 公司：北电网络

项目：加速产品开发。主要战术：让开发团队在私人网站上分享思路和文件。

回报：产品开发时间缩短了 90%。

北电创造了使用个性化的网络门户来分享思路和文件的小型工作组。举例来说，在印度和加拿大的软件开发人员可以进行合作。这一系统将开发新产品的平均时间缩短到了 24 周，以前则是 240 周。

资料来源：[美] 克利福德·格雷，埃里克·拉森. 徐涛，张扬译. 项目管理教程 [M]. 北京：人民邮电出版社，2005.

1.2 投资项目管理的流程

为了保证投资项目的顺利实施，实现投资项目的预期目标，获得相应的收益，我们需要根据投资项目的特点和运行的规律进行管理，即按项目周期管理。项目周期是指项目从提议、论证、决策、立项到建设运营直至报废清理为止的全过程。项目周期反映了项目实施过程中的客观规律，是根据项目发展不同阶段的特点形成的程序性制度。遵从项目周期就是体现项目管理的科学性，对于保证项目实施的质量有着重要的管理意义和经济意义。由于管理者的出发点和角度不同，项目周期可分为投资项目管理周期和贷款

项目管理周期。

1.2.1 投资项目管理周期

投资项目管理周期一般应用于项目业主（包括政府投资者和企业投资者）管理项目的全过程，是项目业主在管理项目时应遵循的一般规律，分为以下各个时期和工作阶段。

（一）投资前时期

投资前时期是指项目从提议到作出投资决策的全过程。投资前时期是项目从无到有的关键时期，其工作质量的好坏直接关系到项目的最终成败。这一时期的工作可分为以下三个阶段。

1. 机会研究。投资项目的机会研究阶段应根据国民经济发展的长远规划、地区规划、行业规划，相关的政策制度、法律法规等，结合业主自身的发展战略、可利用的资源、产品或服务的市场条件等，捕捉和开发出符合利益目标的投资机会。

随着项目性质和开发目标的不同，在开发投资机会时的工作方法和内容略有差异。如果是政府投资项目，为了保证项目的开发内容符合主管部门的要求和国家的发展需要，应由项目主办者向上级部门提出项目建议书，经过主管部门审批的项目建议书代表了国家对项目投资的初步决策，列入政府投资计划。如果属于一般的企业投资项目，则由企业在了解自身的经营状况、未来的发展趋势以及市场的变化方向等因素的基础上，编制机会研究报告，经企业决策者批准的机会研究报告代表了企业对项目投资的初步决策。

机会研究一般可包括以下分析内容：①项目可利用的自然资源状况；②项目所在行业的发展现状；③社会对项目提供的产品或服务的未来潜在需求量；④同类产品的跨国贸易对项目可能产生的影响；⑤与项目有关的上游投资和下游投资状况；⑥项目的经济规模；⑦一般的投资成本和生产成本费用及主要投入物的供应状况；⑧有关的政府政策和法律制度。

机会研究阶段对项目投资成本和生产成本费用的估算，一般是根据同类型项目的有关资料进行粗略的推算，其估算精度大约为投资概算的±30%左右，研究经费大约占投资总额的0.2%~1%。

2. 初步可行性研究。初步可行性研究是在机会研究的基础上，在对项目开展全面论证分析之前，就机会研究的结论和一些关键的问题进行广泛的资料收集、分析论证和方案筛选，其目的是判断项目是否有进行详细可行性研究的可能性，这样可以避免详细论证的范围过广，以缩短项目论证的时间，节约论证所费资金，提高决策的效率和准确性。

初步可行性研究作为介于机会研究和可行性研究之间的研究阶段，其研究的深度比机会研究详细，比可行性研究粗略，主要包括以下内容：①产品的市场研究和初步的生产规划；②投入物的供应数量和供应渠道；③项目的场址；④项目的设计方案（包括土建工程和设备工程）；⑤人员配备和组织机构形式；⑥项目实施进度计划；⑦初步的财务效益分析；⑧关键技术的论证和必要的中试结论；⑨供应商的考察。

初步可行性研究阶段对投资额和生产成本费用的估算精度为投资概算的±20%左右，研究经费大约占投资总额的0.25%~1.25%。

3. 可行性研究。可行性研究有时又被称做详细可行性研究，以区别于初步可行性研究，它是投资项目决策的重要基础，在可行性研究中要对项目进行全面的技术、经济、财务、组织机构和社会分析，就项目建设和经营的条件提出多个可供选择的方案，通过方案比选，找到切实可行的实施方案，为项目决策提供可靠的依据。可行性研究的最终成果形式是可行性研究报告。

可行性研究的结论如果表明方案是可行的，决策者就可以此为基础作出投资的决定，接下来项目将进入周期中的第二个时期，即投资时期。可行性研究的结论如果表明方案是不可行的，项目将被终止，不再进行实质性的投资活动。需要特别指出的是，在得出最终研究结论以前，应防止任何倾向性的意见，尤其不应强求得出可行的结论，以免在主观上误导信息资料的收集和分析技术的采用。

可行性研究的内容随项目不同而有所差异，根据联合国工业发展组织（UNIDO）编写的《工业可行性研究编制手册》中的说明，对一般工业项目的可行性研究主要包括以下内容：

①实施要点：总结机会研究和初步可行性研究的结论，说明项目的主要优势和缺点及实施可能性，并提出各关键问题的实施要点。

②项目的背景和历史：说明与项目有关的政策、项目与有关地区和国家的关系，项目所在企业的发展历史、管理体制、经营业绩及竞争对手。

③市场和企业的生产能力：说明社会对产品的需求状况（包括国际市场和国内市场）、产品的销售规划和销售渠道，估计项目的可能的生产能力和生产规划等。

④项目投入物：根据实施内容提出项目所用各项投入物的种类、性能、数量、供应渠道、供应方式、供应条件和供应价格等。

⑤项目的坐落位置或场址：说明项目所在地的自然条件、社会状况、经济发展水平、基础设施水平，估计项目可能对当地自然环境、生态平衡产生的影响（包括正面影响和负面影响）及其变化趋势。

⑥项目设计：项目的总体布置及范围，选择的工艺技术和设备，项目建设涉及的土建工程等。

⑦项目的组织机构和管理模式：说明符合项目运作特点的各内部机构及其相互间的关系，选择合理的管理方式以满足项目目标的实现。

⑧人员配备：描述项目所需人力资源（包括管理人员、技术人员和生产工人）的构成、来源、数量和工资水平，制订对各类人员的培训计划。

⑨实施计划：制订项目建设的进度计划、建设工期、试生产日期和达产期限等。

⑩财务和经济分析：估算项目总投资、制订资金筹措计划，预测生产成本费用，进行项目投资的财务效益分析、国民经济效益分析和不确定性分析，最终得出项目方案是否可行的结论。

可行性研究对总投资额和生产成本费用等的估算精度为投资概算的 ±10% 左右，研究经费占总投资额的 1.0%~3.0%（小型项目）或 0.2%~1.0%（大型项目）。

对于一些特别复杂的大型项目，还需要配合可行性研究开展一些辅助性研究，如专门的技术论证和中间试验、生产工艺及设备的选型研究、市场研究、材料研究、与场址有关的区域研究等。非工业项目投资的可行性研究可以参照工业项目的可行性研究进行。

【例 1-4】

国外项目投资估算的阶段与精度要求

在英美等国，对一个建设项目从开发设想直至施工图设计，这期间各阶段的项目投资的预计额均称估算，只是各阶段的设计深度不同，技术条件不同，对投资估算的准确度要求不同，它们把工程项目的投资估算分为五个阶段。

第一阶段是项目的投资设想时期。在尚无工艺流程图、平面布置图，也未进行设备分析的情况下，即根据假想条件比照同类型已投产项目的投资额，并考虑涨价因素来编制项目所需要的投资额，所以这一阶段称为毛估阶段，这一阶段投资估算的意义是判断一个项目是否需要进行下一步的工作，对投资估算精度的要求允许误差大于 30%。

第二阶段是项目的投资机会研究时期。此时应有初步的工艺流程图、主要生产能力及项目建设的地理位置等条件，故可套用相近规模厂的单位生产能力建设费来估算拟建项目所需要的投资额，据以初步判断项目是否可行，或据以审查项目引起投资兴趣的程度。这一阶段为粗估阶段，其对投资估算精度的要求允许误差在 30% 以内。

第三阶段是项目的初步可行性研究时期，此时已具备设备规格表、主要设备的生产能力和尺寸、项目的总平面布置、各建筑物的大致尺寸、公用设施的初步位置等条件。此时期的投资估算额可据以决定拟建项目是否可行，或据以列入投资计划。这一阶段称为初步估算阶段，其对投资估算精度要求允许误差控制在 20% 以内。

第四阶段是项目的详细可行性研究时期。此时项目的细节已经清楚，并已经进行了建筑材料、设备的询价，亦已进行了设计和施工的咨询，但工程图纸和技术说明尚不完备。可根据此时期的投资估算进行筹款。这一阶段称为确定估算，其对投资估算精度要求允许误差在 10% 以内。

第五阶段是项目的工程设计阶段。此时应具有工程的全部设计图纸、详细的技术说明、材料清单、工程现场勘察资料等，故可根据单价逐项计算而汇总出项目所需要的投资额。可据此投资估算控制项目的实际建设。这一阶段称为详细估算，其对投资估算精度要求允许误差在 5% 以内。

资料来源：汤伟钢，李丽红. 工程项目投资与融资 [M]. 北京：人民交通出版社，2008.

(二) 投资时期

投资时期是实现项目设想的工作时期，又称做项目的执行时期或建设时期，这一时期需要完成项目工程实体的建设、形成实际生产经营能力，其特点是工作量大、花费资金多，并且有严格的工期限制和质量要求。投资时期的工作程序可分为四个阶段。

1. 初步设计。初步设计是根据可行性研究报告等前期工作资料，对项目的技术可能性和经济合理性进行具体规划，制订项目实施方案。初步设计一般包括以下内容：设计依据和指导思想；项目范围及占地面积；建设规模及产品方案；主要投入物的数量和来源；工艺流程；主要设备的选型及配置；主要建筑物、构筑物及公用辅助设施的设计；环境保护、防洪、抗震设施、项目组织机构及人力资源配备；各项技术经济指标；项目建设进度计划和完工期限。在编制初步设计文件时需完成项目总概算的编制。

初步设计文件是进行有关工程承包、原材料和设备供应招标投标工作的重要依据，在完成初步设计以后才能开展招投标工作。此外，根据初步设计文件编制的项目总概算是确定项目投资额、编制年度投资计划、控制投资成本的重要依据。

2. 施工图设计。施工图设计是对初步设计中所确定的各项建筑物、构筑物和非标准设备进行详细的设计，它是进行建筑工程施工、设备安装工程施工以及非标准设备制造的必要依据。在施工图设计阶段需要编制预算，以确定建筑安装工程的造价。因为有施工图作计算依据，预算的精确度高于概算，是工程承包合同款结算的重要依据。

3. 施工。施工阶段的主要任务是根据施工图设计的内容完成各项建筑工程、设备安装工程和非标准设备的制造。同时，为了保证项目完工后能够及时投入生产和使用，在施工阶段还需要进行投产前的准备工作，如人员的招募和培训，生产技术资料的准备，原材料、燃料、动力的准备，以及部分生产资金的准备等。

4. 竣工验收。竣工验收是在各项工程全部竣工以后，由项目主办者会同有关部门就工程的总体质量、功能实现等方面进行检查，经检查符合有关标准以后，编制竣工验收报告和竣工决算，同时项目交付使用。

(三) 生产经营时期

项目的生产经营时期是营运时期，是项目建成投入生产或使用到报废清理为止的全过程。在这一阶段中，一方面项目首先要通过初期的运行，逐步达到设计文件中规定的全部生产能力，并在整个营运期中保持良好的经营状态，实现预期的投资效益；另一方面，项目管理者应根据项目的实际经营效果，全面总结和分析项目实施的各个阶段中取得的经验和存在的问题，为不断改进项目管理水平积累资料和经验。

1.2.2 贷款项目管理周期

贷款项目管理周期是指银行等金融机构对贷款项目进行管理的全过程。它是从资金供应者的角度出发，关注所投入的资金在项目实施的各个阶段的运行状况，以保证资金的增值和偿还得以顺利实现。世界银行在长期的贷款实践中总结得出贷款项目的管理周期，自20世纪80年代引入我国后，在银行界得到了普遍的应用，对提高银行贷款管理水平起到了积极的作用。

贷款项目管理周期在管理的时间间隔上与投资项目管理周期保持一致，但是管理的侧重点有所不同。一般来说，对贷款项目管理周期作以下划分。

（一）准备时期

准备时期是银行根据自身的经营目标，结合国家的经济发展战略规划和相关政策制度，在充分分析项目主办者提交的项目机会研究报告（或项目建议书）和可行性研究报告的基础上，选定发放贷款的项目，作出贷款决策的过程。准备时期主要分为以下两个阶段。

1. 项目初选。初选是银行进行贷款项目管理的首要阶段，即银行介入项目的最初途径，有利于银行参与项目的投资决策。在初选阶段，银行根据国家的经济发展战略规划和有关政策，在初步调查研究的基础上，分析各个项目主办者提交的机会研究报告（或项目建议书），从中挑选出符合银行经营目标和贷款条件的备选项目。

银行对项目进行初选时的评价内容与机会研究报告（或项目建议书）的内容基本一致，通过初选的项目表明了银行对它的初步认可，但这并不意味着银行已经作出了贷款决策。实际上银行还需要与项目主办者一起就有关方面进行深入的调查研究和论证，如果进一步的论证表明贷款对银行不利，银行仍然可以在下一阶段中作出否决贷款的决策。

2. 项目评估。项目评估是银行在对项目初选的基础上，对初步认可的项目，全面审查其提交的可行性研究报告，进而编制银行的项目评估报告。在项目评估报告中就是否提供项目贷款作出结论，经过评估认可的项目，银行将与项目主办者签订贷款合同，这正式表明了银行的贷款决策。

（二）执行时期

执行时期是贷款项目的实施阶段，在这一阶段中，银行根据与项目主办者签订的贷款合同中规定的内容，结合项目建设进度，向项目发放贷款。因此，银行对贷款项目的管理进入付款阶段，从项目开始建设起到建成完工为止，银行的主要工作就是为项目提供资金，并对资金的数量和用途进行监督，保证贷款得到了合理有效的使用，以促进项目按期建成投入使用，及时实现投资效益。

（三）回收总结时期

回收总结时期是银行在项目投入使用、产出效益以后回收全部贷款本金及其利息，与贷款项目结束信贷关系的过程。回收总结时期是银行效益得以实现的关键时期，同时又是为下一个贷款项目周期积蓄实力的时期。根据银行贷款项目的数量多、项目管理周期循环频繁的特点，这一时期可分为两个阶段。

1. 回收阶段。回收阶段是银行根据贷款合同规定的期限、还款数量和利率水平从项目逐步收回全部贷款本金和利息的过程。回收阶段的工作是否成功取决于还款的数量和时间两个方面的因素，成功的贷款项目必须做到按时按量地回收，任何一项因素与合同规定的内容不符，都意味着银行贷款项目管理的失败。因此，银行在这一阶段中还需要履行积极的监督职能，对项目运行过程中，尤其是运行初期存在的问题提出改进的建议，使项目的效益得到顺利实现，进而保证银行贷款回收工作的质量。

2. 后评估阶段。银行收回全部贷款本金和利息之后，应根据实际营运状况对项目进行全面的事后总结性评价，尤其要与准备时期的项目评估报告进行对比，发现问题、总

第1章 投资项目评估导论

结经验，为以后的贷款项目管理积累资料，不断提高贷款项目管理工作的质量。

> **【例 1-5】**
>
> ### 世界银行贷款项目的运用周期
>
> 世界银行已经为我国近190个政府项目贷了款，这些项目的全过程按照世界银行的做法被划分为6个阶段，即项目选定、项目准备、项目评估、项目谈判、项目实施和项目总结评价6个阶段。
>
> 项目选定：借款国确定有助于实现本国国家和地区发展计划、按照世界银行标准为可行、需要优先考虑的项目。世界银行也参与到借款国选定项目的过程。
>
> 项目准备：由借款国对项目从技术、财务、国民经济、组织机构、社会影响等各方面进行可行性研究，世界银行则向借款国政府或项目执行单位介绍世界银行对项目的要求和标准、提供或帮助寻找资金或技术上的援助、指导项目准备工作。
>
> 项目评估：对项目准备工作以及项目本身的各个方面进行全面细致的检查，由世界银行在借款国政府和项目执行单位的配合下独立完成。世界银行要与借款国政府和项目执行单位讨论项目的规模、内容、费用预算、实施安排、项目融资、联合贷款、采购、拨付和审计安排，以及双方同意的行动等。
>
> 项目谈判：世界银行同借款国就项目本身和贷款条件等协商，并最终达成协议，所达成的协议对双方产生法律约束，由双方认真履行。
>
> 项目实施：具体运用贷款资金采购项目所需设备、材料，进行设计、施工以及采购其他劳务和咨询服务等。由借款国政府和项目执行单位负责，但世界银行除提供必要的帮助外，还要对项目的实施过程从头到尾进行监督。
>
> 项目总结评价：项目完成后，世界银行检查贷款目标是否实现、项目实施过程和结果是否令人满意，而借款国也要检查项目是否按原定计划和目标进行，项目完成后是否能够实现国民经济发展目标，整个实施过程中有哪些经验教训等。
>
> 资料来源：王卓甫，杨高升.工程项目管理——原理与案例［M］.北京：中国水利水电出版社，2009.

对比投资项目管理周期和贷款项目管理周期可以看出，项目评估处于项目前期工作的关键阶段，是银行参与项目投资决策的一项重要工作。它既是银行贷款决策的依据，又会对项目主办者作出投资决策产生重大影响。

1.3 投资项目评估

1.3.1 项目评估及其发展历程

项目评估是在可行性研究的基础上，根据有关政策、法律法规、方法与参数，从项目（或企业）及国家的角度出发，由贷款银行或有关机构（项目投资决策部门或具备相应资质的咨询机构）对拟建投资项目的规划方案进行全面的技术经济论证和再评价，以判断项目方案的优劣和可行与否。项目评估的结论是投资决策的重要依据。

项目评估作为一门当代的技术经济学科，起源于西方发达国家，并在世界范围内得到了广泛的应用，收到了显著的效果。

20世纪30年代，世界范围内的经济大萧条使西方发达国家的经济政策发生了重大变化，随着自由放任经济体系的崩溃，一些西方发达国家的政府开始实行新经济政策，兴办公共建设工程，于是出现了公共项目评价方法，产生了现代意义的项目评估原理。1936年美国为了有效控制洪水，大兴水利工程，并颁布了《全国洪水控制法》，该法正式规定了运用成本效益分析方法评价洪水控制和水域资源开发项目。其中提出了这样的原则：一个项目只有当其产生的效益（不论受益者是谁）大于其投入的成本才被认为是可行的。此后，还公布了一系列的法规，对项目评估的原则和程序作出了规定。英国、加拿大等国政府也相继就项目评估作出了规定。

现代项目评估的系统方法产生于20世纪60年代末期，在这期间一些西方发展经济学家致力于发展中国家项目评估的理论研究。英国牛津大学的里特尔教授和米尔里斯教授于1968年合作出版了《发展中国家工业项目分析手册》，第一次系统地阐述了项目评估的基本理论和方法。1975年，世界银行的经济专家思夸尔等编著了《项目经济分析》。1980年，联合国工业发展组织与阿拉伯工业发展中心联合编著了《工业项目评价手册》。这些著作的出版标志着项目评估理论与方法的成熟发展和广泛应用，20世纪80年代之后，项目评估工作越来越受到各国政府尤其是发展中国家政府的重视，成为银行贷款决策的重要依据。

在项目评估理论与实践的发展过程中，世界银行发挥了巨大的作用。在为会员国提供长期贷款的过程中，世界银行规定所有的贷款项目都必须经过评估，评估的结论是决定贷款与否的主要依据。为了提高各会员国的项目评估水平，世界银行还组织出版了一系列著作，为发展中国家培训专业技术人员，帮助其制定符合本国国情的项目评估办法。

我国于1980年恢复了在世界银行的合法席位，1981年成立了以转贷世界银行贷款为主要业务的中国投资银行。1983年，中国投资银行首次推出了《工业贷款项目评估手册》（试行本），以后又经过了多次修订。在发展我国的项目评估理论和方法的过程中，我国政府也给予了高度的重视，国家计委于1987年首次正式公布了《建设项目经济评价方法与参数》，并于1990年进行了修订，形成了《建设项目经济评价方法与参数》（第二版），2006年在总结过去实践经验的基础上，完成了《建设项目经济评价方法与参数》（第三版）的修订，并由国家发展改革委、建设部公布。现在，我国项目评估的方法越来越成熟，并受到人们的重视，成为实现投资决策科学化、民主化和规范化的重要手段。

1.3.2 项目评估的内容

因为项目评估的对象是可行性研究报告,所以评估的内容与可行性研究的内容基本一致。为了使投资决策的依据较为充分,项目评估主要从建设必要性、生产建设条件、财务效益、经济费用效益和社会效益等五个方面对项目进行全面的技术经济论证。

(一)项目建设必要性评估

项目建设必要性评估是分析项目是否能够设立的前提条件,只有当前提条件基本具备时,项目的设立才有真实的意义。具体地,建设必要性评估涉及以下内容。

1. 企业(或项目)概况及其发展目标。对于纯粹的新设项目,只需说明推出项目的背景;对于由现有企业开发的项目,则需要同时说明企业的概况和提出项目的原由。这类背景资料包括项目发起者的身份、发起者的财务状况、企业的经营现状、组织机构及其运作模式、目前的技术水平、资信程度;项目的服务目标及其对企业的影响;项目大致的坐落位置、所在地的地理条件、基础设施条件、一般的人文社会条件等。

2. 与项目有关的政府政策、法律法规和规章制度。无论提出什么样的项目设想,都应注意与政府政策的协调统一。有关的政策包括政府的产业政策、国民经济发展的中长期规划和区域经济发展规划等。项目的开发目标与政府的经济发展目标相吻合,这是项目成立的首要前提。此外,了解与项目有关的法律法规和规章制度,是明确项目存在的外界条件,任何违反现有法律体系和制度的项目,即使勉强成立也无法长久存在下去。

3. 项目的市场需求分析和生产规模分析。项目提供的产品(或服务)是否为社会需要,这是项目建设的核心问题。项目的市场分析应在市场调查的基础上,就项目产品(或服务)供需双方的现状进行全面的描述,并在预测市场整体未来发展变化趋势的基础上,结合项目自身的竞争能力,确定项目合理的生产规模。

(二)项目生产建设条件评估

项目生产建设条件评估是分析项目的建设施工条件和生产经营条件能否满足项目实施的需要,即论证项目的存在是否可能,一般包括以下内容。

1. 项目可利用的资源(这里仅指各类投入物,包括能源、原材料、公用设施和基础设施等)供应条件。应说明资源的供应地、可能的供应商、可选择的供应方式、可持续的供应数量及供应价格、国内外可能的替代品等。

2. 项目的总体设计及生产技术的选择。在项目场址选择的基础上,说明项目的总体布局与施工范围、土建工程内容和工程量;结合国内外技术发展现状和国内经济发展水平,选择适合项目要求的生产工艺和制造设备。

3. 实施项目的组织机构。组织机构的评估是项目实施的制度保障,不同性质的项目,其组织机构形式也不尽相同,应结合项目特点选择适合项目高效运行的组织机构形式。同时应说明与所选组织机构相适应的管理模式和管理制度。

(三)项目财务效益评估

项目的财务效益评估是从项目(或企业)的角度出发、以现行价格为基础,根据收集、整理与估算的基础财务数据,分析比较项目在整个寿命期内的成本和收益,以此判断项目在财务方面的可行性。包括以下内容。

1. 基础财务数据资料的收集、分析整理和测算。根据相关项目或企业自身的经营历史,测算项目建设和经营所需的投入以及可能获得的产出,构建各类基本财务分析报表。

2. 基本经济指标的测算与评估。根据预测的财务报表计算相关经济指标,并就项目的盈利能力、偿债能力作出说明。

3. 不确定性分析。为了弥补由于主客观原因造成的预测数据与实际情况的偏差,增强项目的抗风险能力,找到合理的应变措施,需要就项目面临的不确定因素进行分析。

(四) 项目经济费用效益评估

项目的经济费用效益评估是从项目所处的经济全局角度出发,以影子价格为基础,分析比较国民经济为项目建设和经营付出的全部代价和项目为国民经济作出的全部贡献,以此判断项目建设在国民经济上的合理性。

(五) 项目社会效益评估

项目的社会效益评估更多的是从促进社会进步的角度出发,分析项目为实现国家和地方的各项社会发展目标所作的贡献与影响,以及项目与社会的相互适应程度。

1.3.3 项目评估的程序

根据项目性质的不同,其评估程序也不尽相同,但一般要经历以下程序。

1. 准备工作。开展项目评估的有关机构,如贷款银行、投资决策部门或中介咨询机构,根据具体评估项目的特点、性质确定项目评估的任务以后应开始准备组织人员,了解与项目有关的背景情况。

2. 成立评估小组。根据项目的性质成立项目评估小组或评审专家组,确定项目负责人,就评估的内容配备恰当的专业人员,明确各自的分工。一般来说,评估小组中应包括相关的工程技术专家、市场分析专家、财务分析专家、经济分析专家;如果需要的话,还可配备法律专家、环境问题专家、社会问题专家等。评估小组的成员可以完全来自机构内部,但为了评估结论的科学、可靠和全面,更应重视从机构外部寻求专家,尽量使评估小组的每一个成员都是各自领域的权威人士,或至少是专业人士。

3. 制订工作计划。成立评估工作小组以后,应根据评估工作的目标制订工作计划,包括每一项任务的人员配备、应达到的目的、总体工作进度计划和分项任务的工作进度计划,以保证评估工作的进程符合决策方的要求。

4. 开展调查,收集并整理有关资料。尽管在评估的对象即可行性研究报告中,已经提交了相关的文件资料,但是为了保证评估结论的真实、可靠,还应该对所提交的资料进行核实审查。在评估过程中,开展独立的调查工作是必不可少的,通过调查收集与项目有关的文件资料,以保证资料来源的可靠和合法。对不符合要求的资料,应进行修订和补充,以形成系统、科学的文件资料。

5. 评估。根据获得的文件资料,按照项目评估的内容对项目进行全面的技术经济论证。在论证过程中,如果发现有关资料不够完备,应进一步查证核实。

6. 编写评估报告。在完成分析论证的基础上，评估小组应编写出对拟建项目可行性研究报告的评估报告，提出总结性意见，推荐合理的投资方案，对项目实施可能存在的问题提出合理的建议。

7. 报送评估报告并归档。评估小组作为决策的参谋或顾问，在完成评估报告以后，需将评估报告提交决策当局，作为决策者制定最终决策的依据。同时，应将评估报告归入评估机构内部的项目档案，供以后开展类似项目的评估时参考，以不断提高评估工作的质量。

1.3.4 项目评估应遵循的基本原则

为了保证评估工作的质量，在对项目开展评估时，评估人员应严格遵守以下基本原则。

1. 科学性的原则。评估结论的可靠与否，首先取决于评估方法和指标体系的科学与否，不恰当的方法和指标会导致不合理甚至与实际完全相反的结论。随着对项目评估理论的深入研究，一些新的方法和指标可能会替代原有的方法和指标；同时，项目的性质不同，在评估方法和指标体系方面也会有一定的差异，这要求在评估方法和指标体系的选择上力求科学合理。

2. 客观性的原则。尽管项目评估的对象是拟建项目，但项目能否成立却不能由人们的主观意识来决定，必须从实际的物质环境、社会环境、经济发展水平、文化传统、民族习俗等条件出发，实事求是地分析项目成立的可能性。任何有违客观实际的项目，最终将失去根本的基础，甚至对社会造成不可逆转的负面影响。

3. 公正性的原则。评估人员的立场对评估结论有相当的影响，为了防止结论的偏差，评估人员应尽可能采取公正的立场，尤其应避免在论证开始以前就产生趋向性意见，更不能采取法律禁止的立场。

4. 面向需求的原则。任何项目的产生必须源于社会的需求，不符合需求的项目没有生命力。许多事实证明，投入使用后运行不佳的项目往往就是因为失去了社会的需求，项目提供的产品（或服务）不能满足经济生活的需要。

5. 投入与产出相匹配的原则。尽管项目在追求投资效益时，会以尽可能低的产出获得尽可能高的回报，但是项目功能的实现必须要有配套的投资，过分地要求利润最大化将导致对项目辅助投入的忽视，使项目的主要功能无法完全实现，而今后不得已的追加投资只能收到事倍功半的效果。因此，项目的投入必须符合产出的要求。

6. 资金时间价值的原则。资金的使用会随着时间的推移产生不同的价值，投资者对投资的回报都有一定的预期，项目能否在回报投资的同时实现自我增值，是任何项目评估关注的核心问题，对资金的动态考察是明确项目投资回报和经营业绩的重要途径。

1.3.5 项目评估与可行性研究的关系

因为项目评估和可行性研究都属于投资前期决策工作的组成部分，所以两者之间存在着一定的共性；同时两者由于分属不同的管理周期，因而它们又存在着一定的差异。

（一）项目评估与可行性研究的共同点

1. 处于项目管理周期的同一时期。两者都是在决策时期对项目进行技术经济的论证和评价，作为投资决策的重要工作内容，它们的结论对项目的命运有决定性的作用，直接影响项目投资的成败。

2. 目的一致。项目评估和可行性研究工作的目的都是为了提高决策的科学化、民主化和规范化水平，减少投资风险，避免决策失误，提高投资的效益。

3. 基本原理、方法和内容相同。两者都是采用国家统一的、规范化的评价方法和经济参数、技术标准等，对项目进行全面的技术经济论证分析，通过统一的评价指标体系，评判项目是否可行。分析的内容都包括项目的建设必要性、生产建设条件、财务效益、国民经济效益和社会效益等。

（二）项目评估与可行性研究的区别

1. 行为的主体不同。项目评估是由项目的投资决策机构（如国家主管投资计划的部门）或项目的贷款决策机构（如银行）所主持负责的。而可行性研究则是项目业主或发起人为了确定投资方案而进行的工作。尽管两者都可以委托中介咨询机构进行，但所代表的行为主体不同，要为不同主体的不同目标服务。

2. 研究的侧重点不同。由于角度不同，两者考察的项目侧重点也有所不同。可行性研究是项目发起人或业主的投资决策依据，它侧重于项目建设必要性和生产建设条件分析。而项目评估是为国家主管投资计划的投资决策机构或贷款银行服务的，它侧重于分析项目的宏观经济效益和偿债能力。

3. 所起的作用不同。首先，可行性研究是项目投资决策活动中十分重要的步骤，为项目投资决策提供了必要的基础，从而成为项目评估的重要前提，但它仍不能为项目投资决策提供最终依据。而项目评估则是投资决策的必备条件，是为决策者提供直接的、最终的依据，比可行性研究更具有权威性。其次，项目评估和可行性研究的服务主体不同，侧重点也有区别，因此两种决策不能相互替代，两种分析也不能相互替代。

4. 工作的时间不同。按照项目管理的程序，可行性研究在前，项目评估在后，可行性研究报告是项目评估的对象和基础，两者顺序不能颠倒。

【本章小结】

在本章中，我们定义了投资、投资项目、投资项目管理、项目评估等基本概念。项目评估是指在可行性研究的基础上，根据有关政策、法律法规、方法与参数，从项目（或企业）及国家的角度出发，由贷款银行或有关机构（项目投资决策部门或具备相应资质的咨询机构）对拟建投资项目的规划方案进行全面的技术经济论证和再评价，以判断项目方案的优劣和可行与否。对比投资项目管理周期和贷款项目管理周期可以看出，项目评估处于项目前期工作的关键阶段，项目评估的结论是投资决策的重要依据。

本章还说明了项目评估的内容，主要包括建设必要性、生产建设条件、财务效益、经济费用效益分析和社会效益分析等五个方面。解释了项目评估的原则、项目评估的工作程序。比较了项目评估与项目可行性研究异同点。

【习题】

1. 举出10个典型的投资项目，说明在微观上和宏观上该投资项目所起到的重要作用。尝试从不同的视角分析这些投资项目，你可以假设自己代表一种特定的组织形式，如制造公司、医院、交通管理部门等。

2. 解释投资项目为什么要进行分类。分别从投资者、金融机构和政府管理部门的角度思考如何进行项目分类。

3. 投资项目管理周期和贷款项目管理周期是否一致？你认为原因是什么？

4. 项目评估发展的历史说明什么问题？请说说你的理解。

5. 中国是否真的需要引进和改进项目评估的方法？为什么？

6. 假设你是一家公司的财务人员，该公司经营着一个酒店，由于该酒店建设于20世纪60年代，硬件设施已经严重老化，不能满足当前市场的需求。公司的高层管理者们正考虑解决该问题，目前有两个方案。一个方案是改造现有的酒店，在原有建筑结构框架内大面积更新硬件设施；另一方案是拆除该酒店，在原址上重新建设新酒店。现请你对这两个方案进行分析，描述你应该分析哪些内容。

7. XD公司拟对某投资项目进行投资，并由公司内部工作人员进行了可行性研究，可行性研究报告给出了三种投资方案A、B、C，经过分析，最终认为B方案是最佳方案。出于谨慎投资的考虑，XD公司决定聘请外部咨询公司进行该项目的评估，你作为咨询公司的咨询师被安排评估这个项目。请解释你的工作程序。

8. 将你的班级分组，每5个人一组。给学生15分钟的时间进行头脑风暴，讨论在项目评估过程中会产生哪些道德问题。给每个组2分钟时间，在全班面前展示他们讨论的结果。

【推荐阅读】

(1) 王凭慧，张浩，鄂明．现代项目管理的知识体系［J］．科学学研究，1999 (3)：68~74.

(2) 尹贻林，朱俊文．项目管理知识体系的发展研究［J］．中国软科学，2003 (8)：103~106.

(3) 管海波，黄敬前．项目生命周期对于项目管理的重要性［J］．引进与咨询，2004 (11)：45~47.

(4) 胡德银．我国工程项目管理和工程总承包发展现状与展望［J］．中国工程咨询，2003 (2)：10~18.

(5) 潘久政，李敬．我国投资项目评估中存在的问题及对策研究［J］．西南农业大学学报（社会科学版），2004 (2)：34~36.

（6）赵苏文，杜学坡．目前信贷项目评估中存在的问题及对策［J］．金融理论与实践，1995（4）：56．

（7）欧丹．房地产项目评估中几个关键问题的探析［J］．改革与战略［J］．2004（8）：11～12．

（8）杨列勋．R&D项目评估研究综述［J］．管理工程学报，2002（2）：60～65．

（9）刘宗铭，荆克尧，贾士超，陈霞，缪莉，罗萍．建设项目的可行性研究与项目评估［J］．河南石油，2005（5）：92～95．

（10）米子明．世行项目周期和我国利用世行贷款程序［J］．天津建设科技，2000（2）：29～31．

（11）何文盛，曹洁，张志栋．美国政府绩效评价中项目评估分级工具：背景、内容与借鉴［J］．兰州大学学报（社会科学版），2009（1）：92～99．

第 2 章

项目建设必要性评估

任何投资项目都要有投资的理由，项目建设必要性评估是对可行性研究报告中提出的项目建设理由进行重新审查、分析和再评价。首先需要考察和评估设立项目的宏观背景，即项目的设立是否符合国民经济均衡发展的需要，是否符合区域经济的需要，是否符合国家的产业政策；其次需要考察和评估项目的微观条件，如项目发起人的资质和条件能否满足项目实施的要求，项目的现状能否确保项目的最终实施成功，项目的产品是否符合市场需要，实施项目是否符合企业发展要求，能否将科研成果转化为社会生产力并取得良好的经济效益、社会效益和环境效益等。

2.1 项目的提出

2.1.1 设立项目的基本动因和方法

（一）项目设立的动因

投资建设项目的理由千差万别，但总体来说是为了满足以下需求。

1. 国民经济和社会发展的长远规划的需要。国民经济的发展是个长久持续的过程，投资作为发展的主要动力之一，是促进经济发展的关键因素，因此，在任何时候都需要开发出恰当的投资项目，以形成发展所需的国民财富。这就要求项目的开发人员在寻找投资机会时，关注与项目有关的国家长远发展规划，使项目的发展融入整个国家的经济发展之中。

2. 经济结构调整的需要。随着全社会经济的发展，原有的经济结构会变得陈旧，不利于甚至阻碍经济的持续增长，一般只能通过新项目的投资活动来改变不适用的经济结构，这类项目在实现自身效益的同时，也促成了国家经济结构的转变。

3. 地区经济发展的需要。因为各地区的经济发展水平和经济结构各不相同，为了满足当地的需要，应开发具有地方特色的投资项目。

4. 企业自身发展的需要。围绕企业自己的发展目标，需要由企业自己开发相关的项目，通过项目的投资建设来实现企业的扩张。这里有几种情况：①企业为了扩大生产规模，需要建设项目；②企业为了提高在市场上的竞争力，需要建设项目；③企业为了提高自己的盈利能力，需要建设项目；④为了实现企业的战略性转型，也需要建设项目。

（二）开发项目的方式

开发项目是寻找投资的机会，寻找投资机会的一个准则就是要找到"最好"的投资机会，这个"最好"是一个相对概念，就是一个方案能够比其他方案更好地达到某个目标。例如，如果目标是利润，那么最佳的方案就是那个将产出最大利润的方案。如果目标是社会安全，那么最佳的方案就是那个能实现社会安全最大化的方案。

但是，要想识别一个最好的投资机会，并不是一件容易的事。如果从未意识到一个机会的存在，那么就肯定不可能抓住这个机会。然而不幸的是，好的机会一般在项目寻找阶段不会露出痕迹，如果没有科学的鉴别方法，甚至会失去最好的机会。为了减少这种情况的发生，经常使用的寻找项目机会的方法是主观判断法，主要包括专家预测法和德尔菲法。

1. 专家预测法。专家预测法是在没有历史数据、没有历史事件可借鉴的情况下所采用的，既有质性分析，又包括量化分析。以专家为索取信息的对象，依靠专家的知识、经验和分析判断能力，在历史和现实有关资料综合分析的基础上，直接对预测对象进行分析研究，寻求其特征和发展规律，并推测未来的一类定性预测方法。它特别适用于对新产品、更新换代产品及相关技术发展的预测。这里所称的"专家"是指对所要预测的目标比较了解，有丰富的实践经验或较高的理论水平，对预测目标有一定见解的人。聘请专家时要充分考虑到专家的代表性，不仅需要本专业的理论研究、系统设计、生产及管理人员，而且还需要相关领域的有关专家参加。具体确定什么样的专家组，是所分析项目的性质决定的。

【例2-1】

投标分析

某工程分为5个项目，将实行分项（X_i）招标，某投标人拟参与其中1个标的投标。假设投标人对每个项目的中标概率不一样，即每个项目不能中标的风险不一样。采用专家估计法对投标风险进行分析，评估投哪个标更可能中标，或不中标的风险较小。

专家们根据各方面数据资料，结合自己的经验给出了不能中标的风险，按从小到大的顺序排列（见表2-1），其中α_i是投标人对专家的信赖程度。

表2-1　　　　　　　　　　专家排序表

排列次序＼专家	1	2	3	4	5	α_i
A	X_1	X_3	X_5	X_2	X_4	0.25
B	X_3	X_2	X_1	X_5	X_4	0.28
C	X_2	X_1	X_3	X_4	X_5	0.22
D	X_3	X_2	X_5	X_1	X_4	0.25

试用主观评分法，对各分项投标的风险进行排序。

解：

X_1：$1 \times 0.25 + 2 \times 0.22 + 3 \times 0.28 + 4 \times 0.25 = 2.53$

X_2：$1 \times 0.22 + 2 \times 0.28 + 2 \times 0.25 + 4 \times 0.22 = 2.16$

X_3：$1 \times 0.28 + 1 \times 0.25 + 2 \times 0.25 + 3 \times 0.22 = 1.69$

X_4：$4 \times 0.22 + 5 \times 0.25 + 5 \times 0.28 + 5 \times 0.25 = 4.78$

X_5：$3 \times 0.25 + 3 \times 0.25 + 4 \times 0.28 + 5 \times 0.22 = 3.72$

总分：$2.53 + 2.16 + 1.69 + 4.78 + 3.72 = 14.88$

投标人投不同的项目，不能中标的概率分别是

$P(X_1) = 2.53/15 = 0.17$

$P(X_2) = 2.16/15 = 0.14$

$P(X_3) = 1.69/15 = 0.11$

$P(X_4) = 4.78/15 = 0.32$

$P(X_5) = 3.72/15 = 0.25$

因此，投第四个项目时，风险最大；投第三个项目时，风险最小。

2. 德尔菲法。德尔菲法是20世纪40年代美国兰德公司在专家预测法的基础上建立起来的一种方法。它是将要解决的问题和必要的背景材料，以函询的方式请有关专家作出决策。这些专家在各自的信息通道环境中工作，而且为了不相互影响，工作过程中彼此之间不能直接交换意见。工作小组在得到专家的第一轮意见后，把各种意见经过综合、整理、归纳，匿名反映给专家，进一步征询意见。如此反复多次，最后得到预测结果。概括地说，德尔菲法是采用函询调查，对于所预测问题有关领域的专家分别提出问题，而后将他们回答的意见予以综合、整理、反馈，这样经过多次反复循环，最后得到一个比较一致的且可靠性也较大的结论。

德尔菲法具有以下四个特点。

(1) 匿名性。即每位专家的分析判断是在背靠背情况下进行的。在实施德尔菲法的过程中，专家们彼此互不相知，应邀参加预测的专家之间横向不发生联系，只与预测领导小组成员单线联系。应答者可以不公开地改变自己的意见，无损于自己的威望，各种不同的观点都可以得到充分的发表。

(2) 反馈性。在匿名的情况下，为了使参加预测的专家掌握每轮预测的汇总结果和其他专家提出的意见及其理由，预测领导小组要对每一轮的预测结果作出统计，并作为反馈材料分别寄给各位专家。专家们从多次的反馈资料中进行分析选择，参考有价值的意见，深入思考，反复比较，有利于提出更好的预测意见。

(3) 集思广益。在整个预测过程中，每一轮都将上一轮的许多意见与信息汇总和反

馈，有助于专家们开拓思路、集思广益。

（4）趋同性。德尔菲法注意对每一轮专家意见进行定量的统计归纳，使专家能借助反馈意见，最后使预测意见趋于一致。

总之，德尔菲法既能发挥每个专家的经验和判断力，又能将个人的意见有效地综合为集体意见。其优点在于：①德尔菲法采用函询方式收集专家意见，有利于较广泛地征询各类专家意见，不受地区部门的限制，简便灵活。②应邀参加预测的专家互不了解，可以克服专家集体判断法面对面开会讨论而受心理因素影响的缺点，诸如迷信权威或领导意见、少数服从多数、从众心理等。③轮番多次地征询专家意见，而不是试图一次实现预测结果。这样可以使专家在集体意见反馈中得到启发，使他们能较好地克服自己意见的主观性和片面性，有助于提高预测结果的可靠性和片面性。然而，德尔菲法也有一定的局限性。例如，预测需要的时间较长，主要凭专家的主观判断，缺乏客观标准等。这就要求预测者灵活运用德尔菲法。

还有很多方法应用于项目的提出，如头脑风暴法、个人判断法等，此处不逐一介绍。

【例2-2】

德尔菲法预测——企业项目管理应用预测

专家组：专家小组成员7名，其中包括PMRC专家两名，企业总经理4名（来自三个不同的行业），高级工程师（咨询师）1名。

时间：2004年9月13日~10月22日，共分三轮进行。

本次活动通过邮件的方式进行。到9月30日第一轮截止日期时，专家信息反馈率为100%。

问题1：企业项目管理的应用前景如何？优势表现在什么地方？

问题2：企业项目管理应用的难点和关键是什么？

问题3：企业项目管理体系框架建设的核心内容是什么？

问题4：工程建设类企业项目管理应用的欠缺和不足有哪些？

问题5：IT类企业如何有效应用项目管理来开发项目？

问题6：研发类企业项目管理的关键和不足有哪些？

问题7：制造业、职能类企业如何应用项目管理？

通过将各位专家第一次意见汇总后，汇总表再次分发给各位专家，让专家比较自己同他人的不同意见，修改自己的意见和判断。10月9日，第一轮汇总结果通过邮件的方式分发，约定第二轮结果在10月15日前反馈。通过汇总信息，在部分问题上，专家们的观点存在着80%~90%的吻合点，如表2-2所示。

表 2-2　　　　　　　　　　　专家意见汇总表

问题	相同观点	支持度
1	企业项目管理应用前景看好	86
1	优势企业项目管理的应用能有效提高管理效果，表现出管理的灵活性和可操作性	90
2	企业高层领导的认同及支持是关键也是难点所在	100
3	企业项目管理体系框架建设的核心内容：建立项目管理体系及管理流程	90
7	对业务工作进行项目化界定，继而实施项目管理是制造业、职能类企业应用项目管理的前提	100

但在问题 4、5、6 上专家持有不同的观点，这部分源于对专家小组成员的选择，要求其既熟悉行业情况，又熟知项目管理，最少有 2 名专家是属于业内项目管理专家。所以专家背景和行业背景的差异导致了问卷答案的相异。通过汇总信息的反馈，进行了第二轮调查。

通过第二轮调查的汇总，有六个问题的看法得到了较好的统一，关于问题 6 "研发类企业项目管理的关键和不足有哪些"，各位专家还有所异议。在 10 月 20 日发出了第三次征询，此次征询周期为三天，要求在 22 日前反馈结果。

10 月 25 日，工作组将反馈回来的信息最后一次整理，并对 PMRC 两位专家进行了意见征询，此次调研结果如下。

问题 1：企业项目管理的应用前景如何？优势表现在什么地方？

项目管理作为一种能够给企业带来变革的管理模式，在未来的发展中将会得到越来越多企业的应用，特别是随着竞争的激烈，市场经济发展态势要求企业要作出快速的反应，运用项目管理来组织调配、优化资源，能很好地适应或应对这种变化，所以企业项目管理（EPM）的应用前景应该是很广阔的。

优势主要表现在对项目的高效优质管理，特别是在资源优化问题上。项目管理表现出其管理的灵活性和可操作性。

问题 2：企业项目管理应用的难点和关键是什么？

项目管理与企业实际业务的有机结合，管理理念及对项目管理应用过程的了解是企业项目管理应用的难点，和企业其他类管理工具应用成功的关键一样，关键是高层领导的态度，以及如何有效地界定部门经理与项目经理的权力。

问题 3：企业项目管理体系框架建设的核心内容是什么？

企业项目管理体系框架建设的核心内容是要建立符合企业管理框架下的项目管理体系，构建合理的组织结构和有效的工作流程。

问题 4：工程建设类企业项目管理应用的欠缺和不足有哪些？

工程建设类企业项目管理应用的不足之处在于企业层次项目管理框架体系不完善，项目管理层级关系不清晰及协调监控不到位，信息沟通不畅，数据共享平台无法实现。

> 问题5：IT类企业如何有效应用项目管理来开发项目？
>
> 项目范围的界定，人力资源的有效配置，设立合理的组织结构，清晰的授权与归口部门的有效衔接将是软件项目成功的有效保障。
>
> 问题6：研发类企业项目管理的关键和不足有哪些？
>
> 在研发项目中，能否圆满地完成项目目标，关键在于人员，而不是程序和技术，程序和技术只是协助人员工作的工具，因此，培养高素质的研发项目经理，成为企业研发项目管理的核心工作。目前表现的不足是项目经理的权限界定相对欠缺。
>
> 问题7：制造业、职能类企业如何应用项目管理？
>
> 制造业、职能类企业要应用项目管理，需对其业务工作进行项目化界定，对企业内符合"项目"特征的业务活动，优化企业资源，采用项目管理流程来进行管理。
>
> 资料来源：西安华鼎项目管理咨询公司．企业项目管理及应用预测—德尔菲法预测［J］．项目管理技术，2008（12）

2.1.2 设立项目的宏观经济条件

项目的宏观经济环境主要是指项目所在国国家的整体经济状况、政府的经济政策等，分析一个拟建项目是否具有建设的必要性，首先要从宏观的经济环境方面进行考察，主要有以下内容。

（一）项目建设是否符合国民经济均衡发展的需要

国民经济的均衡发展包括总量的均衡和结构的均衡。从一定意义上来讲，国民经济的均衡发展主要取决于结构的均衡，国民经济能否健康地发展，一个重要条件是国民经济各部门之间的比例关系协调，产业结构合理。对不合理的产业结构进行调整，其办法无非两条：一是调整固定资产存量进行重组；二是调整固定资产增量——合理安排新增投资比例来改善产业结构。这两种办法可以结合使用，但合理调整增量是基本措施。当国民经济出现不均衡时，就要及时地调整投资方向，给"瓶颈"产业以更多的投资，压缩"长线"产业的投资，从而积极地影响国民经济产业结构，促使国民经济转入良性循环，使国民经济趋于均衡发展。另一方面，由于经济形势不断发展，市场、技术、资源等条件不断变化，国民经济不能停留在原有的水平上协调发展，而必须使产业结构不断向高级化、现代化转变。这种转变，也要通过科学地确定和调整国民经济结构才能实现。

因此，对投资项目进行评估，应首先从宏观上分析考察项目的建设是否能对国民经济均衡发展起到促进作用，如果答案是肯定的，则可认为项目的建设是必要的；否则，认为项目的建设理由是不充分的，这一点对大型投资项目尤为重要。

（二）项目建设是否符合区域经济的需要

区域经济是指根据生产力最佳配置的要求，在一国或一个地区范围内，选择最适宜的地理位置和最佳的组合形式安排投资建设。由于不同地区的产业之间具有一定的"联系效应"，因而就存在着生产力布局的问题，科学的区域经济布局能够协调整个国民经济的发展。根据区域经济的要求，一个国家、一个地区的经济开发总是具有一定的顺序，按照"梯级开发"的规律，以发达地区的经济逐步带动落后或不发达地区经济的发展。合理的经济布局能够减少运输费用和生产成本，可以有效地利用各种资源，加快信息的传递，以同样的投资取得较好的经济效益。另外，合理的布局能够促进分工协作，加快经济发展，这是因为布局经济要求各地区根据自己的资源、技术和经济等方面的优势来发展经济，这样就会形成重点突出、各有特色的经济区域和生产组织，从而避免大而全、小而全，追求地区经济自给率的做法，促进地区间和地区内部的分工协作，从而达到加快地区经济和整个国民经济发展的目的。

因此，对投资项目进行考察评估，就应将拟建项目放进国家或地区的生产力布局中去，考察项目是否符合区域经济的要求。

(三) 项目建设是否符合国家的产业政策要求

一个国家的国民经济有一定的基础之后，都要制定相应的产业政策。产业政策是政府为了实现一定的经济和社会目标而制定的有关产业的一切政策总和。因此，产业政策在某种意义上最集中地反映了政府希望通过调整投资结构来实现经济发展目标的强烈愿望。产业政策确定了整个国民经济需要优先发展的产业和需要抑制发展的产业。具体讲，如果一个部门属于产业政策中政府鼓励发展的部门，那么它在整个国民经济中所占的比例将会增加，如果是政府限制发展的部门，它在整个国民经济中所占的比例将会减少。因此，产业政策对投资项目建设具有一种指导作用，引导投资者把资金投向鼓励发展的产业。从这个意义上讲，投资项目是实现国家产业政策的一个重要手段。

分析项目建设的必要性，就应该深入研究国家同期的产业政策，并把项目建设与产业政策的要求进行对比分析，只有符合国家产业政策要求的项目才能够成立。

2.1.3 设立项目的微观经济条件

从微观的角度考察项目的建设必要性主要从项目发起人（或项目业主）是否具备相应的资格，项目产品是否符合市场的要求，项目建设是否满足企业发展的要求，是否能将科研成果转化为社会生产力，以及能否取得预期的经济效益等方面进行考察。

(一) 项目发起人的背景条件

项目有关发起人的资格与未来项目实施的时间、成本、质量密切相关，因此，在评估时需要就发起人的背景条件作全面的分析，分析的主要内容包括发起人的经济技术实力（包括发起人的历史、经济实力、技术实力、经营状况等）、发起人的管理水平、资信程度、筹资能力、人力资源等。

(二) 项目发展概况

这是项目自身发展水平的描述，表明项目自身分析工作的进展程度，它说明了项目在多大程度上可能实现，包括已做过的试验试制工作、有关项目场址的初选意见、现有的投资环境是否适合项目的进一步发展等。

(三) 项目产品是否符合市场的要求

投资项目所生产的产品是不是为社会所需要，这从根本上决定了投资项目能否取得良好的经济效益，也就决定了投资项目是不是有必要建设。企业必须生产市场需要的产品，这是企业生产的真谛，投资项目也是如此。市场的变化必然引起生产产品结构的变化，同时也引起投资"热点"的变化。只有把资金投向适应市场需求的产品生产，投资才具有必要性。评估人员首先要通过市场的变化研究市场的需求情况，通过市场调查来了解和判断目前市场需求和供给状况，并结合市场预测方法了解市场未来的发展态势，判断项目投产后生产的产品是否符合市场的要求。

（四）项目建设是否符合企业发展的要求

企业的发展有各种途径，包括改变产品结构，扩大生产能力，拓宽经营范围等。无论选择哪种途径，一般都离不开投资。拟建项目应该符合企业发展的要求。评估人员首先要了解承担项目的企业的发展规划和要求，把企业的发展与全国的发展规划和地区或部门的发展规划结合起来进行分析，判断企业的发展是否与大环境相吻合；然后把项目投资与企业的发展规划和要求结合起来进行分析，看其是否符合企业发展规划和要求。如果符合要求，则认为项目是必要的。

（五）项目建设是否能将科研成果转化为社会生产力

21世纪是一个科技大爆炸的时代，科学技术的新现象、新特点带来了生产力和经济增长的新趋势，即科学技术进步已成为生产发展的主导因素，科学技术以渗透的方式凝结于生产力的实体要素之中，使生产力发生了质的变化。项目的成功与否在很大程度上取决于是否利用了先进的科学技术，在考察项目的建设必要性时，首先要对项目采用的科学技术分析、评估，看其是否有转化为现实的生产力的必要性和可能性。如果存在这种必要性和可能，则认为项目是必要的。

（六）项目建设是否能取得较好的经济效益、社会效益和环境效益

项目能否取得较好的经济效益、社会效益和环境效益，而且达到三个效益的统一也是需要考察的一个重要因素。效益是项目建设的根本所在，没有效益的项目就失去了立足之本。

2.2 市场调查

2.2.1 市场调查概述

市场调查是项目评估的一个非常重要的环节，它是获取市场信息的一种重要手段，是进行市场预测的前提和基础。市场调查是指运用科学的方法，有目的、系统准确的收集、记录、整理和分析反映市场状况的历史、现状及发展变化的资料的行为。通过市场调查，了解产品现有工厂的生产能力，掌握研究与竞争对手在产品需求和生产方面的动向，了解产品在国内外市场的竞争能力，以及进入国际市场的前景等，进而为拟订和论证产品方案和建设规模提供依据。

2.2.2 市场调查的程序

市场调查是一项有目的、有计划、有组织的活动。一般分为以下几个步骤。

（一）准备阶段

准备阶段主要是确定调查的目的、调查任务的内容和设计调查方案。

1. 确定目标。明确问题所在，即需要市场调查解决什么问题。市场调查在解决市场问题上要恰当，既不扩大调查范围，增加内容，也不为省事缩小调查范围。调查内容主要由市场调查人员确定，保证调查结果的效度。

2. 目标确定常用方法。根据调查目的的不同，可以采用如下三种方法确定。

探测性调查——企业对需要研究的问题和范围不明确，无法确定应该调查哪些内容，只能收集一些资料进行分析，找出症结所在，然后再作进一步研究。

描述性调查——描述性调查只是从外部联系上找出各种相关因素，并不说明何者为因，何者为果，即描述性调查旨在说明什么、何时、如何等问题，并不解释原因。与因果关系调查比较，描述性调查需要有一事先拟订的计划，需要确定收集的资料和收集资料的步骤，需要对某一专门问题提出答案。

因果关系调查——是为了弄清原因与结果之间的关系。例如关于房价弹性测试，要回答：房屋价格上涨10%，销售额是否会下降，下降多少？位置、环境、配置、品牌、企业实力、形象哪些因素在起主导作用？

3. 确定市场调查内容。确定调查内容的第一步是收集与调查目的有关的信息资料。第二步是分析研究资料，抽取最关键的内容和问题作为市场调查内容。第三步要与专家和委托人研究商讨，对初步调查内容进行筛选，去粗取精，去伪存真。最后对内容进行相关检验，对关联性强的内容要作适当取舍，不必列为全部调查内容。

（二）调查阶段

调查阶段主要是选择调查方法，制订市场调查方案，组建调查队伍，培训调查人员。通过实际的调查工作，完成与市场预测有关的资料收集工作。

1. 选择调查方法

（1）调查方法的选择原则。根据调查目标和内容选择调查方法，即内容决定方法，方法应满足准确性、及时性和经济性要求，然后根据方法调整内容。

（2）调查方法的选择。调查方法取决于调查对象，也就是说我们计划从哪里获得必要的调查数据，普通消费者、销售人员、专业人士、管理人员都有可能成为调查对象。然后确定样本量、抽样方法、调查区域、调查执行人员等。

2. 制订市场调查方案。市场调查方案是调查执行的指导文件和计划书，有了它就如同行军有了地图，永不会迷路。完整的市场调查方案应包括：①调查目的；②调查方法；③抽样方法；④调查时间安排；⑤调查负责人；⑥调查经费预算。

一般来说，市场调查的阶段，应严格执行市场调查方案。

（三）整理阶段

整理阶段主要是对市场调查所获取的资料进行鉴别和整理，并进行统计分析。如进行问卷复核，调查员完成的问卷必须复核才有效。目的是防止调查员作弊，检验调查质量（如抽样是否符合要求，回答的内容是否前后一致等）。

（四）总结阶段

总结阶段主要是撰写调查报告，总结调查工作和调查成果。市场调查报告是市场调查的最后文件，是调查结果的集中体现，一方面是对调查过程的总结，另一方面是对调查数据的分析整理。

2.2.3 市场调查的内容

市场调查按照调查的范围，可以分为市场环境调查和市场专题调查两大类。

（一）市场环境调查

市场环境调查又称为宏观调查，它的内容包括整个社会的经济、政治、文化、教育、自然地理等各个方面的调查。

经济环境：包括经济发展水平，科学技术发展水平，自然资源和能源状况，国民生产总值和国民收入，投资资源，人口数量及其构成分布，居民收入与消费结构，商业、服务业、对外贸易发展情况和市场物价等。

政治环境：包括政府的相关经济政策、法规和规章制度等。有涉外项目的，还包括国家间的关系和国际法规等。

社会文化环境：包括居民受教育程度、居民的职业构成、各民族的特点和风俗习惯、社会审美观念以及家庭组织规模等。

自然地理环境：包括地理位置、水文气候和其他的重要自然条件以及交通运输状况等。

（二）市场专题调查

市场专题调查也称为微观调查，它是根据项目可行性研究及项目评估的需要，为达到一定目标而在特定范围内选定专题进行调查。调查专题的内容因项目和产品的不同而不同。

产品需求调查：主要了解国内外市场需要什么产品，需要多少，以及产品发展的要求。具体包括产品现状、规格、性能和用途的调查，国内市场的调查以及国外市场调查等。

商品购买力与可供量调查：社会商品购买力调查首先要调查消费者的收支构成情况，消费结构与变化，以及收入的变化所引起的需求变化。社会商品可购量的调查主要是对一定时期内生产、库存、进口数量等商品的来源的调查。这种调查对于合理确定建设规模具有重要意义。

竞争能力调查：该项调查主要包括产品竞争能力调查、项目生产产品的性能在市场竞争中所具备的优势，国际市场上该产品的进出口的价格未来发展趋势，以及生产同类产品企业的生产水平和经营特点，诸如这些企业的生产规模、产量、设备、技术力量以及产品的成本利润等方面的特点。

2.2.4 调查的方法

市场调查方法比较多，一般可以根据调查对象、调查内容和调查目的，分别采用以下几种方法或同时几种方法结合应用。

（一）普查法

普查是专门组织的一次全面调查，用以搜集不能用通常调查法取得的一些较全面的精确资料。普查的特点是准确，但要花费大量人力、物力、财力和进行大量的准备工作。

（二）直接调查法

这种调查方法，是将所调查的内容，通过当面走访、电话、书面等形式向被调查者询问，以获取所需的资料。

1. 走访调查。这是一种当面听取被调查人意见的方法。可采用个别采访、小组访问及座谈会等形式进行调查。走访调查优点是当面听取意见，直接接触实际情况，具有直观性；通过直接交谈，互相启发，还可以互相探讨和向被访问者解释某些问题，具有启发性和灵活性，回收率较高。其缺点是访问人员的主观偏见常常影响调查资料的准确性；如果在较大范围内调查，成本较高。

2. 电话调查。采用电话调查可以建立长期资料供给关系，定期或不定期采访；也可以由调查人员根据抽样调查要求及规范样本范围，随时用电话向调查对象进行询问。这种方法的优点是经济迅速、情报及时；缺点是仅限于语言表达内容，无法利用照片、图样等。

3. 书面调查。书面调查又称函件通讯调查，将设计好的调查表寄给被调查者，让对方填好寄回。这种方法优点是：调查的范围广，对样本能进行地区上的合理分配；按设计标准答卷，可避免调查人员的主观意志影响，被调查人有充分的时间回答并能与周围人员交换意见，有较大的代表性。缺点是：回收率较低，使设计的样本在地区分配上产生误差；费时较长；对询问的事项，由于用文字表达可能使被调查者有误解之处。

（三）间接调查法

这是一种通过分析产品与用户之间内在联系，了解市场需求及发展趋势，达到调查目的的方法。

（四）抽样调查法

抽样调查是按随机原则，从总体（市场）中选取一部分进行调查，用以推算全部总体的一种调查。这是一种应用最广、最重要的调查方法。其特点：一是具有随机性。抽样调查完全排斥人的主观选择，在总体中每一个单位被抽取的机会是均等的，抽中抽不中纯粹是个偶然。二是从数量上推算全体。即通过对部分单位的调查研究，计算综合指标，从数量上推算全体。

抽样调查又因抽样方法的不同分为单纯随机抽样、机械抽样、分层抽样、分群抽样等方法。

1. 单纯随机抽样法。对所有调查对象都不作有目的的选择，而是单纯运用抽签的方法从总体中抽出有限的个体。这种方法简便易行，在随机抽样的过程中，总体中的任何个体都有相同的机会作为调查对象。

2. 机械抽样法。机械抽样法又称等距离抽样法。其具体步骤是：首先，把总体中全部个体编号（如1、2、…、n）；其次，依一定间隔等距抽出所需样本。这种方法比单纯随机抽样法误差小，它能使样本均匀地分布在总体的各部分中，实际工作中，机械抽样法应用较广。

3. 分层抽样法。分层抽样法又称同类抽样法。它是将总体中的各单位先按性质分类，然后在分类中采用单纯随机抽样法或机械抽样法抽取所要调查的单位。这种方法实质上是把科学分组和抽样原理相结合，增强调查对象的代表性。

4. 分群抽样法。分群抽样法又叫分群随机抽样法，分群抽样法与分层抽样法不同。在调查单位分布稀疏的地区，或总体的异质性很高并且难度很大而不能订立统一标准来进行分层的情况下，只能采用调查若干区域的办法，这就是分群随机抽样法。分群抽样时，所选定的区域应保持某些共性，例如人口数目、民族构成，但所调查的目标要广泛一些。分群抽样法，各群之间应具有共性，而每群内部又具有差异性。因此，适合随机法选取群体，再对被选中的群体进行普查。

（五）实验调查法

这种方法起源于自然科学的实际求证。当要推出一种新产品时，按照调查的项目选择一定的地点、对象、规模，开展小范围的实验，对其结果进行全面分析和评价，看有无推广价值，应如何改进才有效等。此法的优点是能获得比较正确的实验资料；但时间长、费用高，同时还有一定的局限性，不利于实验结果的比较。

【例 2-3】

调查方法应用 6 则

1. 日本某公司的信息获取与利用

美国法律规定，本国商品的定义是"一件商品，美国制造的零件所含价值必须达到这件商品价值的50%以上"。日本一家公司通过查阅美国有关法律和规定获知了此条信息。这家公司根据这些信息，思谋出一条对策：进入美国公司的产品共有20种零件，在日本生产19种零件，从美国进口1种零件，这1种零件价值最高，其价值超过50%以上，在日本组装后再送到美国销售，就成了美国商品，可直接与美国厂商竞争。

2. 商业密探：帕科·昂得希尔

帕科·昂得希尔是著名的商业密探，他所在的公司叫恩维罗塞尔市场调查公司。他通常的做法是坐在商店的对面，悄悄观察来往的行人。而此时，在商店里他的属下正在努力工作，跟踪在商品架前徘徊的顾客。他们的目的是要找出商店生意好坏的原因，了解顾客走进商店以后如何行动，以及为什么许多顾客在对商品进行长时间挑选后还是失望地离开。通过他们的工作给许多商店提出了许多实际的改进措施。如一家主要是青少年光顾的音像商店，通过调查发现这家商店把磁带放置过高，孩子们往往拿不到。昂得希尔指出应把商品降低放置，结果销售量大大增加。再如一家叫伍尔沃思的公司发现商店的后半部分的销售额远远低于其他部分，昂得希尔通过观察的拍摄现场解开了这个谜：在销售高峰期，现金出纳机前顾客排着长长的队伍，一直延伸到商店的另一端，妨碍了顾客从商店的前面走到后面，针对这一情况，商店专门安排了结账区，结果使商店后半部分的销售额迅速增长。

3. 楚汉酒店的经营之道

楚汉酒店坐落在南方某省会城市的繁华地段，是一家投资几千万元的新建大酒店，开业初期生意很不景气。公司经理为了寻找症结，分别从该市的大中型企业、大专院校、机关团体、街道居民中邀请了12名代表参加座谈会，并亲自走访东、西、南、北四区的部分居民及外地旅游者，调查后发现，本酒店没有停车站，顾客来往很不方便；居民及游客对本酒店的知晓率很低，更谈不上满意度；本酒店与其他酒店相比，经营特色是什么，大部分居民不清楚。为此，酒店作出了兴建停车场，在电视上做广告，开展公益及社区赞助活动，突出经营特色，开展多样化服务等决策。决策实施后，酒店的生意日渐火红。

4. 日本环球时装公司的市场调查

日本服装业之首的环球时装公司，由20世纪60年代创业时的零细企业发展成为日本有代表性的大型企业，靠的主要是掌握第一手"活情报"。他们在全国81个城市顾客集中的车站、繁华街道开设侦探性专营店，陈列公司所有产品，给顾客以综合印象，售货员主要任务是观察顾客的采购动向；事业部每周安排一天时间全员出动，3个人一组，5个人一群，分散到各地调查，有的甚至到竞争对手的商店观察顾客情绪，向售货员了解情况，找店主聊天，调查结束后，当晚回到公司进行讨论，分析顾客消费动向，提出改进工作的新措施。全国经销该公司时装的专营店和兼营店均制有顾客登记卡，详细地记载每个顾客的年龄、性别、体重、身高、体型、肤色、发色、使用什么化妆品，常去哪家理发店以及兴趣、嗜好、健康状况、家庭成员、家庭收入、现时穿着及家中存衣的详细情况。这些卡片通过信息网络储存在公司信息中心，只要根据卡片就能判断顾客眼下想买什么时装，今后有可能添置什么时装。试探式销售调查，使环球公司迅速扩张，且利润率之高，连日本最大的企业丰田汽车公司也被它抛在后面。

5. 柯达公司的市场调查

以彩色感光技术先驱著称的柯达公司，目前产品有3万多种，年销售额100多亿美元，纯利在12亿美元以上，市场遍布全球各地，其成功的关键是重视产品研制，而新产品研制成功即取决于该公司采取的反复市场调查方式。以蝶式相机问世为例，这种相机投产前，经过反复调查。首先由市场开拓部提出新产品的意见，意见来自市场调查，如用户认为最想要的照相机是怎样的，重量和尺码多大最适合，什么样的胶卷最便于安装、携带，等等。根据调查结果，设计出理想的相机模型，提交生产部门对照设备能力、零件配套、生产成本和技术力量等因素考虑是否投产，如果不行，就要退出重订和修改。如此反复，直到造出样机。样机出来后进行第二次市场调查，检查样机与消费者的期望还有何差距，根据消费者意见，再加以改进，然后进入第三次市场调查。将改进的样机交消费者使用，在得到大多数消费者的肯定和欢迎之后，交工厂试产。试产品出来后，由市场开拓部门进一步调查新产品有何优缺点，适合哪些人用，市场潜在销售量有多大，定什么样的价格才能符合多数家庭购买力。诸如此类问题调查清楚后，正式打出柯达牌投产。经过反复调查，蝶式相机推向市场便大受欢迎。

6. 澳大利亚某出版公司的网络问路

澳大利亚某出版公司曾计划向亚洲推出一本畅销书，但是不能确定用哪一种语言、在哪一个国家推出。后来决定在一家著名的网站作一下市场调研。方法是请人将这本书的精彩章节和片断翻译成多种亚洲语言，然后刊载在网上，看一看究竟用哪一种语言翻译的摘要内容最受欢迎。过了一段时间，他们发现，网络用户访问最多的网页是用汉字（简体中文）和朝鲜文字翻译的摘要内容。于是他们跟踪一些留有电子邮件地址的网上读者，请他们谈谈对这部书的摘要的反馈意见，结果大受称赞。于是该出版公司决定在中国和韩国推出这本书。图书出版以后，受到了读者普遍欢迎，获得了可观的经济效益。

资料来源：http://jpkc.hnuc.edu.cn/scdcyyc/?uid=2&cid=18&id=91.

2.3 市场预测

2.3.1 市场预测概述

（一）市场预测的定义

市场预测是指以市场调查所获取的信息资料为基础，运用科学的分析方法，对未来一定时期内市场发展的状况和发展趋势作出的正确估计和判断。它是对拟建项目产品的供应与需求的发展趋势以及相互联系的各种因素的变化进行分析、预见、判断和测算，其结果将为项目投资决策和经营决策提供依据。

（二）市场预测的意义

市场预测的主要作用是帮助说明项目建设的"必要性"。因此，市场预测的结果是判断项目建设有无必要的重要依据，从而可以避免项目的重复建设和盲目建设。它是保证实现社会供需平衡、提高项目的投资效益、促进国民经济协调发展的重要保证，也是项目投资效益分析指标正确与否的重要保证。

(三) 市场预测的分类

市场预测的种类可以从不同的角度进行分类。

1. 市场预测按预测的范围可分为宏观预测和微观预测。宏观预测是指从国民经济的角度来讲的，一般是对一个国家或一个地区的市场进行的预测；微观预测则是指对一个小范围的市场进行的预测。

2. 市场预测按预测的时间可分为短期预测、近期预测、中期预测和长期预测。短期预测是指预测期限在1年以内；近期预测是指预测期限在1~2年之间；中期预测的预测期限在2~5年之间；长期预测则是指预测期限在5年以上的预测。

3. 按预测的结果和性质可分为定性预测和定量预测。定性预测主要是对市场的性质、属性等进行的预测；定量预测主要是对市场的发展状况、程度、范围等进行的数量预测。

4. 按预测的内容可以分为购买力预测、需求预测、供给预测、资源预测、价格预测、市场占有率预测等。

5. 按项目评估的要求可分为市场潜量预测和市场发展趋势预测。

6. 按市场预测性质，可分为综合性预测和专项预测。综合性预测是对某地区整个市场发展趋势所作的预测；而专项预测则是对某一专项的市场变化情况所进行的预测。

【例2-4】

我国天然气资源的市场预测

近年来，全球液化天然气（LNG）的生产和贸易日趋活跃，正在成为世界油气工业新的热点。为保证能源供应多元化和改善能源消费结构，一些能源消费大国越来越重视LNG的引进，国际大石油公司也纷纷将其新的利润增长点转向LNG业务，LNG将成为石油之后下一个全球争夺的热门能源商品。目前，LNG是全球增长最快的一次能源，如果能在我国大力发展LNG，在很大程度上可弥补石油资源不足，保证能源供应的多元化，逐步提高我国环境质量，也是对西气东输等天然气管道输送工程的重要补充。

我国天然气资源与市场现状天然气的开发利用对一个地区而言可以被称为一次能源革命，还可带动和促进相关产业的发展，增加就业机会，促进区域经济和谐发展。当前，我国经济持续快速的发展势头仍在继续，但是能源却比较紧张。在国际石油价格节节升高的形势之下，我国的能源紧张局面越发显得严重。我国的能源结构以煤炭为主，石油、天然气只占很小的比例，远低于世界平均水平。随着国家对能源需求的不断增长，引进LNG将对优化我国的能源结构，有效解决能源供应安全、生态环境保护的双重问题，为实现经济和社会的可持续发展发挥重要作用。

1. LNG资源供给

我国LNG产业起步较晚，目前具有一定供气规模的生产厂家只有新疆广汇和海南海燃,年处理能力也只有 $6.3\times10^8 m^3/a$。已建成广东 LNG 接收站年供应量为 $370\times10^4 t/a$,折合 $51\times10^8 m^3/a$。广东 LNG 项目主要为珠江三角洲的燃气电厂、工业、民用、商业用户提供可靠的燃料,一期工程主要供应香港、深圳、广州、东莞、佛山 5 座城市及惠州、前湾、珠江、美视、东部 5 座电厂。作为我国第一个试点项目,该项目的投产点燃了国内市场对 LNG 的热情。福建、上海、浙江的 LNG 项目纷纷开工建设,且福建和上海项目已于日前分别获得了印度尼西亚东固和马来西亚国家石油公司的气源供应,这 3 个项目均属于中海油。

根据已探明资源储量和开发建设情况,我国可能获取国外 LNG 的主要地区和国家亚太地区、中东和非洲的天然气资源输出国和俄罗斯,通过船运输 LNG。

2. LNG 市场预测

我国的天然气产业是一个处于发展初期、快速发展的产业,近年来天然气消费量快速上升,从 2003 年的 $305\times10^8 m^3$ 达到 2006 年的 $500\times10^8 m^3$。2010 年,我国天然气市场需求超过 $1100\times10^8 m^3$,2020 年将达到 $2100\times10^8 m^3$。国内供应的缺口,使进口 LNG 成为必要的选择。但是不断上涨的 LNG 价格,将会抑制我国对 LNG 的需求,并进而减慢 LNG 项目上马的速度,国内 LNG 接收站的发展规模和速度应有理性思考。近年来,国际 LNG 价格上升了 1 倍,高昂的气源价格使 LNG 变成了富贵气,在经济发达的东部沿海地区才能消费得起。但大部分的进口 LNG 供给电厂用户,LNG 发电的成本要远高于煤电,我国又实施竞价上网,广东 LNG 电厂气源到厂价约 1.5 元/m^3,上网电价约 0.47 元/(kw·h),已经大大高于平均煤电、水电的上网价。LNG 价格每上升 0.1 元/m^3,LNG 的上网电价将上调约 1.7 分/(kw·h)。按照全国平均上网电价 0.4 元/(kw·h) 推算,燃气电厂可承受的气价为 1.2 元/m^3。按目前国际 LNG 价格,LNG 到厂价将会升到 3.0 元/m^3 左右,上网电价也将达到 0.73 元/(kw·h),这个电价是我国普通居民无法接受的。

LNG 高价格将直接影响我国市场对 LNG 的承受能力,并进而抑制需求。考虑到经济承受能力以及对清洁能源的需求,沿海城市要推进 LNG 的发展,必须充分考虑市场的价格承受能力,而且应构建气源多元化的格局,保障供气安全可靠。

2.3.2 市场预测的内容和程序

(一) 市场预测的内容

市场预测的内容主要是对市场的供应状况和需求情况进行预测。

1. 供应预测。供应是指在一定的价格水平下,商品生产者或供应者愿意并能够提供出售商品的数量。在进行供应预测时,既要注意国内市场的供给情况,还要注意国外市场的供应情况;既要预测分析产品的现有供应能力,还要预测分析现有生产企业潜在的增长趋势。

2. 需求预测。需求是指在一定价格水平下，在一定时间和空间范围内，消费者愿意并能够购买的某种（类）商品的数量，即对该商品的有购买力的市场需要。需求预测一般有近期市场需求预测和远期市场需求预测。当然，要做好需求预测，一方面，应在先分析国内市场对预测产品的需求情况及变化趋势的同时，还要对国外市场对预测产品的需求情况及其发展趋势进行分析和预测，同时预测进口和出口的可能。另一方面，要将生产资料和消费资料分别进行预测，因为这两类资料的需求量变化的影响因素是不相同的。生产资料的需求除取决于生产建设规模外，还取决于相关产业的发展速度；而消费资料的需求则取决于居民收入水平的高低。

（二）市场预测的程序

市场预测程序一般大致相同，都要经过下面几个过程。

1. 确定预测目标，制订工作计划。预测目标是指所需预测的具体对象的项目和指标，即它的用途是什么。目标确定后，根据预测目标的难易程度，配置预测人员，编制预测费用预算，安排工作日程，制订预测计划。

2. 收集分析有关资料。通过调查研究，收集市场信息和影响观测目标的各种因素的历史和现实资料。例如本行业（本企业）的历史统计资料、现行政策、当前市场动态。

3. 选择预测方法，制定模型。为提高预测质量，一般采用几种预测方法，对比验证预测结果，并利用统计、数学方法建立预测模型进行测算。

4. 分析评价预测结果。对预测内容和数值进行分析，找出产生误差的原因，从统计检验和直观判断两个不同方面，对预测结果进行评价，以判定预测结果的可信程度。

5. 选定预测方案，写出预测报告。根据对预测成果的评价意见，从比较中选定预测方案，最后编写预测报告。

2.3.3 市场预测方法

（一）近期需求的预测方法

近期需求的预测方法主要有简单平衡法、购买力估算法、相关因素法。

1. 简单平衡法。预测某商品的国内市场需求可按下式进行计算：

$$某商品的年需求量 = 年消费量 + 当年出口量 - 当年进口量 + 当年年末库存量 - 年初库存量$$

2. 购买力估算法。购买力估算法常用于预测对消费品的需求，预测居民的预期购买力。

$$居民的预期购买力 = 居民的预期货币收入 - 税收支付 - 存款净增额 - 其他非商品支出$$

分析预测居民对某类商品的购买支出在总商品的支出中所占的比例。

分析预测居民对某种商品的购买支出在某类商品支出中所占的比例，则预测期对某种商品的需求量应为

$$预测期某种商品的需求量 = 预期居民商品购买力 \times \frac{用于购买某类商品的支出}{购买商品总支出}$$

$$\times \frac{用于购买某种商品的支出}{购买某类商品总支出}$$

= 预期居民商品购买力

×用于购买某种商品的支出÷购买商品总支出

3. 相关因素法。在整个市场中，某种商品需求量的变化并不是孤立的，常与其他因素相关，即产品与产品之间存在着替代和互补的关系。这样，对某种商品的需求很可能与另外一种商品的需求量呈一种比例关系。此时，如果知道其中一种商品的需求量和它们之间的比例关系，就可预测另外一种商品的需求量，即

对某商品的需求量＝相关商品的需求量×比例系数

常用的相关因素法是弹性系数法，对某种商品需求量的大小总是取决于人们的收入水平与该商品的价格水平。即一定时期的消费水平与一定时期的居民收入水平和价格水平有着密切的联系。

（1）需求的收入弹性（E_i）。需求的收入弹性是指由收入变化引起的需求变化程度。大量的经济现象表明，一定时期消费者的消费水平取决于其收入水平的高低，即收入水平是消费水平的主要决定因素，在这一假定的条件下，可以应用需求的收入弹性预测某产品的需求量。

需求的收入弹性是用收入弹性系数来表示的。产品需求的收入弹性系数为需求量的相对变化与收入的相对变化之比。一般有点弹性与弧弹性之分，其计算公式为

$$（点弹性）E_i = \frac{Q_1 - Q_0}{Q_0} \bigg/ \frac{I_1 - I_0}{I_0}$$

$$（弧弹性）E_i = \frac{Q_1 - Q_0}{Q_1 + Q_0} \bigg/ \frac{I_1 - I_0}{I_1 + I_0}$$

式中：E_i 为产品需求的收入弹性系数；Q_1 为观察年产品的需求量；Q_0 为基期年产品需求量；I_1 为观察年的收入水平；I_0 为基期年的收入水平。

在这里，必须指出的是，以不同年份作为观察年与同一基期年进行比较，往往会得到不同的收入弹性系数，而收入弹性应该是一个相对稳定的常数值。这就要求在求出不同观察年份对于同一基期年的收入弹性后，再求出它们的平均值，然后用此平均值预测对某种商品的需求量。预测公式为

产品年需求量＝基期年产品需求量×（1＋产品需求的收入弹性

×预测年较基期年收入的增长率）

【例 2-5】

产品需求预测

通过市场调查，得到某地在 1991—1998 年居民人均收入与某种商品需求量的有关资料及以 1991 年为基期年求得的需求的收入弹性系数（点弹性）（见表 2-3）。

第 2 章 项目建设必要性评估

表 2-3　　　　　需求的收入弹性系数表

年份	人均收入（元）	需求量（万件）	产品需求收入弹性
1991	2000	1.2	
1992	2400	1.4	1.20
1993	2900	1.7	1.08
1994	3600	2.0	1.20
1995	4400	2.4	1.20
1996	5400	3.0	1.133
1997	6600	3.8	1.062
1998	8000	4.7	1.029

根据表 2-3 计算的结果，可求得该产品需求的收入弹性的平均值：

$(1.20+1.08+1.20+1.20+1.133+1.062+1.029)÷7=1.129$

若根据预测该地区在 2002 年人均收入将达到 15000 元，即比 1991 年增长 6.5 倍，若其他条件不变，则 2002 年该地对该产品的预测需求量为：

产品的预测需求量 $=1.2×(1+1.129×6.5)=10.006$（万件）

（2）需求的价格弹性。需求的价格弹性，即需求的相对变化与价格相对变化的比率。在市场条件下，一般地，产品的价格水平与消费者的需求有着密切的关系。即价格上升，需求量就下降；价格下跌，需求量就会上升。需求的价格弹性可用价格弹性系数来表示。产品的价格弹性一般有点弹性和弧弹性，其计算公式如下：

（点弹性）：$E_p = \dfrac{Q_1-Q_0}{Q_0} \Big/ \dfrac{P_1-P_0}{P_0}$

（弧弹性）：$E_p = \dfrac{Q_1-Q_0}{Q_1+Q_0} \Big/ \dfrac{P_1-P_0}{P_1+P_0}$

式中：E_p 为产品需求的价格弹性；Q_1 为新价格下的需求量；Q_0 为现行价格下的需求量；P_1 为新价格；P_0 为现行价格。

产品需求的价格弹性确定以后，在其他条件不变的情况下，即可以用来预测未来产品价格的变化对产品需求量的影响。

预测年产品需求量 = 基年价格下的需求量 ×（1 + 产品需求的价格弹性系数
　　　　　　　　　　× 预测年价格较基年价格的变化率）

【例 2-6】
某商品在 2001 年的单件价格为 100 元时，销售量为 15000 件，2002 年价格为 95 元时，销售量为 15800 件，则该商品需求的价格弹性为：

$E_p = (15800-15000)/15000×100/(95-100) = 1.067$

若该产品在 2008 年的单件价格为 92 元时，则 2008 年该商品的预测需求量为

$15000×(1+1.067×8\%) = 16280.4$（件）

(二) 发展趋势预测

市场发展趋势预测是对某种产品在以后若干时期内需求量的预测。由于项目的寿命期一般都比较长（多于5年甚至更长），所以在对项目进行市场的发展趋势预测时，都要进行长期预测。市场发展趋势预测的方法主要有：

1. 时间序列预测法。时间序列预测法是市场发展趋势预测中常用的一种方法。它是将经济统计指标的数值，按时间的先后次序排列，根据时间序列所反映出来的发展过程、方向和趋势，进行推导或延伸，据以预测下一时期或以后若干时间内可能达到的水平。在这里需指出的是，用时间序列预测法来进行预测是有一定假设的，即假定某因素的发展变化规律、趋势、速度与该因素以后的发展变化规律、趋势和速度大体相似，同时，也假定市场的发展变化是渐进式的而非跳跃式的。

时间序列预测法用于市场预测时，有多种方法，如移动平均数法（简单移动平均数法和加权移动平均数法）、指数平滑法。下面介绍几种常用的预测方法。

（1）简单移动平均法。简单移动平均法也称一次移动平均法。这种方法是采取滚动引进数据而不断地改变平均值（称为简单移动平均值），并据此进行预测的一种方法。移动平均值的反应速度，是由调整移动平均中所包括的周期数和对每一周期的加权所控制的。用公式表示为：

$$\hat{X}_{t+1} = M_t^{(1)} = \frac{X_t + X_{t-1} + \cdots + X_{t-n+1}}{n}$$

式中：$\hat{X}_{t+1}$为第 $t+1$ 期预测值；$M_t^{(1)}$为第 t 期的一次移动平均值；X_t 为第 t 期的观察值；n 为数据的个数，也即移动平均期数。

【例 2-7】

表 2-4 是某商业企业季末库存的资料，试用简单移动平均法对该企业下一季末的库存进行预测。

表 2-4　　　　　　　　　　某商业企业季末库存资料

观察期季末库存（万元）	n = 3		n = 5	
	$M_t^{(1)}$	$\lvert e_t \rvert$	$M_t^{(1)}$	$\lvert e_t \rvert$
10.6	—	—	—	—
10.8	—	—	—	—
11.1	—	—	—	—
10.4	10.83	0.43	—	—
11.2	10.77	0.43	—	—
12	10.9	1.1	10.82	1.18
11.8	11.2	0.6	11.1	0.7
11.5	11.67	0.17	11.3	0.2

续表

观察期季末库存（万元）	n = 3		n = 5	
	$M_t^{(1)}$	$\lvert e_t \rvert$	$M_t^{(1)}$	$\lvert e_t \rvert$
11.9	11.77	0.13	11.38	0.52
12	11.73	0.27	11.68	0.32
12.2	11.8	0.4	11.84	0.36
10.7	12.03	1.33	11.88	1.18
10.4	11.63	1.23	11.66	1.26
11.2	11.1	0.1	11.44	0.24

由表 2-4 可以看出，季末库存额总的来说无趋势变动，但有些小的波动。为了消除随机因素引起的不规则变动，对观察值作简单移动平均，并以移动平均值为依据预测库存额的未来变化。为了对比不同移动平均期数的预测误差的不同，分别取跨越期 $n=3$，$n=5$ 同时计算。

当 $n=3$ 时：

（1）计算一次平均值。

$$M_4^{(1)} = \frac{Y_3 + Y_2 + Y_1}{3} = \frac{11.1 + 10.8 + 10.6}{3} = 10.83(万元)$$

……

$$M_{14}^{(1)} = \frac{Y_{13} + Y_{12} + Y_{11}}{3} = \frac{10.4 + 10.7 + 12.2}{3} = 11.1(万元)$$

（2）计算各期移动平均值与实际观察值的离差绝对值，并计算平均绝对误差。

$$MAE = \frac{\sum \lvert e_t \rvert}{n} = \frac{6.19}{11} = 0.563(万元)$$

当 $n=5$ 时，可同理计算得到预测值和平均绝对误差（见表 2-4），此时

$$MAE = \frac{\sum \lvert e_t \rvert}{n} = \frac{5.96}{9} = 0.662(万元)$$

明显大于 $n=3$ 时的预测误差，所以确定移动平均期数取 3。

（3）对下期库存额进行预测。

第 15 期季末库存额预测值为

$$M_{15}^{(1)} = \frac{Y_{14} + Y_{13} + Y_{12}}{3} = \frac{11.2 + 10.4 + 10.7}{3} = 10.77(万元)$$

从这个例子可以看出，简单移动平均法可以消除由于偶然因素引起的不规则变动，同时又保留了原时间序列的波动规律。而不是像简单平均法那样，仅用若干个观察值的一个平均数作为预测值。另外，每一个移动平均值只需几个观察值就可计算，需要存储的数据很少。但是，简单移动平均法也有其局限性：一方面，这种方法只能向未来预测

一期；另一方面，对于有明显趋势变动的市场现象时间序列，简单移动平均法不合适，因为简单移动平均法大大滞后于现实观察值。

（2）加权移动平均数法。简单移动平均数法计算较为简便，但缺点是预测值总是落后于实际值，有较为明显的偏差。原因是离预测期越近的数据，对预测期的影响越大，反之亦然。因此，加权移动平均法正是考虑了这种影响因素，给预测期内的数据以不同的权数来加以调整。

加权移动平均法与简单移动平均法相比，能准确地反映实际发展趋势。但是，要给各期确定比较合理的权数，却是有一定的难度。尤其是如果最后几期所取的权数越大，风险也就越大，也就越易受偶然因素影响。

加权平均法的公式为

$$F_{t+1} = \frac{W_t Y_t + W_{t-1} Y_{t-1} + \cdots + W_{t-n+1} Y_{t-n+1}}{\sum_{i=t-n+1}^{t} W_i}$$

式中：F_{t+1} 为加权移动平均预测值；Y_t 为时间序列中第 t 期观察值；W_t 为移动平均的权数；n 为跨越期。

【例 2-8】

现仍引用简单移动平均中所举的例子（见【例 2-7】），令 $n=3$，权数由远到近分别为 0.1, 0.2, 0.7。计算结果见表 2-5。

表 2-5　　　　　　　　　　某商业企业季末库存资料

观察期季末库存（万元）	F_{t+1} ($n=3$)	$\lvert Y_t - F_{t+1} \rvert$
10.6	—	—
10.8	—	—
11.1	—	—
10.4	10.99	0.59
11.2	10.58	0.62
12	11.03	0.97
11.8	11.68	0.12
11.5	11.78	0.28
11.9	11.61	0.29
12	11.81	0.19
12.2	11.93	0.27
10.7	12.13	1.43
10.4	11.13	0.73
11.2	10.64	0.56

$$F_4 = F_{3+1} = \frac{W_3 Y_3 + W_2 Y_2 + W_1 Y_1}{W_3 + W_2 + W_1} = 10.99(万元)$$

同理算得 $F_{14} = 10.64$（万元），$F_{15} = 10.99$（万元）。F_{15} 为下期预测值。

根据表中计算数据，此问题的预测误差为

$$MAE = \frac{1}{n}\sum |e_t| = \frac{6.05}{11} = 0.55(万元)$$

可见，其误差小于简单移动平均法计算的结果。这说明对于这个问题，用加权移动平均法预测更符合实际。

（3）指数平滑法。指数平滑法是利用历史资料进行预测的应用最普遍的方法。它能消除利用加权移动平均法计算的缺点。其预测的公式为：

$$F_{t+1} = F_t + a(M_t - F_t)$$

或者

$$F_{t+1} = M_t a + (1 + a)F_t$$

式中：a 为平滑系数（在 0 与 1 之间）；M_t 为上期的实际值；F_t 为上期预测值；F_{t+1} 为本期预测值。

这个公式的含义：在本期预测数上加上一部分用平滑系数 a 调整过的本期实际数与本期预测数之间的差，就可求出下期预测数。用指数平滑法计算出的预测数一般介于本期实际数与本期预测数之间。平滑系数 a 的大小可根据过去的预测数与实际数的比较而定。如果二者之间的差额大，则 a 的值应取大一些；反之，则 a 的值应取小一些。a 的值越大，则表示近期的倾向性变动影响越大；反之，a 的值就越小，也就越平滑。

用指数平滑法进行预测比较简便易行，只需具备本期实际数、本期预测数、平滑系数 a 即可。

【例 2-9】

某种产品的本期实际数与预测数分别为 20 万件和 19.8 万件，平滑系数 a 为 0.9，则下期预测数为：

$$下期预测数 = 19.8 + 0.9 \times (20 - 19.8) = 19.98（万件）$$

2. 回归预测法。回归预测法是将自变量与因变量之间的相关关系，用回归方程的形式表示，并根据自变量的数值变化预测因变量数值变化的方法。用回归方程表示的方程为

$$y = a + bx \tag{2.1}$$

式中：y 为预测的因变量；x 为自变量；a 为纵轴截距；b 为直线的斜率。

运用最小二乘法和二阶导数可得下列公式，用来计算 a 与 b 的值：

$$\sum y = na + b\sum x \tag{2.2}$$

$$\sum xy = a\sum x + b\sum x^2 \qquad (2.3)$$

式中：n 为项目年份数。

回归预测法主要有两种用途，分别是趋势预测和因果分析。

回归预测用于趋势预测时，其自变量代表统计资料的时间。同时，在预测过程中，为了简化值的计算，可令 $\sum x = 0$，这时公式（2.2）、(2.3) 可简化为：

$$a = \sum y / n \qquad (2.4)$$

$$b = \sum xy / \sum x^2 \qquad (2.5)$$

【例 2–10】

某种产品在 1991—1998 年间的实际销售量如下：

1991 年　　12 万件
1992 年　　12.5 万件
1993 年　　13.2 万件
1994 年　　13.5 万件
1995 年　　14 万件

运用上述资料就可预测 1996 年该产品的销售量（见表 2–6）。

将上表中的有关数字代入公式（2.4）、(2.5) 即可算出 a、b 的值：

$$a = 65.2 \div 5 = 13.04$$
$$b = 5 \div 10 = 0.5$$

将 a、b 值代入公式（2.1）即可求得 1996 年的预测销售量：

$$y = a + bx = 13.04 + 0.5 \times 3 = 14.54 (万件)$$

表 2–6　　　　　　　　　　产品销售量预测表

年份	销售量（万件）	x	xy	x^2
1991	12	-2	-24	4
1992	12.5	-1	-12.5	1
1993	13.2	0	0	0
1994	13.5	1	13.5	1
1995	14	2	28	4
合计（$n=5$）	65.2	0	5	10

当自变量代表某种因素时，预测就属于因果分析。它是利用不同事物之间的因果关系来预测未来的一种方法。

回归预测法根据自变量的多少，可分为一元线性回归预测法和多元线性回归预测法。凡是以一个自变量的变化去预测因变量的方法，就称做一元线性回归预测法；凡是以两个或两个以上的自变量去预测因变量的方法，就称做多元线性回归预测法。

2.3.4 产品生命周期分析

（一）产品生命周期的概念

一件产品自开发过程结束，从投入市场开始到被市场淘汰为止的一段时期就称为产品的生命周期。

产品的生命周期按其销售量趋势一般可分为导入期、成长期、成熟期和衰退期四个时期。如图2-1所示。

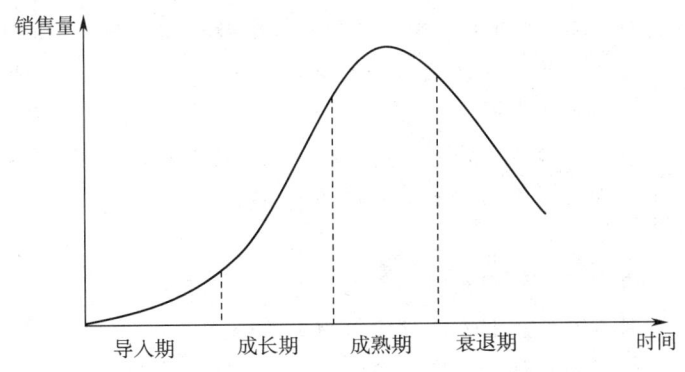

图2-1 产品的生命周期图

1. 导入期。新产品在刚投入市场时，因消费者还不熟悉其性能，需要经过一定时期的推广，销售量才缓慢上升。

2. 成长期。产品已逐渐被广大消费者所熟知，销售量迅速上升。

3. 成熟期。产品已逐步满足市场需要，同时同类型竞争产品纷纷进入市场，使产品销售量趋于稳定，并在高水平上呈上下波动状态。其中，销售量稳步上升的时期称为成熟期；销售量稳定的时期称为饱和期。

4. 衰退期。产品趋于老化并逐渐被市场上出现的新产品所代替，销售量急剧下降，趋于被淘汰。

产品生命周期只是表明了产品销售的一般趋势，并不表明各个阶段的具体时间。同时，由于产品的性质和功能的不同，也使得不同产品之间的生命周期的期限也不尽相同。因此，应对不同的产品进行具体分析。

当然，在产品的生命周期分析中，产品的概念应是指产品的品种或者类型，而非指产品的种类或产品的牌号。

【例2-11】
J牌小麦啤酒生命周期延长策略

国内某知名啤酒集团针对啤酒消费者对啤酒口味需求日益趋于柔和、淡爽的特点，积极利用公司的人才、市场、技术、品牌优势，进行小麦啤酒研究。2000年利用其专利科技成果开发出具有国内领先水平的J牌小麦啤，这种产品泡沫更加洁白细腻，口味更加淡爽柔和，更加迎合啤酒消费者的口味需求，一经上市便在低迷的啤酒市场上掀起一场规模宏大的J牌小麦啤消费的概念消费热潮。

（一）J牌小麦啤的基本状况

J牌啤酒公司当初认为，J牌小麦啤作为一个概念产品和高新产品，想要很快获得大份额的市场，迅速取得市场优势，就必须对产品进行一个准确的定位。J牌集团把小麦啤定位于零售价2元/瓶的中档产品，包装为销往城市市场的500ML专利异形瓶装和销往农村、乡镇市场的630ML普通瓶装两种。合理的价位、精美的包装、全新的口味、高密度的宣传使J牌小麦啤酒2000年5月上市后，迅速风靡本省及周边市场，并且远销到江苏、吉林、河北等外省市场，当年销售量超过10万吨，成为J牌集团一个新的经济增长点。由于上市初期准确的市场定位使J牌小麦啤迅速从诞生期过渡到高速成长期。

高涨的市场需求和可观的利润回报使竞争者也随之发现了这座金矿，本省的一些中小啤酒企业不顾自身的生产能力，纷纷上马生产小麦啤酒。一时间市场上出现了五六个品牌的小麦啤酒，而且基本上都是外包装抄袭J牌小麦啤，酒体仍然是普通啤酒，口感较差，但凭借1元左右的超低价格，在农村及乡镇市场迅速铺开，这很快造成小麦啤酒市场竞争秩序严重混乱，J牌小麦啤的形象遭到严重损害，市场份额也严重下滑，形势非常严峻。J牌小麦啤因此从高速成长期，一部分市场迅速进入了成熟期，销量止步不前，而一部分市场由于杂牌小麦啤酒低劣质量的严重影响，消费者对小麦啤不再信任，J牌小麦啤销量也急剧下滑，产品提前进入了衰退期。

（二）J牌小麦啤的战略抉择

面对严峻的市场形势，是依据波士顿理论选择维持策略，尽量延长产品的成熟期和衰退期最后被市场自然淘汰，还是选择放弃小麦啤酒市场策略，开发新产品投放其他的目标市场？决策者经过冷静的思考和深入的市场调查后认为：小麦啤酒是一个技术壁垒非常强的高新产品，竞争对手在短期内很难掌握此项技术，其产品也就无法缩短与J牌小麦啤之间的质量差异；小麦啤酒的口味迎合了当今啤酒消费者的流行口味，整个市场有较强的成长性，市场前景是非常广阔的。所以选择维持与放弃策略都是一种退缩和逃避，失去自己投入巨大心血打下的市场实在可惜，而且研发新产品开发其他的目标市场，研发和市场投入成本很高，市场风险性很大。如果积极采取有效措施，调整营销策略，提升J牌小麦啤的品牌形象和活力，使其获得新生，重新退回到成长期或直接过渡到新一轮的生命周期，自己将重新成为小麦啤酒的市场引领者。

> 事实上,通过该公司准确的市场判断和快速有效的资源整合,J牌小麦啤化险为夷,夺回了失去的市场,焕发出强大的生命活力,重新进入高速成长期,开始了新一轮的生命周期循环。
>
> 资料来源:改引自:闫志民. 中国营销传播网,http://marketing.jpkc.gdcc.edu.cn/show.aspx?id=16&cid=18.

(二) 产品生命周期分析的方法

产品生命周期分析,一般采用下列方法。

1. 销售增长率法。判断产品处于其生命周期的哪个阶段,可以采用销售增长率法。

$$销售增长率 = 销售额增加量/时间增加量$$

当销售增长率大于10%时,产品处于成长期,说明可以投资建设生产该产品的项目。

当销售增长率介于0~10%时,产品已进入成熟期,项目决策应慎重。

当销售增长率小于0时,产品即将或已经进入衰退期,不宜安排新建该产品项目。

2. 销售趋势分析法。销售趋势分析法主要是根据过去历年销售额的数据,观察其发展趋势,从而判断该产品所处生命周期阶段,以便为确定项目的生产规模提供参考依据。

3. 产品普及率分析。在一般情况下,产品的普及率愈高,其社会需求量就愈低,因而考察产品的普及率可以作为产品所属生命阶段的辅助方法。常用的产品普及率有人口普及率和家庭普及率。

$$人口普及率 = 社会拥有量/人口总数$$

$$家庭普及率 = 社会拥有量/家庭总数$$

$$社会拥有量 = 历年生产累计量 + 历年进口累计量 - 历年出口累计量$$
$$- 历年企事业单位拥有量 - 历年报废数累计$$

许多耐用消费品一般可根据经验数据来判断其生命周期,即产品普及率在10%以下的,属于导入期;产品普及率在10%~30%的,大体上处于成长期;产品普及率在50%~70%的,大体上处于成熟期;产品普及率在70%以上的,处于衰退期。

4. 经验判断法。经验判断法是一种凭熟悉市场情况者的经验进行推测的方法。这种方法比较适用于新产品的预测,这是因为对一种新产品的预测,市场调查资料往往缺乏说服力,难以适应预测需要。

经验判断法是通过向有关专家、市场销售人员以及用户等进行访问、座谈、函询等形式,收集某种产品的各种需求情况,然后将这些意见集中进行综合分析,作出相应的预测。比较常见的经验判断法是专家调查法。

用专家预测法进行预测,既可以进行定性预测,也可以进行定量预测。在进行定量预测时,主要是要求专家们回答可能发生的概率,然后,再求出概率的加权平均值,以此平均值来进行判断和预测。

2.3.5 市场需求预测应考虑的主要因素和预测结果的综合分析

（一）市场需求预测应考虑的主要因素

商品市场需求量的变化受到诸多因素的制约和影响。因此，进行商品市场需求预测时，应充分考虑这些相关因素。

1. 产品的消费对象。不同的产品消费对象有着明显的差异。预测时，说明本产品主要消费对象是居民个人还是机关厂矿企业，是以家庭作为消费单位还是集团消费单位。说明本产品的消费域。

2. 产品的消费条件。消费条件因产品特点性能而异。如汽车的消费需要具备相应的道路交通条件，要有停车场（小车），要有汽油等，电视机、电冰箱的消费需要有电，等等。预测某一种产品的市场需求量时，应将那些不具备消费条件的消费域从消费对象总量中剔除掉。

3. 产品更新周期的特点。要考虑产品升级换代的要求。各种产品的耐用程度不同，品种质量不同，它们的更新周期也不同。一般来说，更新周期长的产品在一定时期内需要量相对要少，随着生产量增加，在一定条件下，可能提高达到饱和状态。

4. 可能出现的替代产品，即代用品。

5. 本产品使用中可能产生的新用途。产品新用途的出现，意味着扩大了本产品的消费领域，扩大了市场需求容量。

6. 本产品出口的可能性。多数产品都有国际市场。如果拟建项目的产品从质量和技术投入等方面，具备在国际市场上进行竞争的能力，则应考虑国外市场对本产品的需求。可行性研究工作中，要说明本产品是否有出口需求，出口市场是哪些国家和地区。对本产品在国际市场竞争中有哪些优势，维修保养优势等逐一说明。国家对本产品出口有何限制条件或鼓励措施。

分析本产品出口对象的国家和地区是否实行贸易保护政策，进口本产品时有无附加条件。实际工作中，有一些建设项目，在可行性研究和项目评估阶段，进行产品市场需求预测时，由于不考虑产品更新周期的特点，忽视产品升级换代的需求，使得一些项目经历了苦涩的三部曲，即决策在产品市场成长期——英明正确，建设在产品市场成熟期——胜利在望，投产在产品市场过剩期——悔之晚矣。下面两个事例颇能说明这个问题。

【例 2-12】

华东某有线电厂1981年花了3050万法郎从法国引进了一条打印机生产线，年产LX-2B打印机1.2万台，这种打印机当时在国内是比较先进的，处于市场成长期。时隔三年，该打印机生产线竣工投产，但国内打印机市场已经被一种新型的3070型24针汉英打印机占领。这种新的打印机性能好，体积小，价格也便宜。结果该厂用进口散件组装的打印机无人问津，用低于成本23元的价格抛售，也只卖出了13台，该生产线被迫停止生产，整机和散件大量积压，造成巨大投资浪费。

【例 2-13】

某磁记录设备厂是 1984 年从国外引进的磁盘装配线项目，元件、零配件全部依赖进口，所生产的 8 英寸温盘机产品，其性能当时在国内较先进。该项目 1984 年开工建设，到 1987 年 11 月建成投产，花了三年时间，累计完成投资 3195 万元，其中花费外汇 420 万美元。由于磁记录设备属技术密集型产品，更新换代周期短、速度快。该项目建成投产时，国内磁记录设备产品市场已被性能更先进的 5 英寸和 3 英寸温盘机产品所占领，8 英寸温盘机已全部被淘汰，元器件、零配进口来源渠道完全中断，致使该项目建成投产后到 1990 年，除试制少量的产品外，一直处于停产状态，3000 余万元的投资闲置浪费。

(二) 市场预测结果的综合分析

为了估计拟建项目产品的市场需求和供应状况，应根据前一工作阶段所进行的市场需求调查和市场预测的数据，编制综合分析表。

国内需求量 = 国内消费量 + 国内未满足的需求量

市场总需求量 = 国内需求量 + 出口量

市场总供应量 = 国内现有生产能力 + 在建项目生产能力 + 已批拟开工项目生产能力 + 进口量 - 退役报废的生产能力

市场总需求不足额 = 市场总需求量 - 市场总供应量

总需求不足额即潜在的产品市场。如果不同时期总的预测需求量都超过预测供应量，说明产品长期处于"短线"，本项目的产品就有比较可靠的市场。如果市场需求总数量与市场供应总数量基本相等或忽高忽低，那么产品是不是有销售市场，则需要作进一步的调查分析，如本项目的产品是否在竞争中处于有利地位，是否有可能代替进口产品，等等，以判断项目的产品是否确实有销售市场。如果各个预测时期的市场需求总数量超过市场供应总数量，说明项目的产品有市场。但应了解是否有生产同类产品的项目准备上马。

【例 2-14】

某电子产品的市场供需调查预测如表 2-7 所示

表 2-7　　　　　　　　市场供需调查预测表

项目	目前状况	项目投产时状况	项目投产 5 年后状况	项目投产 10 年后状况
国内销售	1000			
未满足的需求	200			
国内需求	1200	1400	2200	3000

续表

项目	目前状况	项目投产时状况	项目投产5年后状况	项目投产10年后状况
出口	0	0	200	400
总需求	1200	1400	2400	3400
国内现有生产能力	700	1000	1900	2500
进口	400	200	0	0
总供给	1100	1200	1900	2500
总需求量超过总供给量	100	200	500	900
本项目产量	0	100	150	150

【本章小结】

本章主要讨论项目建设的必要性评估，它是对可行性研究报告中提出的项目建设的理由进行重新审查、分析和再评价的过程。分析了设立项目的四个基本动因，从宏观角度和微观角度分别考察了项目建设的必要性。重点强调了市场调节的重要性，并充分介绍了市场调查和市场预测的理论和方法。

【习题】

1. 尝试比较国家"十一五"规划与"十二五"规划的主要区别。
2. 请查找国家最新公布的5项国民经济投资项目管理的相关政策，并解释其具体含义。
3. 请登录国家发展和改革委员会的网站 http://www.sdpc.gov.cn/，对其职能进行了解，并说明其在投资项目宏观经济必要性分析中的作用。
4. 请选择登录3个地方发展和改革委员会的网站，对其职能进行了解，说明其在投资项目宏观经济必要性分析中的作用。并比较说明不同地方投资项目管理的差异。
5. 请尝试解释企业设立项目对国民经济的意义。
6. 分组完成一个市场调查计划。
7. 设某地区洁净牌洗衣机价格为690元时，销售量为2000台；降价到650元后，销售量为2500台。试计算该洗衣机需求量的价格弹性，并阐明其经济意义。
8. 根据2002—2006年某市个人电脑消费量及人均可支配年收入（见表2-8），请用收入弹性法预测2010年该市个人电脑消费量（假设：年人口增长率为0.6%，2010年人均可支配收入较2006年增长50%。计算过程中结果保留整数）。

表 2-8　　　某市 2002—2006 年个人电脑消费量和人均可支配收入

年份	人均可支配收入/（元/年）	人口/万人	个人电脑消费量/台
2002	9338	919	805963
2003	10313	926	867662
2004	11467	932	950640
2005	12639	939	1028205
2006	14283	948	1135704

9. 2001—2006 年某市液晶电视消费量和平均销售价格如表 2-9 所示，如果 2007 年液晶电视平均销售价格下降到 10000 元/台，请用价格弹性系数法预测 2007 年液晶电视需求量。

表 2-9　　　某市 2001—2006 年液晶电视平均销售价格及销售量

年份	液晶电视价格/（元/台）	液晶电视消费量/万台
2001	20000	58
2002	18000	75
2003	16500	89
2004	14000	128
2005	12500	169
2006	11500	207

10. 某品牌游戏机某年 1、2 月各周及 3 月第一周销售量如表 2-10 所示，请用简单移动平均法预测该游戏机 3 月份的销售量（取 $n=3$）。

表 2-10　　　某游戏机专卖店各销售量

时间		序号	销售量/千台	移动平均预测
1 月	第一周	J1	55	—
	第二周	J2	40	—
	第三周	J3	36	—
	第四周	J4	50	44
2 月	第一周	F1	75	42
	第二周	F2	82	49
	第三周	F3	90	59
	第四周	F4	70	61
3 月	第一周	M1	54	65

11. 某公司 2008 年 1—11 月份的销量如表 2-11 所示，请预测 2008 年 12 月份的产值。用一次算术移动平均法对 12 月份的销量进行预测，$n=3$ 时预测值为 67.67，$n=4$ 时预测值为 67.25，现在采用加权平均法再进行预测。

表 2-11　　　　　　　　　某公司 2008 年 1—11 月份的销量

月份	1	2	3	4	5	6	7	8	9	10	11
销量	60	62	70	62	70	65	77	66	67	66	70

12. 某市 1999—2006 年第二产业电力消耗及同年第二产业产值见表 2-12，假设该市未来三年第二产业产值的平均增长速度为 15%，请用一元线性回归法预测 2009 年该市第二产业的耗电量。

表 2-12　　　　　　　　　某市第二产业产值与第二产业电力消耗

年份	第二产业产值/千亿元	第二产业电力消耗/亿 kw.h
1999	2.75	151.09
2000	3.08	171.83
2001	3.37	181.89
2002	3.72	205.33
2003	4.37	230.16
2004	6.19	259.61
2005	7.17	292.49
2006	8.25	330.51

13. 某商贸企业 2009 年 1—8 月销售商品 A 的销售额如表 2-13 所示。

表 2-13　　　　　　　　　　销售情况统计

月份	1月	2月	3月	4月	5月	6月	7月	8月
销售额/万元	4.55	2.96	3.43	3.92	2.68	3.25	3.98	4.26

(1) 简述简单移动平均法的优缺点及适用范围。
(2) 请运用简单移动平均法预测 2009 年第四季度销售额（$n=3$）。
(3) 假定 $a=0.3$，请建立一次指数平滑预测模型，并预测 9 月份的销售额。

14. 某时尚电子产品 A，经过几年的市场培育，目前在某地区市场上有较好的销售水平，其 2005—2006 年的产品销售量和人均年收入水平如表 2-14 所示。K 企业是该产品的主要生产厂商之一，欲在 2010 年引进新的生产线扩大生产，预计改扩建工程项目可在 2010 年底建成，2011 年正式运营。由于该改扩建工程投入较大，公司管理层希望市场分析人员分析该产品在 2011 年的需求状况，同时合理预测改扩建工程完成后 10 年的市场状况，为改扩建项目的财务评估提供依据。

表 2-14　　　　　某地区 2005—2009 年人均年收入和 A 产品的市场销售

年份	2005	2006	2007	2008	2009
人均收入（元/年）	12000	15600	18000	19200	24000
销售量/万台	18	25	30	38	50

预测该地区 2009—2011 年人均收入将保持 5.5% 的年平均增长率，请利用收入弹性

法预测 2011 年该市场对 A 的需求量。

【推荐阅读】

（1）柴宏，研振荣．政府投资的一般项目建设必要性研究方法之探讨［J］．中国工程咨询，2007（12）：20.

（2）谷志杰，张君纬，信占莹，李欣亮．石家庄城市轨道交通项目建设的必要性探讨［J］．铁道运输与经济，2006（9）：47～49.

（3）马健鹏．尼日利亚铁路建设的必要性［J］．科技资讯，2008（7）：54.

（4）龙翔．工程项目可行性研究与立项［J］．城市道桥与防洪，2006（6）：159～164.

（5）尚尔杰，穆剑．油气勘探中的项目设立与管理［J］．中国石油勘探，2001（1）：46～50.

（6）王军．项目可行性研究中市场分析的科学性［J］．技术经济，2003（12）：52～53.

（7）张品一．企业投资项目市场分析的研究［J］．管理与财富，2009（10）：14～15.

（8）孙玉梅，刘洪玉．贷款项目房地产市场分析的有效性评估［J］．中国房地产，2003（11）：6～8.

（9）深圳世联．旅游地产开发的市场分析［J］．百年建筑，2005（7）：64～67.

（10）钟心，郑毅．广东珠海 LNG 项目市场分析预测［J］．中山大学学报论丛，2007（2）：55～59.

（11）董杰．施工项目规模分析与管理探讨［J］．山西建筑，2009（36）：206～207.

第 3 章

项目生产规模与建设生产条件评估

在项目建设具备充分的理由后,需要确定项目建设的合理规模,然后根据项目的规模进一步分析项目建设和生产所需要的条件,这包括两方面的含义:一是指项目本身的建设条件,二是指项目建成或者交付使用后的生产经营条件。拟建项目必须建立在建设条件可靠,经营条件稳定的基础上。

3.1 项目生产规模分析

3.1.1 项目生产规模的概念及其决定因素

(一) 项目生产规模的概念

所谓生产规模,是指劳动力、劳动手段和劳动对象等生产要素与产品在一个经济实体中的集中程度。在可行性研究中,对工业项目来说,生产规模一般是指项目的生产能力,即在正常情况下,拟建项目可能达到的最大年产量或年产值,如电视机生产项目的生产规模是按其每年提供的电视机数量来确定的。而对非工业项目来说,规模则是指其提供的效益,如水利灌溉项目是以其受益面积来计算的,港口工程项目是以其年吞吐量计算的。

投资项目生产规模的确定,是项目可行性研究中的重要组成部分,也是项目评估的重要内容之一。项目生产规模的确定与选择合理与否,直接关系到项目建成投产后的生产经营状况的好坏和投资经济效益的高低。

(二) 规模经济理论

规模经济理论就是研究各种类型的工业企业在目前的技术经济条件下,要求达到什么样的规模,才能最好地发挥效率,取得最佳的效益。我们可以把规模经济理解为:在一定的规模下或者一定的规模区间,企业可以取得较好的效益;或者,企业因采用一定的生产规模可获得经济上的利益。

1. 规模经济的分类。规模经济可以区分为生产上的规模经济和经营上的规模经济。前者主要是指由于实行专业化生产或者流水作业,扩大了生产批量,或者采用大型高效设备，扩大了生产规模，从而使得单位产品成本随着生产批量的扩大或者生产规模的扩大而降低；后者主要是指由于扩大经营规模，节省了经营费用，生产要素得到综合利用，从而使得产品和技术开发能力提高，抵御经营风险的能力增强。工业生产上的规模经济多与企业的规模有关，但这并不意味着单一企业的规模的无限扩大，在深化分工、小而专的企业，同样能够扩大生产批量，获取规模效益；经营上的规模经济通常也与工业企业的规模有关，但也可以通过企业之间的横向联合来实现。工业项目的规模，一般是指工业企业的生产规模，它的衡量指标主要有产量、生产能力、产值、职工人数和资产价值等。探讨工业企业的规模经济问题，一般采用工业产量和生产能力指标。

规模经济也可分为规模的内部经济性和外部经济性。内部经济性中的规模是指生产装置系统和企业在生产经营要求最佳组合时的生产能力或者产量。产生规模经济的原因不仅与工艺系统的技术经济特点有关，而且还与工艺系统和企业大规模经营的节约效益有关。工艺系统的规模经济是企业规模经济的技术基础，一定规模的企业则是实现技术规模经济性的组织保证。规模经济企业不一定是大企业，专业化水平高的规模经济企业也可能是小企业。这决定于行业和国情，从行业来看，冶金、化工、汽车制造等行业适用于建大型企业；食品、工艺品等行业适宜于建中小型企业。规模的外部经济形式指实现规模内部经济性所需要的外部条件，如市场的规模及其分布、资源条件、运输条件、资金筹措条件等。如果市场广阔、资源丰富、运输方便、资金易筹措，则容易实现规模经济。

与规模经济相对应的是规模不经济。规模不经济是指一定经济实体的规模过小或者过大而引起的规模不经济性。规模不经济意味着资源配置的不合理，有限的资源不能得到有效的利用。规模不经济可以分为生产规模上的不经济和经营上的规模不经济，也可以分为规模的内在不经济和外在不经济。

2. 规模收益变动与规模经济

（1）规模收益变动的类型。规模经济与规模收益的变化有关，规模扩大，企业收益增加即为规模经济；规模扩大，企业收益递减即为规模不经济。规模收益变动有递减、递增、不变三种情况。

规模收益递减，即规模扩大后，收益增加的幅度小于规模扩大的幅度，甚至收益绝对减少，即规模扩大使得边际效益为负数。

规模收益递增，即规模扩大后，收益增加的幅度大于规模扩大的幅度。当然，这种规模增加是有限度的，超过限度，会变为规模收益递减。

规模收益不变，即规模扩大的幅度与收益增加的幅度相等。一般来说，这通常是从规模收益递增转变为规模收益递减之间的过渡阶段所发生的情形，它不可能持久。

（2）规模经济区间。规模经济所要研究的是企业的生产规模对成本和利润的影响，这必然与产品的营业收入、总成本费用、利润等有关。根据上述规模收益变动的情况及产量、成本、利润之间的关系，我们可以建立规模效果曲线图，如图 3-1 所示。

从图 3-1 可以看出，当规模（产量）达到 $Qe1$ 时，企业不赢不亏，规模超过 $Qe1$ 时，企业开始取得净收益，当规模（产量）达到 $Qe2$ 时，企业又出现不赢不亏的状态，

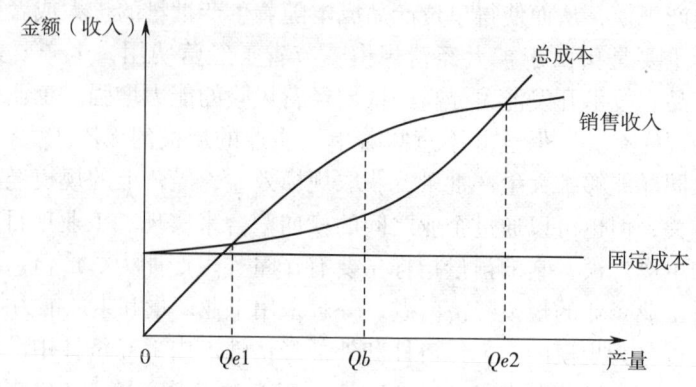

图 3-1 规模效果曲线图

超过该规模,企业又开始亏损。在 $Qe1$ 至 Qb 之间,企业的规模收益一直是递增的,即收益的增加幅度大于规模(产量)的增加幅度,超过了 Qb,企业的规模收益递减,即收益的增加幅度小于规模的增加幅度,甚至规模扩大使边际收益为负值。可以认为,$Qe1$ 至 Qb 的区间是规模经济区间。

(三)项目生产规模的决定因素

1. 国民经济发展规划、战略布局和有关政策。投资项目的生产规模,尤其是一些基础性项目和公益性项目的生产建设规模,应首先适应国家、地区、行业的经济发展规划的需要,因为这些项目生产、建设规模的大小,往往关系着部门之间的比例关系。同时,国家的投资政策、产业政策、地区(生产力布局)政策等都会对项目的生产规模的确定产生一定程度的影响。另外,符合国家在不同时期对不同行业项目最小规模的规定是确定项目生产规模的前提,如国务院在 1994 年公布的《90 年代国家产业政策纲要》附件中关于实施固定资产投资项目经济规模(第一批)的规定,是选择相关项目生产规模时所必须遵照执行的。

2. 项目产品的市场需求。只有存在着对产品的市场需求,产品才能得以交换,其价值才能实现,项目才能存在着现实的经济效益和投资效益。因此,项目的产品有无市场需求是决定项目能否存在的前提;市场需求的大小是决定项目生产规模的基础。有多大市场,才能决定安排多大的拟建生产规模,"以销定产"。如果项目产品预测的供应缺口很大,那么,项目的生产规模就可以安排得大一些;反之,则应缩小规模,以避免项目投资的浪费和低效。

3. 项目所处行业的技术经济特点。不同的部门和行业对项目生产规模有不同的要求。例如,重工业部门项目的生产规模就要求大一些;采掘工业的生产规模,主要取决于矿区的地质条件和矿物的储量;冶金工业的规模,主要由高炉以及其他联动设备能力决定的;以农产品为原料的加工工业的规模,主要取决于原料生产、供应能力和产品需求能力;化学工业则要求对原材料进行综合利用和"三废"治理相结合,在技术工艺条件具备、资源供应集中的条件下,项目的生产规模越大,经济效果越好;轻工业是生产最终产品的,其市场性较强。因此,应根据项目所处行业的技术经济特点,合理确定规模，利用规模经济获取规模收益。

4. 资金、资源的供应状况及其他生产建设条件。确定项目规模应本着实事求是、量力而行的原则。因此确定投资项目的规模，必须考虑到建设资金和资源的供应情况。如果资金并不宽裕，能源、原材料供应有限，项目的规模就不能铺得过大。同时土地使用权的取得，也是项目进行建设和生产的基本条件。项目要形成一定的生产能力，就必须有一定的土地面积作保证。另外，交通运输、环境保护、人员编制、设备供应等因素也制约着项目的生产规模。因此，确定项目的生产规模要考虑以上的多种因素是否具备相应条件。

5. 项目拟采用的生产技术和设备、设施状况。项目生产规模的选择并不是一项孤立的工作，而应该结合项目的其他技术经济特征的安排综合考虑。即项目如果打算采用先进生产技术和专用设备，能够实行大批量生产，那么，项目的生产规模就可以定得大一些；否则，就应该定得小一些。

总之，确定项目的生产规模，在综合考虑以上主要制约因素后，还应研究结合项目的规模经济问题，在若干个可行的生产规模中，按投资效益标准选择尽可能满意的生产规模。

【例 3 – 1】

通过市场分析，某拟建项目产品销售收入模型为 $E(x) = 100x - (1/4)x^2$，市场对该产品绝对饱和量为 200 件，在市场饱和量范围内产品生产成本函数为 $C(x) = 50x + 1000$。求项目的盈利区间和最优经济规模。

解：$R(x) = E(x) - C(x) = 100x - (1/4)x^2 - (50x + 1000)$
$= -(1/4)x^2 + 50x - 1000$

令 $R(x) = 0$ 则，$X_1 = 22.55$（件），$X_2 = 177.46$（件）

令 $R'(x) = 0$，则 $R'(x) = -(1/2)x + 50 = 0$

$x* = 100$（件）

即该项目在生产 22.5 件至 177.46 件之间，项目处于盈利状态，当项目的生产规模为 100 件时，项目盈利最大，100 件即为项目的最优经济规模。

3.1.2 项目生产规模的确定方法

（一）经验方法

经验方法是指根据国内外同类或者类似的企业的经验数据，考虑生产规模的制约和决定因素，确定拟建项目生产规模的一种方法。在实践中，此法用者众多。

该方法在确定项目的生产规模之前，需首先找出与该项目相同或者类似的企业，特别是要找出几个规模不同的项目，并计算出各不同规模项目的主要技术经济指标，如财务内部收益率、投资利润率和投资回收期等。然后综合考虑制约和决定该项目拟建生产规模的各种因素,确定一个适当的规模。

【例 3-2】

拟建一个生产××产品的项目,同类企业的生产规模是年产 40 万台、60 万台、100 万台、200 万台、300 万台和 400 万台。通过调查并计算,已知各种规模企业的投资和财务内部收益率数据如表 3-1 所示。

表 3-1　　　　　各种规模企业的投资和财务内部收益率

生产规模（万台/年）	40	60	100	200	300	400
投资额（万元）	10000	13000	16000	22000	27000	31000
财务内部收益率（%）	9.30	10.55	15.45	21.60	27.80	27.20

通过表 3-1 可以看出,年产 300 万台的规模是最佳生产规模,但需要的投资比较大,约需要 27000 万元人民币。通过对影响生产规模的各种制约与决定因素进行研究,除资金供给和市场需求因素以外,其他方面都是适应的。该拟建项目可能筹措到的资金只有 15600 万元人民币,只适应于年产 100 万台的生产规模。另外,从市场需求情况看,该项目可能的市场份额在 100 万~150 万台,也只能选择年产 100 万台的规模。当然,年产 100 万台的规模,内部收益率达到 15.45%,收益水平也是比较高的,可以接受。

运用经验分析法时特别要注意选取较多的同类项目,如果样本项目太少,就很难反映出规模与成本、效益间关系的一般规律。同时要考虑到本项目与其他项目的不同之处来选择适合本项目特定条件的经济规模。

（二）规模效果曲线法

这种方法类似于上述的经验法,但又有所不同,它是通过研究随着生产规模不断扩大时,企业的销售收入与成本曲线的变化情况,来确定项目的最佳生产规模的一种方法。因为销售收入与成本曲线也叫做规模效果曲线,所以,这种方法称为规模效果曲线法,如图 3-1 所示。其中,Q_{e1} 到 Q_b 是规模经济区,在这个区域内,Q_b 不但是规模经济临界点,也是最佳经济规模点,从理论上讲,应该以 Q_b 作为拟建项目的生产规模,但在实践中,往往受其他制约和决定生产规模的因素的影响,不能达到这个规模,一般小于 Q_b。Q_{e1} 是第一个盈亏平衡点,不能选择这样的规模。可以看出,在选择拟建项目生产规模时,首先应当确定规模经济区,然后在这个区间内,根据制约和决定生产规模的诸多因素,选择离 Q_b 点最近的规模。

（三）分步法

分步法又叫"逼近法",其特点是先确定起始生产规模作为所选规模的下限,确定最大生产规模作为所选规模的上限,然后在上下限之间,拟订若干有价值的方案,通过比较，选出合理的生产规模。

第一步，确定起始生产规模。

起始生产规模也就是项目盈亏平衡时的最小经济规模。项目起始规模的确定主要采用盈亏平衡分析法，即计算盈亏平衡时的产销量。要计算盈亏平衡时的产销量，首先要研究项目的产销量与产品成本之间的关系。一般来说，在耗用水平不变的情况下，随着生产的产品数量的增加，单位产品成本会逐渐降低。这是因为在产品总成本的构成中包含着两类不同性质的成本：变动成本和固定成本。变动成本是指成本总额随着产品数量的变动而呈同方向变动的成本，如产品成本中的材料费、燃料费等；固定成本则是指在一定时期和一定范围内，成本总额基本不变的成本，如固定资产折旧费、制造成本和管理成本等。根据上面的说明，项目生产产品的总成本可用下列公式表示：

产品总成本 = 固定成本总额 + 单位产品变动成本 × 产品生产数量

若假设：①项目产品的生产量等于销售量；②在所分析的销售范围内，固定成本不会发生变动；③产品品种结构单一。另记产品的销售单价为 P，产量为 Q，固定成本为 F，单位变动成本为 V，在项目盈亏平衡时，销售收入等于产品总成本，即

$$PQ = F + VQ$$

由上式可得，盈亏平衡时的产量为

$$Q_e = F/(P - V)$$

Q_e 即项目盈亏平衡时的产量，当项目的生产能力小于它时，项目就会发生亏损，因此它是安排项目生产规模的起始规模。盈亏平衡分析可用图解法，如图 3-2 所示。

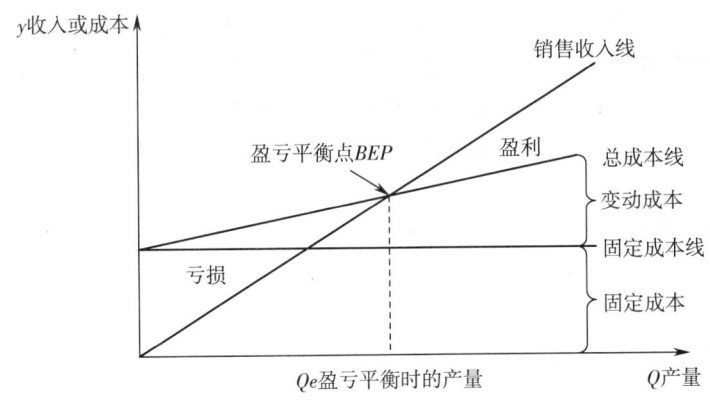

图 3-2 盈亏平衡图

在确定起始生产规模以后，用其作为确定拟建项目的生产规模下限，然后再确定最大生产规模。

第二步，确定最大生产规模。

在现实经济生活中，项目生产规模受到很多制约。这样，就需要综合考虑各项因素

对项目生产规模的限制作用，特别是要对制约项目生产规模的"瓶颈"因素进行分析。在一定的投资条件下，某个因素对项目生产规模的大小可能起决定性的作用，即成为项目生产规模的"瓶颈"。往往通过"瓶颈"因素的分析，确定在可行条件下的最大生产规模，作为所选生产规模的上限。

第三步，确定合理的生产规模。

起始生产规模与最大生产规模确定以后，就确定了拟建项目生产规模的上限和下限，可在这之间拟订若干不同规模的比较方案。在拟订的比较方案中，起决定作用的是设备能力。可以在最小和最大规模之间，选择具有不同能力的设备或者对设备进行不同的组合，以拟订出不同的生产规模方案，然后计算不同生产规模方案的成本费用和效益。然后对成本费用和效益进行比较。其中成本费用最低、效益最好的方案为最终确定的拟建项目的生产规模。

3.2 建设条件评估

建设条件评估主要是指对项目本身的建设施工条件的评估，其内容包括与建设过程有关的工程地质、水文地质条件的评估和厂（场）址选择条件的评估。

3.2.1 工程地质和水文地质条件的评估

工程地质和水文地质条件是项目厂（场）址选择的重要条件之一，也是对项目的生产经营产生长期影响的制约因素。

对于在选定的区域内可能的厂（场）址来说，应当估测厂（场）址的生态条件，主要是工程地质和水文地质条件。因为，建设和生产过程中所需要的重型机器和基础工程，运输和技术安装可能需要特殊的土地条件，应当对不同厂（场）址的各种土壤条件包括承载能力和地下水位情况进行勘测。在地震带中应当特别注意建筑结构。对水文地质条件的评估，可以确定项目在施工和生产等用水方面的保证程度。

工程地质条件评估，主要从以下两方面进行：一是审查分析项目所在地段的自然物理地质条件对项目建设可能产生的影响，二是审查分析工程地质条件对项目建筑物的影响程度，并分析建筑物对地质构造的影响，即研究和分析工程地质条件和项目建筑物的相互影响。从而合理地选择相适应的地质条件，以保证投资项目建设和生产的稳定性。

水文地质条件评估，要全面了解项目所在地段的地下水文形成、分布和运动规律，以及它的物理、化学性质等水文地质资料，同时，应根据项目所在地区全年不同时期的水位变化、流向、流速和水质条件，确定在施工、生产、生活等用水方面的保证程度，并由此决定其基础工程、打桩工程的设计和施工技术方案的选择。

【例 3-3】

某建设项目的工程、水文地质条件描述

南京地区深基坑开挖的环境工程地质问题主要为基坑边坡滑移、基坑涌水、流砂及其引起的地面沉陷、基坑井点降水引起的地面沉降、道路开裂、房屋开裂等。南京地区深基坑开挖一般为垂直开挖，边坡以松软黏性土为主，在不采取任何有效支护措施的情况下，边坡会失稳而产生滑移或坍塌，有的即使采用支护，如果支护不当，挡墙也会整体位移，使护桩变形，坑底隆起，边坡会失稳而产生滑移。南京地区的地下水位埋藏较浅，深基坑开挖过程中，改变了原有地下水的平衡状态，地下水便向基坑内产生流动，尤其是基坑壁或基坑底揭露砂层时，由于砂层的透水性较好，故地下水涌水现象更为严重，如不采取控制地下水的措施，则严重影响施工或无法施工。另外，如果砂层中的动水压力超过砂土本身抗渗能力时，则松散的砂土会部分或整体伴随地下水一起涌入基坑内（流砂），上部黏性土层中砂层透镜体流出后，会在黏性土中产生空洞，若空洞较大且距地面较近则会导致地面沉陷；同时由于地下水位的下降，使土体中孔隙水应力降低，有效应力增加，土体产生新的压缩变形，从而使地面产生沉降。

3.2.2 项目场（厂）址选择条件的评估

（一）场（厂）址选择条件评估的含义

场（厂）址选择条件评估是指围绕项目是否符合有关场（厂）址选择的条件所作出的综合分析。

场（厂）址选择条件既是建设条件又是生产条件，从某种意义上讲，场（厂）址选择条件是项目建设和生产条件的核心内容。项目的场（厂）址选择不仅关系到工业布局的落实、投资的地区分配、经济结构、生态平衡等全局性、长远性的重要问题，还将直接或间接决定项目投产后的生产经营，可以说，它直接或间接决定着项目投产后的经济效益。所以，场（厂）址选择问题是投资决策的重要一环。

（二）场（厂）址选择的条件

从满足项目建设和生产出发，场（厂）址的选择需要满足以下条件。

1. 工程地质、水文地质、地形、气象等自然条件需要符合建厂的需要。占地面积和地形要符合项目和工艺流程的要求。

2. 资源、原材料、燃料等物质条件的供应要稳定可靠。场（厂）址应靠近原料产地、燃料供应地区、产品销售市场以及动力供应中心。

3. 交通运输、电力、水源等外部协作条件要落实，并要求经济合理。场（厂）址应位于供电充足地区，同时应尽可能靠近水源，要便于污水的排放和处理。

4. 要有利于环境保护。凡有易燃、易爆及毒品生产内容的，应选择远离城市的场（厂）址。对于排放烟尘和有害气体的项目应注意风向的选择。对于"三废"治理应有切实可行的回收方案和治理措施。

（三）场（厂）址选择的原则

项目场（厂）址选择是个极其复杂的、政策性很强的技术经济论证过程；它与前面所论述的项目其他建设条件是密切相关的。在项目场（厂）址选择时要遵循以下原则。

1. 服从国家经济布局及城镇建设规划。项目的场（厂）址选择，是落实国家产业布局的重要一环，任何部门和单位都不得违背国家总体布局的安排而任意设址。城镇建设规划是根据每个城镇特点制定的，并经国家批准实施的一种建设计划，也不能任意破坏。

2. 执行"控制大城市规模、合理发展中等城市、积极发展小城市"的方针。应特别注意过度集中的倾向，要正确处理集中与分散、地区生产专业化与综合发展的关系。

3. 有利于节省投资。尽可能做到就地取材、就地生产、就地销售，以较少的投入，取得较大的产出。

4. 合理利用土地。随着经济建设的发展，建设土地紧张的问题日趋严重，所以应节约使用土地，结合建设与生产的要求，尽可能避免占用农田和耕地。

5. 既考虑生产又方便生活。在选择场（厂）址时，不仅要考虑保证生产的需要，还要考虑职工生活条件，尽可能处理好生产与生活的关系。

6. 有利于专业化协作。按照专业化协作组织工业生产，可以大大节约用地和建设投资，最大限度实现原料的有效利用和"三废"的综合治理，便于采用先进的工艺技术和设备，提高劳动生产率。

7. 注重环境保护和生态平衡。应注意保护风景区和名胜古迹，要全面考虑项目对周围环境的影响以及由此而要付出的代价，防止污染和破坏生态平衡。

（四）场（厂）址选择考虑的因素

一个项目很可能选择数个不同地区，应当从一个相当广阔的地理区域中进行选择，而每个地区内又可能考虑几个可供选择的场（厂）址。在项目评估报告中应说明选择某些建厂地区的理由。选择建厂地区需要考虑以下因素。

1. 自然环境。自然环境包括气候条件和生态要求两方面。

（1）气候条件。气候在选择建厂地区时可能是一个重要因素。除了直接影响项目成本的因素，对环境方面的影响也很重要。项目类型不同，气候条件对项目起作用的方式也不同。

可以从气温、湿度、日照时间、风向、降水量和飓风风险等方面说明气候条件。这些方面中的每一项都可以进行更详细的分析，如平均日最高气温和最低气温及日平均气温等。一般情况下，地理勘察问题对选择适当的场（厂）址关系更大。它包括土壤条件、地下水位和一些特殊的对场（厂）址的危害，如地震、洪水泛滥等，所有这些都可以波及很大的区域。

(2) 生态要求。有些项目可能本身并没有对环境的不利影响，但对环境影响的结果更为敏感。如农产品加工项目明显依赖使用的原材料，这些原材料可能由于被污染的水和土壤问题而降低等级。有的项目，对加工水的用量很大，而且质量要求也很高，如果其邻近的工厂将废水排入河中，则该项目将受到损害。

2. 社会经济因素

(1) 有关经济布局政策。考虑到集中会造成外部的不经济性，政府往往要求工业分散布局。即使公共政策并未过分限制某一特定区域或地区工业的增长，仍有必要了解有关选择建厂地区的政策，以适当地考虑可能获得的各种特许及鼓励政策。

(2) 财政及法律问题。对于不同建厂地区方案的财政、法律条例及程序，需要加以解释，并列出在动力、水的供应，建筑规划、财政问题、安全要求方面各个地区的名单。应了解项目所适用的税种及税率，同时还应弄清新建工业项目所能得到的鼓励和优惠政策。

3. 基础设施条件

(1) 基础设施的依赖性。对于一个项目来说，能有可资利用的、发达的、多样的经济及社会基础设施，是非常重要的。评估时，应当确定这些重要设施的需要量，这对任何项目的经营都是必要的。为此，要了解项目的范围及其技术经济特性，了解装机生产能力和所采用的工艺。

项目规模也可能对建厂地区构成严重的制约。如果项目相对较大，则可能只有少数几个建厂地区能够满足项目在建设和生产时期对能源、设备、劳动力、土地等的质量与数量的需要。

项目经营过程中，为了运进各种投入物和运出产品，需要各种能够利用的运输设施（铁路、公路、空运及水运）。应对运输总量及运输费用进行仔细分析，并在各个建厂地区方案间进行比较。

(2) 燃料动力。水的供应应当加以鉴定。项目所需的用水量可以根据工厂生产能力及工艺确定。首先，必须确定供水的来源，确定其能否满足供应及所要花费的成本；其次，对不同地区的水质，应就其不同用途进行分析。

电力供应是工业项目的重要制约因素。动力需要可以按工厂生产能力相应确定，应对不同地区的供应和成本加以分析。对燃料的数量、质量、热量值以及化学组成（以确定排污量）、来源、与不同场（厂）址的距离、运输设施以及在不同场（厂）址的成本进行比较分析。

(3) 人力资源。对于一个项目来说，能否聘用到管理人员及技术人员可能是一个极其重要的因素。在考虑各个建厂地区时，应把人力资源考虑在内。大多数项目包括培训规划，或是在工厂建设期间培训或在工厂内部进行岗位培训。

(4) 基础设施服务。对于某些项目来说，应考虑到不同地区的可供土建工程、机械安装及工厂设施维修的设施。

(5) 排污物及废物处理。大多数工厂产生废物或排放物可能对环境造成重大影响。这些废物的处理及排放物的净化，对于一个项目的社会经济及财务上的可行性来说，可能成为一个关键因素。

选择适当的建厂地区的战略方向，除要求分析市场和销售问题之外，还要分析项目主要投入物（如原材料和燃料动力）的来源，项目的技术要求，工业类型、工艺和加工特性、产品、生产规模、组织要求和管理结构。

总之，建厂地区应在原材料和燃料动力的产区（即面向资源）或与企业有关的主要消费中心所在地（即面向市场）中进行选择。相对简单的选择建厂地区的方式是：根据原材料来源地及主要市场的交通情况，提出几个可供选择的厂区方案，并计算其运输、生产成本。以资源为基础的项目，由于运输费用较高，应选择建设在基本原材料产地附近。易变质的产品或农产品加工工业应面向市场，因此，这类项目应建在主要消费中心附近。但是，许多工业产品，不可能由一个特定因素决定。如石油产品及石油化工产品，既可以建在资源地，也可以建在消费中心附近，甚至可以设在中间的某些点上。大量的消费产品和其他工业也可以建在距原材料和市场远近不等的地区而并不会过分地破坏项目的经济合理性。对于不过分面向资源或市场的项目，最好的建厂地区是能够将下列因素很好地结合起来的地点：距原材料和市场的距离合理，良好的环境条件，劳动力储备丰富，能以合理的价格取得充足的动力和燃料，运输条件良好以及具有废物处理设施。

（五）场（厂）址选择方案的比较、遴选

主要涉及占用土地种类及面积、地形地貌、气候条件、地质条件、地震情况、征地拆迁移民安置条件、社会依托条件、环境条件、交通运输条件、施工条件等。

场（厂）址选择可采用的技术分析方法很多，下面介绍几种常用方法。

1. 方案比较法。方案比较法是通过对项目不同选址方案的投资费用和经营费用的对比，作出选址决定。它是一种偏重于经济效益方面的场（厂）址优选方法。其基本步骤是，先在建厂地区内选择几个场（厂）址，列出比较因素，进行初步分析比较后，从中选出两三个较为合适的场（厂）址方案，再进行详细的调查、勘察，并分别计算出各方案的建设投资和经营费用。其中，建设投资和经营费用均为最低的方案为可取方案。如果建设投资和经营费用不一致时，可用追加投资回收期法来计算，计算公式为：

$$T = \frac{K_2 - K_1}{C_1 - C_2}$$

式中：T 为追加投资回收期；K_1、K_2 为甲、乙两方案的投资额；C_1、C_2 为甲、乙两方案的经营费用。

这个公式的实质是计算用节省的经营费用（$C_1 - C_2$）补偿多花费的投资费用（$K_2 - K_1$），需要多少年才能够抵消完，即增加的投资要多少年才能通过经营费用的节约收回来。

计算出追加投资回收期后，应与行业的标准投资回收期相比，如果小于标准投资回收期，说明增加投资的方案可取，否则不可取。

建设投资与经营费用的比较，可采用列表形式，根据具体情况设计（见表3-2）。

表 3-2　　　　　　　　　　建设投资与经营费用对比表

项目	方案甲	方案乙	方案丙
建设投资（K）	K_1	K_2	K_3
经营费用	C_1	C_2	C_3

2. 评分优选法。评分优选法可分三步进行：首先，在场（厂）址方案比较中列出主要判断因素；其次，将各判断因素按重要程度给予一定的比重因子和评价值；最后，将各方案所有比重因子与对应的评价值相乘，得出指标评价分，其中评价分最高者为最佳方案。采用评分优选法的关键是确定比重因子和评价值。利用评分优选法比较的步骤如下：

第一步，确定方案比较的判断因素。

第二步，根据各方案的实际条件给出比重因子和指标评价值。指标评价值的确定，有的可根据经验判断，有的可根据已知数据计算出其中一个方案的指标值在总评价值中的比重。

第三步，根据比重因子求出各方案每项指标的评分和不同方案的评价分总和。评价分为比重因子与评价值的乘积。

【例 3-4】

某重型汽车发动机厂的厂址选择有两个可供比选的方案，如表 3-3 所示，利用评分优选法进行选择。比较的过程如表 3-4 和表 3-5 所示。

表 3-3　　　　　　　　　　发动机厂的厂址方案比较表

序号	指标（判断因素）	方案甲	方案乙
1	厂址位置	某市半山工业区	某市重型汽车厂附近
2	占地面积	占地面积 14.8 万平方米	占地面积 36 万平方米
3	可利用固定资产原值	2900 万元	7600 万元
4	可利用原有生产设施	没有	生产性设施 14.7 万平方米，现有铸造车间 3.4 万平方米，其中可利用 1.9 万平方米
5	交通运输条件	无铁路专用线	有铁路专用线
6	土方工程量	新建 3 万平方米厂房和公用设施，填方 6 万平方米	无大的土方施工量
7	所需投资额	7500 万元	5000 万元
8	消化引进技术条件	易于掌握引进技术	消化引进需较长时间

表 3-4　　　　　　　　　　　指标评价值表

序号	指标（判断因素）	不同方案的指标评价值		指标评价值之和
		方案甲	方案乙	
1	厂址位置	0.350	0.650	1.000
2	占地面积	0.300	0.700	1.000
3	可利用固定资产原值	0.276	0.724	1.000
4	可利用原有生产设施	0.000	1.000	1.000
5	交通运输条件	0.200	0.800	1.000
6	土方工程量	0.100	0.900	1.000
7	所需投资额	0.400	0.600	1.000
8	消化引进技术条件	0.800	0.200	1.000

表 3-5　　　　　　　　　　　方案评价分计算表

序号	指标（判断因素）	比重因子（WF）	不同方案的指标评价分		指标评价分之和
			方案甲	方案乙	
1	厂址位置	15%	0.0525	0.0975	0.1500
2	占地面积	15%	0.0450	0.1050	0.1500
3	可利用固定资产原值	10%	0.0276	0.0724	0.1000
4	可利用原有生产设施	10%	0.0000	0.1000	0.1000
5	交通运输条件	5%	0.0100	0.0400	0.0500
6	土方工程量	10%	0.0100	0.0900	0.1000
7	所需投资额	15%	0.0600	0.0900	0.1500
8	消化引进技术条件	20%	0.1600	0.0400	0.2000
	合计	100%	0.3651	0.6349	1.0000

以上计算表明，方案乙得分高于方案甲，所以应选方案乙。

经过对工程条件和经济性条件的比较、遴选，提出推荐场（厂）址方案，并绘制场（厂）址地理位置图。在地形图上，标明场（厂）址的四周界址、场址内生产区、办公区、场（厂）外工程、取水点、排污点、堆场、运输线等的位置以及与周边建筑物、设施的相对位置。

3. 最小运输费用法。如果项目几个选址方案中的其他因素都基本相同，只有运输费用是不同的，则可用最小运输费用法来确定场（厂）址。

最小运输费用法的基本做法是分别计算不同选址方案的运输费用，包括原材料、燃料及动力的运进费用和产成品的运出费用，选择其中运输费用最小的方案作为实施方案。在计算时，要全面考虑运输距离、运输方式、运输价格等因素。

3.3 生产条件评估

项目生产条件评估是对项目建成或交付使用后的生产经营条件所进行的评估,主要以工业项目的生产条件评估为主。对非工业项目则要评价其营业条件,后者比前者要简单得多。

在项目的生产经营过程中,不可缺乏的主要物质条件和基本条件是资源条件、原材料、燃料及动力供应条件。交通运输条件、外部协作配套条件等。为使项目的生产成本保持在合理的水平上,要确定并分析原材料和燃料动力的需求、来源、成本和风险等方面的一些关键问题,这些问题对项目建设的必要性和可行性有着重要的影响。

在项目评估中,对生产条件的评估就是要分析项目建成投产后的生产条件是否具备,即项目所需要的资源、原材料及燃料动力的保证程度,交通运输和通信条件是否完善,外部协作配套条件是否满足项目的需要。

3.3.1 资源条件评估

资源条件可以说是投资项目最基本的建设条件,是项目进行生产经营的物质基础。任何一个投资项目在一定程度上都要以项目所在地的自然资源为前提,而且该项目本身效益发挥的好坏,资源条件也起着重要的作用,可以说资源条件的状况直接关系到项目的取舍与建设规模大小。

进行资源条件的评价主要有两个方面的目的:一是通过对项目所在地资源条件的评价,为项目的建设与否以及具体方案的选择提供依据;二是通过资源条件的评价,根据现实的资源分布情况,因地制宜,对该项目进行合理布局,以科学利用自然资源,促进项目效益的提高。在可行性研究阶段,应对资源开发利用的可能性和可靠性进行研究和评价,为设计项目建设规模和开发方案提供依据。

(一) 资源评价的原则

1. 资源的可得性。每一个地区的资源赋予条件不同,使得自然资源具有分布的非均衡性。另外,每一种资源的物理和化学性质也是不一样的,因此,在对资源条件进行评价时,必须要考虑到在项目拟建地区,项目所需资源的拥有状况,在现有条件下是否能够开采,以确认资源确实能为本项目所得。

2. 资源的可用性。每一种自然资源在其物理性质和化学性质上都是不一样的,即使是同一种资源,其质量等级也是不一样的,从而发挥的作用也各不相同,对于拟建项目,要评价资源能否满足正常生产经营的需要,是否是所需的品种,所要求的质量等级。例如对矿产资源,要对该矿石的工业品、结构、构造以及伴生的有益、有害成分进行详细的分析,以确定能否为本投资项目所用。

3. 资源的效益性。在项目拟建地区,该种自然资源的获得应该具有经济上的效益性,在几个不同的资源供应地进行选择时,在数量和质量都能满足要求的同时,尽量选择价格最低的供应地,选择运输最方便和运费最便宜的供应路线。

4. 资源的可靠性。矿产资源的储量是有限的，而农业资源也具有季节性的特点，因此在对资源进行评价时，要考虑到资源的可靠性。对矿产资源要评价其在项目生命期内可供开采的量是否能够满足生产要求以及该矿产资源提前枯竭的可能性；对农业资源，则应对能否保证一年四季的供应以满足项目需要进行评价，要考虑到由于季节性和突发天气变化等造成的影响。

（二）资源评价的内容

1. 资源自然品质。主要研究资源自然品质能否满足项目技术方案的要求。例如金属矿和非金属矿开采，应分析研究矿石品位、物理性能和化学成分等。

2. 资源可利用量。主要是研究在项目拟建地区可供利用的资源的数量，如矿产资源的可采储量、水利水能资源的蕴藏量和森林资源的蓄积量等。

3. 资源开发价值。应分析研究资源是否值得开发利用，能否取得预期的经济效益。

4. 资源赋存条件。主要研究分析资源地质构造和采选难易程度，以便确定开采方式。例如水利水能开发项目，应分析拟建项目区段内地质构造的稳定性、地震活动规律以及水能梯级分布情况。

5. 资源的可替代性。对于稀缺资源或供应紧张的资源，要注意开辟新资源的前景及有无替代资源，是否采取节能工艺和措施，其成本效益情况如何。

3.3.2 原材料供应条件评估

项目具备所要求的自然资源，还要对资源形成原材料及其原材料的供应条件进行分析。原材料供应条件是指项目在建成投产后生产经营过程中所需各种主要原材料、辅助材料及半成品等的供应数量、质量、价格、供应来源、运输距离及仓储设施等方面的条件，它是工业生产所必备的基本条件。每个项目所需的原材料是多种多样的，在项目评估阶段，没有必要对项目所需的全部原材料进行分析评价，应着重对几种主要的或关键性的原材料的供应条件进行分析评价。原材料供应条件评估主要包括下列内容。

1. 分析和评价原材料的质量是否符合生产工艺的要求。在评估时，要对所需要的主要原材料的名称、品种、规格、化学和物理性质以及其他质量上的要求加以了解，一般来说，投入物的质量性能特征对特定项目的生产工艺、产品质量和资源利用程度影响极大，因此，还必须分析其是否符合特定项目对这些投入物在质量和性能上的要求。

2. 分析和评价原材料的供应数量能否满足项目的要求。对于工业项目来说，如果所需原材料没有稳定的来源和长期的供应保证，其生产将会受到极大影响。在评估时，应根据项目的设计生产能力、选用的工艺技术和使用的设备来测算所需要原材料的数量，并分析预测其供应的稳定性和保证程度。

3. 分析和评价原材料的价格、运费及其变动趋势对项目产品成本的影响。一般来说，项目主要投入物的价格是影响项目经济效益的关键因素，所以，不但要观察主要投入物价格目前的变化动向，还要预测其未来的变化趋势。要充分估计到原材料供应的弹性和互补性，以保证原材料的合理替换和选择，这实质上体现了资源优势利用和加工工艺的经济合理性。另外，项目所需主要原材料运输费用的高低，对项目生产的连续性和产品成本的高低都有很大的影响。运输费用的高低与运输距离的长短及采用的运输方式是密切相关的,所以就地取材,缩短距离,采用合理的运输方式,将有助于降低运输费用,从而也会减少产品成本。为此,在评估时,应分析计算其运输能力和运输费用,以作出正确的评价。

4. 分析和评价原材料的存储设施条件。原材料供应条件应包括合理的储备量,在评估时,应分析拟建设项目的存储规模是否适应生产的连续性,原材料的储备数量是否合理。

总之,评价原材料供应条件的目的是选择适合项目要求的、来源稳定可靠的、价格经济合理的原材料,作为项目的主要投入物,这样可以保证项目生产的连续性和稳定性。

3.3.3 燃料及动力供应条件评估

燃料及动力是项目建设和生产过程中的基本要素和重要的物质保证。建设和生产中所需的燃料通常有煤炭、石油和天然气等,所需动力主要有电力、蒸汽和水等。燃料及动力供应条件评估主要包括以下内容。

1. 分析和评价项目所需燃料的需求量能否得到满足。首先要依据产品生产过程、成本、质量、区域环境对所用燃料的要求,来选择燃料种类。其次要分析燃料供应政策、供应数量、质量、来源及供应方式。如果是消耗大宗燃料的项目,还要落实燃料的运输及储存设施。

2. 分析和评价供水条件。工业用水范围是极为广泛的,而且用水量也较大,在项目评估时,一要根据项目对水源、水质的要求,计算出项目的用水量,再结合当地的供水价格,分析耗水费用对产品成本的影响。同时,要考察工业用水的循环设施和生产中污水净化设施是否具备,供水泵站及管网等设施是否完善。

3. 分析和评价供电条件。电力是工业生产的主要动力,对耗电量大而要求连续生产的工业项目(如轧钢项目),需要分析估算项目最大用电量、高峰负荷、备用量、供电来源,还要按生产工艺要求计算日耗电量、年耗电量以及对产品成本的影响,要尽可能保证动力供应的稳定性。

4. 分析和评价其他动力供应条件。在评估时,还要对产品生产中所需的其他动力(如各种汽、气等)的总需要量进行测算,并分析其对产品成本的影响。

【例3-5】

国家体育场的结构采用门式钢架,利用地热资源采暖制冷,空调系统分区调节,采用太阳能发电照明。另外,采用先进环保技术是奥运场馆建设中的另一个亮点。国家体育场部分区域利用地热资源,实行冷热水机组三联供,可同时满足夏季制冷、冬季采暖和生活热水供给。在室内空气调节方面,采用高效环保的变频暖通空调系统,可根据需要实现全新风运行和分区调节。

国家游泳中心通过利用热质材料的储热特性和采用随季节变化的内遮阳方案来充分利用太阳能,白天有效收集热量,夜晚热量被释放到建筑物内部。同时引入国际最先进的小规模光伏发电并网系统实现太阳能的光电转换和利用。

3.3.4 交通运输和通信条件评估

交通运输条件直接关系到项目建设、生产和销售各个环节,从而也直接影响着生产过程的连续性和经济的合理性。在评估时,必须落实交通运输条件,使其有充分的保证。

项目的运输条件分为厂外运输条件和厂内运输条件两个方面。厂外运输涉及的因素包括地理环境、物资类型、运输量大小及运输距离等。根据这些因素合理地选择运输方式及运输设备,对铁路、公路和水运作多方案比较;厂内运输主要涉及厂区布局、道路设计、载体类型、工艺要求等因素。厂内运输安排的合理适当,可使货物进出通畅,生产流转合理。对交通运输条件的分析和评价,重点应注意运输成本、运输方式的经济合理性、运输中各个环节(即装、运、卸、储等)的衔接性及运输能力等方面。

3.3.5 外部协作配套条件和同步建设评估

外部协作配套条件是指与项目的建设和生产具有密切联系、互相制约的协作企业,如为项目生产提供半成品、零部件和包装物的上游企业和项目,为其提供产品的下游企业等。同步建设是指项目建设、生产需要交通运输等方面的配套建设,特别是大型项目,应考虑配套项目的同步建设和所需要的相关投资。如水电站建设中,库区的工厂和居民的迁移以及铁路、公路等线路的改建等,另外,铁路专用线的铺设、道桥和水运码头的建设等,这些外部条件都是项目建设和生产必不可少的,需要与项目同步建设,才能保证项目投产后正常运行。评估的主要内容为:

1. 全面了解协作厂的供应能力、运输条件和技术力量,从而分析协作厂的保证程度。
2. 分析协作厂提供的货物的质量、价格、运费,对项目产品质量和成本的影响。
3. 分析评价项目的上游企业、下游企业内部配套项目以及在建设进度上、生产技术上和生产能力上与拟建项目同步建设问题。

【例3-6】

经济技术开发区是中国最早在沿海开放城市设立的以发展知识密集型和技术密集型工业为主的特定区域,后来在全国范围内设立,实行经济特区的某些较为特殊的优惠政策和措施。从发展模式看,增加区域经济总量是其直接目标,以外来投资拉动为主,产业以制造加工业为主。

北京经济技术开发区于1991年8月15日开始筹建,是北京市唯一的国家级经济技术开发区,同时享有国家级经济技术开发区和国家高新技术产业园区双重政策。总体规划面积为46.8平方公里,由科学规划的产业区、高配置的商务区及高品质的生活区构成。

第3章 项目生产规模与建设生产条件评估

　　北京经济开发区为入区企业提供了完备的"九通一平"基础设施和海关、商检、外汇管理、保税仓库、污水处理厂、商务中心、邮局、银行等系列配套功能，不断优化区域的工作、生活和人才环境，同时努力为企业和居民提供了良好的生产和生活环境。"九通"为通市政道路、雨水、污水、自来水、天然气、电力、电信、热力及有线电视管线；"一平"为土地地貌自然平整。

　　商业配套与餐饮购物方面，开发区具备比较完善的配套设施，百货公司、超市、专营店、快餐店、影院等都比较齐全。其中有15000平方米大雄商业中心、6万平方米上海沙龙新天地商业港、小白羊超市等能够充分保障居民的日常购物，有圣福华国际俱乐部、国际企业文化园、18洞鸿禧长新高尔夫球场、亦庄体育中心等满足贵族生活体验。就教育而言，开发区的教育设施如今已经有了较大的发展。除亦庄中学外，还有北京二中和史家胡同小学合作建设的开发区实验学校、北京高等职业教育学院、国际艺术学校、洛杉矶社区学院等。另外，二十一世纪幼儿园与北京二中、史家胡同小学一街之隔。应该说，在教育的配套上是比较完善的，它基本解决了孩子从幼儿园到高中的教育问题。在医疗条件方面，亦庄开发区内最主要的有同仁医院开发区分院、亦庄医院等大医院，还有宝天中医诊所、北京正安门诊、敬仁综合门诊等中型医院，以及其他一些社区卫生站。

【本章小结】

　　在确定项目有建设的必要性后，需要根据市场条件，对项目的生产规模进行分析与评估。所谓项目的生产规模，是指劳动力、劳动手段和劳动对象等生产要素与产品在一个项目中的集中程度。规模经济理论认为项目采用一定的生产规模可获得经济上的利益。这种规模既包括生产上的规模和经营上的规模，也包括内部经济性中的规模和外部经济性中的规模。决定项目生产规模的因素主要有五点：①国民经济发展规划、战略布局和有关政策；②项目产品的市场需求；③项目所处行业的技术经济特点；④资金、资源的供应状况及其他生产建设条件；⑤项目拟采用的生产技术和设备、设施状况。确定项目规模的方法主要有经验法、规模效果曲线法和分步法三种。

　　一旦确定了项目建设的规模，就需要对项目建设与生产的条件进行分析与评估。项目的建设与生产条件是指保证项目建设以及生产经营顺利进行的必要条件，拟建项目必须建立在建设条件可靠、稳定的基础上。

【习题】

1. 产生规模经济的原因是什么？
2. 制约和决定项目产品的生产规模的因素主要有哪些？
3. 产品的最佳生产规模是如何确定的？

4. 举例说明项目的外部协作条件如何满足项目建设的要求。

5. 某化工厂选址方案比较。

某化工厂集团研制成功一种新的化学产品，准备投资建厂进行批量试验和正式投产。该化工厂厂址选择有两个备选方案，方案比较如表3-6所示。

请根据个人的判断，利用综合评分法对选址方案进行比选。

表3-6　　　　　　　　　化工厂选址方案比较表

序号	判断因素	方案甲	方案乙
1	位置选择	A市新建工业园区	B市市郊
2	投资费用	7300万元	5600万元
3	交通运输	距火车站15公里，距高速公路入口8公里	距火车站25公里，距码头36公里
4	能源供应	设有专用电力线路	无专用电力设施
5	人力资源	周边地区文化教育水平落后，缺乏相关专业技术人才	当地文化教育水平较高，相关专业技术人员富余
6	用水供应	有完备的给水设施	无供水管线，需自设
7	企业协作	由于该市工业发展水平起步较晚且工业园区成立时间较短，周边缺少规模较大的协作企业	该市有比较扎实的工业基础，相关协作企业较多，且规模较大
8	三废处理	园区内设有污水排放管道	需自设污水排放管道

6. 某水泥生产线厂址选址方案比较。

某南方水泥集团拟建设1条2500T/D水泥生产线，备选厂址有3个，备选厂址建设条件如表3-7所示。

将学员分组，每组4~5人，请各小组根据各方面的经验，利用综合评分法对选址方案进行比选。

表3-7　　　　　　　　　水泥生产线选址方案比较表

序号	建设条件	进化镇厂址	衙前镇厂址	义桥镇厂址
1	地理位置	萧山区西南面临浦镇以东的进化镇，距萧山市中心26km	萧山区东部的衙前镇境内，距萧山市中心22km	萧山区西南方向的义桥镇原许贤乡陈家村，距萧山市中心30km
2	地形条件	部分为农田，地势平坦，部分为山坡荒地，沿江已修建防洪堤	场地平坦，全部占用农田和鱼塘，应该修筑防洪堤	大部分为农田，少部分为山坡地，沿江已修有防洪堤，有1条110KV高压线穿越厂区
3	工程地质	大部分基岩埋深为2~10m，少部分基岩埋深为11~25m	基岩埋深为40~50m	少部分基岩埋深为2~10m，大部分基岩埋深为11~25m

续表

序号	建设条件	进化镇厂址	衙前镇厂址	义桥镇厂址
4	交通运输	南临浦阳江,东侧紧临03省道复线,北侧紧临03省道连接线	北面紧靠拟建的罗东公路,南面紧靠西小江	东北面紧靠浦阳江,南面紧靠接永富公路的1条支线公路
5	石灰石资源	船运距离50km	船运距离60km	船运距离38km
6	石煤渣、页岩	汽车运输距离15km	汽车运输距离20km	汽车运输距离15km
7	粉煤灰	汽车运输距离13km	汽车运输距离5km	汽车运输距离15km
8	燃煤	火车运输距离600km,汽车运输距离5km	火车运输距离600km,汽车运输距离16km	火车运输距离600km,汽车运输距离9km
9	矿渣	汽车运输距离13km	汽车运输距离10km	汽车运输距离15km
10	水源	江中取水	江中取水	江中取水
11	供电条件	距区域变电站4km	距区域变电站4km	距区域变电站4km
12	环境影响	当地环境质量好,居民区少,且在600m以外	当地环境质量好,居民区多,约在300m以外	当地环境质量好,居民区少,约在300m以外
13	土石方工程量	挖方:28万立方米 填方:19万立方米	清淤:4.8万立方米 填方:18万立方米	清淤:5.5万立方米 填方:8万立方米 挖方:12万立方米
14	大件运输条件	好	好	好
15	发展余地	发展余地较大	发展余地小	发展余地大

【推荐阅读】

(1) 邰振华. 灰色系统理论在房地产项目选址中的应用 [J]. 价值工程,2005 (11):50~52.

(2) 邹金秋,张根寿. 基于特尔斐法的房地产开发项目选址研究 [J]. 华中农业大学学报(社会科学版),2002 (2):73~76.

(3) 周惠亮. 空客A320项目选址的智慧 [J]. 中国投资,2006 (9):10.

(4) 陈祖洪,孙秀英. 三亚湾新城污水厂纠纷处理有进展——项目选址将重新评估 [A]. 中国环境报,2008-04-29.

(5) 李军,张黛微. 陕北能源化工基地大规模建设起步之际,专家建议——项目选址着眼生态链和产业链 [A]. 中国化工报,2004-12-17.

(6) 耿海玉. 项目的环境条件与选址 [J]. 中国工程咨询,2006 (7):23.

第 4 章

项目技术评估

技术是系统的科学知识、成熟的实践经验和操作技艺综合在一起而形成的一种从事生产的专门学问和手段。技术按其表现形式可以分为两类：一类表现为机器、设备、基础设施等生产条件和工作条件的物质技术（或者叫做硬技术）；另一类表现为工艺方法、程序、信息、经验、技巧和管理能力的非物质技术（或者叫做软技术）。对于一般的工业项目而言，其技术条件主要是指：以新工艺和新设备为主要方案的技术方案，以及与投资项目的技术方案相适应的设计方案和产品方案。

投资项目技术评估的主要内容是对生产工艺方案、设备选型方案和工程设计方案进行评价。技术评估的过程实际上就是技术选择的过程，项目技术选择的合理性直接决定了项目预期的经济效益的实现。

4.1 项目技术评估的原则与内容

4.1.1 技术的类型

根据技术占用资源量的多少可以划分为以下几类。

1. 资金密集型技术。即资金占用与消耗较多的技术，资金密集型技术的特点一是资金占用较多、周转较慢、投资回收期较长，二是容纳劳动力较少。但是它一般具有劳动生产率高、消耗低、成本低、竞争能力强等优点。资金密集型技术的发展要求有较高的物质技术基础和较充裕的资金条件。

2. 劳动密集型技术。即劳动占用于消耗较多的技术，这种技术一般是占用的资金较少、技术装备程度也比较低的技术。其特点一是容纳和占用劳动力较多，二是资金占用较少。

3. 技术密集型技术。即机械化、自动化程度较高的技术。其突出特点一是对技术熟练程度和科学技术知识要求较高，因而可以完成传统技术、常规技术无法完成的生产技术活动，取得比传统技术、常规技术更多的产品、成果；二是为国民经济各部门提供新技术、新材料、新能源、新工艺、新设备，并能够较大的提高劳动生产率。

4. 知识密集型技术。即高度凝结先进的现代化技术成果的技术。这种技术的特点一是从事这种技术活动的多是中高级科技人员和经济管理人员,其操作人员也需要有较高的科技知识与管理知识;二是技术装备复杂、投资费用高,但这种技术具有占有劳动力少、消耗材料少、环境污染少等特点。随着现代科技的发展,知识密集型技术有不断发展的趋势。

一般而言,获得技术的方式主要有以下几种。(1)技术开发,即在基础研究和应用研究的基础上,不断地开发新产品,采用新工艺和新设备;(2)技术许可贸易,即从专利技术或者专门知识的拥有者那里购买所需要的专利技术或者专门知识;(3)购买成套技术,即购买的是从设计到生产和所有者有关的技术资料;(4)合作经营,即通过合作经营的方式,由对方提供所需要的技术。

4.1.2 项目技术评估的原则

对项目技术方案评估,一般应遵循以下几项原则。

1. 先进性。项目采用的技术方案应该是先进技术,这种技术对当前生产发展起主导作用,并在同类技术领域中居领先地位。

对工业项目而言,技术方案的先进性主要体现于产品设计新颖、结构合理、性能良好,采用了当代新技术、新工艺、新材料和新设备,可以降低物耗和能耗,能够综合利用资源,提高产品质量和劳动生产率。

技术方案的先进性是通过各种技术经济指标来体现的。不同行业具有不同的生产工艺特点,要采用适合本行业特点的技术经济指标来衡量其工艺技术的先进性。例如高炉炼铁选用高炉利用系数,石油化工企业选用原油综合利用率,火力发电厂选用煤耗指标等。

2. 适用性。方案所采用的技术必须适应其所使用的特定的自然条件、技术条件和社会环境,并通过引进、消化、吸收和改进,得到逐步提高,才能取得良好的经济效果和社会效果。对工业项目而言,方案技术的适用性主要反映在这种技术是否符合我国国情和国力,是否符合我国的技术发展政策,是否能很快地转化为现实的生产力。要通过方案技术的引进和推广,不断地提高企业采用高新技术的水平和适用能力。

3. 经济性。经济性是指所采用的技术能以最小的耗费(投入)获得最大的经济效果(产出)。这是选择技术方案的重要标准,是对方案进行科学决策的重要依据。任何投资项目,都要求投资少,见效快,经济效益好。在考察技术方案经济效果时,不仅要注重单项工程或者项目的效益,还要综合考虑技术系统的整体效益;不仅考虑项目的近期效益,还要考虑项目的远期效益;不仅要考虑项目的财务效益,还要考虑项目的国民经济效益和社会效益。

4. 安全可靠性。项目所采用的新技术、新工艺、新材料和新设备必须通过严格的技术鉴定和中间试验,证明其质量是可靠的,工艺技术是成熟的,才能推广。并且,必须从社会的角度,对技术方案的安全可靠性进行衡量和评估,分析项目采用的技术方案对产业结构、资源消耗、自然环境、生态平衡和人类的健康与安全的影响,以便事先防范和采取积极措施,避免因发生事故造成不利影响。

技术的先进性是选择技术方案的前提,经济性是选择技术方案的目标和依据,适用性是选择技术方案的基础,可靠性是选择技术方案的基本要求。这四项原则,对于不同行业和不同性质的项目是各有侧重的,但它们又是互相关联、互相制约的有机整体。这些原则应体现和贯穿于技术方案的选择、分析和论证的全过程。

4.1.3 项目技术评估的内容

对项目技术方案进行评估,就是在收集到一定的基础资料和基础数据的基础上,分析研究项目所采用技术的先进性、适用性、经济性和可靠性,建立和组合几种可供选择的项目技术方案和建设方案,结合实际条件进行多次反复的方案比较分析和研究论证。技术方案的设计过程是一个反复研究、分析和论证的过程,而且需要多方的配合,尤其是技术专家的意见。一般来说,工业项目评估包括如下内容。

1. 项目技术方案的构成和范围。包括车间、分厂的组成。厂内外各项主体工程和公用辅助设施等各种方案的比较论证。

2. 工艺技术方案的选择与评估。对项目所采用的技术来源、技术水平、生产方法、三废处理和工艺路线等进行分析、比较、论证和选优,以确定一种技术经济效果最好的工艺技术方案。

3. 设备方案的选择与评估。对项目所需设备的型号、规格、数量及其来源等以满足项目工艺技术、生产能力、产品质量及能耗物耗指标进行研究。通常设备方案的选择与工艺技术方案的选择是相互匹配的。

4. 公用辅助设施方案的选择与评估。包括项目的公用工程设施、辅助工程设施、生活福利设施和其他服务性设施等方案的选择与评估。

5. 土建工程方案的选择与评估。项目的土建工程包括对场地的整理,主要建筑物、构筑物的设计安排,以及场外工程建设方案的选择与确定,等等。

6. 项目总图和运输路线的选择与评估。项目总图即项目构成的总布局。包含各车间、分厂及全厂平面图的设计方案的选择与评估。反映企业的车间设备、各种建筑物构筑物、土建工程等之间的关系;对厂内各种运输路线方案要进行分析、比较和选择。

4.2 项目工艺技术方案评估

4.2.1 生产工艺和工艺技术方案

工艺是指人们利用生产工具,对各种原材料、半成品进行加工所采用的工艺流程和制作方法。工艺流程是指将投入的原材料或半成品(投入物)经过有次序的生产加工,成为产品或半成品(产出物)的过程。生产过程中的各种技术条件和数据,统称为技术参数。生产工艺是根据项目产品的生产特点、生产性质来确定的。不同的产业部门如冶金、化工、电力、机械制造、纺织、建材、轻工等,其生产工艺过程都不相同,各有其特点;不同的工业项目和不同的工程设施,如铁路、公路、桥梁、水坝和电讯设施等的建设，也都有不同的工艺技术要求。

工艺技术方案是指根据人们长期的生产经验和现实条件，吸取先进的科学技术成果，为拟建项目产品生产中采用的工艺技术而进行的方案设计。项目所采用的工艺技术和项目的规模大小、产品方案、场（厂）址的选择等密切相关。同时也受原材料条件、设备条件、运输条件、能源条件等的制约。在工艺技术方案的研究中，应在对各种有关因素进行充分调查、分析的基础上，拟订若干可行方案，然后对各方案进行技术经济分析和评价，在多方案比较的基础上，选择出最佳工艺技术方案和主要工艺技术参数。

4.2.2 工艺技术方案的选择与评估

1. 工艺技术方案选择与评估步骤

（1）收集工艺技术方案有关资料。首先要收集了解同类项目的（行业的）国内外已成熟可用的各种生产工艺方法和相关技术，对各种工艺方法和技术加以具体的研究分析，比较论证，了解其各种优缺点。

对工艺技术方案的选择与评估应建立在搜集、整理、分析和掌握下列要素资料的基础之上：产品方案及产品质量标准和规格要求；生产规模及适用技术；可能取得的原料特性，如品位、化学成分、含杂质量、熔点等；所需要的设备价款和工程投资额；原料、能源的消耗及生产成本；对资源的利用程度；工艺技术获得的途径；各种工艺方法在生产中的应用程度；等等。

（2）对工艺技术方案进行优选。在技术先进适用、经济合理、综合平衡等原则下，明确投资项目所需工艺技术类型和水平，进行工艺设计，提出全部可行的生产工艺技术方案，并对其进行深入细致的研究分析，从多方面进行反复比较和技术经济论证。最后选出项目每部分都是最佳组合的最适宜的生产工艺技术方案，绘制工艺技术线路图，说明方案的各项技术参数。

（3）对所选出的工艺技术方案进行评估。根据研究结果对所选的方案进行评估，揭示所选的工艺技术对社会、经济发展的影响，对行业发展的促进作用，为制定国家、行业的科技发展政策提供依据；同时严格地根据先进性、适用性、经济性和可靠性原则对工艺技术方案逐项进行评估，还要了解工艺技术、工艺规程、工艺装备、工艺设计的状况以及选择该方案所需要的配合条件和可能造成的影响。

2. 工艺技术方案的选择与评估原则。对项目工艺技术方案的选择与评估应考虑其先进性、适用性、经济性和可靠性等原则，但这些原则的贯彻要密切结合企业的生产和经营管理的实际。

（1）工艺技术方案的先进性主要体现在以下几方面：项目的产品结构新颖，性能优异，功能齐全；单位产品能耗、物耗低，成本费用低；生产工序少，流程短，机械化、自动化、遥控化程度高；单机生产能力强，劳动生产率高；资源利用合理，综合利用程度高；生产稳定，安全性好，无故障时间长；"三废"排放少，环境保护效果好。

（2）工艺技术方案的适用性主要表现在以下几方面：所采用的工艺技术必须考虑安装设计、生产使用、维修服务、技术操作的可行性及安全性；所采用的工艺技术必须考虑国内企业的生产配套能力、交通运输能力、原材料的供应能力；所采用的工艺技术方案的生产能力，必须考虑市场的需求情况，产品未来的销售能力等。这些都涉及项目所选择的技术与设备是否能正常运转，生产能力是否能充分发挥，生产效率是否能不断提高的问题。

（3）工艺技术方案的经济性具体表现在以下几方面：①工序要紧凑集中。应尽量缩短工艺流程、减少在制品的运输距离，或在同一台设备、同一条生产线上能够进行多品种的加工，以提高设备利用率。②加工要高效精细。工艺选择要把效率作为前提，高效工艺一般具有消耗低、自动化水平高、单位时间产量高、成本低等特点。精细则是体现产品质量上的优势，对重要部位的加工精度，要达到内在性能与表面精细美观的要求，使产品具有强大的竞争能力。③工艺技术选择要坚持"节约资源"的原则。随着工业的高速发展，各种资源被大量开采，其储量急剧下降，当今世界各国已普遍感到资源严重不足，因此，都强烈要求研发生产效率高、能节约各种资源的新型工艺技术。我国是一个发展中国家，人口众多，必须坚持"节约资源"的原则。④注重环境改善。工业化社会的发展除了给人们带来物质文明外，也给人们带来了噪音和对大气、水、土壤等环境的污染，并由此给人类带来了多种疾病和有害物质，已给人类的生存带来严重威胁。因此，改善人类的生活、工作、学习环境已成为当今世界技术发展的重要趋势，也是当今与未来世界技术选择的极其重要的限制条件。这也应成为工艺技术选择和技术引进所遵循的一条原则。

（4）工艺技术方案的可靠性，要求生产工艺流程畅通，生产安全，工艺稳定，生产能力、产品质量、"三废"排放等均能稳定可靠地达到预定指标值。建设项目所采用的工艺技术必须是经过科学试验与生产实践检验证实为可靠的技术，决不允许未经过严格的科学鉴定就将不成熟的工艺技术用于项目的正式生产中。在项目评估中，对工艺技术方案可靠性的评估，可通过对已投产的同类项目进行现场的实际考察，并收集较长期的生产数据进行判断，切不可只靠文献报道的资料、数据定论。

3. 最佳工艺技术方案的选择与论证。对可供选择的不同工艺技术方案，要从技术类型和技术水平、产品质量、能耗物耗、"三废"治理、基建投资、产品成本、市场需求、经济效益等多方面进行综合分析比较，最后选出最佳技术方案。为了避免决策失误，如果需要了解外部条件变化对项目经济效果的影响程度，则方案的经济合理性可采用不确定性分析方法进行比选。

对最佳工艺技术方案进行技术经济分析与论证的主要内容应包含如下几方面：有关市场的需求情况、市场潜力和市场发展趋势的预测和分析论证；围绕项目的投资、成本、利税和收益情况，对各种投资因素进行估算并进行项目的效益分析；关于项目的先进性、适用性、经济性和可靠性的技术经济分析论证；对投资项目的最佳工艺技术方案进行综合分析论证；绘制项目最佳方案的工艺技术线路图，注明关键技术参数等。

4.3 项目设备选择评估

在工艺技术方案确定之后，要根据工厂生产规模和工艺程序的要求，选择设备的型号和数量。设备的选择是与工艺技术的选择密切相关的，通常工艺技术的水平和类型决定相应的设备选择。设备选择的重点应遵循工艺技术和项目的设计生产能力的要求，选择所需要的高效能的机器和设备。

4.3.1 设备分类

1. 生产设备。指生产车间生产线上能加工生产各种零件和元器件的设备。如各种机械加工设备（车床、铣床、刨床、磨床、钻床和锻压设备等）、各种专用机床（含机器人、机器手）、电器设备、工序传递和运输设备（传送带、电瓶车等）、质量检验器具和设备。

2. 辅助设备。是指辅助车间内的生产性设备。如各种供水、供暖、供气的公用设施，运输设备、通讯设备、"三废"处理设备、仓库设备等。

3. 服务性设备。指间接为生产服务的设施。如办公设备、安全保卫设备、场地清洁设备、医疗卫生设施、住宅和其他福利设施等。

4. 备件和工具。指生产设备的一些易损易磨件的备用品和一般的通用和专用的工器具。对于引进的设备，在没有国产化之前，要有一定数量的备品备件储备，否则会影响正常生产。

4.3.2 设备方案选择原则

1. 满足工艺技术条件和项目生产能力的要求。设备方案选择必须能满足各项工艺技术条件和项目生产能力的要求，即所选择的设备在功能效率和加工精度等方面能满足产品质量和各项工艺技术标准的要求，能够完成规定的生产定额任务。

2. 选择适用的高效率的先进设备。本着技术先进、安全可靠、经济合理的原则，要选择适用的高效率的先进设备。由于受项目投资或规模的限制，尽管有些设备很先进，不是所有的先进设备都可以选用，要结合项目产品的具体技术要求选择先进适用的技术装备。设备的安全可靠性是指设备在运转过程中安全、稳定、噪音小、操作方便、不发生故障，并设有安全保护装置；设备的经济性是指设备的能耗、物耗和维修保养费用低，设备的价格合理等。

3. 要考虑项目场（厂）址的环境和动力、运输、资源等条件。设备选择要综合考虑项目厂址的环境和动力、运输、资源等条件。如对于一个大型钢铁企业的建设，既要考虑电力的供应条件，又要考虑大量物料和设备运输的可能性和费用的合理性。同时还要考虑炼铁与炼钢、轧钢设备能力的匹配与均衡，否则钢材成本过高，整个企业生产不均衡，设备能力不能充分发挥作用，直接影响企业的经济效益。

4. 坚持灵活性原则。工艺设备的灵活性是指对要加工的原材料（或半成品）的尺寸精度等技术条件要求的严格程度和设备适应生产工艺方案变化的能力。灵活性比较大的工艺设备或生产线，在未来的生产中，比较容易适应产品结构的变化，对减少项目的风险有一定的好处。项目投产运营后，可能随着市场需求的变化而改变原来的产品生产方案，其产品的品种、数量、规格以及产品系列都可能发生变化。如果选用灵活性（即柔性）较大的技术设备或生产线，则企业的转产就比较容易。

因此要根据项目的具体情况选择设备：对于市场需求量大，产品方案基本不变的项目,单条生产线的生产能力应尽可能的大,设备要尽量选用专用设备,以适应大批量、高效率生产的需要;对于产品方案和产品结构经常改变的项目,单条生产线的规模不宜过大,专用设备不宜过多,应选用通用设备或灵活性较强的设备或生产线。

5. 坚持配套性原则。设备方案选择要坚持配套性原则,对设备的选择及评估要考虑生产设备与辅助设备的配套、国外引进设备与国内生产设备的配套、设备的维护修理配套,以及前后工序之间的设备生产能力和工艺技术的协调配套,以保证设备系统能正常运行和充分发挥其工作效率。为便于设备的维修配套和更新替换,设备的选型应注意标准化、通用化和系列化。

4.3.3 最优设备方案的选择及分析论证

根据项目的生产能力和技术经济特点,确定项目生产营运所需的各类设备,并组成若干可行的备选方案,按照设备选择原则,对各备选方案进行分析比较,选择出项目的最优设备组合方案。其中关键的是对主要生产设备的规格、型号、生产能力、设备台数、运行费用、能耗物耗指标及产出物(被加工的零部件或元器件)质量等主要条件进行综合技术经济分析论证。项目的主要生产设备选择,反映了项目的生产技术水平和经济合理程度,也是选择其他设备的基础。因此,必须进行认真的选择和论证。

4.3.4 设备方案投资费用估算

对于国内设备的投资费用,一般包括设备的购置价格、国内运费和设备安装费等;对于进口设备的投资费用,除了设备的购置价格、国内运费和安装费外,还可能包含海上运输费用、运输保险费及进口关税等。进口设备的价格有 FOB(离岸)价格、C&F(成本加运费)价格和 CIF(到岸)价格三种形式。

【例 4-1】

摊铺机设备参与"鸟巢"项目

国家体育场鸟巢位于北京奥林匹克公园中心区南部,为第 29 届奥林匹克运动会的主体育场。2008 年 5 月 18 日,由北京某公司购买的某品牌的摊铺机开始在鸟巢对场馆外道路进行施工。

该摊铺机为小型紧凑型摊铺机,功能齐全、技术先进、最小摊铺宽度为 2.0m,最大摊铺宽度为 4.5m,适用于摊铺小型区域、高档赛道、人行道、狭窄街道等,经济实用、平整度高、作业质量完美。采用液压传动系统,使摊铺机的运行更加平稳,保证摊铺质量。

鸟巢是 2008 年北京奥运会三大主场馆之一,无论是对主体工程还是附属设施都有很高的要求。该品牌摊铺机凭借先进的设计理念、可靠的质量,保障了鸟巢道路的高质量、高水平,为奥运场馆工程项目的建设作出了自己的贡献。

资料来源:李海云. 鼎盛天工摊铺机参与鸟巢建设[J]. 筑路机械与施工自动化,2008(7).

4.4 项目工程设计方案评估

项目的工艺技术与设备方案确定以后,应进一步确定项目的主要工程构成范围,主要生产项目和辅助生产项目,厂区和生活区的安排,并在技术、设备、工艺流程等确定之后,根据其具体要求进行厂区总平面规划和土建工程方案设计,并对其进行评估。

4.4.1 项目构成范围的评估

在项目设计任务书阶段,主要是确定项目的主要内容,即构成项目的各个子项目和主要单项工程的范围,这是影响投资额大小的关键。如果设计安排考虑不周,不但要突破投资总额,也会给未来生产带来损失,这是关系到项目整个系统的合理配套和整体布局的大事情。因此,需要进行认真研究和评估。对于大中型项目,在评估中应注意以下几点。

1. 大型联合企业应考虑生产能力的平衡。大型联合企业在其项目构成上,其上下左右相关联的各个子项目(或分厂)的生产能力应平衡。项目的建设应力求避免在一开始建设时就在子项目(分厂或主要车间)间出现生产能力过大或过小的不平衡问题。因此,子项目的生产能力应符合经济规模的要求。

2. 一般工业项目应选择有利的社会化协作生产。一般工业项目,对其构成的安排,应尽可能结合城市工业发展规划,选择最有利的社会化协作生产,避免"大而全"、"小而全"的浪费形式。在充分考虑社会化大生产的专业化协作之后,对项目中确因情况特殊而需自行建设的单项工程,才能列入项目的构成范围。

3. 考虑项目的综合利用。工业项目的构成范围,应充分考虑原材料、动力、副产品和"三废"的综合利用。例如,火力发电厂煤灰的综合利用,铝氧厂和钢铁厂的炉渣可制作水泥,炼油厂可增产石油化工产品等。这些项目可以附设某些综合利用的子项目,甚至可以搞两三个项目的成组布局,如炼油厂与石油化工厂、铝氧厂与水泥厂,可同时在相邻的地方一起建设。

4. 某些项目不可单独安排。有些项目在生产上互为条件,必须一起安排,不应拆开来单独安排。例如烧碱厂必须考虑制碱过程中的平衡,所以必须同时安排以碱为原料的生产项目。

4.4.2 项目总平面设计方案评估

1. 项目总平面设计方案。总平面设计方案是根据企业的生产性质、生产规模、设备和工艺流程等要求,结合建厂地区的自然条件以及厂内外运输、公用设施和厂际协作等条件,按照产品的生产工艺流程,对各分厂、车间、辅助生产车间和公用设施等建筑物和构筑物,在厂区内进行了经济合理的布置,并对交通运输、环境的美化、地上和地下的管线布置等方面进行了合理的规划后而设计的。

2. 项目总平面设计方案评估应考虑以下原则。

（1）总体协调原则。大型工业项目首先要考虑生产区同生活区的协调。在生产区要考虑生产部门同辅助生产部门的协调；在生产流程上，要考虑原料供应、原料运输、原料储存、产品加工、产品储放和产品运输之间的协调；在生产过程中要考虑能源、动力供应和水、气、风的生产和供应，对生产中产生的废液、废渣和废气等物质，要设有相应的存放、运输和处理设施。此外还要考虑工厂规划和城市规划之间的协调。这些因素错综复杂、相互制约。在总平面规划设计时要妥善安排，通盘考虑，尽量做到整体上协调适用与经济合理。

（2）距离最短原则。为使项目少占用土地和减少运输时间，要求在充分考虑安全的前提下，使方案管线的走向和运输路线的走向距离最短。其中包括企业内供气、供电、供热、给水、排水和通讯的管线，以及企业内的公路、铁路运输线路。在企业内不仅要考虑物流的移动，还要考虑人流的移动。动力设施要靠近使用车间和负荷中心，尽量采用多管多线共架共沟，既节省费用，也便于维修、更新和管理。

（3）服从工艺流程走向原则。企业总的生产工艺流程走向是企业生产的主脉。企业的初级产品、中间产品、最终产品，以及生产中的副产品和废弃排放物在工厂内各部的位置，能源、动力、水电、供气等公用设施的安排，都要服从于生产总工艺流程。既要考虑正常生产秩序的要求，也要考虑满足产品质量的要求。

（4）立体发展原则。从减少土地占用面积，缩短运输、管线距离和提高土地使用效率的角度考虑，对项目建筑物、构筑物的层数及层高的安排上，应在满足工艺技术要求、安全要求和有利于使用的前提下，尽量朝高空发展。

此外，厂区总体平面设计要体现远景安排，尽量留有扩展余地。

4.4.3 项目建筑工程方案评估

根据方案生产工艺和设备的要求，考虑场地自然条件和经济效益等对建筑工程的要求，确定主要建筑物和构筑物的数量、建筑造型、建设标准以及建筑形式、厂房跨度、柱网布置等，并对各备选方案进行分析、比较、论证，选出最优方案。

1. 项目建筑工程方案评估需考虑的问题

（1）充分利用原有厂房和公用设施。对于技术改造项目，一般应尽量利用和改造原有厂房和公用设施，不搞或少搞新建筑工程，以达到投资少、见效快、收益高的目的。对原有厂房的利用，应注意厂房的承载能力和层高等是否符合技改后的工艺技术与设备的要求。根据具体情况，有的厂房可能需要进行局部改造或扩建。

（2）建筑物、构筑物要适应引进技术和设备的要求。对于需要技术引进和设备进口的项目，为了保证产品质量和工艺技术要求，往往对生产车间和厂房有些特殊要求，如电子产品的元器件生产和产品的装配车间要求密闭、净化，厂房建筑标准和卫生设施要求很高；食品加工和医药生产车间要求无菌作业，并要求厂房室内的空气压力比室外大，需安装必要的升压设施等。在进行建筑工程设计时，要注意调查拟建项目的工艺技术与设备对建筑工程的技术要求。以便建筑物、构筑物能满足生产工艺和技术装备的具体要求。

（3）建筑物的空间设计力求节约。无论是新建还是改扩建项目，都要求每个建筑物的空间平面设计，在满足生产要求的前提下，力求节约。这就要求能够正确选择厂房建筑的层数和层高，合理安排车间内的平面布置（如柱网位置、设备布置及工作空间等），力求做到在适用的原则下，尽量减少建筑物、构筑物的体积和面积。

（4）建筑物的结构设计力求经济适用。各种结构的工程特性不同，其投资费用也不同，在项目的工程设计中，应根据经济、适用的原则，以及项目实际生产的需要合理选用。

在确定项目的建筑工程方案时，须列出各方案的建筑工程名称、工程内容、工程量、单位造价和总造价，编制建筑安装工程表。

2. 项目建筑工程方案评估内容

（1）建筑物空间平面设计方案评估。建筑物的空间平面设计方案的选择包括正确选择厂房的层数和层高；正确设计厂房、车间等的平面布置形式，合理确定工业用房的柱网、厂房的面积和体积。

①根据项目的生产性质和工艺要求，选择厂房的层数。单层厂房适用于生产时震动大、散发热量多，需大跨度的工作场地且有重型生产设备的车间。例如钢铁联合企业中的炼钢、轧钢以及机械行业的锻工、铸工车间等；多层厂房适用于工艺过程比较紧凑，需要组织垂直工艺流程，可利用重力输送原料，设备重量和产品重量都较小的轻型车间。例如面粉厂、食品厂、仪器仪表厂等。

②根据生产工艺要求和车间内部的运输方式选择厂房高度。多层厂房的高度应综合考虑生产工艺、采光、通风以及建筑经济等方面的因素。正确选择车间内部的运输方式，对减少厂房高度、降低厂房造价有较大影响。

③厂房、车间建筑平面布置合理性评价。在工艺流程、设备方案和技术经济指标确定之后，应本着物料流向最经济，操作控制最方便，检测维修最容易，生产线的布置最合理的原则，通过多方案的分析比较，选择出经济适用的厂房、车间建筑平面布置方案。使其平面和空间得到充分利用，在保证生产安全和具有良好的工作环境的前提下，尽量节省厂房面积。

④建筑物柱网布置的合理性评价。在项目平面布置中，正确地确定建筑物的柱子和跨度是非常关键的。跨度的大小要根据设备和生产线的尺寸、物料的运输及生产操作所需的空间来确定，柱距是根据厂房结构的合理性和可能性来决定的。

⑤厂房的体积和面积合理性评价。评价工业企业生产技术水平和建筑物设计水平的重要技术经济指标，是单位产品产量的建筑面积或单位生产面积产品产量。要提高该技术经济指标，可采用先进工艺技术和高效能的大型生产设备，向空间发展，节省占地面积；采用大跨度、大柱距的厂房平面设计形式，提高厂房平面的利用系数；改进厂区与厂房内部运输方式，增加厂区和厂房的有效使用面积。

（2）建筑物结构设计方案评估。根据经济、适用、美观和耐用的原则，结合项目生产工艺技术的具体要求，合理选择厂房建筑的结构形式。厂房建筑的结构造型必须因地制宜，结合工程特点，就地取材，充分利用当地的建材资源，降低运输费用，切实做到技术先进，经济合理，安全适用，施工方便。

【例4-2】

中央电视台新台址选址及设计方案确定

中央电视台新台址建设工程位于北京市朝阳区东三环中路32号（原为北京市汽车摩托车联合制造公司光华路厂址），地处东三环路以东光华路以北，朝阳路以南，在北京市中央商务区（CBD）规划范围内。中央电视台新台址用地面积总计187000平方米，总建筑面积约55万平方米，最高建筑约230米，工程建安总投资约50亿元人民币（约计6亿美元）。

CBD是现代化国际大都市的一个重要标志，是城市对外开放程度和经济实力的象征。中央电视台作为一个媒体机构，经济报道在节目构成中占有很大比重。选址在北京的中央商务区，跻身于金融、商业贸易、信息及中介机构集中的经济活跃区，将使中央电视台能够最近距离地直面首都的经济发展，感受整个中国经济跳动的最强音，迅速、准确、全面地进行报道。

中央电视台新台址建设工程建筑设计方案主要由主楼、电视文化中心及附属配套设施组成。其中主楼按不同业务功能需求分为行政管理区、综合业务区、新闻制播区、播送区、节目制作区等五个区域，另有服务设施及基础设施用房，总建筑面积约为38万平方米。电视文化中心含酒店、电视剧场、录音棚等不同功能设施，总建筑面积约为6万平方米。其他附属配套设施主要为停车设施及警卫楼，总建筑面积约为11万平方米。

中央电视台新台址建设工程建筑设计方案被专家评委认为是一个不卑不亢的方案，既有鲜明的个性，又无排他性。作为一个优美、有力的雕塑形象，它既能代表新北京的形象，又可以用建筑的语言去表达电视媒体的重要性和文化性。其结构方案新颖可实施，会推动中国高层建筑的结构体系、结构思想的创造。专家评委认为实施这一方案不仅能树立CCTV的标志性形象，也将翻开中国建筑界新的一页。

资料来源：中央电视台新台址选址及设计方案确定[J]. 现代电视技术, 2003 (1).

【本章小结】

本章讨论了项目建设过程中涉及的技术问题，技术的内涵包括硬技术和软技术两个方面。本章讨论的主要是硬技术，内容包括工艺技术评估、设备选择评估和工程设计方案评估三个方面。技术评估的过程实际上就是技术选择的过程，项目技术选择的合理性直接决定了项目的设备成本，进一步会影响项目产品市场与经济效益的实现。

第4章 项目技术评估

【习题】

1. 资源条件评估应包括哪些内容？
2. 项目技术方案的评估主要包括哪些内容？
3. 工艺技术选择评估包括哪些内容？
4. 设备选择评估包括哪些内容？
5. 为生产一种零件，现有两种加工机器可以选择。两种机器的投资成本相同，所以在此题中可以忽略投资成本。两种机器的区别主要是生产能力（生产率×有效生产时间）和次品率（不能出售的零件百分比）的不同（见表4-1）。

表4-1　　　　　　　　　　两种机器的比较表

	A 机器	B 机器
生产率/件/小时	100	130
有效生产时间/小时/日	7	6
次品百分率/%	3	10

其中，原材料成本是每个零件6美元，每个合格零件的售价是12美元（忽略不合格零件的残余价值）。操作工人的工资都是每小时15美元，可变间接成本为每小时5美元。

（1）假设对这种零件的日需求量很大，所生产的合格零件都可以售出，那么应该选择哪种机器？

（2）如果使用B机器生产所产生的收益和使用A机器生产所产生的收益相同，那么使用B机器生产的次品百分率是多少？

【推荐阅读】

（1）杨长桂. 技术评估简论 [J]. 华中理工大学学报（社会科学版），1994（1）：71~76.

（2）周继红. 论技术评估与投资决策 [J]. 自然辩证法研究，1994（4）：35~40，72.

（3）（德）C. 胡必希著，王国豫编译. 技术评估的方法与价值冲突 [J]. 自然辩证法研究，2005（12）：40~44.

第 5 章

项目组织与人力资源评估

合理确定项目的组织机构,科学配置人力资源是项目建设和生产运营顺利进行,提高劳动效率的重要条件。在可行性研究阶段,应对项目的组织机构设置、人力资源配置、员工培训等内容进行研究,比选优化方案。

高效、精简的项目运作组织和合理的人员配备特别是关键岗位人员的素质是保证项目成功实施和运作的重要条件。要根据生产工艺技术特点、设备管理、生产组织和产品市场销售规划,设计出合理的组织机构,并建立相关的管理制度。

5.1 组织机构条件评估

组织设置主要取决于项目规模、类型和发展策略、政策,以及项目建设期和经营期的需要和条件,并应考虑项目和企业的组织机构应以最佳协调和控制全部项目的投入物为目的,保证项目的顺利运作;组织机构的设置构成项目投资和生产成本的一部分,应明确相关费用和成本;组织机构应是动态的,根据项目的发展而不断调整。

一个正式的组织由五部分构成:(1)生产活动部门,由直接从事组织中各项技术、生产活动的人员组成。(2)生产保障部门,由不直接从事生产,但从事与直接生产有关活动的人员组成。其工作活动为对直接生产人员进行生产管理、提供技术指导。生产保障人员包括质量控制人员、专家、项目发展规划人员、维修人员及技术服务人员等。(3)组织机构支持部门,包括为机构正常运转提供服务的人员。如法律咨询人员、公共关系人员、人力资源管理人员、财务审计人员、后勤保障人员等。(4)高级管理层,根据组织所处环境,全面负责制定组织发展的战略目标、各项政策等。(5)中级管理层,负责组织内部各部门之间活动的协调工作,包括与生产保障部门及组织机构支持部门的横向协调、高级管理层与生产部门的纵向协调。在具体的组织机构中,还根据组织运转的目标、组织的规模、性质及外部环境进行组合,形成不同的组织结构。

5.1.1 项目组织结构的设计

组织结构设计是指将构成一个组织的五个部分(生产、生产保障、支持、高级管理层、中级管理层）按照一定的原则进行组合，以确保成功达到预期目标的活动。其实质是按照协调、控制、激励的原则对组织进行分析后，进行设计决策的过程。组织结构设计包含大量的工作，如岗位组成框架结构的选择、确定各岗位之间的联系、按照岗位责任制，建立员工工作表现评价系统、奖励系统、人力资源开发系统等工作。其核心工作是结构选择设计。一个组织的结构不仅会影响组织的工作效率，而且会对其员工的精神面貌、工作态度产生影响。精心设计的结构会使员工产生高涨的工作热情，从而提高组织的生产力。

（一）组织结构的构成元素

1. 任务目标及工作描述。组织中的每个成员均有其明确的任务目标及相应的责任。

2. 报告系统。包括组织内部各种正式的报告联系制度、所需管理层级数、各层的管理控制跨度等。

3. 任务活动的划分，包括根据各工作单位所从事的任务活动，进行从基本单位到整个组织所需人员的划分。

4. 各类信息的沟通交流与参与式决策系统的建立，这是保障组织内部信息传递畅通，增强职工的参与意识，使全体人员齐心协力为组织目标奋斗的关键。

5. 控制系统，建立恰当的授权机制，尽量使一些有关的活动在上级监督的基础上由下级完成。

6. 奖励机制，通过对员工工作表现的评价，实施奖励，使员工感受到激励机制的公正，以激励员工的工作热情。

这些组成元素中，任何一项设计出现问题，都将对组织的整体产生严重影响，如员工的工作热情及精神面貌受到压制，各类决策的速度及质量受到影响，可能导致各部门之间的工作缺乏协调，产生冲突，或者缺乏对组织内工作的创新和外部环境的应变能力，等等。

（二）组织结构的类型

项目的组织结构是专门为执行某一项目进行设计的，不同项目的环境（所需时间、预算、产品、所处的机制）在项目周期内的不同阶段是不相同的。因此，项目组织结构的设计通常是变动的，随着项目的进展，项目所从事的活动、所需的人员、技术、面临的阶段性任务的变化，组织结构也应随时调整。通常情况下，项目的组织结构主要有以下形式。

1. 线型结构。这是一种纯粹按等级设置的金字塔形的结构。每个人之间完全是上下线关系，层级之间等级森严。这种结构对外部环境适应性较差，除特殊情况外很少采用。

2. 职能型结构。这是一种将项目所需的一切资源（技术、设备、人员）作为投入，按照其功能加以分工管理，形成各职能部门的管理模式。组织中的每位员工均处于一个职能部门中（如工程、生产、开发、销售等）。每个职能部门中的工作单位再分层设置，整个组织的运转是通过最高层管理人员对各职能部门进行协调来实现的。只有组织的高层管理人员有权对项目的同一管理具有权威性，部门领导只负责本部门业务的管理。

【例 5-1】

职能式组织

某一从事医药研发的上市公司，因公司发展需要修建一座科研大楼，该公司成立了以工程部经理为项目经理的科研大楼项目部。该项目部的成员主要来自工程部，也有来自财务部的负责项目建设资金管理的财务人员，以及来自人事部负责项目人事管理工作的职员。

工程进入施工阶段后，为保证后续施工连续进行，必须事先采购大量的材料。当工程部的职员将材料采购计划报给主管工程财务人员时，后者认为大量的提前采购材料加大了资金成本，这将影响到财务部资金管理目标的实现。因此，财务人员拒绝为提前采购提供资金，为此他们之间产生了严重的分歧。

项目经理也很快对人事部门的工作产生了意见，他抱怨人事部门在人员安排上不及时，有时在人员数量的安排上不能满足项目施工的需要，甚至开始怀疑人事部门的工作效率了。而人事部门的工作人员则感到很委屈，他们认为造成上述情况的责任在工程部，因为工程部没有给人事部门及时提供人力资源计划。人事部经理认为，项目经理只从有利于项目的角度考虑问题，而他们必须从公司整体运作来进行人员调配，而不是只服务于一个项目。

3. 纯项目型结构。这是一种目标式管理的组织结构形式，其实质是注重项目的产出目标和结果，并强调根据项目的具体情况制定目标。在采用这种组织结构的组织中，整个组织按照从事的项目进行分工，每个项目具有独立的各种职能的人员。每个项目由项目经理负责管理，项目经理有权安排一切与其项目有关的事宜。

【例 5-2】

项目式组织

某一从事建筑项目施工的企业，由于公司常年承接大量的工程建设项目，该企业采用了在总经理领导下的项目式组织作为公司组织管理的模式。公司按生产规模成立了 12 个项目部，每个项目部都按项目施工管理的要求配备了相应的职能部门，如工程部、质检部、安检部、采购部、材料设备部和预算部，各部门都配备了专业的技术人员，负责本部门的工作，项目部负责公司不同项目的实施。

最近，由于公司同时在几个大型工程上中标，业务量饱和，造成了公司施工资源的紧缺。为了解决施工资源危机，公司决定在确保重点工程的情况下，统筹安排施工资源。在每一次资源安排计划下达后，总会有项目部对资源计划表示不满，他们抱怨公司对其项目部支持力度不够，势必影响项目管理成效和经济效益。项目部之间因此出现了不团结的情况。

在日常管理中，公司为了提高其整体经济效益，实现资源的有效配置，由公司协调项目的资源配置，根据项目的不同施工阶段，在各个项目上灵活地调配专业人员、专业设备和设施，但是项目部为了自己的利益却暗中抵制公司的调遣，采取了一种宁取勿予的态度。

4. 矩阵式组织机构。这是一种多目标管理模式，其设想是最大限度地强化功能型和项目型的优点，减少弱点。该模式分别进行垂直管理和水平管理。在垂直部分仍按职能活动分工设置管理层次的同时，强化项目的水平管理层次。职能管理主要负责为实现项目目标提供各种合格的人力资源。两者的协调通过设置项目协调员（或项目经理）实现。项目协调员负责制订项目的总体实施计划，并通过功能部门的支持，达成目标。为了使项目得以顺利实施，项目经理必须与各职能部门进行谈判，以获得所需的一切资源。矩阵式机构的最大特点是员工具有双重负责性——既要向职能部门领导负责也要向项目经理负责。在实际执行中，根据职能经理和项目经理的权力相对大小，矩阵式模式又分为职能型矩阵结构、平衡型矩阵结构和项目型矩阵结构等类型。

【例5-3】

矩阵式组织

某一从事工程施工的大型专业化公司，技术力量雄厚，在社会上有很好的声誉，每年都可承接到大量的工程项目。为更好地管理项目，该公司成立了工程部、技术部、安检部、采购部、材料设备部和预算部，每个部门都配备了专业技术人员，为项目提供人员、技术支持。同时，又针对项目成立了以项目管理为中心的项目部，当有工程建设任务时，就从各职能部门抽调人员组成项目部，由项目经理统一管理，当工程建设结束后，项目成员再回到各自的职能部门。公司的日常工作是以项目组织为中心的，项目施工时，由职能部负责人确定技术支持和施工资源的调配，保证项目部有效施工。但是，职能经理在参与项目管理过程中，常常与项目经理产生矛盾。比如，项目二部认为技术部对工程施工质量标准定得太高，安全部对施工安全要求过严，这些不合理的技术标准和过高的安全要求增加了工程施工成本。项目二部与项目一部的经理为获得专业的人才和施工资源，彼此之间产生了矛盾。项目三部的经理抱怨项目成员不服从他们的管理，工作中只接受本部门经理的指令，他的管理权威无法树立。

（三）组织结构形式的选择

西方的组织理论从最初源于教会及军队等的等级线性组织，到20世纪70年代矩阵式管理结构的广泛应用，再到20世纪80年代部分管理专家对矩阵式结构产生怀疑甚至遗弃，其间出现了各种组织流派。然而，没有任何一种万能的组织结构适合于所有项目的管理。实际上，任何一种组织结构都有其优缺点。因此，选择合适的组织结构是一项非常困难的工作。任何组织均处在社会的开放系统之内，都不可避免地受到诸如政治制度、社会文化体系等的影响，项目的组织结构设计必须充分考虑其特点。在选择组织结构时，通常考虑如下问题。

1. 组织内的各项工作、责任是否需要分解到最小范围？各项工作的责任、分工是否要求保持较强的专业性，以便有利于部门之间的成员具有共同语言易于专业交流？一般情况下，工作性质专业化程度越高、越具体，采用功能型组织结构的可能性越大。在工作设计时另一个需要考虑的问题是根据人员情况，以最大限度发挥人员工作热情设计组织结构。

2. 是采用多级管理层，缩小管理跨度，还是减少管理层次，增加管理跨度？在考虑这一问题时，应结合如何强化组织内部的人员沟通、激励机制，降低管理成本进行分析。职能型结构较其他结构的管理层次多，管理跨度小，管理简单，管理费用低。矩阵式结构管理层级较少，各部门之间的协调较好，但管理方式不易掌握，管理费用较高。但从调动员工的工作积极性来讲，矩阵式结构比职能型好。

3. 根据组织的特点，考虑是按照专业分工采用职能型结构，还是采用按生产、产品、服务分工的项目型结构？能否采用矩阵式结构，兼顾职能型和项目型管理的特点，发挥其优势？

4. 是否应以追求组织内部的统一协调为第一考虑目的？应建立何种统一协调机制？前者涉及是否应采用矩阵式管理结构，后者决定采用何种矩阵结构。

5. 如何实现对项目的有效控制？对组织内各项决策是采用集权制，还是尽量授权下属进行有关决策？各项政策、措施是否须以书面的正式形式来执行？是否要对下属实行密切监控？所有这些问题均涉及如何设计组织内部分权的程度。

6. 在设计奖励系统时，需要考虑的问题应以最大限度激励员工工作热情为出发点。

组织设计是一个决策的过程，这一过程包括组织结构形式的选择以及内部设计。在进行组织结构形式的选择时，应根据各种形式的特点与适用条件来进行。通常普遍采用的组织结构形式有三种：职能型、矩阵型和项目型（见表5-1）。

表5-1 三种组织形式的优缺点

形式	优点	缺点
职能型	1. 容易实现对预算、成本的控制。 2. 对所使用技术的控制较好。 3. 内部人员的使用灵活，选择余地大。 4. 按职能约束的连续性较好。政策、程序的制定较容易，责权利清楚。 5. 人事管理简单。 6. 纵向交流渠道畅通，采取措施迅速。 7. 非常适用于从事重复性较强的日常性的任务。 8. 每位员工的职业道路清晰。	1. 没有人对整个项目直接负责。 2. 不强调以追求完成项目为中心。 3. 部门间协调机制复杂，对问题的决策时间较长。 4. 所作出的决策常偏重于部门，缺乏整体意识。 5. 不是以业主为中心，对业主的要求反应慢。 6. 由于缺乏总体感，没有直接对项目负责的人，每个人都缺乏强烈的责任感。 7. 员工对工作缺乏激情和创新精神。 8. 各种建议多出自于对本部门的考虑，不考虑其他部门或整体情况。 9. 对各种资源的控制困难。

续表

形式	优点	缺点
矩阵型	1. 项目经理可实现对成本和包括人员在内的所有资源的最大控制。 2. 在不与总的方针、政策相抵触的前提下，不同的项目可分别制定各自的政策、程序。 3. 在与其他项目不发生冲突的前提下，项目经理有权调动使用公司内的一切资源。 4. 对项目出现的变化、冲突能快速反应。 5. 项目结束后，每位员工都有自己的"家"，无后顾之忧，工作热情较高。 6. 可共享骨干人员的使用从而降低项目成本。人员可同时进行多种工作。 7. 适合于技术性较强的项目。 8. 易于对时间、成本以及绩效进行平衡考虑。	1. 由于每个项目之间人员，特别是管理人员设置重叠，就整个组织来讲，成本费用不经济。 2. 项目之间相互独立，有时造成重复工作。 3. 对各项政策和程序的界定需花费较大力气。 4. 职能部门的经理因权利削弱热情不高。 5. 尽管对单个问题的处理反应较快，但对工期时间要求较高的项目，采用矩阵模式较费时。 6. 对职能部门与项目间的权利平衡较为困难，因而造成工作人员工作中的无所适从。 7. 必须对各项目之间的各项工作，如时间安排、成本及进度统一平衡考虑，而这种协调往往很困难。
项目型	1. 对每个项目的控制都很完善。 2. 每个参加项目的人员直接向项目经理负责，以追求效益为最高原则。 3. 交流、沟通系统完整。 4. 能做到专有技术人才专用，鼓励技术的专业化。 5. 对问题的决策反应迅速。 6. 人员对项目的忠诚度高，工作愉快。 7. 强调重视与业主的关系，以业主为中心。 8. 易于平衡考虑对进度、成本、绩效的控制。 9. 由于以项目为单位，组织规模较小，管理较容易。 10. 上级管理人员能有更多的时间考虑主要的问题。	1. 在组织规模大，同时开展几个项目时，运营费用高，不划算。 2. 易造成项目结束后人员安排困难，闲置时间长。因此，上级管理部门必须对组织内部的每一个项目的工作进展有所了解。 3. 由于没有职能部门强有力的支持，技术支持较差。 4. 需要高层对各职能部门统一协调。 5. 项目之间的技术交流较少。 6. 项目参加人员职业发展的连续性差，晋升机会少。

三种组织结构的适用条件如表 5-2 所示。

表 5-2　　　　　　　　三种组织结构选择的适用条件

选择条件 \ 结构形式	职能型	矩阵型	项目型
环境的不确定性	低	高	高
所采用的技术	标准化	复杂	先进
项目的复杂程度	低	一般	高
项目的生命期	短	中等	长
项目的重要程度	低	中等	高
服务对象	多	一般	少
对内部条件的依赖性	低	中等	高
对外部环境的依赖性	高	中等	低
进度要求的紧迫性	低	中等	高

根据上述标准要求，矩阵型和项目型结构适用于外部条件较为复杂，任务的不确定性较大的项目。对采用新技术的项目，宜采用项目型管理结构；对需要采用多种技术的项目，矩阵型结构较为合适；而职能型管理结构常用于技术较为成熟、程序性较强的项目管理。复杂项目的管理，项目型结构优于功能型及矩阵型结构。项目型结构更适合于工期较长的项目。对于项目规模较大、较为重要的项目管理，项目型结构更为适宜。如果项目服务的对象较多，宜采用职能型结构。如果项目内部各部门之间的活动具有较高的相互依赖性，项目型结构比职能型结构要好。采用职能型结构管理的项目对外界的依赖性较强。项目型结构适合于对工程完成时间要求较紧的项目管理。对于具有多种产品的项目管理，矩阵型结构最佳。

【例 5-4】

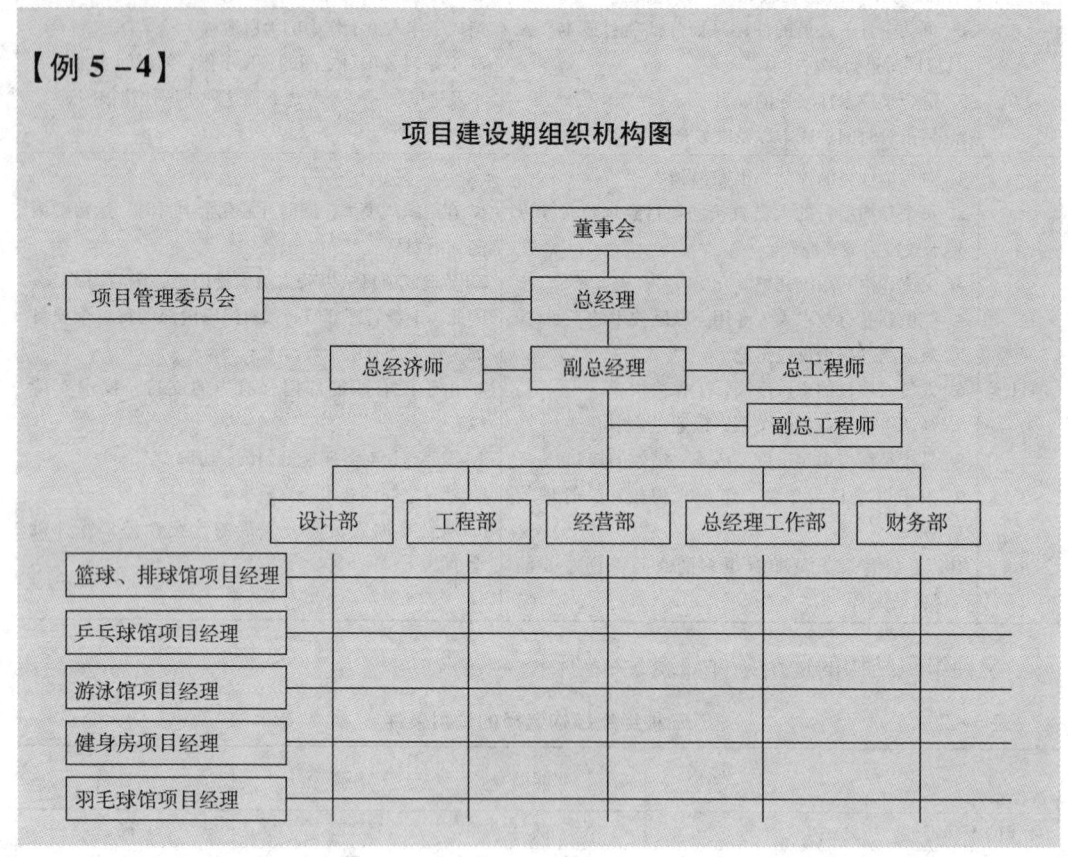

项目建设期组织机构图

（四）组织结构设计的步骤

1. 对组织的目标进行分析。组织的性质是由组织的目标决定的。组织的性质又决定了需要设置的职能部门、需从事的活动、最佳管理层级及相互间的组织关系。因此，对组织目标进行分析是确定如何进行工作部门划分、确定各部门工作任务的前提。当整个组织目标分析确定后，各部门的目标、职能、责任也随之确定。值得注意的是，各部门的目标要与整个组织的目标紧密相关，以便建立恰当的组织结构形式。

2. 明确各职能部门从事工作任务的性质。一个组织是由不同的部门组成的。每个部门有各自的工作任务、业务活动。一般来讲,所有部门按其工作活动的性质分成两种类型:任务型和支持型。任务型活动是指与实际生产直接相关的基本活动。其特点是最终的活动可明确以产品的形式来表述,包括研制开发、制造、市场开拓营销、融资等活动。支持型活动是指不直接从事与生产有关的,但对直接生产起到支持作用的活动。包括人事管理、计划制订、各种管理服务、质量控制、维修等。这两种活动对组织目标的实现通过不同的方式起作用,应严格区分。职能的混淆不清会导致结构设计中关系的不顺。

3. 建立部门之间的必要联系。在一个组织中,必须将不同的工作划分到具体部门,并建立部门之间的工作关系。应遵循的原则是,按照工作的相关性,本着有利于信息交流畅通、包括人员在内的一切资源的经济利用、控制简便的原则,建立一种逻辑关系,以达到最大程度的信息沟通、共享,避免无效的重复活动。工作的划分可按职能、产品、项目的地点或矩阵组合的方式进行。

4. 框架设计。包括如何设计管理的层级和各级的管理跨度。一般采用组织结构图的方式来表述各项工作的划分、活动的组织、管理层次的设置、部门之间的相互联系等。

5. 分析工作岗位,进行工作具体描述。组织结构图设计完成后,结合所需设置的部门,对关键岗位应赋予的权利、责任和义务进行分析描述,并以书面的形式确定到人。

岗位的描述要反映所处管理层次的特点,做到对不同部门的不同岗位的责、权、利设计合理。工作人员的安排应考虑基本技术技能、人际关系和宏观决策能力等素质要求。一般而言,较低管理层次岗位要求的人员需具备较强的基本技术技能;中层管理岗位要求人员的人际关系要强;高层管理人员要求具备较高的协调能力,对组织发展具有战略观点。

6. 制订职员招聘、员工培训计划。结构设计的同时,应着手设计对员工招聘、培训的计划,其目的主要是为设计的岗位选择合适的人选。招聘计划应根据所聘岗位的工作描述,对人才的来源、所需人才的具体要求(如学历、经验、需掌握的技能)进行分析后,提出足够的候选人员名单。工作描述包括必须技能和必要技能,并据此进行对候选人的筛选、面试。

5.1.2 组织机构的环境适应性评价

项目的实施是否成功,不仅受到组织内部能力的制约,也受到组织外部环境的影响。判断一个项目是否成功,主要评价该项目是否达到了预期目标,如在预定的工期、概算之内建成投产。而在项目实施阶段,这一目标很大程度上取决于外部环境对项目的影响,如项目对外部各种服务的依赖性、各种外部组织对项目的支持程度,以及项目适应外部环境的变化程度等。过去,人们对项目的分析往往侧重于技术、经济、财务等方面,而忽视了项目运行的机制问题。项目的运行机制是指项目内部的组织机构与影响项目的外部环境,如政府部门、非政府组织、主管部门、信贷机构、供应商、项目竞争者、客户等共同构成的决定项目运行的准则及价值取向的一系列规范和行为模式。项目的外部环境及运行机制分析,是项目组织分析的重要内容。世界银行对项目的机制、机构的分析，一般采用下列方法：①对机构的组织管理机制进行评价；②机构绩效审计；③客户/利益群体分析；④机构的可持续性分析；⑤公众选择分析；⑥政策环境分析。

项目的环境因素复杂多变，包括自然环境、政治环境、法律环境、机制环境、文化和社会环境、技术环境、经济与竞争环境、基础设施环境等。进行环境分析的主要目的是：①识别对项目的成功实施有影响的因素；②对这些因素进行评价；③找出关键影响因素，并对其影响程度进行评价；④有针对性地设计项目的组织结构；⑤找出为适应环境影响应采取的管理手段及处理方法。

项目外部环境分析的最重要的方法是利益相关者分析，主要包括四个步骤：①识别与项目有关的所有利益相关者，其范围包括各级政府、主管部门、咨询机构、贷款部门、各种供应商、客户、竞争者等；②分析确认各利益相关者在项目中的利益及对项目的态度；③分析各利益相关者对项目的影响力；④找出潜在的、阻碍项目发展的利益相关者，并制定相应的对策。

5.2 人力资源配置的评估

项目的人力资源配置是确保项目成功实施的关键。在项目评估中，要评估项目中对各种技术、管理人员的需求，包括不同层次的管理监督人员、工程技术人员、熟练和非熟练工人等。在评估项目的人力资源配置时，必须充分考虑项目所在国的劳动立法、劳动条件、定额、薪金、保险、职业安全、卫生保健和社会安全等因素、对项目不同阶段的人员配置编制定员表，对人力资源的来源进行分析，制订招聘计划和外聘专家人数，并制订人员培训计划，进行人力成本估算。

（一）人力资源配置的依据

人力资源配置的依据有：国家、部门、地方的劳动政策法规；项目建设规模与设备配备数量；项目工艺复杂程度与自动化水平；人员素质与劳动生产率水平；组织机构设置与生产管理制度。

（二）人力资源配置的内容

1. 研究制定合理的工作制度与运转班次。根据行业和生产过程特点，提出项目的工作时间、工作制度、工作班次。

2. 研究员工配置数量。根据先进、科学的岗位定员和劳动定额计算配备各职能部门、各工作岗位所需人员结构、数量。

3. 技术改造项目，应根据改造后技术水平和自动化水平的提高，优化人员配置，所需人员尽量由企业内部调剂解决。

4. 研究确定各类人员应具备的劳动技能和文化素质。

5. 研究测算项目所需职工工资和福利费用。

6. 研究测算项目的劳动生产率。

7. 研究提出员工选拔招聘方案，特别是高层次的管理和技术人员的选拔招聘方案。

（三）人力资源配置的确定方法

不同行业、不同岗位，配置的方法不同。主要有以下方法：

1. 按劳动效率计算定员，即根据生产任务和生产人员的劳动效率计算定员人数。

2. 按设备计算定员，即根据机器设备的数量、工人操作设备定额和机器设备开动班次等计算定员人数。

3. 按劳动定额定员，即根据工作量和生产任务、劳动定额等因素计算定员人数。

4. 按岗位计算定员，即根据设备操作岗位和每个岗位需要的工人数计算定员。

5. 按比例计算定员，即按服务人员占职工总数或生产人员数的比例计算所需服务人员人数。

6. 按组织机构职责范围、业务分工计算定员，主要用于计算管理人员的人数。

（四）员工培训

可行性研究阶段应研究提出员工培训计划，包括职工人数、培训内容、培训目标、培训方法和培训费用。为保证项目顺利投产达产，应重点培训生产线和关键岗位的操作运行人员、管理人员和营销人员。

对上述培训人员应规定各自的培训目标、培训方式、培训时间和培训费用。培训时间应与项目的建筑施工、设备安装、试车投产以及生产运营等各阶段的工作进度相衔接，以保证项目正常生产。

【本章小结】

项目的建设终究要依赖于一定的组织和人力资源的应用，本章讨论了项目组织结构的设计，以及组织机构的环境适应性。组织结构设计包含大量的工作，如岗位组成框架结构的选择、确定各岗位之间的联系，按照岗位责任制，建立员工工作表现评价系统、奖励系统、人力资源开发系统等工作。项目的人力资源配置包括项目中对各种技术、管理人员的需求。项目组织机构的合理设置和人力资源的有效配置将影响项目产品的实现效率，是确保项目成功实施的关键。

【习题】

1. 项目的组织结构主要有哪几种形式？
2. 分组讨论项目不同组织形式的优缺点。

【推荐阅读】

（1）戴大双，徐坤. 角色模型在 R&D 团队关键角色选择中的应用研究 [J]. 科学学与科学技术管理，2005（3）：122~124.

(2) 冯志刚. 研发团队关键角色选择研究——面向项目驱动型先进制造企业[D]. 硕士论文, 大连理工大学, 2005.

(3) 廖媛红. 基于模糊聚类和灰色决策的项目团队组建方法研究 [J]. 技术经济与管理研究, 2010 (3): 14~17.

第 6 章

项目投资估算与筹资方案评估

项目投资估算是在项目的项目市场、建设规模、技术方案、工程方案、设备方案及项目实施进度等内容确定的基础上，估算建设投资和分年资金需要量，以及生产运营所需流动资金。估算出的项目投资作为制定融资方案的基础，为经济评价以及下一步编制设计概算提供依据。投资项目的投资估算是项目评估关键的一环，正确地进行项目投资估算，不仅可以合理确定项目投资规模，控制工程项目总造价，而且可以较准确地反映出项目的经济效益情况，有助于合理地使用人、财、物等资源，以取得建设项目最大的经济效益。

本章项目投资估算的主要依据是现行的经济法规和价格政策，从项目（或企业）的角度出发，对一系列有关的投资数据进行调查、搜集、整理和测算，并编制有关的投资估算表格工作。

6.1 投资估算

投资估算应对项目建设和生产运营所需投入的全部资金进行估算，即项目总投资估算，包括建设投资和流动资金两部分。

建设投资由建筑工程费、设备及工器具购置费、安装工程费、工程建设其他费用、基本预备费、涨价预备费、建设期利息七部分构成。其中，建筑工程费、设备及工器具购置费、安装工程费形成固定资产；工程建设其他费用按现行财务制度规定的科目分别形成固定资产、无形资产、递延资产。基本预备费、涨价预备费、建设期利息，在项目评估阶段为简化计算，一并计入固定资产。

按工程建设投资实行"静态控制，动态管理"的要求，建设投资分为静态投资和动态投资两部分。静态投资部分由建筑工程费、设备及工器具购置费、安装工程费、工程建设其他费用、基本预备费五部分构成；动态投资部分由涨价预备费和建设期利息构成。

流动资金，指生产经营性项目投产后生产运营期周转使用的资金。

6.1.1 建设投资估算

（一）建设投资估算的依据

1. 项目建设管理部门颁布的建设工程造价费用构成、计算方法，及其他有关计算工程造价的文件。

2. 行业主管部门制定的投资估算办法、估算指标和定额。

3. 有关部门制定的工程建设其他费用的计算办法和费用标准，以及国家公布的物价指数。

4. 拟建项目各单项工程的建设内容及工程量。

（二）建设投资估算步骤

1. 分别估算各单项工程所需的建筑工程费、设备及工器具购置费、安装工程费。

2. 在汇总各单项工程费用基础上，估算工程建设其他费用和基本预备费，得出项目的静态投资部分。

3. 估算涨价预备费和建设期利息，得出项目的动态投资部分。

（三）建筑工程费估算

建筑工程费是指为建造永久性和大型临时性建筑物和构筑物所需要的费用，如场地平整、厂房、仓库、电站、设备基础、工业窑炉、矿井开拓、露天剥离、桥梁、码头、堤坝、隧道、涵洞、铁路、公路、管线铺设、水库、水坝、灌区等项工程的费用。建筑工程投资估算一般采用以下方法。

1. 单位建筑工程投资估算法。以单位建筑工程量投资乘以建筑工程总量计算。例如，一般工业与民用建筑以单位房屋建筑面积（m^2）的投资，工业窑炉砌筑以单位容积（m^3）的投资，水库以水坝单位长度（m）的投资，铁路路基以单位长度（km）的投资，乘以相应的建筑工程总量得出建筑工程费。

2. 单位实物工程量投资估算法。以单位实物工程量的投资乘以实物工程总量计算。例如，土石方工程按每 m^3 投资，矿井巷道衬砌工程按每 m 投资，路面铺设工程按每 m^2 投资，乘以相应的实物工程总量得出建筑工程费。

3. 概算指标投资估算法。一般情况下不采用此种方法。对于没有上述估算指标且建筑工程费占总投资比例较大时，才采用概算指标估算法。采用这种估算法，应占有较为详细的工程资料、建筑材料价格和工程费用率，需要投入的时间和工作量较大。具体估算方法见有关部门颁布的概算编制办法。

通过建筑工程费用的估算，可以编制建筑工程费用估算表，如表 6-1 所示。

表 6-1   建筑工程费用估算表

序号	建筑物名称	单位	工程量	单价（元）	费用合计（万元）

(四) 设备及工器具购置费估算

设备购置费的估算应根据项目主要设备表及价格、费用资料进行。工器具购置费一般按占设备费的比例计取。

设备及工器具购置费,包括设备的购置费、工器具购置费、现场自制非标准设备费、生产用家具购置费和相应的运杂费。对于价值高的设备应按单台(套)估算购置费;价值较小的设备可按分类估算。设备购置费应按国内设备和进口设备分别估算。

$$设备购置费 = 设备原价或进口设备到岸价 + 设备运杂费$$

其中,设备原价是指国产标准设备、国产非标准设备、引进设备的原价。设备运杂费包括供销部门手续费、设备原价中未包括的包装费、包装材料费、运输费、装卸费、采购及仓库保管费等。如果设备是由设备成套公司提供的,成套公司的服务费也应计入设备运杂费中。设备运杂费计算方法如下:

$$设备运杂费 = 设备原价 \times 设备运杂费率$$

工器具及生产家具购置费是指新建项目或扩建项目初步设计规定所必须购置的不够固定资产标准的设备、仪器、模具、器具、生产家具和备品备件等的费用。其计算方法是:

$$工器具及生产家具购置费额 = 设备购置费 \times 定额费率$$

1. 国内设备的价格估算

(1) 国产标准设备原价。国产标准设备原价是指按照主管部门颁布的标准设计图纸和技术要求,由国内设备制造厂成批生产并符合国家质量检验标准的设备,则成为标准设备或通用设备。国产标准设备原价一般指的是设备制造厂的交货价,即出厂价。设备的出厂价分两种情况,一是带有备件的出厂价,二是不带备件的出厂价,在计算设备原价时,应按带备件的出厂价计算。如设备由设备成套公司供应,则应以订货合同为设备原价。

(2) 国产非标准设备原价。非标准设备原价是指国家为定性、非批量生产的设备。它是由建设项目单位依据制造图纸委托机械制造厂或施工企业在工厂制造或施工现场加工,其价格应根据设备的类型、材质、结构、重量等逐台计算。非标准设备原价有多种计价方法,如成本计算法、系列设备插入估价法、分部组合估价法、定额估价法等。

(3) 国内设备购置费为设备出厂价加运杂费。设备运杂费(运输费、装卸费、供销手续费和仓库保管费等)按运杂费率和设备出厂价的百分比计算。

表 6-2 国内设备购置费估算表 单位:万元

序号	设备名称	型号规格	单位	数量	设备购置费(元)		
					出厂价	运杂费	总价
	合计						

2. 进口设备价格估算。进口设备购置费由进口设备货价、进口从属费用及国内运杂费组成。进口设备货价按交货地点和方式的不同,分为离岸价(FOB)与到岸价(CIF)两种价格。进口从属费用包括国外运费和国外运输保险费(对离岸价而言)、进口关税、增值税、外贸手续费、银行财务费和海关监管手续费。国内运杂费包括运输装卸费、运输保险费等。

(1) 引进设备费用。原价可以根据谈判过程中外商的报价来确定,或根据技术设备引进派人出国考察时了解到的价格来确定,也可以向中国技术进出口公司询价。目前,对于一些较大宗的设备采购,要求用国际招标的方法进行,在这种情况下可用中标的价格来确定引进设备的费用。成套引进的有关费用计算方法如下:

进口设备按离岸价计价时,应计算设备运抵我国口岸(港口、机场、陆上公路或铁路的边境口岸)的国外运费和国外运输保险费,得出到岸价。计算公式为

进口设备到岸价 = 离岸价 + 国外运费 + 国外运输保险费

其中,国外运费 = 离岸价 × 运费率(或国外运费 = 单位运价 × 运量)

国外运输保险费 = (离岸价 + 国外运费) × 国外保险费率

(2) 设备从属费

进口关税 = 进口设备到岸价 × 人民币外汇牌价 × 进口关税率

进口设备增值税 = (进口设备到岸价 × 人民币外汇牌价 + 进口关税 + 消费税)
× 增值税率

(3) 国内运杂费。国内运杂费是指按合同或协议约定的到岸港口或接壤的陆地交货地点至工地仓库或施工现场存放地点,所发生运输费、运输保险费、装卸费、包装费、供销部门手续费和仓库保管费等内容。

现场自制非标准设备,由材料费、人工费和管理费组成。按其占设备总费用的一定比例估算。

【例6-1】

某项目需进口一套设备,离岸价(FOB)为492万美元。其他有关费用参数为:国外运费费率7%,国外运输保险费率0.4%,则国外运输保险费为( )万美元。

A. 1.5   B. 1.7   C. 2.0   D. 2.1

分析:[492 + (492 × 7%)] × 0.4% = 2.11(万美元)

答案:选D。

(五) 安装工程费估算

安装工程费包括需要安装的各种机电设备的装配、安装工程,与设备相连的工作台、梯子及其装设工程,附属于被安装设备的管线及其铺设工程,被安装设备的维修、保温、防腐工程等费用以及单体试运转和联动无负荷试运转的费用。

安装工程费通常按行业有关安装工程定额、取费标准和指标估算。如按安装费占设

备原价的百分比,按每吨设备的安装费,或者按每单位安装实物工程量的费用估算。即

$$安装工程费 = 设备原价 \times 安装费率$$
$$安装工程费 = 设备吨位 \times 每吨安装费$$
$$安装工程费 = 安装工程实物量 \times 安装费用指标$$

（六）工程建设其他费用估算

1. 土地使用费。土地使用费是指建设项目通过划拨或土地使用权出让方式取得土地使用权,所需土地征用及迁移补偿费或土地使用权出让金。

2. 建设单位管理费。建设单位管理费是指建设项目从立项至竣工验收交付使用建设全过程管理所需费用,内容包括建设单位经费、建设单位开办费、临时设施费、工程监理费、工程保险费。

3. 勘察设计费。勘察设计费是指为建设项目编制项目建议书、可行性研究报告及设计文件等所需费用。包括编制项目建议书研究报告及投资估算以及为编制所需文件所进行勘察、设计、研究试验等所需费用,和在规定的范围内由建设单位自行完成的勘察、设计工作所需费用。

4. 研究试验费。研究试验费是指为本建设项目提供或验收设计参数、数据、资料等进行必要的研究试验以及设计规定在施工中必须进行试验、验证和支付国内专利、技术成果一次性使用费所需费用。

5. 建设单位临时设施费。

6. 工程建设监理费。

7. 工程保险费。

8. 施工机构迁移费。施工机构迁移费是指施工企业由建设单位指定承担施工任务,由原驻地迁移到工程所在地发生的往返一次性搬迁费用。

9. 引进技术和进口设备其他费用。

10. 联合试运转费。

11. 生产职工培训费。

12. 办公及生活家具购置费。

表 6-3　　　　　　　　　　工程建设其他费用估算表　　　　　　　　单位:万元

序号	费用名称	计算依据	费率或标准	总价
1	土地使用费			
2	建设单位管理费			
3	勘查设计费			
4	研究试验费			
5	建设单位临时设施费			
6	工程建设监理费			
7	工程保险费			
8	施工机构迁移费			

续表

序号	费用名称	计算依据	费率或标准	总价
9	引进技术和进口设备其他费用			
10	联合试运转费			
11	生产职工培训费			
12	办公及生活家具购置费			
……	……			
	合计			

（七）基本预备费估算

基本预备费是指在可行性研究阶段难以预料的费用，又称工程建设不可预见费。主要指设计变更及施工过程中可能增加工程量的费用。基本预备费以建筑工程费、设备及工器具购置费、安装工程费及工程建设其他费用之和为基数，按行业主管部门规定的基本预备费率计算。

（八）涨价预备费估算

涨价预备费是对建设工期较长的项目，在建设期内价格上涨可能引起投资增加而预留的费用，亦称为价格变动不可预见费。涨价预备费以建筑工程费、设备及工器具购置费、安装工程费之和为计算基数。计算公式为

$$PC = \sum_{t=1}^{n} I_t [(1+f)^t - 1]$$

式中：PC 为涨价预备费；I_t 为第 t 年的建筑工程费，设备及工器具购置费，安装工程费之和；f 为建设期价格上涨指数；n 为建设期。

建设期价格上涨指数，有关部门有规定的按规定执行，没有规定的由项目评估人员自行预测。

【例6-2】

某建设项目的工程费用为300000万元，按项目进度计划，项目建设期为2年，分年的工程费用比例为第一年30%，第二年70%，建设期内年平均价格上涨指数为4%，该项目的涨价预备费是（　　）万元。

A. 4086　　B. 6048　　C. 20736　　D. 21791

分析：根据公式得 PC = 20736

答案：C。

（九）建设期利息估算

建设期利息是指项目借款在建设期内发生并计入固定资产的利息，包括借款利息及手续费、承诺费、管理费等项财务费用。

计算建设期利息时，为了简化计算，通常假定借款均在每年的年中支用，借款第一年按半年计息，其余各年份按全年计息，计算公式为

各年应计利息 =（年初借款本息累计 + 本年借款额 × 1/2）× 年利率

有多种借款资金来源，每笔借款的年利率各不相同的项目，既可分别计算每笔借款的利息，也可先计算出各笔借款加权平均的年利率，并以此利率计算全部借款的利息。

【例 6-3】

某项目建设期 3 年，共贷款 700 万元人民币，第一年贷款 200 万元，第二年贷款 500 万元，贷款在各年年内均衡发生，贷款年利率 6%，建设期内不支付利息，建设期利息为（　　）万元。

A. 33.36　　B. 54.72　　C. 77.36　　D. 100.00

解析：根据公式，

各年应计利息 =（年初借款本息累计 + 本年借款额 × 1/2）× 年利率，得

第一年利息：200/2 × 6% = 6（万元）；

第二年利息：(200 + 6 + 500/2) × 6% = 27.36（万元）；

第三年利息：(200 + 6 + 500 + 27.36) × 6% = 44.00（万元）；

建设期利息合计：6 + 27.36 + 44.00 = 77.36（万元）。

【例 6-4】

拟建某工业建设项目，各项数据如下。

(1) 主要生产项目 7400 万元（其中，建筑工程费 2800 万元，设备购置费 3900 万元，安装工程费 700 万元）。

(2) 辅助生产项目 4900 万元（其中，建筑工程费 1900 万元，设备购置费 2600 万元，安装工程费 400 万元）。

(3) 公用工程 2200 万元（其中，建筑工程费 1320 万元，设备购置费 660 万元，安装工程费 220 万元）。

(4) 环境保护工程 660 万元（其中，建筑工程费 330 万元，设备购置费 220 万元，安装工程费 110 万元）。

(5) 总图运输工程 330 万元（其中，建筑工程费 220 万元，设备购置费 110 万元）。

(6) 服务性工程建筑工程费 160 万元。

(7) 生活福利工程建筑工程费 220 万元。

(8) 厂外工程建筑工程费 110 万元。

(9) 工程建设其他费用 400 万元。

(10) 基本预备费率为 10%。

(11) 建设期各年涨价预备费费率为6%。

(12) 建设期为2年，每年建设投资相等。建设资金来源为：第1年贷款5000万元，第2年贷款4800万元，其余为自由资金。贷款年利率为6%（每半年计息一次）。

问题：将以上数据形成建设项目固定资产投资估算表，计算基本预备费、涨价预备费及贷款利息，并将结果填入估算表。

解：

表6-4　　　　　　　　　建设项目固定资产投资估算表　　　　　　　　单位：万元

序号	工程费用名称	建筑工程费	设备购置费	安装工程费	其他费用	合计	占固定资产的比例
1	工程费用	7060	7490	1430		15980	78.78%
1.1	主要生产项目	2800	3900	700		7400	
1.2	辅助生产项目	1900	2600	400		4900	
1.3	公用工程	1320	660	220		2200	
1.4	环境保护工程	330	220	110		6600	
1.5	总图运输工程	220	110			330	
1.6	服务性工程	160				160	
1.7	生活福利工程	220				220	
1.8	厂外工程	110				110	
2	工程建设其他费用				400	400	1.97%
	1~2小计	7060	7490	1430	400	16380	
3	预备费				3292	3292	16.23%
3.1	基本预备费				1638	1638	
3.2	涨价预备费				1654	1654	
4	固定资产投资方向调节税				0	0	
5	建设期利息				612	612	3.02%
	合计	7060	7490	1430	4304	20284	

注释：

基本预备费 = 16380 × 10% = 1638（万元）

$$涨价预备费 = \frac{16380+1638}{2}[(1+6\%)^1-1] + \frac{16380+1638}{2}[(1+6\%)^2-1]$$
$$= 1654（万元）$$

$$有效利率 = \left(1+\frac{0.06}{2}\right)^2 - 1 = 6.09\%$$

建设期利息：

第1年利息 = 0.5 × 5000 × 6.09% = 152（万元）

第2年利息 = (5000 + 152 + 0.5 × 4800) × 6.09% = 460（万元）

建设期利息 = 152 + 460 = 612（万元）

6.1.2 几种投资估算的方法

（一）比例估算法

一个工程项目的主要建设内容与其他部分建设内容之间，往往存在着一定的比例关系。其一般公式为

$$其他部分投资 = 主要部分投资 \times 比例系数$$

其中，主要部分投资一般指主要生产设备或者主要生产车间；比例系数为该部分占主要部分投资的份额。

比例估算法可分为以下两种。

1. 以拟建项目的设备购置费为基数进行估算。该方法是以拟建项目的设备购置费为基数，根据已建成的同类项目的建筑工程费和安装工程费占设备购置费的百分比，求出相应的建筑工程费和安装工程费，再加上拟建项目其他费用（包括工程建设其他费用和预备费等），其总和即为拟建项目的建设投资。计算公式为

$$C = E(1 + f_1 P_1 + f_2 P_2) + I$$

式中：C 为拟建项目的建设投资；E 为拟建项目根据当时当地价格计算的设备购置费；P_1、P_2 为已建项目中建筑工程费和安装工程费占设备购置费的百分比；f_1、f_2 为由于时间因素引起的定额、价格、费用标准等综合调整系数；I 为拟建项目的其他费用。

【例 6-5】

某拟建项目设备购置费为 15000 万元，根据已建同类项目统计资料，建筑工程费占设备购置费的 23%，安装工程费占设备购置费的 9%，该拟建项目的其他有关费用估计为 2600 万元，调整系数均为 1.1，试估算该项目的建设投资。

解答：根据上述公式，该项目的建设投资为

15000 × [1 + (23% + 9%) × 1.1] + 2600 = 22880（万元）

2. 以拟建项目的工艺设备投资为基数进行估算。该方法以拟建项目的工艺设备投资为基数，根据同类型的已建项目的有关统计资料，各专业工程（总图、土建、暖通、给排水、管道、电气、电信及自控等）占工艺设备投资（包括运杂费和安装费）的百分比，求出拟建项目各专业工程的投资，然后把各部分投资（包括工艺设备投资）相加求和，再加上拟建项目的其他有关费用，即为拟建项目的建设投资。计算公式为

$$C = E(1 + f_1 P'_1 + f_2 P'_2 + \cdots\cdots) + I$$

式中：E 为拟建项目根据当时当地价格计算的工艺设备投资；P'_1、P'_2 为已建项目各专业工程费用占工艺设备投资的百分比；其他符号含义同前。

（二）指数估算法

指数法是根据成套生产工艺设备已知装置能力投资额进行估算拟建项目投资额，也叫装置能力指数法。其公式如下：

$$Y_2 = Y_1 \times \left(\frac{X_2}{X_1}\right)^n \times CF$$

式中：Y_2 为拟建项目装置的投资；Y_1 为类似已知装置的投资；X_2 为拟建项目的装置能力；X_1 为类似建设已知装置的能力；CF 为新老项目建设间隔期内价格上涨矫正系数；n 为装置能力指数。

运用这种方法估算项目投资的重要条件，是要有合理的装置能力指数。当生产规模扩大不超过9倍，仅变化设备的尺寸时，n 取值为 0.6～0.7，当设备尺寸变化不大，仅扩大规模时，n 取值为 0.8～1.0，试验性生产工厂和高温，高压的工业性生产工厂，n 取值为 0.3～0.5。以上这些系数不能用于规模扩大在50倍以上的工厂。

装置投资费用一般是工程项目的主要部分投资费用。算出装置费用以后，可用比例估算法或其他方法估算出工程项目的全部费用。

【例 6-6】

已知建设年产15万吨聚酯项目的装置投资为20000万元，现拟建年产60万吨聚酯项目，工程条件与上述项目类似，生产能力指数 n 为0.8，调整系数 CF 为1.1，试估算该项目的装置投资。

解答：$20000 \times \left(\frac{60}{15}\right)^{0.8} \times 1.1 = 66660$（万元）

(三) 因子估算法

因子估算法的计算公式为

$$X = E \times K$$

式中：X 为新建项目所需投资；E 为因子；K 为已知设备或项目的投资。

这个公式可以应用到下列两种方法：

1. 设备及厂房系数法。一个项目，工艺设备投资和厂房土建投资之和占了整个项目投资的绝大部分。如果设计方案已确定生产工艺，初步选定了工艺设备并进行了工艺布置，这就有了工艺设备的重量级厂房的高度和面积。那么，工艺设备投资和厂房土建的投资就可以分别估算出来，其他专业，与设备关系较大的按设备系数计算，与厂房土建关系较大的则以厂房土建投资系数计算。两类投资加起来就得出整个项目的投资，这个方法在预可行性阶段使用是比较合适的。

【例 6-7】

某项目工艺设备及其安装费用估计为2600万元，厂房土建费用估计为4200万元，参照类似项目的统计资料，其他各专业工程投资系数如下，其他有关费用为2400万元，试估算该项目的建设投资。

表 6-5　　　　　　　　　　　投资调整系数表

工艺设备	1.00	厂房土建	1.00
起重设备	0.09	给排水工程	0.04
加热炉及烟道	0.12	采暖通风	0.03
气化冷却	0.01	工业管道	0.01
余热锅炉	0.04	电器照明	0.01
供电及转动	0.18		
自动化仪表	0.02		
系数合计	1.44	系数合计	1.09

解：根据上述方法，则该项目的建设投资为
$$2600 \times 1.44 + 4200 \times 1.09 + 2400 = 10722（万元）$$

2. 设备系数法。一个生产项目在生产工艺和规模确定之后，首先要选用工艺设备，其他专业都是根据工艺要求配置的。当项目的工艺设备已经确定，其他专业还未涉及时，采用此法比较方便，其步骤为：

(1) 先估算工艺设备到现场的价格（设为 K）。

(2) 设备及其安装费 $P = 1.45K$（这里的安装费，除设备本身的安装费以外，还包括必要的设备基础、支架、沟潜和保温、保冷工程的安置费）。

(3) 设备配管安装费 $T = 1.59P$。

(4) 直接建设费 $M = 1.5T$。

(5) 总建设费 $X = 1.35\ \ M = 4.74K$。

这个方法简单，但精确度不高，因为成套工艺设备组成的变化、设备规格的不同以及设备使用材质的差异，都会影响成套设备的价格。

(四) 平方米造价估算法（适用于固定资产投资估算）

这种方法多用于估算房屋，以厂房为例，虽然影响其造价的因素很多，但最主要的有两点：一是厂房的结构，如钢结构、钢筋混凝土结构、砖木结构等；二是各种技术参数，如不同的高度、跨度、吊车重量及台数等。根据上述两个主要因素，分析出本地区各厂房造价指标，再乘以面积即可得出该厂房造价。

(五) 设计定员法

这种方法是将建筑物的定员人数乘以统计单价，得出造价。例如：
$$学校总造价 = 每个学生席位单价 \times 设计规定定员数$$

6.1.3　流动资金估算

流动资金是企业以货币购买劳动对象和支付工资时所垫支的资金，是企业进行生产和经营活动的必要条件。它用于购买原材料、燃料、备品备件、低值易耗品、包装品、半成品、产成品、外购商品和一定数量的资金，形成生产储备，然后投入生产，经过加工制成产品，通过销售收回货币。流动资金就是这样由生产领域进入流通领域，又从流通流域回到生产领域，反复循环，不断周旋，依次通过产、工、销三个环节。

企业流动资金按其在企业再生产过程中所起的作用，以及在周转中所处的阶段不同，可以分为生产领域的流动资金，如储备资金和生产资金，与流通领域的流动资金，如成品资金、结算资金和货币资金。流动资金按其管理的方式划分，又可分为定额流动资金和非流动资金。定额流动资金如储备资金、生产资金和成品资金，它们是企业资金流动的主要组成部分。非定额流动资金如结算资金，它们在企业流动资金中所占的比例较小。流动资金估算有分项估算和分类估算两种方法体系。

（一）按照流动资金特点分项估算

通常采用分项详细估算法，个别情况或小型项目可采用扩大指标法。

1. 分项详细估算法。对流动资金构成的各项流动资产和流动负债分别进行估算。在项目评估中，为简化起见，仅对存货、现金、应收账款和应付账款四项内容进行估算，计算公式为

$$流动资金 = 流动资产 - 流动负债$$

$$流动资产 = 应收账款 + 存货 + 现金$$

$$流动负债 = 应付账款 + 预收账款$$

$$流动资金本年增加额 = 本年流动资金 - 上年流动资金$$

估算的具体步骤，首先计算存货、现金、应收账款和应付账款的周转次数，然后再分项估算占用资金额。

（1）周转次数计算。周转次数等于360天除以最低周转天数。存货、现金、应收账款和应付账款的最低周转天数，参照类似企业的平均周转天数并结合项目特点确定，或按部门（行业）规定计算。

（2）存货估算。存货是企业为销售或耗用而储备的各种货物，主要有原材料、辅助材料、燃料、低值易耗品、修理用备件、包装物、在产品、自制半成品和产成品等。为简化计算，仅考虑外购原材料、外购燃料、在产品和产成品，并分项进行计算。计算公式为

$$存货 = 外购原材料 + 外购燃料 + 在产品 + 产成品$$

$$外购原材料 = \frac{年外购原材料}{外购原材料年周转次数}$$

$$外购燃料 = \frac{年外购燃料}{外购燃料年周转次数}$$

$$在产品 = \frac{年外购原材料 + 年外购燃料及动力 + 年工资及福利费 + 年修理费 + 年其他制造费}{在产品周转次数}$$

$$产成品 = \frac{年经营成本 - 年其他营业费用}{产成品年周转次数}$$

（3）应收账款估算。应收账款是指企业已对外销售商品、提供劳务尚未收回的资金，包括很多科目，在项目评估时，只计算应收销售款。计算公式为

$$应收账款 = \frac{年销售收入}{应收账款年周转次数}$$

（4）现金需要量估算。项目流动资金中的现金是指货币资金，即企业生产运营活动中停留于货币形态的那一部分资金，包括企业库存现金和银行存款。计算公式为

$$现金需要量 = \frac{年工资及福利费 + 年其他费用}{现金周转次数}$$

$$年其他费用 = 制造费用 + 管理费用 + 销售费用$$
$$- （以上三项费用中所含的工资及福利费、折旧费、$$
$$维护费、摊销费、修理费）$$

（5）流动负债估算。流动负债是指在一年或超过一年的一个营业周期内，需要偿还的各种债务。在项目评估中，流动负债的估算只考虑应付账款一项。计算公式为

$$应付账款 = \frac{外购原材料、燃料及动力和其他材料费用}{应付账款年周转次数}$$

$$预收账款 = 预收营业收入年金额 / 预收账款周转次数$$

（6）预付账款估算

$$预付账款 = 外购商品或服务年费用金额 / 预付账款周转次数$$

表 6-6 流动资金估算表 单位：万元

序号	项目	周转天数	周转次数	计算期					
				1	2	3	4	…	N
1	流动资产								
1.1	应收账款								
1.2	存货								
1.2.1	原材料								
1.2.2	×××								
1.2.3	燃料								
	×××								
1.2.4	在产品								
1.2.5	产成品								
1.3	现金								
1.4	预付账款								
2	流动负债								
2.1	应付账款								
2.2	预收账款								
3	流动资金（1~2）								
4	流动资金本年增加额								

注：（1）本表适用于新设法人项目，以及既有法人项目的"有项目"、"无项目"和增量流动资金的估算。

（2）表中科目可随行业变动。

（3）如发生外币流动资金，应另行估算后予以说明，其数额应包含在本表数额内。

（4）不发生预付账款和预收账款的项目可不列此两项。

2. 扩大指标估算法。扩大指标估算法是一种简化的流动资金估算方法，一般可参照同类企业流动资金占销售收入、经营成本的比例，或者单位产量占用流动资金的数额估算。

计算公式分别为

$$流动资金 = 年营业收入额 \times 营业收入资金率$$

$$或，流动资金 = 年经营成本 \times 经营成本资金率$$

$$或，流动资金 = 年产量 \times 单位产量占用流动资金额$$

（二）按财务制度对流动资金分类估算

流动资金的估算也可分为定额流动资金和非定额流动资金来计算。

1. 定额流动资金的估算。在项目评估中，流动资金估算主要是测算定额流动资金，也就是储备资金、生产资金、成品资金三部分流动资金需要量。具体测算可按财务制度规定的方法进行。

（1）储备资金测算。储备资金是生产中为储备原材料、染料等所需要的资金。储备资金一般用定额日数法加以确定。比如某种原材料储备资金定额是：

$$某种原材料储备资金定额 = 平均每日某种原材料耗用定额 \times 定额日数$$

其中，

$$平均每日某种原材料耗用定额 = 1年内某种原材料消耗总金额 / 360$$

$$年度某种原材料消耗总金额 = 年度产量 \times 单位产品某种原材料消耗定额$$
$$\times 某种原材料单位$$

$$定额日数 = 资金在途日数 + 验收日数 + 整理准备日数$$
$$+ 供货的间隔日数 \times 系数 + 保险系数$$

资金的在途日数，是指所购原材料到达企业前，因先付款而占用资金的日数，也就是从企业支付货款到原材料运到企业期间的日数。有时一种原材料由几个单位从不同地点供货，这样就要计算它们的加权平均资金在途日数。

验收日数，是指材料到达企业后，卸货、验收入库等所需的日数。

保险日数，是指为了形成原材料的保险储备而占用流动资金的天数。

供应间隔天数，是指先后两次材料供应之间的间隔日数，通常在供货合同中加以确定。但是按供应间隔日数算出的材料储备量，是库存的高峰储备量，夸大了资金需要，为此要乘一个供应间隔系数。

$$供应间隔系数 = 各种材料平均库存金额 / 各种材料最高库存金额$$

（2）生产资金的测算。生产资金是指从原材料、燃料等投入生产开始，到产品入库为止的整个生产过程中，所需要的流动资金占用。它主要表现为在产品和半产品占用的资金。生产资金占用的多少，主要取决于原材料等在生产工艺上停留的时间。停留时间越长，占用资金越多，停留时间越短，占用资金越少。在产品资金定额可按下列公式计算：

$$在产品资金定额 = 计划生产费用总额 / 360(天) \times 生产周期 \times 在产品成本系数$$
$$= 单位产品工厂成本 \times 年产量 / 360(天)$$

×生产周期×在产品成本系数

式中：生产周期包括工艺加工时间、上下工序必要的停留时间、半成品储存时间和检验时间等。生产周期也就是产品再生产中滞留的天数。

在产品成本系数，是指在产品单位成本与产品单位成本之比，由于在产品在生产中占用的资金是随生产过程的进展而增加的，因此不能用产成品的成本去测算在产品资金占用量，而要用这个系数去打一个折扣。

在产品成本系数 = 在产品平均成本/产品单位成本

在项目评估时，在产品成本系数可根据生产费用逐步增加的情况加以估计。如果生产费用是在生产过程中均衡投入的，则在产品成本系数可按50%计算，如果费用是集中在开始时投入的，则在产品成本系数应大于50%；反之就小于50%。

在产品流动资金定额，可参照在产品的预算办法测算。

（3）产品资金的测算。产品资金是指产品入库到发出商品收回货币为止所需占用的流动资金。成品资金可按产品种类分别计算，再加汇总而成。

成品资金定额 = 计划产量×计划单位产品成本×计划期日期×产品资金定额天数

公式中成品资金定额天数包括产成品储存日数，发运日数和结算日数。

2. 非定额流动资金的估算。非定额流动资金有结算资金和货币资金。

（1）结算资金。结算资金指在结算过程中所占用的一部分资金。它有应收及预付账款等项目。应收未收和预付未归，都是一种资金占用。这些费用，很难事先加以确切估定，一般可根据项目的具体情况加以确定。比如有的项目评估或可行性研究中，对应收账款，鉴于它是产品销售后应收未收而占用的资金，因而按一个月的经营成本来计算。对于预付账款，鉴于它是购买原材料、燃料等预付而占用的资金，就以原材料、燃料的一个月的耗用量来计算。

（2）货币资金。货币资金包括库存现金和银行存款。货币资金实际上反映了企业生产与流通过程中以现金和银行存款所占用的资金，它们在不同时间是不一样的。在有的项目评估或可行性研究中，货币资金以总成本与原材料、燃料、辅助材料等差额的半个月所需要量计算。

将上述投资估算的内容和估算方法所估算的各类投资进行汇总，可以编制总投资估算汇总表，如表6-7所示。同时可形成如图6-1所示的总投资构成图。

表6-7　　　　　　　　　　总投资估算汇总表

序号	费用名称	投资额		占总投资的%	估算说明
		合计	其中：外汇		
1	建设投资				
1.1	建设投资静态部分				
1.1.1	建筑工程费				
1.1.2	设备及工器具购置费				
1.1.3	安装工程费				

续表

序号	费用名称	投资额 合计	其中：外汇	占总投资的%	估算说明
1.1.4	工程建设其他费用				
1.1.5	基本预备费				
1.2	建设投资动态部分				
1.2.1	涨价预备费				
1.2.2	建设期利息				
2	流动资金				
3	项目总投资				

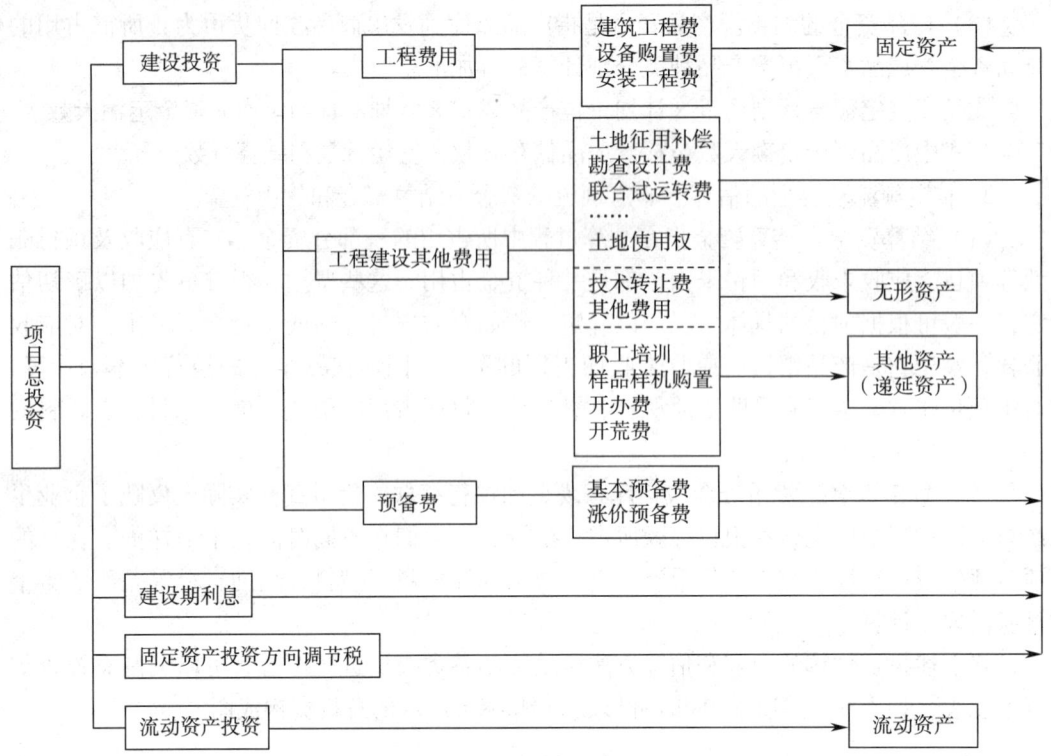

图 6-1 建设项目总投资的构成

6.1.4 建设投资成本估算的注意事项

1. 要认真收集整理和积累各种建设项目的竣工决算实际造价资料。这些资料的可靠性越高，则估算出的投资准确度也越高。所以，收集和积累可靠的技术资料是提高投资估算准确度的前提和基础。

2. 选择使用投资估算的各种数据时，不论是自己积累的数据，还是来源于其他方面的数据，要求估算人员在使用前都要结合时间、物价、现场条件、装备水平等因素做好充分的分析和调查研究工作。据此，应该做到以下三点：①造价指标的工程特征与本工程尽可能相符合；②对工程所在地的交通、能源、材料供应等条件做周密的调查研究；③做好细致的市场调查和预测。

3. 投资的估算必须考虑建设期物价、工资等方面的动态因素变化。

4. 应留有足够的预备费。并不是预备费留得越多越保险，而是依据估算人员所掌握的情况加以分析、判断、预测等，选定一个适度的系数。通常情况下，对于那些建设工期长、工程复杂或新开发的新工艺流程，预备费所占比例可高一些；建设工期短、工程结构简单或在很大程度上带有非开发并在国内已有建成的工艺生产项目和已定型的项目，预备费所占的比例就可以低一些。

5. 对引进国外设备或技术项目要考虑汇率的变化。进口设备、引进国外先进技术的建设项目和涉外建设项目，其建设投资的估算额与外汇兑换率关系密切。

6. 注意项目投资总额的综合平衡。实际进行项目投资估算时，常常会有这样的情况：从局部上对各单位工程的投资估算来看似乎是合理的，但从估算的建设项目所需的总投资额来看显得并不一定适当。因此，必须从总体上衡量工程的性质、项目所包括的内容和建筑标准等，是否与当前同类工程的投资额相称。还可以检查各单位工程的经济指标是否合适，从而再作一次必要的调整，使得整个建设项目所需的投资估算额更为合理。

7. 进行项目投资估算要认真负责、实事求是。进行项目投资估算时，应加强责任感，要认真负责地、实事求是地、科学地进行投资估算。既不可有意高估冒算，以免积压和浪费资金；也不应故意压价少估，而后进行投资追加，打乱项目投资计划。

6.2 筹资方案评估

资金筹措又称融资，是以一定的渠道为某种特定活动筹集所需资金的各种活动的总称。筹资方案一般是在投资估算的基础上，研究拟建项目所需资金的获得渠道、融资形式、融资结构、融资成本、融资风险，比选推荐项目的筹资方案，作为资金筹措和财务评价的依据。

6.2.1 融资的分类

权益融资和负债融资是现代融资的重要分类，是设计融资方案、分析融资结构及财务杠杆的重要基础。

（一）权益融资

权益融资是指以所有者的身份投入的非负债性资金的方式所进行的融资。权益融资形成企业的"所有者权益"和项目的"资本金"。我国的项目资本金制度规定国内投资建设的项目必须按照国务院规定筹集必要的资本金，杜绝"无本项目"的存在。因此，权益融资在我国项目资金筹措中具有强制性。权益融资具有以下特点：

（1）权益融资筹措的资金具有永久性特点，无到期日，不需归还。项目资本金是保证项目投资对资金的最低需求，是维持项目长期稳定运营的基本前提。

（2）没有固定的按期还本付息的压力。股利的支付与否和支付多少，视项目投产运营后的实际经营效果而定，因此项目企业法人的财务负担相对较小，融资风险较低。

（3）是负债融资的基础。权益融资是项目投资最基本的资金来源，它体现着项目所依托的企业法人的实力，是其他融资方式的基础。尤其可为债权人提供保障，增强公司的举债能力。

根据国家有关项目资本金制度，项目资本金来源可以是货币资金，也可以用实物、工业产权、非专利技术、土地使用权作价出资。作为资本金来源的实物、工业产权、非专利技术、土地使用权，必须经过有资格的资产评估机构依照法律、法规进行评估作价，并不得高估或者低估。以工业产权、非专利技术作价出资的比例不得超过投资项目资本金总额的20%，国家对采用高新技术成果有特别规定的项目除外。投资者以货币方式认缴的资本金，其资金来源有各级政府的财政预算内资金、国家批准的各种专项建设基金、"拨改贷"和经营性基本建设基金回收的本息、土地批租收入、国有企业产权转让收入、地方人民政府按国家有关规定收取的各种税费及其他预算外资金；国家授权投资的机构及企业法人的所有者权益（包括资本金、资本公积金、盈余公积金、未分配利润及股票上市收益资金等）、企业折旧资金以及投资者按照国家规定从资金市场上筹措的资金；社会个人合法所有的资金；国家规定的其他可以用做投资项目资本金的资金。

（二）负债融资

负债融资是指通过银行贷款、发行债券等负债融资方式所筹集的资金。负债融资是建设项目资金筹措的重要形式。根据国家有关实行建设项目法人责任制的要求，项目投资所依托的企业法人必须承担为建设项目筹集资金并为负债融资按时还本付息的责任。负债融资的特点主要体现在：

（1）筹集的资金在使用上具有时间性限制，必须按期偿还。

（2）无论项目企业法人今后经营效果好坏，均需要固定支付债务利息，从而形成项目企业法人今后的财务负担。

（3）资金成本一般比权益融资低，且不会分散对项目未来权益的控制权。

债务资金主要是通过金融机构在金融市场进行各类负债性融资活动来解决的。金融市场是各种信用工具买卖的场所，其职能是把某些组织或个人的剩余资金转移到需要资金的组织或个人并通过利率杠杆在借款者和贷款者之间分配资金。在负债融资方案的设计和分析中，必须根据金融市场的特点、国际金融环境和我国金融体制改革的趋势结合项目自身的实际情况进行审慎分析。

在现代筹资方案的设计中，还经常使用一些介于权益融资和负债融资之间的融资方式，如股东附属贷款、可转股债券、认股证等，它们具有"权益"和"负债"的双重特征，在现代融资方案的策划中往往发挥重要作用。

在现代市场经济体系中，尤其是在现代金融体系比较健全的融资环境下，无论是权益融资还是负债融资，均可以采用多种方式。现代企业理财必须熟悉各种权益融资和负债融资的方式和技巧，以优化融资方案。

6.2.2 资金渠道及筹措

（一）资金来源渠道

资金来源渠道包括：(1) 企业自有资金；(2) 各级政府预算内资金和各种预算外资金，以及各种基金；(3) 国内外银行等金融机构的信贷资金；(4) 国内外证券市场资金，即在证券市场上利用各种金融工具募集的资金；(5) 国内外非银行金融机构的资金，如信托投资公司、投资基金公司、风险投资公司、保险公司、租赁公司等机构的资金；(6) 外国政府、境外企业、个人等的资金；(7) 国内外各种机构和个人捐赠的资金。

上述各种资金来源，又可分为直接融资和间接融资两种方式。直接融资方式是指融资双方（或通过经纪人）直接协商提供的资金。主要有各种股票、债券等证券融资，投资者对拟建项目的直接投资等。间接融资是指从银行等金融机构借入的资金。

（二）资本金筹措

资本金是指项目总投资中由投资者提供的资金，对投资项目来说是非债务资金，也是获得债务资金的基础。国家对经营性项目实行资本金制度，规定了经营性项目的建设都要有一定数额的资本金，并提出了各行业项目资本金的最低比例要求。在项目评估阶段，应针对新设项目法人融资和既有项目法人融资组织形式的特点，分别研究资本金筹措方案。

1. 新设项目法人项目资本金筹措。新设项目法人融资形式下的资本金，是项目发起人和投资者为拟建项目所投入的本金。项目资本金来源有：(1) 各级政府财政预算内资金、预算外资金及各种专项建设基金；(2) 国家授权投资机构入股的资金；(3) 国内外企业入股的资金；(4) 社会个人入股的资金；(5) 项目法人通过发行股票从证券市场筹集的资金。

资本金出资形态可以是现金，也可以是实物、工业产权、非专利技术、土地使用权、资源开采权作价出资。对用做资本金的实物、工业产权、非专利技术、土地使用权、资源开采权作价的资金，必须经过有资格的资产评估机构评估作价，在项目评估中应说明资本金的出资方、出资方式、资本金来源及比例数额，资本金认缴进度等。

2. 既有项目法人项目资本金筹措。资本金来源主要有：(1) 企业可用于项目的现金，即现金和银行存款中可用于项目投资的资金；(2) 资产变现的资金，即变卖资产获得的资金；(3) 原有股东增资扩股；(4) 吸收新股东；(5) 发行股票筹集的资金。

在项目评估报告中，应说明资本金的各种来源和数量，并附有该企业的财务报表，以便判断是否具备足够的资本金投资于拟建项目。

【例6-8】

三峡工程资金来源

（1）三峡工程建设基金。国家为支持三峡工程建设，从1993年起设立了三峡工程建设基金，决定除西藏自治区和其他贫困地区排灌用电外，每千瓦时电加征3厘钱用于三峡工程建设，1994年增加1厘钱，即每千瓦时电征收4厘钱；从1996年2月1日起，直接受益和将要受益以及经济发达地区的16个省、自治区、自治市，每千克时电加征到7厘钱，其他地区仍征收4厘钱。

（2）葛洲坝水电站利润。葛洲坝水电站的全部产权属于中国长江三峡工程开发总公司，因此，葛洲坝水电站全部利润用于三峡工程建设。

以上两项在三峡工程建设期内可筹集资金约1100亿元，占三峡工程总投资的50%以上。

（3）国家开发银行贷款。国家开发银行承诺在1994年至2003年每年向三峡工程贷款30亿元，共计300亿元。

以上三项政策可为三峡工程筹集建设基金1400多亿元，约占工程总投资的70%。这是三峡工程稳定可靠的资金来源，对整个工程建设起着重要的资金支撑作用。

（4）三峡水电站施工期利润。三峡水电站从2003年首批机组开始发电后，以后每年有四台机组发电，至2009年，即在三峡工程建设期间，累计可发电约2930亿千瓦时。三峡水电站利润除用于三峡工程建设外，还可用来偿还贷款。

另外，还需要从国内发行债券、商业信贷、利用国外出口信贷等多种渠道筹集。其中三峡工程建设基金、葛洲坝水电站利润、三峡水电站施工期利润构成三峡工程资本金。

6.2.3 债务资金筹措

债务资金是项目总投资中除资本金外，从金融市场借入的资金。债务资金来源主要有：

1. 信贷融资。主要是国内政策性银行和商业银行等提供的贷款，世界银行、亚洲开发银行等国际金融机构贷款，外国政府贷款，出口信贷以及信托投资公司等非银行金融机构提供的贷款。进行信贷融资应说明拟提供贷款的机构及其贷款条件（支付方式、贷款期限、贷款利率、还本付息方式及其他附加条件）。

2. 债券融资。债券融资是指项目法人以其自身的盈利能力和信用条件为基础，通过发行债券筹集资金，用于项目建设的融资方式。除了一般债券融资外，还有可转换债券融资，这种债券在有效期限内，只需支付利息，债券持有人有权将债券按规定价格转换成公司的普通股，如果债券持有人放弃这一选择，融资单位需要在债券到期日兑现本金。可转换债券的发行无须项目资产或其他公司的资产作为担保。在项目评估阶段，采用债券融资方式，应对其可行性进行分析。项目评估报告应附有国家证券监管部门的意向文件。

3. 融资租赁。融资租赁是资产拥有者将资产租给承租人，在一定时期内使用，由承租人支付租赁费的筹资方式。采用这种方式，一般是由承租人选定设备，由出租人购置后租给承租人使用，承租人分期交付租金，租赁期满，设备归承租人所有。

从资金运动的角度看，出租人通过购买指定的出租设备给承租人使用，等于发放了一笔贷款，并通过收取租金的方式逐步收回贷款本息；承租人租用设备等于借款买设备，然后以分期付款支付租金的方式偿还借款本息。它有以下几种形式：直接购买租赁、转租赁、售后租回租赁、衡平租赁、服务性租赁。

【例 6-9】

表 6-8　　　　　　　　项目资本金占项目总投资的比例

序号	投资行业	项目资本金占项目总投资的比例
1	钢铁	40% 及以上
2	交通运输、煤炭、水泥、电解铝、铜冶炼、房地产开发项目（不含经济适用房项目）	35% 及以上
3	邮电、化肥	25% 及以上
4	电力、机电、建材、化工、石油加工、有色（铜冶炼除外）、轻工、纺织、商贸及其他行业	20% 及以上

6.2.4　项目融资

项目融资（Project Financing）不同于公司利用自身的资信能力进行融资的传统方式，而是一种特殊的融资方式，目前还没有权威的项目融资概念，人们一般使用的概念分别如下。

彼德·内维特在其《项目融资》一书中为项目融资作出如下定义：项目融资是为一个特定经济实体所安排的融资，其贷款人在最初考虑安排贷款时，满足于使用该经济实体的现金流量和收益作为偿还贷款的资金来源，并且满足于使用该经济实体的资产作为贷款的安全保障。

中国国家计委外资司在 1997 年 8 月 13 日的"关于《境外进行项目融资管理暂行办法》的若干说明"中对于境外项目融资的定义是："项目融资是指以境内建设项目的名义在境外筹措外汇资金，并仅以项目自身预期收入和资产对外承担债务偿还责任的融资方式。"

（一）项目融资的特点

1. 项目导向。主要是依赖于项目的现金流量和资产而不是依赖于项目的投资者或发起人的资信来安排融资。由于项目导向，有些对于投资者很难借到的资金则可以利用项目来安排，有些投资者很难得到的担保条件则可以通过组织项目融资来实现。因而，采用项目融资与传统融资方式相比较一般可以获得较高的贷款比例，根据项目经济强度的状况通常可以为项目提供60%~75%的资本需求量，在某些项目中甚至可以做到100%的融资。进一步，由于项目导向，项目融资的贷款期限可以根据项目的具体需要和项目的经济生命期来安排设计，可以做到比一般商业贷款期限长，近几年的实例表明，有的项目贷款期限可以长达20年之久。

2. **有限追索**。在某种意义上，贷款人对项目借款人的追索形式和程度是区分融资是属于项目融资还是属于传统形式融资的重要标志。对于后者，贷款人为项目借款人提供的是完全追索形式的贷款，即贷款人更主要依赖的是借款人自身的资信情况，而不是项目的经济强度；而前者，作为有限追索的项目融资，贷款人可以在贷款的某个特定阶段（例如，项目的建设期和试生产期）对项目借款人实行追索，或者在一个规定的范围内（这种规定范围包括金额和形式的限制）对项目借款人实行追索，除此之外，无论项目出现任何问题，贷款人均不能追索到项目借款人除该项目资产、现金流量以及所承担的义务之外的任何形式的财产。

3. **风险分担**。为了实现项目融资的有限追索，对于与项目有关的各种风险要素，需要以某种形式在项目投资者（借款人）、与项目开发有直接或间接利益关系的其他参与者和贷款人之间进行分担。一个成功的项目融资结构应该是在项目中没有任何一方单独承担起全部项目债务的风险责任。

4. **融资成本较高**。与传统的融资方式比较，项目融资存在的一个主要问题是相对筹资成本较高，组织融资所需要的时间较长。项目融资的这一特点限制了其使用范围。在实际运作中，除了需要分析项目融资的优势之外，也必须考虑到项目融资的规模经济效益问题。除以上特点之外，追求充分利用税务优势降低融资成本，提高项目的综合收益率和偿债能力也是国际上项目融资的一个重要特点。所谓充分利用税务优势，是指在项目所在国法律允许的范围内，通过精心设计的投资结构、融资模式，将所在国政府对投资的税务鼓励政策在项目参与各方中最大限度地加以分配和利用，以此降低筹资成本、提高项目的偿债能力。

"项目融资"是一个专用的金融术语，和通常所说的"为项目融资"是两个不同的概念，不可混淆。项目融资是指为建设和经营项目而成立新的独立法人——项目公司，由项目公司完成项目的投资建设和经营还贷。项目融资又叫无追索权融资方式（Non-Recourse Financing）。其含义是：项目负债的偿还，只依靠项目本身的资产和未来现金流量来保证，即使项目实际运作失败，债权人也只能要求以项目本身的资产或盈余还债，而对项目以外的其他资产无追索权。因此，利用项目融资方式，项目本身必须具有比较稳定的现金流量，必须具有较强的盈利能力。

在实际操作中，纯粹无追索权项目融资是无法做到的。由于项目自身的盈利状况受到多种不确定性因素的影响，仅仅依靠项目自身的资产和未来现金流量为基础进行负债融资，债权人的利益往往难以保障。因此往往采用有限追索权融资方式（Limited-Recourse Financing），即要求由项目以外的与项目有利害关系的第三者提供各种形式的担保。

（二）项目融资的常见类型

项目融资可分为许多具体的类型，常见的形式主要包括以下几种。

1. BOT（Build－Operate－Transfer），即建设—经营—移交。一般由东道国政府或地方政府通过特许权协议，将项目授予项目发起人为此专设的项目公司（Project Company），由项目公司负责基础设施（或基础产业）项目的投融资、建造、经营和维护；在规定的特许期内，项目公司拥有投资建造设施的所有权（但不是完整意义上的所有权），允许向设施的使用者收取适当的费用，并以此回收项目投融资、建造、经营和维护的成本费用，偿还贷款；特许期满后，项目公司将设施无偿移交给东道国政府。这种方式一般用于大型电厂、高等级高速公路、桥梁、隧道、铁路以及城市供排水、污水处理等能源、交通、城市市政设施建设。目前在我国已有较多应用。

2. TOT（Transfer－Operate－Transfer），即转让—运营—转让。指将已经建成投产的项目有偿转交给投资方经营，国家或所属机构将一次性融通的资金用来投入新建设项目；根据双方签订的有关协议，资金投入方在一定期限内经营该项目并获取利润；协议期满后，再将项目转交给国家或所属机构。目前在我国的公路建设中应用较多。

3. ABS（Asset－Backed Securities），即资产担保债券。它是资产证券化的一种形式，指将缺乏流动性但能产生可预见现金流收入的资产汇集起来，通过结构重组和信用增级，将其转换成在金融市场可以出售和流通的证券，借此融取资金。在项目融资中，一般采取这种形式，将基于一定基础设施或资产的现金流收入与原始权益人完全剥离，过户给特设信托机构（Special Purpose Vehicle，SPV），SPV将其通过金融担保、保险及超额抵押等方式取得较高的信用评级，然后以债券的方式发售给资本市场的投资者，融取项目建设所需资金，并以设施的未来收入流作为投资者收益的保证。利用这种方式不需要以发行者自身的信用作债券的偿还担保，目前也已成为国际上基础设施项目融资的重要方式。

4. 产品支付法融资（Production Payment）。这种融资方法广泛而成功地用于英美等国石油、天然气和矿产品等项目的开发融资中。这一方法仍然需要由项目发起人预先创立一个特殊目的公司或特设信托机构（SPV），并由该SPV从有关项目公司购买未分割的石油、天然气、矿产品或其他产品的收益。其特点在于：项目的产品是还本付息的唯一来源；贷款偿还期应短于项目预期的可靠经济生命；贷款人不对运营成本提供资金。

5. 预先购买协议融资法（Pre－take Agreement）。这一方法具有产品支付法的许多特点，但比其更为灵活。在这一方法中，贷款中同样需要建立一个特殊目的公司来购买规定数量的未来产品和/或现金收益，并且项目公司交付产品或收益的进度被设计成与规定的分期还款、偿债计划相配合。同时这里的购销合同通常也要求项目公司必须在这两种方式中选择一种：第一，项目公司买回产品；第二，项目公司作为贷款人的代理人，在公开市场上销售该产品，或者根据与发起人之间的事先合同将产品卖给第三方。

6. 融资租赁（Financial Lease）。这是以资产为基础的一种融资方式，在英国和美国，相当数量的大型项目是通过融资租赁方式筹措资金的。其过程一般为：希望获得工厂和设备的一方作为项目发起人，成立一个股份有限公司作为项目公司，然后再由项目公司与租赁公司签订租赁该工厂和设备的租赁合同，租金由一个或几个银行作担保，租赁公司负责建造或购买，然后将其经项目公司交由使用方使用，项目公司在此期间作为出租方代理人收取使用费,并向租赁公司交付租金,同时收取代理费。租约期满,项目公司代理以出租人同意的价格将该资产或设备售出。

当然,除此之外,还有许多其他的形形色色的项目融资类型。而且每一类又有许多的变异,其中仅BOT就出现了BT、BOOT等20多种演变方式。但无论哪一种都毫无例外的具有一个共同特点,即"融资不是主要依赖于项目发起人的信贷或其所涉及的有形资产"。

【例6-10】

英法海峡隧道项目

BOT方式主要应用于发展收费公路、发电厂、铁路、废水处理设施和城市地铁等基础设施项目。BOT方式在实际运用过程中,还演化出几十种类似的形式。

英法海峡隧道工程项目(见图6-2)就是采用BOT方式融资的。BOT项目发起人是欧洲隧道公司,它由英国的海峡隧道工程集团(一个由英国银行和承包商共同组建的财团)和法国的法兰西曼彻公司(一个由法国银行和承包商共同组建的财团)联合组成。

该项目特许经营期为55年(包括其中计划为7年的施工期)。特许经营权协议是在1987年由英法两国政府签订的,欧洲隧道公司要求政府许可的一个条件是33年内不设横跨海峡的二次连接设施。该项目的资金来源如表6-9所示。

表6-9　　　　　　　　　海峡隧道工程资金来源

来源		金额(亿美元)	备注
股票投资	银行和承包商	0.8	股东发起人
	私营团体	3.7	第1部分(1986年末)
	公众投资	8.0	第2部分(1987年末)
	公众投资	2.75	第3部分(1988年末)
	公众投资		第4部分(1989年末)
借款	商业银行	68	主要贷款
	商业银行	17	备用贷款
总计		103	

图6-2　英法海峡隧道工程项目

6.2.5 筹资方案的评估

投资项目筹资方案分析的内容包括融资成本、融资结构和融资风险的分析。筹资方案优化的基本要求是寻找一个融资成本较低、投资效益较高并承担较低风险的方案，其目的是在融资风险可接受的前提下，选择最佳融资组合，以降低融资成本、获取最有利的债务杠杆作用，确保企业价值最大化或股东财富最大化。

（一）筹资方案应考虑的因素

1. 经济性因素。企业在融资活动中所考虑的经济因素，通常指影响融资行为的成本、收益等因素，主要包括：

（1）融资成本。融资成本是企业为取得和使用资金而支付的各种代价，包括资金筹集费用和使用费用两项内容。融资的基本任务就是要选择那些融资成本最低的融资渠道和方式。因此，在融资过程中，财务人员必须从以下两方面来考虑融资成本：一是考虑资金市场中"资金商品"的供求状况。当资金市场供过于求时，融资成本相对降低；反之当资金市场供不应求时，融资成本相应要提高。因此，只有从总体上考虑资金市场的供求状况，才能从根本上降低企业融资成本。二是在资金市场供求产系一定的情况下，考虑各融资方式间融资成本的差异并进行有效的选择。由于各种融资方式不同，其融资成本也不相同，因此为实现财务目标，提高融资效益，企业必须选择那些融资成本较低的融资方式。

（2）融资风险。主要是指企业在负债融资方式下由于各种原因而引起的债务资金到期不能还本付息的风险。融资成本与融资风险二者相互影响和制约。融资成本越低，企业的融资风险一般也越高；反之，融资成本越高，则融资风险也越低。因此，合理的融资方案应是在融资风险一定的情况下使融资成本最低，或者在融资成本一定的情况下使融资风险最小。

（3）投资项目及其盈利能力。企业为投资项目进行融资，必须考虑以下方面：第一，投资项目所需资金量决定融资量。只有这样才能避免融资过多造成资金闲置和浪费，或者资金不足而影响投资进度，造成机会损失。第二，投资进度直接影响融资计划和资金到位时间安排。只有按投资进度安排融资计划并进行融资，才能避免由于期限搭配不合理引起的损失。第三，投资项目的未来收益能力决定企业融资渠道与融资方式选择。项目未来盈利能力越高，则可选择的融资渠道及融资方式的范围就越宽。

（4）资本结构。企业资本结构的优劣在一定程度上反映企业管理人员的管理技巧。不同融资方式对企业资本结构的影响不同。就股票融资而言，增加股本资金，会提高企业权益资金比例，也有利于负债规模的扩大，但不利于提高权益投资利润率；而增加债务资金，会加大偿债压力，但在资产利润率大于负债利率的情况下，会产生杠杆作用，有利于提高权益资本利润率。企业选择何种融资方式取决于企业在一定时期内的资本结构状况及其弹性。

2. 非经济因素。企业在融资过程中所考虑的非经济因素主要包括：

（1）融资难易程度。融资的难易程度主要涉及企业融资过程中的审批程序及融资和组织管理的难易程度。其中，融资的审批程序主要涉及融资方案能否得到批准及审批机构的工作效率等两个方面。前者取决于国家政策及有关机构的规定，后者取决于审批机构的层次工作效率。融资组织管理工作的难易主要取决于企业内部管理水平。因此，影响企业融资难易程度的因素，有些是客观的，有些是主观的，并且在融资方案的制订过程中都必须予以充分重视。

(2) 资金使用条件的约束。无论是投资者还是债权人，出于投资安全性和收益性的考虑，都会从不同方面对企业所融资金的使用施加一定的限制，这些限制即为使用条件约束。从约束的类型看，主要包括资金使用过程的约束和使用结果的约束两类。不论属于何种类型的约束，对企业灵活地使用和调度资金都不利，因此，企业在选择融资方式时，要视各种方式的资金使用约束程度的不同，而有针对性地进行选择决策。

(3) 融资的社会效应。有些企业在融资决策时非常注重融资后的市场效应和市场形象，即融资后的社会效应问题。如果不考虑其他条件，单就企业融资行为的市场效应而言，直接融资的社会效应最大，因为这类方式直接面对金融市场，具有融资后的市场广告作用，它比间接融资（如银行借款）的市场效应要大得多。

(4) 融资对项目控制权的影响。企业在选择和评价各种融资方式时，需要考虑由于融资而给企业带来的对项目控制权的稀释问题。各种融资方式对企业控制权的影响力不同，从而会影响企业生产经营活动的独立性，影响财务管理的自权益和企业利润的分配，企业在选择融资方式时，必须考虑它对原有股东的控制权的影响。

（二）融资成本分析

资金成本是指企业为筹集和使用资金而付出的代价，包括资金筹集费和资金占用费两部分。资金筹集费指在资金筹集过程中支付的各项费用，如发行股票、债券支付的印刷费、发行手续费、律师费、资信评估费、公证费、担保费、广告费等，资金占用费是指占用资金支付的费用，如股票的分红派息、银行借款、发行债券的利息等。资金占用费是融资企业经常发生的，而资金筹集费通常在筹集资金时一次性发生，因此在计算资金成本时可作为融资金额的一项扣除。资金成本是选择资金来源、确定融资方案的重要依据，是评价投资项目、决定投资取舍的重要标准，也是衡量企业经营成果的重要尺度。

1. 各种融资方式资金成本的计算。各种融资方式资金成本的计算，是指发行股票、债券、银行贷款融资等资金成本的计算。企业融资有多种方式可供选择，它们的资金筹集和使用费用各不相同，通过资金成本的计算与比较，能够按照成本高低进行比较和选择各种融资方式。

(1) 银行借款的资金成本

$$K_d = (1 - t) \times r$$

式中：K_d 为银行贷款成本；r 为银行贷款利息；t 为所得税税率。

对项目贷款实行担保时，应将担保费率计入贷款成本中。

$$V_d = \frac{V}{P \times n} \times 100\%$$

式中：V_d 为担保费率；V 为担保费总额；P 为企业借款总额；n 为担保年限。

银行贷款利率加上担保费率后的贷款成本为

$$K_d = (1-t) \times (r + V_d)$$

如果考虑资金筹集费，银行借款的资金成本可以按照下列公式计算：

$$K_1 = \frac{R_1(1-t)}{1-F_1}$$

式中：R_1 为长期借款的利率；F_1 为资金筹集费用率。

【例6-11】

某企业为建设项目申请银行长期贷款2000万元，年利率为10%，每年付息一次，到期一次还本，贷款管理费及手续费率为0.5%。企业所得税税率为33%，试计算该项目长期借款的资金成本。

解：该项目长期借款的资金成本为：

$$K_1 = \frac{R_1(1-t)}{1-F_1} = \frac{(1-33\%) \times 10\%}{1-0.5\%} = 6.73\%$$

(2) 债券融资的资金成本。发行债券的成本主要指债券利息和融资费用。债券利息应以税后成本计算。债券的融资费用一般比较高，不可在计算资金成本时省略。计算公式为：

$$K_b = \frac{I_b(1-t)}{B(1-F_b)}$$

$$K_b = i\frac{1-T}{1-f}$$

式中：K_b 为债券资金成本；I_b 为债券年利息；t 为所得税税率；B 为债券融资额；F_b 为资金筹集费率；i 为债券年利息率。

【例6-12】

某企业发行长期债券500万元，筹集费率为2%，债券利息率为12%，所得税税率为3%，则其成本率为：

$$K_b = 12\% \times \frac{1-33\%}{1-2\%} = 8.2\%$$

如果债券是溢价发行或折价发行，为了更精确地计算资金成本，应以其实际发行价格作为债券筹资额。

(3) 普通股成本。普通股成本属权益资金成本。权益资金的资金占用费是向股东分派的股利，而股利是以所得税后净利支付的，不能抵减所得税。计算普通股成本的常用方法有"评价法"和"资本资产定价模型法"。

按照评价法，普通股资金成本的计算公式为：

$$K_s = \frac{D_s}{P_c(1-F_c)} + g = \frac{ic}{1-f} + g$$

式中：K_s 为普通股资金成本；D_s 为预期年股利额；P_c 为普通股融资额；F_c 为普通股融资费用率；i 为股息率。

按照"资本资产定价模型法"，普通股成本的计算公式为：

$$K_s = R_s = R_f + \beta(R_m - R_f)$$

式中：R_f 为无风险报酬率；β 为股票的贝塔系数；R_m 为市场平均风险的报酬率。

【例 6-13】

(1) 某公司发行普通股，正常市场价为 300 万元，筹资费率为 4%，第一年预计股利率为 10%，以后受益每年增长 4%，则其成本率为：

$$K_s = \frac{300 \times 10\%}{300 \times (1-4\%)} + 4\% = 14.4\%$$

(2) 某一期间证券市场无风险报酬率为 11%，平均风险股票必要报酬率为 15%，某一股份公司普通股 β 值为 1.15，则该普通股的资金成本为：

$$K_s = 11\% + 1.15 \times (15\% - 11\%) = 15.6\%$$

(4) 优先股成本。优先股的优先权是相对于普通股而言的，是指公司在融资时，对优先股认购人给以某些优惠条件的承诺。优先股的优先权利，最主要的是优先于普通股分得股利。与负债利息的支付不同，优先股的股利不能在税前扣除，因而在计算优先股成本时无须经过税赋的调整，优先股成本的计算公式为：

$$K_p = \frac{D_p}{P_0(1-f)}$$

$$K_P = \frac{P_0 i}{P_0(1-f)} = \frac{i}{1-f}$$

式中：K_p 为优先股资金成本；D_p 为年支付优先股股息；P_0 为优先股票面值；f 为优先股融资费用率；i 为股息率。

由于优先股的股息在税后支付，而债券利息在税前支付，且当公司破产清算时，优先股票持有人的求偿权在债券持有人之后，因此风险要大，其成本也高于债券成本。

【例 6-14】

某公司为某项目发行优先股股票，票面按正常市价计算为 400 万元，筹资费率为 4%，股息年利率为 14%，则其资金成本为：

$$\frac{i}{1-f} = \frac{14\%}{1-4\%} = 14.58\%$$

2. 加权平均资金成本。为了反映整个融资方案的资金成本状况，在计算各种融资公式的个别资金成本的基础上，还要计算加权平均资金成本，它是企业比较各融资组合方案、进行资本结构决策的重要依据。

加权平均资金成本一般是以各种资金占全部资金的比重为权数，对个别资金成本进行加权平均确定的，计算公式为：

$$K_w = \sum_{j=1}^{n} K_j W_j$$

式中：K_w 为综合资金成本；K_j 为第 j 种个别资金成本；W_j 为第 j 种个别资金占全部资金的比重（权数）。

从以上计算公式可以看出，在个别资金成本一定的情况下，企业加权平均资金成本的高低将取决于资本结构。

个别资金占全部资金比重的确定，还可以按市场价值或目标价值确定，分别称为市场价值权数和目标价值权数。市场价值权数指债券、股票以市场价格确定权数。这样计算的加权平均资金成本能反映企业目前的实际情况。目标价值权数是指债券、股票以未来预计的目标市场价值确定权数。这种权数能体现期望的资本结构，而不是像账面价值权数和市场价值权数那样只反映过去和现在的资本结构。所以，按目标价值权数计算的加权平均资金成本更适用于企业筹措新资金。

【例 6 – 15】

加权资金成本的计算

表 6 – 10　　　　　　　　　加权平均资金成本计算表

资金来源	融资金额	W_j	K_j	$W_j \times K_j$
长期借款	30	0.3	7.00%	2.10%
短期借款	10	0.1	5.00%	0.50%
优先股	10	0.1	12.00%	1.20%
普通股	50	0.5	16.00%	8.00%
合计	100	1		11.80%
加权平均资金成本		11.80%		

注：表中长期借款和短期借款的资金成本均为税后资金成本。

（三）筹资方案评估

在初步确定资金筹措方式和来源的基础上，构造项目的融资方案，合理安排资本金和债务资金筹措数额、比例、期限及投入时序，使资金供给总额、币种、分年投入数额与项目建设的投资计划相匹配。在构造融资方案以后，应对其资金来源的充足性、资金结构的合理性、融资成本高低、融资风险大小进行分析。

1. 资金来源充足性评估。主要是分析能否按项目所需总投资和分年需要量得到足够的、持续的资金供应（资本金和债务资金）。既有项目法人项目主要分析企业现有财务状况，权益资本的数额，拟提现、变现用于建设资金的可能性及其占权益资金的比例，扩股融资和吸收新股东的数额及其保证程度。新设项目法人项目主要分析各投资者认缴的资本金数额的可靠性。

2. 融资结构评估。融资结构是项目资金筹措方案中各种资金来源的构成及其比例关系。与其相对应的概念是企业的资金结构，即企业的各种资金的构成及其比例关系，是针对整个企业而言的。由于项目建设阶段所筹集的资金最终要形成企业的各项资产，因此在项目筹建阶段，就要系统研究并合理选择融资案的融资结构，以便项目投产运营后，保持比较理想的资产负债结构和资金结构。

项目的融资结构，应该包括各种融资方式的结构分析，长期融资和短期融资的结构比例，以及负债融资和权益融资的结构比例。其中关键的是负债融资和权益融资的结构比例，及项目资本金比例。它直接影响到项目投产运营后企业的资产负债比例、项目还本付息能力及投资回收情况。因此，习惯上将负债融资和权益融资的结构比例称为融资结构。

（1）融资结构分析的内容。主要分析资本金与债务资金的比例、股本结构比例、债务结构比例。

资本金与债务资金的比例。分析项目资本金比例是否达到国家规定的各行业最低资本金比例的要求。中外合资项目的注册资本是否符合国家规定要求。

股本结构比例分析。主要分析股东各方参股的比例结构，中外合资项目特别应分析中外各方出资比例的合理性。

债务结构分析。主要分析各种负债融资方式的融资金额比例的合理性。

（2）最佳融资结构的财务分析。根据现代财务理论，融资的最佳结构比例，应该是使项目投产运营后企业的总体资金结构达到最优，即企业的总体价值最大，风险最小。对于市场竞争机制比较完善，并且已经建立现代企业制度的现代企业，尤其是上市公司的技术改造项目，在进行项目投资决策中，可以进一步从财务管理的角度，分析融资结构的合理性。

①每股盈余分析。判断资本结构合理与否，其一般方法是以分析每股盈余的变化来衡量。即能提高每股盈余的资本结构是合理的，反之则是不合理的。每股盈余的高低受资本结构和企业经营规模等多种因素的影响。通过盈余分析，可以判断某项投资计划是单一采用负债融资还是采用股权融资更为有利。但对于采用多种融资方式的投资项目，这种分析难以见效。

②企业价值分析。以每股盈余作为衡量标准对筹资方式进行选择，其缺陷在于没有考虑风险因素。从根本上讲，财务管理的目标在于追求公司价值的最大化或估价的最大化。然而只有在风险不变的情况下，每股盈余的增长才会直接导致股价的上升；实际上经常是随着每股盈余的增长，风险也随着增加。如果每股盈余的增长不足以补偿风险增加的报酬，尽管每股盈余增加，股价仍会下降。所以说到底公司的最佳资本结构应当是

公司的总价值最高,而不一定是每股盈余最大的资本结构。同时,在总价值最大的资金结构下,公司的资本成本也是最低的。

对于股份有限公司,公司的总价值 V 应该等于其股票的总价值 s 与债务价值 b 之和,即 $V = s + b$。

为简化计算,设债务的市场价值等于它的面值,股票的市场价值通过下面的公式计算:

$$s = \frac{(EBIT - I) \times (1 - t)}{K}$$

式中:$EBIT$ 为息前税前盈余;I 为年利息额;t 为公司所得税税率;K 为权益资本的成本。

利用上述公式,通过分析计算不同融资结构下的综合资金成本和企业总价值,寻找企业的价值最大、资金成本最低的融资结构,就是项目的最佳融资结构。

企业最佳资金结构仅仅解决了借债资金与权益资金的比例问题,这属于企业筹资的策略问题。而借债资金和权益资金都可以通过不同的方式筹得,如银行借款、票据贴现、发行债券、发行普通股或优先股等。各种不同的融资手段有其不同的特点,通过掌握这些不同融资工具的特点,扬长避短,选择正确的融资工具,才能及时、有利的筹集足够的资金以满足项目投资的需要。

3. **融资风险评估**。融资方案的实施经常受到各种风险的影响,为了使融资方案更加稳妥可靠,需要对可能发生的风险因素进行识别、预测。

(1) 资金供应风险。资金供应风险是指融资方案发生变化,资金不落实导致建设工期拖长,工程造价升高,影响原定投资效益目标实现的风险。其风险主要有:原定筹资额全部或部分落空,已承诺出资的投资者中途变故,不能兑现承诺;原定发行股票、债券计划不能实现;既有项目法人融资项目现有企业经营状况恶化,无力支付原定出资额;各种来源的资金不能按建设进度足额及时到位。

(2) 利率风险。在负债融资的情况下,利率水平随着金融市场情况而变动。如果融资方案中采用浮动利率计息,则应分析贷款利率变动的可能性及其对项目造成的损失。

(3) 汇率风险。汇率风险是指国际金融市场外汇交易结算产生的风险,主要是人民币对各外币币种币值的变动和各外币币种之间币值的变动。利用外资数额较大的投资项目应对外汇汇率的走势进行分析,估测可能出现较大变动时对项目造成的损失。

(4) 现金性融资风险和收支性融资风险。现金性融资风险是指企业在特定时点上,现金流出量超过现金流入量而产生的到期不能偿付债务本息的风险。现金性筹资风险是由于现金短缺、债务的期限结构与现金流入的时间结构不相配套引起的。它是一种支付风险。

4. **资金使用计划评估**。资金使用计划应根据项目实施进度与资金来源渠道进行编制。

(1) 根据建筑安装工程进度表,按照不同年度的工作量安排相应的资金供给量。

(2) 根据设备到货计划,安排设备购置费支出。

(3) 项目的前期费用应及早落实。

(4) 在安排投资计划时，应先安排自有资金，后安排外部筹集的资金。

在项目评估中，评估人员要对上面四个方面的内容进行认真分析，确保项目资金使用计划符合实际需要。

根据资金筹措方案与资金使用计划，编制"投资总额与资金筹措表"，格式如表6-11所示。

表6-11　　　　　　　　　　投资总额与资金筹措表

序号	项目	建设期						投产期						合计		
		1			2			3			4					
		外币	折人民币	小计	外币	折人民币	小计	外币	折人民币	小计	外币	折人民币	小计	外币	折人民币	小计
1	总资产															
1.1	建设投资															
1.2	建设期利息															
1.3	流动资金															
2	资金筹措															
2.1	自有资金															
	其中：流动资金															
2.2	借款															
2.2.1	长期借款															
2.2.2	流动资金借款															
2.2.3	其他短期借款															
2.3	其他															

【本章小结】

投资项目的经济合理性评价是项目评估关键的一环，而进行经济评价的前提条件，就是要具备基础的财务数据。其中项目的投资成本和项目总成本构成的估算是主要内容。投资成本估算，应对项目建设和生产运营所需投入的全部资金即项目总投资进行估算，包括建设投资和流动资金两部分。项目总成本费用是指项目在一定时期内（一般为一年）为生产和销售产品而花费的全部成本费用。总成本费用由生产成本和期间费用两部分组成。

本章分别介绍了项目投资成本估算的扩大指标估算法和分项详细估算法，以及项目总成本的估算方法。并依据现行的经济法规和价格政策，对一系列有关的财务数据进行调查、搜集、整理和测算，编制有关的财务数据估算表格的工作。

【习题】

1. 工程建设其他费用包括哪些内容?
2. 常用的投资估算方法主要有哪几种?
3. 生产成本由哪几部分构成? 期间费用由哪几部分构成?
4. 项目的筹资方案评估主要考虑哪些因素?
5. 项目融资的特点是什么?
6. 项目融资的常见类型有哪些?
7. 请收集过去20年的中国国库券的年平均收益率和标准差,并画出趋势图。
8. 请收集过去20年的美国国库券的年平均收益率和标准差,并画出趋势图。
9. 请比较第7题和第8题中的数据,并阐述你的看法。
10. 项目的筹资方案评估主要考虑哪些因素?
11. 案例研究——汽车融资。

假日汽车公司对你打算购买的价款为24000美元的新车提供如下的融资方案:

购买价格=24000美元(包括所有税费)

首付款=4000美元

贷款数额=20000美元

你告诉贷款主管你认为每年9%的融资费用过高,你可以为购买这部汽车付清全部的买价24000美元。"不对,"贷款主管说,"如果你把从我们这里得到的年利率为9%的贷款20000美元投资到年利率为6%的债券(不可折旧资产)上,为何要投入到可折旧资产(汽车)上去呢?"

她转向计算机,键入了上面的信息,返回以下结果,说明她的话是正确的。

表6-12 贷款偿还计算表 单位:美元

年	贷款偿还/利率9%			利率6%的债券	
	年初余额	本金偿还	利息	年初本金	利息
1	20000	4000[a]	1800	20000	1200
2	16000	4000	1440	21200	1272
3	12000	4000	1080	22472	1348
4	8000	4000	720	23820	1429
5	4000	4000	360	25249	1515
		合计	5400	合计	6764[b]

a. 假设该公司每年等额还本金。
b. $20000 \times 1.06^5 - 20000 = 6764$(美元)。

贷款主管的观点是债务总共产生利息5400美元,若投资于6%的债券第5年末可得累计利息6764美元。"因此不必用现金付清价款,还是选择分期付款吧!"

贷款主管的分析从定量方面说明了到底你应不应该相信她的建议,那么这种仅仅基于所赚或所付利息的比较可不可靠呢? 对于两种计划共同的20000美元本金是否应该考虑呢？两种融资方式之间的增量现金流量是多少呢？假设每年的 MARR 为 6%。

【推荐阅读】

（1）《基本建设财务管理规定》. 财建 [2002] 394 号.

（2）《工程勘察设计收费标准》. 国家计划发展委员会和建设部.

（3）马辉，王雪青. 基于多元统计分析的建设工程项目投资估算方法研究 [J]. 统计与信息论坛，2010（4）：25～29.

（4）汪晓慧. 基于案例推理的道路工程投资估算方法的分析 [J]. 工程与建设，2009（5）：745～747.

（5）张军锋. 可行性研究阶段商品住宅项目投资估算的方法 [J]. 山西建筑，2008（17）：253～254.

（6）叶建华. 中外合资经营项目投资估算方法实证分析 [J]. 当代经济，2003（12）：57～58.

（7）段晓晨，邢红宏，张小平. 政府投资项目的 BPNN、Delphi、GM（1,1）投资估算方法 [J]. 工业工程，2007（5）：85～89.

（8）韩红梅. 工程投资项目流动资金的估算 [J]. 化工技术经济，2004（3）：15～18.

（9）吴世斌. 论农业项目流动资金估算的方法 [J]. 生产力研究，2000（3）：77～78.

第 7 章

项目财务基础数据估算

7.1 项目财务基础数据及参数选取

财务基础数据与参数选取是否合理，直接影响财务评价的结论，在进行财务效益评估之前，应做好这项基础工作。

项目计算期。项目评估计算期包括建设期和生产运营期。生产运营期，应根据产品生命周期、主要设施和设备的使用生命期、主要技术的生命期等因素确定。财务效益评估的计算期一般不超过 20 年。

生产负荷。生产负荷是指项目生产运营期内生产能力的发挥程度，也称生产能力利用率，以百分比表示。生产负荷是计算营业收入和经营成本的依据之一，一般应按项目投产期和投产期后正常生产年份分别设定生产负荷。

利率。借款利率是项目财务效益评估的重要基础数据，用以计算借款利息。采用固定利率的借款项目，财务效益评估直接采用约定的利率计算利息。采用浮动利率的阶段项目，财务效益评估时应对借款期内的平均利率进行预测，采用预测的平均利率计算利息。

汇率。财务效益评估汇率的取值，一般采用国家外汇管理部门公布的当期外汇牌价的卖出、买入的中间价。

财务基准收益率设定。财务基准收益率是项目财务内部收益率指标的基准和判据，是项目在财务上是否可行的最低要求，也用做计算财务净现值的折现率。如果有行业发布的本行业基准收益率，即以其作为项目的基准收益率；如果没有行业规定，则由项目评价人员设定。设定方法：一是参考本行业一定时期的平均收益水平并考虑项目的风险因素确定；二是按项目占用的资金成本加一定的风险系数确定。设定财务基准收益率时，应与财务效益评估采用的价格相一致，如果财务效益评估采用变动价格，设定基准收益率则应考虑通货膨胀因素。资本金收益率，可采用投资者的最低期望收益率作为判据。

7.2 项目收入估算

7.2.1 营业收入估算

(一) 营业收入估算

项目的营业收入是指项目在一定时期内（通常是一年）销售产品或者提供劳务等所取得的收入。

营业收入是项目建成投产后补偿总成本费用、上缴税金、偿还债务、保证企业再生产正常进行的前提。它是进行利润总额和营业税金估算的基础数据。营业收入的估算公式如下：

$$营业收入 = 产品销售单价 \times 产品年销售量$$

式中，产品销售单价一般采用出厂价格，也可根据需要采用送达用户的价格或离岸价格。产品年销售量等于年产量，这样年销售收入等于年产值。在现实经济生活中，产值不一定等于销售收入，这主要是因市场波动而存在库存变化引起的产量与销售量的差别。项目评估中，难以准确地估算出由于市场波动引起的库存量变化，因此作了这样的假设，即不考虑项目的库存情况，假设当年生产出来的产品当年全部售出，从而使项目的销售量等于项目的产量，项目的销售收入也就等于项目的产值。这样就可以根据投产后各年的生产负荷确定销售量。如果项目的产品比较单一，用产品单价乘以产量即可得到每年的销售收入；如果项目的产品种类比较多，要根据营业收入和营业税金及附加估算表进行估算，即应首先计算每一种产品的年销售收入，然后再汇总在一起，求出项目生产期的各年销售收入。如果产品部分销往国外，应计算外汇收入，并按外汇牌价折算成人民币，然后再计入项目的年销售收入总额中。

(二) 销售价格的选择

在项目评估中，产品销售价格是一个很重要的因素，因为它对项目的经济效益变化一般是最敏感的，所以要审慎选择。一般可有四个方面的选择。

1. 选择口岸价格。如果项目产品是出口产品，或替代进口产品，或间接出口产品，可以口岸价格为基础确定销售价格。出口产品和间接出口产品可选择离岸价格，替代进口产品可选择到岸价格。或者直接以口岸价格定价，或者以口岸价格为基础，参考其他有关因素确定销售价格。

2. 选择市场价格。如果同类产品或类似产品已在市场上销售，这种产品既与外贸无关，也不是计划控制的范围，可选择现行市场价格作为项目产品的销售价格。当然，也可以以现行市场价格为基础，根据市场供求关系上下浮动作为项目产品的销售价格。

3. 根据预计成本、利润和税金确定价格。如果拟建项目的产品属于新产品，则可根据下列公式估算其价格：

$$出厂价格 = 产品计划成本 + 产品计划利润 + 产品计划税金$$

其中:
$$产品计划利润 = 产品计划成本 \times 产品成本利润率$$

产品计划成本可根据预计的产品成本加以估算;产品成本利润率是根据项目所在行业的平均产品成本利润率加以确定的。

4. 以上几种情况,当难以确定采用哪一种价格时,可考虑选择可供选择方案中价格最低的一种作为项目产品的销售价格。

7.2.2 增值税及营业税金及附加估算

增值税及营业税金及附加是根据商品买卖或劳务服务的流转额征收的税金,属于流转税的范畴。营业税金及附加包括营业税、消费税、城市维护建设税、资源税。在建设项目经济评价中,一般将教育费附加并入营业税金及附加项内,视同营业税金及附加处理。不包括直接纳入固定资产成本的固定资产投资方向调节税和直接纳入管理费用的房产税、车船使用税、土地使用税和印花税。

本章主要介绍增值税、营业税、消费税、城市维护建设税、资源税、教育费附加等税种。

(一) 增值税

增值税是对在我国境内销售货物或提供加工、修理修配劳务,以及进口货物的单位和个人征收的一种流转税。其征税对象为生产、流通中各环节的新增价值或商品附加值。

1. 征税范围及纳税义务人。增值税的征税范围包括:

(1) 销售或者进口货物。"货物"是指有形动产,包括电力、热力、气体在内。目前不包括无形资产和不动产。无形资产和不动产的销售,按现行税法规定属于营业税的征收范围。

(2) 提供的加工、修理修配劳务。加工是指受托加工货物,即委托方提供原料及主要材料,受托方按照委托方的要求制造货物并收取加工费的业务;修理修配是指受托对损伤和丧失功能的货物进行修复,使其恢复原状和功能的业务。

(3) 特殊项目。

(4) 视同销售行为:①将货物交付他人代销。②销售代销货物。③设有两个以上机构并实行统一核算的纳税人,将货物从一个机构移送其他机构用于销售时,相关机构不是设在同一县(市)的,要视同销售交纳增值税。相关机构设在同一县(市)的,仍在货物最终实现销售时纳税,中间移送时则不交税。④将自产或委托加工的货物用于非应税项目。⑤将自产、委托加工或购买的货物作为投资,提供给其他单位或个体经营者。⑥将自产、委托加工或购买的货物分配给股东或投资者。⑦将自产、委托加工的货物用于集体福利或个人消费。⑧将自产、委托加工或购买的货物无偿赠送他人。

(5) 混合销售行为。

(6) 兼营非应税劳务行为。

纳税义务人是指一切从事销售或者进口货物,提供应税劳务的单位和个人,都是增值税的纳税人。

单位包括国有企业、集体企业、私有企业、股份制企业、其他企业和行政单位、事业单位、军事单位、社会团体及其他单位。其中包括外商投资企业和外国企业。

个人是指个体经营者和其他个人，其中包括承租人和承包人。

如果境外单位或个人在境内销售应税劳务而在境内未设立经营机构的，以我国境内的代理人为代扣代缴义务人；没有代理人的，以购买者为扣缴义务人。

2. 增值税税率。我国增值税采用了基本税率加一档低税率的模式。基本税率为17%。适用于一般销售、进口、提供加工、修理修配劳务者；低税率为13%。另外，出口货物适用零税率（国务院另有规定的除外）；小规模纳税人适用6%和4%的征收率。商业企业属于小规模纳税人的，其适用的征收率为4%；商业企业以外的其他企业属于小规模纳税人的，其适用的征收率为6%。

3. 应纳税额的计算。一般纳税人的计算公式是：

应纳税额 = 当期销项税额 − 当期进项税额

当期销项税额 = 当期销售额 × 增值税税率

（1）销售额及销项税额。销售额是指纳税人销售货物或提供应税劳务向购买方收取的全部价款和价外费用。但不包括向买方收取的销项税额，因为增值税是价外税，销售额是按不含税价款计算的货款，所以不包括销项税额。如果是含税价款应换算成不含税价款（价外费的内容见税法教材，凡属价外费应并入销售额计税）。

（2）进项税额。纳税人购进货物或者接受应税劳务所支付的增值税额为进项税额。所以销售方收取的销项税额，就是购买方支付的进项税额。在销项税额一定的情况下，要注意进项税的抵扣，这是正确计算增值税的另一个关键问题。

准予抵扣的进项税有两大类：一是从销货方取得的增值税专用发票上注明的税金；二是从海关取得的完税凭证上注明的增值税额。

（二）营业税

营业税是对在中国境内从事交通运输业、建筑业、金融保险业、邮电通讯业、文化体育业、娱乐业、服务业或者有偿转让无形资产、销售不动产行为的单位和个人，就其营业额所征收的一种税。

1. 纳税义务人

（1）单位：①独立核算的单位和不独立核算的单位；②立法机关、司法机关、行政机关的收费，如果正式文件允许收费并且所收费用自己直接收取的，不征收营业税。

（2）个人：①个体工商户；②其他有经营行为的中国公民和外国公民。

（3）外商投资企业和外国企业。

（4）承租人或承包人：①企业租赁或承包给他人经营的，以承租人或承包人为纳税义务人；②承租人或承包人是指有独立的经营权，在财务上独立核算，并定期向出租者或发包者上缴租金或承包费的承租人或承包人。

（5）从事运输业务并计算盈亏的单位。

2. 应纳税额的计算。计算公式:
$$应纳税额 = 营业额 \times 税率$$
(1) 营业额的确定。纳税人的营业额,为纳税人提供应税劳务、转让无形资产或者销售不动产向对方收取的全部价款和价外费用。

(2) 价外费用的内容。价外费用包括向对方收取的手续费、基金、集资费、代收款项、代垫款项及其他各种性质的价外收费。

(三) 消费税

消费税是对工业企业在我国境内生产、委托加工和进口的部分应税消费品按差别税率或税额征收的一种税。

1. 纳税人。根据《中华人民共和国消费税法》的规定,在中华人民共和国境内生产、委托加工和进口条例规定的消费品的单位和个人,为消费税的纳税义务人。

"单位"指各种不同所有制企业和行政单位、事业单位、军事单位、社会团体及其他单位。

"个人"指个体经营者及其他个人。

2. 税目、税率。征收消费税的消费品包括烟、酒及酒精、化妆品、护肤护发品、贵重首饰及珠宝玉石、鞭炮焰火、汽油、柴油、汽车轮胎、小汽车、摩托车等11个税目;有的税目,如烟、酒和酒精,还下设若干子税目。

上述11个税目的货物除普遍征收增值税外,还要在出厂环节、进口环节和委托加工环节再征收一次消费税。金银首饰改在零售环节征税。

消费税的税率按产品设计,适用比例税率和定额税率两种性质的税率。其中黄酒、啤酒按吨规定定额税率;汽油、柴油按升规定定额税率,其他应税产品适用比例税率。税率的高低根据应税消费品的盈利水平而定。

3. 应纳税额的计算

(1) 计算方法。分为从价及从量两种计算方式:
$$实行从价定率办法计算的应纳税额 = 销售额 \times 税率$$
$$实行从量定额办法计算的应纳税额 = 销售数量 \times 单位税额$$

(2) 销售额的确定。销售额是纳税人销售应税消费品向购买方收取的全部价款和价外费用,包括消费税但不包括增值税。

价外费用是指价外收取的基金、集资费、返还利润、补贴、违约金(延期付款利息)和手续费、包装费、储备费、优质费、运输装卸费、代收款项、代垫款项以及其他各种性质的价外收费。但承运部门的运费发票开具给购货方的,纳税人将该项发票转交给购货方的代垫运费不包括在内。

以外汇结算销售额的,其销售额的人民币折合率可以选择结算的当天或者当月1日的国家外汇牌价(原则上为中间价)。折合率的计算办法确定后,一年内不得变更。

(3) 销售数量的确定。销售应税消费品的,为应税消费品的销售数量。自产自用应税消费品的,为应税消费品的移送使用数量。委托加工应税消费品的,为纳税人收回的应税消费品数量。

（四）城市维护建设税

城市维护建设税是对从事工商经营，缴纳增值税、消费税、营业税的单位和个人征收的一种税。

1. 特点：（1）税款专款专用，用于城市的公用事业和公共设施的维护建设；（2）属于一种附加税，附加于三个主要的流转税，它本身没有特定的征税对象；（3）根据城镇规模设计不同的比例税率；（4）征收范围较广。

2. 作用：（1）补充城市维护建设资金的不足；（2）限制了对企业的乱摊派；（3）调动了地方政府进行城市维护和建设的积极性。

（五）资源税

资源税是国家对在我国境内开采或生产应纳税产品的单位和个人征收的一种税。

（六）教育费附加

教育费附加主要作为教育专项基金，用于各地改善教育设施和办学条件。凡缴纳增值税、营业税和消费税的单位和个人应同时缴纳教育费附加，其计征依据是实际缴纳的上述三种税的税额，税率为3%。

7.3 项目总成本费用估算

项目总成本费用是指项目在一定时期内（一般为一年）为生产和销售产品而花费的全部成本费用。总成本费用由生产成本和期间费用两部分组成。

7.3.1 生产成本的构成

生产成本亦称制造成本，是指企业生产经营过程中实际消耗的直接材料、直接燃料和动力费、直接工资、其他直接支出和制造费用。

直接材料包括项目形成过程中实际消耗的原材料、辅助材料、设备配件、外购半成品、包装物、低值易耗品以及其他直接材料。

直接燃料和动力费包括项目形成过程中实际消耗的燃料和动力。

直接工资包括项目形成过程中，直接从事产品生产人员的工资、奖金、津贴和补贴。

其他直接支出包括项目形成过程中直接从事产品生产人员的职工福利费等。

制造费用是指项目形成过程中各个生产单位（分厂、车间）为组织和管理生产所发生的各项费用，包括生产单位（分厂、车间）管理人员工资、职工福利费、折旧费、维简费、修理费、物料消耗、低值易耗品摊销、劳动保护费、水电费、办公费、差旅费、运输费、保险费、租赁费（不包括融资租赁费）、设计制图费、试验检验费、环境保护费以及其他制造费用。

7.3.2 期间费用的构成

期间费用是指在一定会计期间发生的与生产经营没有直接关系和关系不密切的管理费用、财务费用和销售费用。期间费用不计入产品的生产成本，直接体现为当期损益。

管理费用是指企业行政管理部门为管理和组织经营活动发生的各项费用。包括：公司经费（工厂总部管理人员工资、职工福利费、差旅费、办公费、折旧费、修理费、物料消耗、低值易耗品摊销以及其他公司经费）、工会经费、职工教育经费、劳动保险费、董事会费、咨询费、顾问费、交际应酬费、税金（指企业按规定支付的房产税、车船使用税、土地使用税、印花税等）、土地使用费、技术转让费、无形资产摊销、开办费摊销、研究发展费以及其他管理费用。

财务费用是指企业为筹集资金而发生的各项费用，包括企业生产经营期间的利息净支出（减利息收入）、汇兑净损失、调剂外汇手续费、金融机构手续费以及筹资发生的其他财务费用等。

销售费用是指企业在销售产品、自制半成品和提供劳务等过程中发生的各项费用以及专设销售机构的各项经费，包括应由企业负担的运输费、装卸费、包装费、保险费、委托代销费、广告费、展览费、租赁费（不包括融资租赁费）和销售服务费用、销售部门人员工资、职工福利费、差旅费、办公费、折旧费、修理费、物料消耗、低值易耗品摊销以及其他经费。

7.3.3 总成本费用构成

总成本费用是指在项目运营期内为生产产品或提供服务所发生的全部费用，等于项目经营成本与折旧费、摊销费和财务费用之合。其计算公式为：

总成本费用 = 生产成本 + 期间费用
　　　　　 = 生产成本 + 销售费用 + 管理费用 + 财务费用
　　　　　 = 外购原材料 + 外购燃料动力 + 工资及福利费 + 修理费 + 折旧费
　　　　　 　+ 摊销费 + 财务费用（利息支出）+ 其他费用

总成本费用的估算也需遵循国家现行的企业财务会计制度规定的成本和费用核算方法，同时遵循有关税收制度中准予在所得税前列支科目的规定。当两者出现矛盾时，一般应按从税的原则处理。而且应该根据各行业成本费用的不同有所不同。需要特别说明的是，制造业项目可以直接采用上述公式估算，其他行业的成本费用估算根据行业规定或结合行业特点另行处理。

（一）外购原材料成本估算

外购原材料成本按"生产要素法"估算时，需要相关专业所提出的外购原材料年耗用量，以及在选定价格体系下的预测价格，该价格应按入库价格计，即到厂价格并考虑途库损耗。采用的价格时点和价格体系应与营业收入的估算一致。

原材料成本是总成本费用的重要组成部分，其计算公式如下：

原材料成本 = 全年产量 × 单位产品原材料成本

式中：全年产量可根据测定的设计生产能力和投产期各年的生产负荷加以确定；单位产品原材料成本是依据对原材料消耗定额和单价的估计或预测确定的。

工业项目生产所需要的原材料种类繁多，在评估时，可根据具体情况，选取耗用量较大的、主要的原材料为估算对象，依据国家有关规定和经验数据估算原材料成本。

（二）外购燃料动力成本估算

燃料动力成本估算公式为

$$燃料动力成本 = 全年产量 \times 单位产品燃料和动力成本$$

公式中有关数据的确定方法同上。

（三）工资及福利费估算

财务分析中的人工工资及福利费（又称职工薪酬），是指企业为获得职工提供的服务而给予各种形式的报酬以及其他相关支出，通常包括职工工资、奖金、津贴和补贴、职工福利费，以及医疗保险费、养老保险费、失业保险费、工伤保险费、生育保险费等社会保险费和住房公积金中由职工个人缴付的部分。按"生产要素法"估算总成本费用时，人工工资及福利费系按项目全部人员数量估算。确定人工工资及福利费时需考虑项目性质、项目地点、行业特点等因素。依托老企业的项目，还要考虑原企业工资水平。

根据不同项目的需要，财务分析中可视情况选择按项目全部人员年工资的含平均数值计算或者按照人员类型和层次分别设定不同档次的工资进行计算。为便于计算和进行项目经济评价，需将工资及福利费单独估算。

1. 工资估算。工资的估算可以采取以下两种方法。

一是按职工定员数和人均年工资额计算的年工资总额，其计算公式为

$$年工资成本 = 全厂职工定员数 \times 人均年工资额$$

二是按照不同的工资级别对职工进行划分，分别估算同一级别职工的工资，然后再加以汇总。一般可分为五个级别，即高级管理人员、中级管理人员、一般管理人员、技术工人和一般工人等。若有国外的技术和管理人员，要单独列出。

2. 福利费估算。职工福利费主要用于职工的医药费、医务经费、职工生活困难补助以及按国家规定开支的其他职工福利支出，不包括职工福利设施的支出一般可按照职工工资总额的一定比例提取。当年的福利费率为14%。

（四）折旧费估算

折旧费包括在制造成本、管理费用、销售费用中。为便于进行项目经济评价，可将折旧费单独估算和列出。所谓折旧就是固定资产在使用过程中，通过逐渐损耗（包括有形损耗和无形损耗）而转移到产品成本或商品流通费的那部分价值。计提折旧，是企业回收其固定资产投资的一种手段。按照国家规定的折旧制度，企业把已发生的资本性支出转移到产品成本费用中去，然后通过产品的销售，逐步回收初始的投资费用。

计算折旧，需要先计算固定资产原值。固定资产原值是指项目投产时（达到预定可使用状态）按规定由投资形成固定资产的部分。按照《企业会计准则——租赁》，融资租赁的固定资产，承租人应将租赁开始日租赁资产的公允价值与最低租赁付款额的现值两者中较低者作为租入资产的入账价值。计算最低租赁付款额的现值所用的折现率，应

首先选择出租人的租赁内含利率,其次使用租赁合同规定的利率,如都无法知悉,应用同期银行贷款利率。项目评价中条件不清楚的,也可直接按该资产公允价值计算。

根据国家有关规定,计提折旧的固定资产范围是:企业的房屋、建筑物;在用的机器设备、仪器仪表、运输车辆、工具器具;季节性停用和在修理停用的设备;以经营租赁方式租出的固定资产;以融资租赁方式租入的固定资产。

我国现行固定资产折旧方法,一般采用平均年限法或工作量法。

1. 平均年限法。平均年限法亦称直线法,即根据固定资产的原值、估计的净残值率和折旧年限计算折旧。其计算公式为

$$年折旧额 = 固定资产原值 \times \frac{1 - 预计净残值}{折旧年限}$$

(1) 固定资产原值是根据固定资产投资额、预备费、投资方向调节税和建设期利息计算求得。

(2) 预计净残值率是预计的企业固定资产净残值与固定资产原值的比率,根据行业会计制度规定,企业净残值率按照固定资产原值3%~5%确定。特殊情况,净残值率低于3%或高于5%的,由企业自行确定。在项目评估中,由于折旧年限是根据项目的固定资产经济寿命期决定的,因此固定资产的残余价值较大,净残值率一般可选择10%,个别行业如港口等可选择高于此数。

(3) 折旧年限,国家有关部门在考虑到现代生产技术发展快,世界各国实行加速折旧的情况下,为能适应资产更新和资本回收的需要,对各类固定资产折旧的最短年限作出规定:房屋、建筑物为20年;火车、轮船、机器、机械和其他生产设备为10年;电子设备和火车、轮船以外的运输工具以及与生产、经营业务有关的器具、工具、家具等为5年。若采用综合折旧,项目的生产期即为折旧年限。在项目评估中,对轻工、机械、电子等行业的折旧年限,一般可确定为8~15年;有些项目的折旧年限可确定为20年;对港口、铁路、矿山等项目的折旧年限可超过30年。

【例7-1】

一个家具生产企业新近购买了一台切割木材的电锯,原值为4000元,折旧期限是10年,预计第10年年末的残值是0,使用平均年限法确定每年的折旧额,计算第4年年末账面价值。

解答:年折旧额 = (4000 - 0) /10 = 400元
第4年年末账面价值 = 4000 - [4 × (4000 - 0)] /10 = 2400元。

2. 工作量法。对于下列专用设备可采用工作量法计提折旧:

(1) 交通运输企业和其他企业专用车队的客货运汽车,按照行驶里程计算折旧费。其计算公式如下:

$$单位里程折旧额 = 原值 \times \frac{1 - 预计净残值率}{总行驶里程}$$

年折旧额 = 单位里程折旧额 × 年行驶里程

（2）大型专用设备，可根据工作小时计算折旧费。其计算公式如下：

$$每工作小时折旧额 = 原值 \times \frac{1 - 预计净残值率}{总工作小时}$$

年折旧额 = 每工作小时折旧额 × 年工作小时

【例 7 – 2】

一项生产设备的原值为 50000 元，在使用 30000 小时之后的预计残值为 10000 元。计算每工作小时的折旧率以及工作 10000 小时后该设备的账面价值。

解答：

单位工作量折旧额 =（50000 – 10000）/30000 = 1.33 元/小时

10000 小时后的账面价值 = 50000 – 1.33 × 10000 = 36700（元）

3. 加速折旧法。加速折旧法又称递减折旧费用法。指在固定资产使用前期提取折旧较多，在后期提得较少，使固定资产价值在使用年限内尽早得到补偿的折旧计算方法。它是一种鼓励投资的措施，国家先让利给企业，加速回收投资，增强还贷能力，促进技术进步。因此只对某些确有特殊原因的企业，才准许采用加速折旧。加速折旧的方法很多，有双倍余额递减法和年数总和法等。

（1）双倍余额递减法。双倍余额递减法是以平均年限法确定的折旧率的双倍乘以固定资产在每一会计期间的期初账面净值，从而确定当期应提折旧的方法。其计算公式为：

$$年折旧率 = \frac{2}{折旧年限} \times 100\%$$

年折旧额 = 年初固定资产账面原值 × 年折旧率

实行双倍余额递减法的固定资产，应当在其固定资产折旧年限到期前两年内，将固定资产净值扣除预计净残值后的净额平均摊销。

【例 7 – 3】

使用余额递减法重新计算【例 7 – 1】，计算第 6 年的折旧额及账面价值。

折旧率 = 2/10 × 100% = 20%

第 6 年的折旧额 = 4000 ×（1 – 0.2）^{5} × 0.2 = 262.14（元）

累计折旧额 = 4000 × [1 –（1 – 0.2）^{6}] = 2951.42（元）

第 6 年的账面余额 = 4000 ×（1 – 0.2）^{6} = 1048.58（元）

（2）年数总和法。年数总和法是以固定资产原值扣除预计净残值后的余额作为计提

折旧的基础，按照逐年递减的折旧率计提折旧的一种方法。采用年数总和法的关键是每年都要确定一个不同的折旧率。其计算公式为

年折旧额 =（固定资产原值 – 预计净残值）× 年折旧率

在项目评估中，一般采用平均年限法计算折旧费。

如果采用综合折旧的方法，可根据固定资产原值和折旧年限计算出各年的折旧费，一般来讲，生产期各年的折旧费是相等的；如果采用分类折旧的方法，要根据固定资产折旧费估算表。计算各类固定资产的折旧，然后将其相加，即可得出生产期各年的固定资产折旧费。

【例 7-4】

La Salle 公交公司决定采用以旧换新方式购入一部新公交车，交易时旧公交车的账面价值为 10000 美元，新公交车的价格为 85000 美元，预计可使用 9 年，估计 10 年末的残值为 5000 美元。

首先，新公交车的成本基值为 85000 + 10000 = 95000（美元）。

采用直线折旧法

年折旧额 =（95000 – 5000）/9 = 10000（美元）

表 7-1　　　　　　　　　　直线折旧计算表　　　　　　　　　单位：美元

年末	年折旧额	年末账面价值
0		95000
1	10000	85000
2	10000	75000
3	10000	65000
4	10000	55000
5	10000	45000
6	10000	35000
7	10000	25000
8	10000	15000
9	10000	5000

第 9 年后对资产不再提取折旧，因为寿命级别仅为 9 年，当然，最终的账面价值为估计残值，账面价值一直保持到当公交车出售时，仍为 5000 美元。

采用余额递减法

年折旧率 = 2/9 = 0.2222

年折旧额 = 95000 × 0.2222 = 21111（美元）

表7-2	余额递减计算表	单位：美元
年末	年折旧额	年末账面价值
0		95000
1	21111	73889
2	16420	57469
3	12771	44698
4	9933	34765
5	7726	27040
6	6009	21031
7	4674	16357
8	3635	12722
9	2827	9895

（五）修理费估算

与折旧费相同，修理费也包括在制造成本、管理费用、销售费用之中，在进行项目经济评价时，可以单独计算修理费。修理费包括大修理费用和中小修理费用。

在现行财务制度中，修理费按实际发生额计入成本费用中，其当年发生额较大时，可计入递延资产在以后年度摊销，摊销年限不能超过5年，但在项目评估时无法确定修理费具体发生的时间和金额，一般是按照折旧费的一定比例计算的。该比率可参照同类行业的经验数据加以确定。

（六）摊销费估算

摊销费主要是指无形资产等在一定期限内分期摊销的费用。无形资产的原始价值要在规定的年限内，按年度或产量转移到产品的成本之中，这一部分被转移的无形资产原始价值，称为摊销。企业通过计提摊销费，回收无形资产的资本支出。摊销方法一般采用直线折旧法计算，不留残值。

无形资产的摊销关键是确定摊销期限，无形资产应按规定期限分期摊销，即法律和合同或者企业申请书分别规定有法定有效期和受益年限的，按照法定有效期与合同或者企业申请书规定的受益年限孰短的原则确定；没有规定期限的，按不少于10年的期限分期摊销。

（七）利息支出估算

利息支出是指筹集资金而发生的各项费用，包括生产经营期间发生的利息净支出，即在生产期所发生的建设投资借款利息和流动资金借款利息之和。

建设投资借款在生产期发生的利息计算公式为：

$$每年支付利息 = 年初本金累计额 \times 年利率$$

为简化计算，还款当年按年末偿还，全年计息。

流动资金借款利息计算公式为：

$$流动资金利息 = 流动资金借款累计金额 \times 年利率$$

（八）其他费用估算

如前所述，其他费用是指在制造费用、管理费用、财务费用和销售费用中扣除工资及福利费、折旧费、修理费、摊销费、利息支出后的费用。产品出口退税和减免税项目按规定不能抵扣的进项税额也可包括在内。

1. 其他制造费用。按照《企业会计制度》规定，制造费用指企业为生产产品和提供劳务而发生的各项间接费用，包括生产单位管理人员工资和福利费、折旧费、修理费（生产单位和管理用房屋、建筑物、设备）、办公费、水电费、机物料消耗、劳动保护费，季节性和修理期间的停工损失等。但不包括企业行政管理部门为组织和管理生产经营活动而发生的管理费用。

项目评价中的制造费用系指项目包含的各分厂或车间的总制造费用，为了简化计算常将制造费用归类为管理人员工资及福利费、折旧费、修理费和其他制造费用几部分。

其他制造费用是指由制造费用中扣除生产单位管理人员工资及福利费、折旧费、修理费后的其余部分。项目评价中常见的估算方法有：按固定资产原值（扣除所含的建设期利息）的百分数估算；按人员定额估算。具体估算方法可从行业规定。

2. 其他管理费用。管理费用是指企业为管理和组织生产经营活动所发生的各项费用，包括公司经费、工会经费、职工教育经费、劳动保险费、待业保险费、董事会费、咨询费、聘请中介机构费、诉讼费、业务招待费、排污费、房产税、车船使用税、土地使用税、印花税、矿产资源补偿费、技术转让费、研究与开发费、无形资产与其他资产摊销、职工教育经费、计提的坏账准备和存货跌价准备等。

为了简化计算，项目评价中可将管理费用归类为管理人员工资及福利费、折旧费、无形资产和其他资产摊销、修理费和其他管理费用几部分。其他管理费用是指由管理费用中扣除工资及福利费、折旧费、摊销费、修理费后的其余部分。

项目评价中常见的估算方法是按人员定额或取工资及福利费总额的倍数估算。

若管理费用中的技术转让费、研究与开发费与土地使用税等数额较大，应单独核算后并入其他管理费用，或单独列项。

3. 其他营业费用。营业费用是指企业在销售商品过程中发生的各项费用以及专设销售机构的各项经费，包括应由企业负担的运输费、装卸费、包装费、保险费、广告费、展览费以及专设销售机构人员工资及福利费、类似工资性质的费用、业务费等经营费用。

为了简化计算，项目评价中将营业费用归为销售人员工资及福利费、折旧费、修理费和其他营业费用几部分。其他营业费用是指由营业费用中扣除工资及福利费、折旧费、修理费后的其余部分。

项目评价中常见的估算方法是按营业收入的百分数估算。

4. 不能抵扣的进项税额。对于产品出口项目和产品国内销售的增值税减免税项目，应将不能抵扣的进项税额计入总成本费用的其他费用或单独列项。

在项目评估中,其他费用一般是根据总成本费用中前七项(外购原材料成本、外购燃料动力成本、工资及福利费、折旧费、修理费、维简费及摊销费)之和的一定比率计算的,其比率应按照同类企业的经验数据加以确定。

用总成本费用估算表(见表7-3)将上述各项合计,即得出生产期各年的总成本费用。

表7-3 总成本费用估算表(生产要素法) 单位:万元

序号	项目	合计	计算期					
			1	2	3	4	…	N
1	外购原材料费							
2	外购燃料及动力费							
3	工资及福利费							
4	修理费							
5	折旧费							
6	摊销费							
7	其他费用							
7.1	其他制造费							
7.2	其他营业费							
7.3	其他管理费							
8	利息支出							
8.1	长期借款利息							
8.2	流动资金借款利息							
8.3	其他短期借款利息							
9	总成本费用合计							
	其中:变动成本							
	固定成本							
10	经营成本							

注:本表适用于新设法人项目,以及既有法人项目的"有项目"、"无项目"和增量总成本费用的估算。

(九)经营成本估算

经营成本是指项目总成本费用扣除折旧费、摊销费和利息支出以后的成本费用,即

经营成本 = 总成本费用 - 折旧费 - 摊销费 - 利息支出

经营成本涉及产品生产及销售、企业管理过程中的物料、人力和能源的投入费用,反映企业的生产和管理水平,同类企业的经营成本具有可比性。在项目评估的经济评价中,它被应用于现金流量的分析中。

(十)固定成本与变动成本的估算

从理论上讲,成本按其状态分为固定成本、变动成本和混合成本三类。

固定成本是指在一定的产量范围内不随产量的变化而变化的成本费用,如按直线法

计提的固定资产折旧费，计时工资及修理费。

变动成本是指随着产量的变化而变化的成本费用，如原材料费用、燃料动力费用等。

混合成本是指介于固定成本和变动成本之间，随着产量变化又不成比例变化的成本费用，又被称为半固定成本或半变动成本，即同时具有固定成本和变动成本的特征。在线性盈亏平衡分析时，要求对混合成本进行分解，以区分出其中的固定成本和变动成本，并分别计入固定成本和变动成本总额之中。

在项目评估中，将总成本费用中的前两项（即外购原材料费用和外购燃料动力费用）视为变动成本，而其余各项均视为固定成本。划分的主要目的就是为盈亏平衡分析提供前提条件。

【例 7-5】

某建设项目的有关资料如下：

（1）项目计算期 10 年，其中建设期 2 年。项目第三年投产，第 5 年开始达到 100% 生产能力。

（2）项目固定资产投资 8000 万元（不含建设期利息和固定资产投资方向调节税），预计 7500 万元形成固定资产，500 万元形成无形资产。固定资产年折旧费为 673 万元。固定资产余值在项目运营期末收回。

（3）无形资产在运营期 8 年中，均匀摊入成本。

（4）流动资金为 1000 万元，在项目计算期末收回。

（5）项目的设计生产能力为年产量 1.1 万吨，预计每吨销售价为 6000 元，年营业税金及附加按销售收入的 5% 计提，所得税税率为 33%。

（6）项目的资金投入、收益、成本等基础数据如下表。

（7）还款方式：在项目运营期间（即从第 3 年到第 10 年）按等额本金法偿还，流动资金贷款每年付息。长期贷款利率为 6.22%（按年付息），流动资金贷款利率为 3%。

（8）经营成本的 80% 作为固定成本。

表 7-4　　　　　　　　建设项目资金投入、收益及成本表　　　　　　　单位：万元

序号	项目		1	2	3	4	5~10
1	建设投资	自有资金	3000	1000			
		贷款（不含利息）		3500			
2	流动资金	自有资金			400		
		贷款			100	500	
3	年销售量（万吨）				0.8	1.0	1.1
4	年经营成本				4000	4400	5000

问题：计算每年无形资产的摊销费；编制借款还本付息表；编制总成本费用估算表。

解：

（1）每年无形资产摊销费 = 500/8 = 62.5（万元）

（2）长期借款利息：

建设期贷款利息 = 0.5 × 3500 × 6.22% = 109（万元）

$$每年应还本金 = \frac{(3500+109)}{8} = 451（万元）$$

表 7-5　　　　　　　　　项目借款还本付息表　　　　　　　　　单位：万元

	年份 项目	1	2	3	4	5	6	7	8	9	10
1	年初累计借款			3609	3158	2707	2256	1805	1354	903	452
	本年新增借款		3500								
	本年应计利息		109	225	196	168	140	112	84	56	28
	本年应还本金			451	451	451	451	451	451	451	451
	本年应还利息			225	196	168	140	112	84	56	28

表 7-6　　　　　　　　　　总成本费用表　　　　　　　　　　单位：万元

序号	项目	3	4	5	6	7	8	9	10
1	经营成本	4000	4400	5000	5000	5000	5000	5000	5000
2	折旧费	673	673	673	673	673	673	673	673
3	摊销费	63	63	63	63	63	63	63	63
4	财务费	228	214	186	158	130	102	74	46
4.1	长期借款利息	225	196	168	140	112	84	56	28
4.2	流动资金借款	3	18	18	18	18	18	18	18
5	总成本费用	4964	5350	5922	5894	5866	5838	5810	5782
5.1	固定成本	3200	3520	4000	4000	4000	4000	4000	4000
5.2	变动成本	1764	1830	1922	1894	1866	1838	1810	1782

7.4　利润及利润分配估算

7.4.1　利润总额的估算

利润总额是企业在一定时期内生产经营活动的最终财务成果。它集中反映了企业生

产经营各方面的效益。利润总额的估算公式为

利润总额 = 产品销售（营业）收入 - 营业税金及附加 - 总成本费用

根据利润总额可计算所得税及税后利润的分配。在财务评价中，利润总额还是计算总投资收益率、投资利税率的基础数据。

7.4.2 所得税及税后利润的分配估算

根据税法的规定，企业取得利润后，先向国家缴纳所得税，剩余部分在企业、投资者、职工之间分配。

（一）所得税估算

1. 纳税人。包括我国境内的实行独立经营核算的各类企业或者组织者，具体包括国有企业、集体企业、私营企业、联营企业、股份制企业和其他组织。各类企业、单位来源于我国境内、境外的生产、经营所得和其他所得，均应依法缴纳企业所得税。生产、经营所得，是指纳税人从事物质生产、交通运输、商品流通、劳务服务和其他规定的营利事业取得的所得。

上述其他所得，是指纳税人取得的股息、利息（不包括国库券利息）、租金、转让各类资产收益、特许权使用费和营业外收益等所得。

2. 计税方法

（1）计税依据。企业所得税以应纳税所得额为计税依据。纳税人每一纳税年度的收入总额减去准予扣除项目的余额，为应纳税所得额。纳税人发生年度亏损的，可以用下一纳税年度的所得弥补；下一纳税年度的所得不足弥补的，可以逐年延续弥补，但是延续弥补期最长不得超过5年。

（2）扣除项目。纳税人在生产、经营期间，向金融机构借款的利息支出，按照实际发生数扣除；向非金融机构借款的利息支出，不高于按照金融机构同类、同期贷款利率计算的数额以内的部分，可以扣除。

纳税人支付给职工的工资，按照计税工资扣除，计税工资的具体标准在财政部规定的范围内，由省、自治区、直辖市人民政府规定。

纳税人的职工工会经费、职工福利费、职工教育经费，分别按照工资总额的2%、14%和1.5%计算扣除。

纳税人用于公益、救济性的捐赠，在年度应纳税所得额3%以内的部分，可以扣除。

其他项目，依照国家有关法规扣除。

不能扣除的项目包括：资本性开支；无形资产受让；开发支出；违法经营的罚款和被没收财物的损失；各项税收的滞纳金、罚金和罚款；自然灾害或者意外事故损失有赔偿的部分；超过国家规定允许扣除的公益、救济性的捐赠和非公益、救济性的捐赠，各种赞助支出；与取得收入无关的其他各项支出。

3. 税率和应纳税额计算方法。企业所得税的应纳税额按照应纳税所得额和所得税的税率计算，应纳税额计算公式：

应纳税额 = 应纳税所得额 × 所得税税率

在项目评估中,一般是按照利润总额和25%的税率计算。

4. 减税、免税规定

(1) 民族自治地方的企业,需要照顾和鼓励的,经省级人民政府批准,可以定期减税或者免税。

(2) 符合国家有关规定的企业,可以减税或者免税。

(二) 税后利润的分配顺序

在项目评估中,税后利润一般即为可供分配利润,可按照下列顺序分配:

1. 提取盈余公积金。一般企业提取的盈余公积金分为两种:一是法定盈余公积金,按照可供分配利润的10%提取;二是公益金,按可供分配利润的5%提取。

2. 应付利润,即向投资者分配利润。企业以前年度未分配利润,可以并入本年度向投资者分配。

3. 未分配利润,即未作分配的净利润。可供分配利润减去盈余公积金和应付利润后的余额,即为未分配利润。

【本章小结】

项目的收入是投资项目的经济合理性评价的另一个关键环节,包括营业收入估算、营业税金及附加估算和利润总额的估算以及所得税等方面的估算。第6章项目投资估算和本章的项目收入估算共同构成了项目现金流量,该项目的现金流量是基于固定的项目资金结构估算的。实际项目的资本构成会受到多种因素的影响,就涉及项目筹资方案的评估问题。本章所述项目财务基础数据估算是进行经济评价的前提条件。

【习题】

1. 一家公司生产某种化合物并把它卖给一家生产塑料产品的制造厂。生产化合物的这家企业雇用了大约300名工人。请列出6种不同的固定成本项目和6种不同的可变成本项目。

2. 针对习题1和你的答案回答下面的问题:

(1) 列一张表表明你所定义的各种成本并将它们分为固定成本和变动成本。并标出这些成本中哪些是经常性成本,哪些是一次性成本,哪些是直接成本,哪些是间接成本。

(2) 对于经常性成本、一次性成本、直接成本和间接成本每一个成本类别,举出一些成本事例。

3. 用要素法估算在如下情景下的工厂环境中布置局域网的成本:一幢大楼需要总计3000英尺的同轴电缆来连接6个部门。需要6个网络接口单元和50个连接器来连接工作站和可编程设备。同时需要两个调制解调器和一个价值30000美元的网络管理器/分析器。表7-7为估算作用信息。你认为该估算的准确性有多高?

表 7-7　　　　　　　　　　　　　　估算信息表

1	楼间连接	100~150 美元/英尺	×□=□
2	楼内连接	20~50 美元/英尺	×□=□
3	电缆布置	20 美元/英尺	×□=□
4	设备		
	a. 宽带 CATV 放大器	500~1500 美元	×□=□
	连接头	17~20 美元/个	×□=□
	分接头	5~15 美元	×□=□
	网络接口单元	500~1000，美元/端口	×□=□
	调制解调器	1000 美元/个	×□=□
	b. 基带		
	网络接口单元	600 美元/端口	×□=□
	转发器	1200~1500 美元/个	×□=□
	连接头/收发器	200~300 美元/个	×□=□
	c. 网络管理器	10000~30000 美元	=□
	网络分析器	30000 美元	=□

4. 请你快速估算一个火力发电厂的建设成本。工作分解结构（从第一级到第三级）如表 7-8 所示。同时，你有以下信息。

表 7-8　　　　　　　　　　　　　　工作分解结构表

行号	科目	WBS 代码
1	火力发电厂	1.
2	厂址	1.1
3	土地平整	1.1.1
4	道路、停车场和其他辅助面	1.1.2
5	铁道	1.1.3
6	锅炉	1.2
7	鼓风炉	1.2.1
8	压力罐	1.2.2
9	热交换系统	1.2.3
10	发电机	1.2.4
11	锅炉支持系统	1.3
12	煤炭传输系统	1.3.1
13	煤炭粉碎系统	1.3.2
14	指示与控制器	1.3.3
15	灰排放系统	1.3.4
16	变压器和配电器	1.3.5

续表

行号	科目	WBS 代码
17	煤炭存储设施	1.4
18	储备回收系统	1.4.1
19	铁道车辆库房	1.4.2
20	煤炭操作设备	1.4.3
21	支持设备和设施	1.5
22	有害废物系统	1.5.1
23	支持设备	1.5.2
24	通信与职能系统	1.5.3
25	安全系统	1.5.4
26	综合工程	1.6
27	工程管理	1.6.1
28	环境管理	1.6.2
29	工程安全措施	1.6.3
30	质量保证措施	1.6.4
31	测试、启动和传输管理	1.6.5

（1）1982年建设的火力发电厂两倍于你所估算电厂的装机容量。1982年的锅炉（1.2）以及锅炉的支持系统（1.3）价值110万美元。锅炉的成本指数在1982年为110，而2005年为492。类似锅炉与锅炉支持系统的成本—规模系数为0.9。你已经拥有600英亩地产，但土地平整（1.1.1）和道路建设（1.1.2）的成本是2000美元/英亩，同时铁道成本为3000000美元。项目的综合费用相当于建设成本的3%。

（2）根据当前（2005年）类似电厂的建设成本，安全系统（1.5.4的成本约为1500美元/英亩）。其他所有的支持设备和设施都由V工程公司建设。V工程公司已经为两家类似的发电厂建设了支持设备。它们的经验将显著地降低劳动时间，估算的学习曲线为90%。V工程公司第一次建造支持设备和设施花了95000小时，同期，它们的人工成本为60美元/小时。V公司估算本工程支持设备和设施的建设成本为15000000美元。

（3）1982年建造的火力发电厂的煤炭存储设施成本为5000000美元。虽然你估算的电厂要比1982年那个小，但它需要与当时类似的煤炭存储设施。你可以假设锅炉和煤炭存储设施的成本指数是相同的。

试估算2005年建设该火电厂的成本。汇总成本估算表中的数据，并陈述你所作的假设。

5. 固定成本和增量成本。对于一高速公路路面，承包商可以选择在两个场所放置混合沥青的设备。承包商估计从设备到工作地点托运沥青所花费的成本是1.15美元/立方码·英里。与两个场所有关的因素如表7-9所示（每个地点的生产成本相同）。

表 7-9 成本因素表

成本因素	场所 A	场所 B
平均托运距离	6 英里	4.3 英里
场所月租金	1000 美元	5000 美元
安装和拆除设备的费用	15000 美元	25000 美元
托运费用	1.15 美元/立方码·英里	1.15 美元/立方码·英里
看守费用	不需要	96 美元/天

这个工作需要 50000 立方码的混合沥青铺路材料。需要 4 个月（每周 5 天工作日，共 17 周）的时间。应用固定成本、可变成本和总成本比较两个场所。假设忽略不计返回成本。那么，哪一个场所较优？对于你所选择的场所来说，在开始盈利之前承包商要提供多少立方码的铺路材料？

6. 飞机应飞多快？喷气式商务机（客机）的运营成本是其速度的 3/2 的次方，即 $C_o = knv^{3/2}$。其中，n 是行程（英里），k 是一固定系数，v 是飞机速度（每小时英里数）。现已知速度为 400 英里/小时，平均运营成本是 300 美元/英里。公司想使运营成本最小化，但运营成本必须与旅客的时间成本（C_c）相平衡，设 C_c 为每小时 300000 美元。

（1）当速度为何值时旅行的总成本最小？总成本为飞机的总运营成本及旅客的时间成本之和。

（2）你怎样确定（a）中所得出的结果是最小成本？

7. 为零件选择最经济的材料。某零件年平均需求量是 100000 单位，先要为其选择最经济的材料。该零件用六角转台车床制造，使用 1112 型的钢制加工螺丝，每磅成本为 0.30 美元。现在我们将研究使用黄铜加工螺丝（其成本为每磅 1.40 美元）是否会更便宜些？如果用钢加工螺丝每个零件需要的钢量为 0.0353 磅，而使用黄铜加工螺丝，每个零件所需的黄铜用量为 0.0384 磅。每个零件的材料成本钢为 0.0106 美元，黄铜为 0.0538 美元。但是，当咨询了制造工程部门后我们发现，使用钢每小时只能制造出 57.1 个合格零件，而使用黄铜每小时可制造出 102.9 个合格零件。那么我们将使用哪种材料制造此零件？（加工工人的工资是每小时 15 美元，并且我们估计车床的可变间接成本是每小时 10 美元）

8. 生产还是不生产。一个制造工厂由 3 个部门组成：A 部门、B 部门和 C 部门。A 部门位于工厂一角，其面积 100 平方米。A 部门生产的产品之一是 ×。× 的日产量为 576 件。表 7-10 是产品 × 的日平均成本：

表 7-10 产品的日平均成本表

直接成本	（一个操作工每天工作 4 小时，每小时工资 22.50 美元，其中包含福利，再加上兼职总管每天 30 美元）	120.00 美元
直接原材料		86.40 美元
间接成本	（平均每平方米每天 0.82 美元）	82.00 美元
	每天的总成本	288.40 美元

部门总管最近得知另外一家公司对产品×的售价为每件0.35美元。相应计算出每天的成本为0.35×576=201.60美元，这样每天可以节省288.40美元-201.60美元=86.80美元。因此，他向工厂经理建议停止现有的产品×的生产线，向其他公司购买。

但是，在工厂经理检查了每个部分的成本之后，决定不接受部门总管基于产品×单位成本的意见：

（1）直接劳动力：部门总管的任务除了负责产品×的生产外，还要负责A部门中其他产品的生产。所以在劳动力方面唯一能节省的地方就是操作工工资，那么最大的节省可以是每天节省90美元。

（2）原材料：在原材料成本上的最大节省是86.40美元。但是，如果生产产品×的原材料利用生产其他产品的余料，那么这一成本还能降低。

（3）间接成本：因为A部门还生产其他产品，所以不可能减少A部门的面积。因此，即使停止生产产品×，房租还是不可能减少。但是如果减少×产品的动力成本和保险费用，估计×产品的间接成本可以减少3美元。

9. 成本估计的生产规模法。假设一飞机制造厂正打算为其新远程飞机的组装建造一个600MW的炼油厂，需要进行成本初步估算。已知20年前200MW的工厂投资成本为100百万美元，成本指数为400，现在的成本指数为1200，燃油工厂的生产能力系数为0.79。

【推荐阅读】

（1）孙慧. 资金结构分析［J］. 中国工程咨询，2009（3）：58~60.

（2）王志刚. 大连渔人码头项目融资的案例研究［D］. 大连理工大学，2002.

（3）林根祥，欧阳巧兰，贺力. 中外合资经营项目的财务评价［J］. 武汉工业大学学报，1998（3）：122~124.

（4）李云龙. 工业项目经济评价三种状态综合分析方法的运用［J］. 中国工程咨询，2001（6）：20~23.

（5）陈燕，林丽，陈飞. 基于Excel的三表联动法计算借款偿还期［J］. 山西建筑，2009（31）：364~366.

（6）赵君榕. 浅谈盈利能力指标在方案比选时的应用［J］. 有色冶金设计与研究，2009（3）：87~88.

（7）张国敏，任宏，竹熈生. 模拟法在建设项目财务评价中的运用［J］. 重庆建筑大学学报，2000（3）：39~45.

（8）于国安，杨建基. 模拟法在特许权项目投资回报分析中的运用［J］. 水利水电科技进展，2004（2）：36~39.

（9）李闻一. 基于Excel的项目投资前财务评价体系构建［J］. 中国管理信息化，2009（8）：8~11.

（10）李延喜，李莉，刘巍. 基于动态现金流量的折现率定量模型［J］. 科研管理,2004(2):59~64.

(11) 伯渊,苏一纯. 美国评估界常用的折现率计算方法评析 [J]. 中国注册会计师,2003(12):48~49.

(12) 陈珠明. 投资回收期研究 [J]. 工业工程,2001(1):41~44.

(13) 张龙. 项目财务评价指标的分析与评价 [J]. 中国工程咨询,2004(2):39~40.

(14) 刘凯,万和平. 中小型水电工程项目财务与经济评价有关问题的探讨 [J]. 四川水力发电,2007(2):80~83.

(15) 张志宇,蒲凌. 商品住宅开发项目盈利能力分析方法探析 [J]. 商业会计,2010(9):40~41.

(16) 姜素君,李雪,马蕊,李长文. 利用资金的时间价值控制工程造价 [J]. 辽宁建材,2004(3):77.

第 8 章

项目的财务效益评估

财务效益评估是项目评估的重要组成部分，是在国家现行财税制度及有关法规的基础上，分析项目可行性研究报告提出的投资、成本、收入、税金和利润等财务费用和效益，从项目角度，测算和考察项目建成投产后的获利能力、清偿能力等财务状况，以评价和判断项目财务上是否可行的一种经济可行方法。

项目经济分析包括建设项目财务分析和费用效益分析两个层次。财务分析是从企业微观层面，分析项目的经济盈利情况。费用效益分析是从国家或区域宏观层面，考察项目对国民经济增长以及优化社会资源配置的贡献。随着时代的发展，项目评价内容从早期的单纯经济盈利评价拓展为项目的经济、社会效益与社会自然协调持续发展的综合性评价，其发展轨迹如图 8-1 所示：

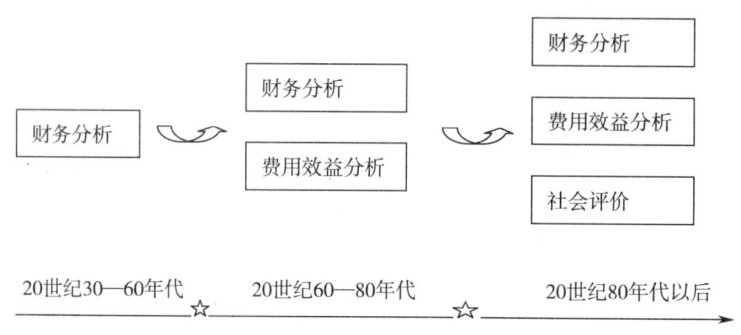

图 8-1 项目经济分析内容发展轨迹

8.1 财务效益评估的内容

8.1.1 财务效益评估的意义

财务效益评估对企业投资决策、银行提供贷款及有关部门审批项目具有十分重要的意义。

首先，财务效益评估是企业进行投资决策的重要依据。企业进行长期投资与从事生产活动的目标是一致的，主要是为了盈利。通过财务效益评估，就可以科学地分析拟建项目的盈利能力，进而作出是否进行投资的决策。

其次，财务效益评估是银行确定贷款的重要依据。固定资产投资贷款具有数额大、风险大、周期长等特点，稍有不慎，就有可能不能按期收取贷款利息，甚至不能收回贷款本金。通过财务效益评估，银行可以科学地分析拟建项目的贷款偿还能力，进而确定是否予以贷款。

再次，财务效益评估是有关部门审批拟建项目的重要依据。在我国，企业投资项目的财务效益如何，不仅与企业自身的生存和发展息息相关，而且还会对国家税收以及地区发展产生影响。因此，有关部门在审批拟建项目时，应将财务效益好坏作为决策的重要依据。

8.1.2　财务效益评估的目标

财务效益评估的主要目标是评估项目的盈利能力、清偿能力和资金平衡三项目标。

1. 盈利能力目标。盈利能力是反映项目财务效益的主要标志。在财务效益评估中，应当考虑拟建项目建成投产后是否有盈利，盈利能力有多大，其盈利能力是否足以使项目可行。建设项目的盈利主要指其建成投产后所产生的利润和税金等。

2. 清偿能力目标。拟建项目的清偿能力包括两个层次：一是指项目的财务清偿能力，即项目收回全部投资的能力。理性的投资者总是希望能在最短的时间内收回全部投资。二是指债务清偿能力，主要指项目偿还固定资产投资借款的能力。提供贷款的银行应考察项目是否具有清偿能力，还应考察投资贷款的偿还期限是否符合银行的有关规定。

3. 财务生存能力目标。在项目（企业）运营期间，确保从各项经济活动中得到足够的净现金流量是项目能够持续生存的条件。财务分析中应根据财务计划现金流量表，综合考察项目计算期内各年的投资活动、融资活动和经营活动所产生的各项现金流入和流出，计算净现金流量和累计盈余资金，分析项目是否有足够的净现金流量维持正常运营。为此，财务生存能力目标亦可称为资金平衡目标。

8.1.3　财务效益评估的程序

第一步，分析和估算项目的财务数据，包括对项目总投资、资金筹措方案、成本费用、营业收入、营业税和利润，以及其他与项目有关的财务数据进行鉴定分析和评估。首先是对可行性研究报告提出的数据进行分析审查，然后与评估人员所掌握的信息资料进行对比分析。若有必要可重新进行估算。

第二步，评估财务基本报表。财务基本报表是根据财务数据填列的，财务基本报表又是计算反映项目盈利能力、清偿能力等技术经济指标的基础。所以，在分析和估算财务数据之后，需要对财务基本报表进行分析和评估，主要是对财务现金流量表、利润表、资产负债表、借款还本付息表等进行复核分析和评估。一是要审查基本报表的格式是否符合规范要求，二是要审查所填列的数据是否准确。如果格式不符合要求或者数据不准确，要重新编制表格，填列评估人员所估算的财务数据。

第三步，评估财务效益指标。反映项目财务效益的指标包括反映项目盈利能力的指标和清偿能力的指标。

反映项目盈利能力的指标包括静态指标（如投资回收期、投资利润率、投资利税率以及借款偿还期等）和动态指标（如财务内部收益率、财务净现值、财务净现值率等）；反映项目清偿能力的指标有资产负债比率、流动比率和速动比率。

对上述财务效益指标进行鉴定、分析和评估，一是要审查计算方法是否准确，二是要审查计算结果是否准确。如果计算方法不准确或者计算结果不准确，则需要重新进行计算。

第四步，给出项目财务效益分析的结论。将计算的有关指标值与有关部门公布的基准值或者经验标准、历史标准等进行比较，并从财务的角度提出项目可行与否的结论。

8.1.4 财务效益评估的基本报表

（一）现金流量表

1. 现金流量表的概念与作用。现金流量是现金流入与现金流出的统称，它是以项目作为一个独立系统，反映项目在计算期内实际发生的流入和流出系统的现金活动及其流动数量。

项目在某一时间内发生的能够导致现金存量减少的现金流动称为现金流出（用负值表示），能够导致现金存量增加的现金流动称为现金流入（用正值表示），在计算期内二者之差即为该期的净现金流量。

现金流量只反映项目在计算期内各年实际发生的现金收支，不反映非现金收支（如折旧费、应收及应付款等），现金流量表是指反映项目在计算期内各年的现金流入、现金流出和净现金流量的计算表格。

编制现金流量表的主要作用是计算财务内部收益率、财务净现值和投资回收期等技术经济指标的主要信息来源。

根据投资计算基础不同，现金流量表可分为项目投资现金流量表、项目资本金现金流量表和投资各方现金流量表。

2. 现金流量表的结构与填列

（1）项目投资现金流量表（格式见表8-1）。项目投资现金流量表也称全部投资现金流量表。项目投资现金流量表不分投资资金来源，以项目投资作为计算基础，用以计算项目投资所得税前及所得税后财务内部收益率、财务净现值及投资回收期等评价指标的表格。编制该表的目的是考察项目全部投资的盈利能力，为各个投资方案（不论其资金来源及利息多少）进行比较建立共同基础。

项目投资现金流量表的现金流入包括产品销售（营业）收入、回收固定资产余值（可用净残值代替）和回收流动资金。现金流出包括建设投资、流动资金、经营成本、营业税金及附加、所得税等。现金流入和现金流出的有关数据可依据"产品销售（营业）收入和营业税金及附加估算表"及"建设投资估算表"、"流动资金估算表"、"投资总额与资金筹措表"、"总成本费用估算表"、"利润表"等有关报表填列。

表 8-1 项目投资现金流量表 单位：万元

序号	项目	合计	计算期					
			1	2	3	4	……	N
1	现金流入							
1.1	营业收入（销售收入）							
1.2	补贴收入							
1.3	回收固定资产余值							
1.4	回收流动资金							
2	现金流出							
2.1	建设投资							
2.2	流动资金							
2.3	经营成本							
2.4	营业税金及附加							
2.5	维持运营投资							
3	所得税前净现金流量（1-2）							
4	累计所得税前净现金流量							
5	调整所得税							
6	所得税后净现金流量（3-5）							
7	累计所得税后净现金流量							
	计算指标：							

注：（1）本表适用于新法人项目以及既有法人项目的增量和"有项目"的现金流量分析。

（2）调整所得税以息税前利润为基数计算的所得税，区别于"利润和利润分配表""项目资本金现金流量表"和"财务计划现金流量表"中的所得税。

（2）项目资本金现金流量表（格式见表 8-2）。项目资本金现金流量表也称自有资金现金流量表。项目资本金现金流量表从直接投资者角度出发，以投资者的出资额作为计算基础，把借款本金偿还和利息支付作为现金流出，用以计算资本金的财务内部收益率、财务净现值等评价指标的表格。编制该表的目的是考察项目资本金的盈利能力。

项目资本金现金流量表与项目投资现金流量表的现金流入项目相同。现金流出包括项目资本金（建设投资和流动资金）、借款本金偿还、借款利息支付、经营成本、营业税金及附加和所得税等。现金流入和现金流出的有关数据可依据"产品销售（营业）收入和营业税金及附加估算表"、"投资总额与资金筹措表"、"总成本费用估算表"、"借款还本付息计算表"和"利润表"等有关报表填列。

表8-2　　　　　　　　　　　项目资本金现金流量表　　　　　　　　　　单位：万元

序号	项目	合计	计算期					
			1	2	3	4	……	N
1	现金流入							
1.1	营业收入							
1.2	补贴收入							
1.3	回收固定资产余值							
1.4	回收流动资金							
2	现金流出							
2.1	项目资本金							
2.2	借款本金偿还							
2.3	借款利息支付							
2.4	经营成本							
2.5	营业税金及附加							
2.6	所得税							
2.7	维持运营投资							
3	净现金流量（1-2）							
	计算指标：资本金财务内部收益率（％）							

注：(1) 项目资本金中包括用于建设投资、建设期利息和流动资金的自有资金。

(2) 本表适用于新设法人项目，以及既有法人项目的增量和"有项目"的现金流量分析。对于既有法人项目，表中的权益投资应包括企业用于项目的货币资金、资产变现和资产经营权变现的资金以及新增权益资金。

(3) 投资各方现金流量表（格式见表8-3）。投资各方现金流量的分析是从投资各方实际收入和支出的角度，确定投资项目现金流入和现金流出，分别编制投资各方现金流量表，计算投资各方的财务内部收益率指标，考察投资各方可能获得的收益水平。当投资各方不按股本比例进行分配或有其他不对等的收益时，可选择进行投资各方现金流量分析。投资各方现金流量表既适用于内资企业也适用于外商投资企业，既适用于合资企业也适用于合作企业。

投资各方现金流量表中的现金流入是指出资方因该项目的实施将实际获得的各种收入；现金流出是指出资方因该项目的实施将实际投入的各种支出。表中科目应根据项目具体情况调整。

①实分利润是指投资者由项目获取的利润。

②资产处置收益分配是指对有明确的合营期限或合资期限的项目，在期满时对资产余值和累计盈余资金按股比或约定比例的分配。

③租赁费收入是指出资方将自己的资产租赁给项目使用所获得的收入，此时应将资产价值作为现金流出，列为租赁资产支出科目。

④技术转让或使用收入是指出资方将专利或专有技术转让或允许该项目使用所获得的收入。

表 8-3　　　　　　　　　　　　投资各方现金流量表　　　　　　　　　　单位：万元

序号	项目	合计	计算期					
			1	2	3	4	……	N
1	现金流入							
1.1	实分利润							
1.2	资产处置收益分配							
1.3	租赁费收入							
1.4	技术转让或使用收入							
1.5	其他现金流入							
2	现金流出							
2.1	实缴资本							
2.2	租赁资产支出							
2.3	其他现金流出							
3	净现金流量（1-2）							
	计算指标：投资各方内部收益率（%）							

注：本表可按不同投资方分别编制。

以上的现金流量表各有其特定的目的。项目投资现金流量表在计算现金流量时，假定全部投资均为自有资金，因而不必考虑借款本金的偿还和利息的支付，为各个投资项目或投资方案（不论其资金来源如何）进行比较建立了共同的基础。项目资本金现金流量表主要考察自有资金的盈利能力和向外部借款对项目是否有利。在对拟建项目进行评估时，要分别对两种现金流量表进行审查和分析，并根据评估人员所估算的基础数据编制两种现金流量表，并计算相应的评价指标。

（二）利润表

1. 利润表的概念与作用。在项目评估中，利润表是反映项目计算期内各年的利润总额、所得税及税后利润的分配情况，用以计算投资利润率、投资利税率、资本金利润率和资本金净利润率等指标的一种财务报表，也称为利润表。

2. 利润表的结构（利润表的格式见表 8-4）。利润表的结构可用下列 3 个公式表示。

$$利润总额 = 营业收入 - 营业税金及附加 - 总成本费用$$
$$税后利润 = 利润总额 - 所得税$$
税后利润 = 可供分配利润 - 盈余公积金（含盈余公益金）+ 盈余利润 + 未分配利润

3. 利润表的填列

"营业收入"和"营业税金及附加"依据"营业收入和营业税金及附加估算表"填列。

所得税按照利润总额的一定比率（税率）计算，但要考虑减免所得税和弥补上年度亏损等因素。

税后利润等于利润总额减所得税，亦即项目投产后的可供分配利润。可供分配利润分为盈余公积金、应付利润和未分配利润。

盈余公积金,狭义的理解,仅指法定盈余公积金;广义的理解,既包括法定盈余公积金,也包括法定盈余公益金和任意公积金。前两项的提取是法律规定,必须按可供分配利润的一定比例提取,一般前一项按可供分配利润的10%提取,后一项按可供分配利润的5%提取,但两项累计达到注册资本的50%以后不再提取。任意公积金是实行股份制的企业可能提取的一项公积金,提取比例由董事会决定。在项目评估时,盈余公积金考虑法定盈余公积金和法定盈余公益金,两项提取比例可按可供分配利润的15%估算。

应付利润即为按规定应付给投资者的利润,包括对国家投资分配利润、对其他单位投资分配利润、对个人投资分配利润等。分配比例往往依据投资者签订的协议或公司的章程等有关资料来确定。

未分配利润即为可供分配利润减盈余公积金和应付利润后的余额。

表8-4　　　　　　　　　　　利润与利润分配表　　　　　　　　　单位:万元

序号	项目	合计	计算期					
			1	2	3	4	……	N
1	营业收入							
2	营业税金及附加							
3	总成本费用							
4	补贴收入							
5	利润总额(1-2-3+4)							
6	弥补以前年度亏损							
7	应纳税所得额(5-6)							
8	所得税							
9	净利润(5-8)							
10	期初未分配利润							
11	可供分配利润(9+10)							
12	提取法定盈余公积金							
13	可供投资者分配的利润(11-12)							
14	应付优先股股利							
15	提取任意盈余公积金							
16	应付普通股股利(13-14-15)							
17	各投资方利润分配:							
	其中:××方							
	××方							
18	未分配利润(13-14-15-17)							
19	息税前利润(利润总额+利息支出)							
20	息税折旧摊销前利润(息税前利润+折旧+摊销)							

注:(1)对于外商出资项目由第11项减去储备基金、职工奖励与福利基金和企业发展基金后得出可供投资者分配的利润。对于中外合作经营项目如要用利润归还投资,也应由第11项减去。

(2)第15~17项根据企业性质和具体情况选择填列。

(三) 资金来源与运用表

1. 资金来源与运用表的概念与作用。资金来源与运用表反映项目计算期内各年的资金盈余或短缺情况，用于选择资金筹措方案，制订适宜的借款及偿还计划，并为编制资产负债表提供依据。

2. 资金来源与运用表的结构（格式见表8-5）。资金来源与运用表分三大项，即资金来源、资金运用和盈余资金。资金来源减资金运用为盈余资金（"＋"表示当年有资金盈余，"－"表示当年资金短缺）。

3. 资金来源与运用表的填列。利润总额、所得税和应付利润依据"利润表"填列；折旧费、摊销费依据"总成本费用估算表"填列；各种借款、自有资金、建设期利息和流动资金等依据"投资总额与资金筹措表"填列；各种借款本金偿还依据"借款还本付息计算表"填列，回收固定资产余值、回收流动资金依据"现金流量表"（全部投资）填列。

表8-5　　　　　　　　　　　　资金来源与运用表　　　　　　　　　　单位：万元

序号	年份 项目	建设期		投产期		达到设计能力生产期				合计
		1	2	3	4	5	6	……	n	
	生产负荷（%）									
1	资金来源									
1.1	利润总额									
1.2	折旧费									
1.3	摊销费									
1.4	长期借款									
1.5	流动资金借款									
1.6	其他短期借款									
1.7	自有资金									
1.8	其他									
1.9	回收固定资产余值									
1.10	回收流动资金									
2	资金运用									
2.1	建设投资									
2.2	建设期利息									
2.3	流动资金									
2.4	所得税									
2.5	应付利润									
2.6	长期借款本金偿还									
2.7	流动资金借款本金偿还									
2.8	其他短期借款本金偿还									
3	盈余资金									
4	累计盈余资金									

(四) 资产负债表

1. 资产负债表的概念与作用。资产负债表可以综合反映项目计算期内各年年末资产、负债和所有者权益的增减变化及对应关系,以考察项目资产、负债、所有者权益的结构是否合理,用以计算资产负债率、流动比率及速动比率等指标,进行清偿能力分析。

2. 资产负债表的结构(格式见表8-6)。资产负债表主体结构包括三大部分,即资产、负债和所有者权益,表现形式是资产总额等于负债与所有者权益的总和,其平衡关系用会计等式表示即为资产=负债+所有者权益。

3. 资产负债表的填列。资产负债表中的项目,有些可依据财务数据估算表中的金额直接填列,有些则要经过分析整理综合后才能填列。

可直接填列的有:应收账款、存货和现金可依据"流动资金估算表"填列;累计盈余资金可依据"资金来源与运用表"填列;各项借款可依据"投资总额与资金筹措表"填列;累计盈余公积金和累计未分配利润可依据"利润表"填列;固定资产净值、无形资产及递延资产净值可依据"固定资产折旧费估算表"和"无形及递延资产摊销估算表"填列。

其中,预收账款=预收的营业收入/预收账款周转次数。

预收的营业收入指的是销售收入金额,并且预付账款=外购商品或服务年费用金额/预付账款周转次数。

外购商品或服务年费用金额指的是外购原材料、燃料及动力。

经过分析整理综合填列的有:在建工程和资本金可依据"投资总额与资金筹措表"分析整理综合后填列;资本公积金要经过分析综合后填列。

资本公积金包括资本溢价和赠款两大项,具体有4个来源:①投资者实际缴付的出资额超过资本金的差额;②法定财产重估增值,即重估价值与账面净值的差额;③资本汇率折算差额,即资本账户与实收资本账户采用的折合汇率不同而产生的折合记账本位币差额;④接受捐赠的财产。

表 8-6 资产负债表 单位:万元

序号	项目	计算期					
		1	2	3	4	……	N
1	资产						
1.1	流动资产总额						
1.1.1	货币资金						
1.1.2	应收账款						
1.1.3	预付账款						
1.1.4	存货						
1.1.5	其他						
1.2	在建工程						

续表

序号	项目	计算期					
		1	2	3	4	……	N
1.3	固定资产净值						
1.4	无形及其他资产净值						
2	负债及所有者权益						
2.1	流动负债总额						
2.1.1	短期借款						
2.1.2	应付账款						
2.1.3	预收账款						
2.1.4	其他						
2.2	建设投资借款						
2.3	流动资金借款						
2.4	负债小计						
2.5	所有者权益						
2.5.1	资本金						
2.5.2	资本公积						
2.5.3	累计盈余公积金						
2.5.4	累计未分配利润						
	计算指标：资产负债率（%）						

注：(1) 对外商投资项目，第 2.5.3 项改为累计储备基金和企业发展基金。

(2) 对既有法人项目，一般只针对企业编制，可按需要增加科目，此时表中权益资本是指企业全部实收资本，包括原有和新增的实收资本。必要时，也可针对"有项目"范围编制。此时表中权益资本仅指"有项目"范围的对应数值。

(3) 货币资金包括现金和累计盈余资金。

（五）财务计划现金流量表

1. 财务计划现金流量表的概念与作用。财务计划现金流量表是反映项目计算期各年的投资、融资及经营活动的现金流入和流出，用于计算累计盈余资金，分析项目的财务生存能力的一种报表。通过"累计盈余资金"项反映项目计算期内各年的资金是否充裕（是盈余还是短缺），是否有足够的能力清偿债务等。若累计盈余大于零，表明当年有资金盈余；若累计盈余小于零，则表明当年会出现资金短缺，需要筹措资金或调整借款及还款计划。因此，该表可用于选择资金的筹措方案，制订适宜的借款及偿还计划。

2. 财务计划现金流量表的结构（格式见表 8-7）。根据投资项目业务活动的性质和现金流量的来源，财务计划现金流量表在结构上将项目一定期间产生的现金流量分为三类：经营活动产生的现金流量、投资活动产生的现金流量和筹资活动产生的现金流量。

表 8-7 财务计划现金流量表　　　　　　　单位：万元

序号	项目	合计	计算期					
			1	2	3	4	……	N
1	经营活动净现金流量表（1.1—1.2）							
1.1	现金流入							
1.1.1	营业收入							
1.1.2	增值税销项税额							
1.1.3	补贴收入							
1.1.4	其他流入							
1.2	现金流出							
1.2.1	经营成本							
1.2.2	增值税进项税额							
1.2.3	营业税金及附加							
1.2.4	增值税							
1.2.5	所得税							
1.2.6	其他流出							
2	投资活动净现金流量表（2.1—2.2）							
2.1	现金流入							
2.2	现金流出							
2.2.1	建设投资							
2.2.2	维持运营投资							
2.2.3	流动投资							
2.2.4	其他流出							
3	筹资活动净现金流量表（3.1—3.2）							
3.1	现金流入							
3.1.1	项目资本金投入							
3.1.2	建设投资借款							
3.1.3	流动资金借款							
3.1.4	债券							
3.1.5	短期借款							
3.1.6	其他流入							
3.2	现金流出							
3.2.1	各种利息支出							
3.2.2	偿还债务本金							
3.2.3	应付利润（股利分配）							
3.2.4	其他流出							
4	净现金流量（1+2+3）							
5	累积盈余资金							

3. 财务计划现金流量表的填列。财务计划现金流量表是项目财务生存能力分析的基本报表,其编制基础是财务分析辅助报表和利润与利润分配表。

(六) 借款还本付息计算表

1. 借款还本付息表的概念与作用。借款还本付息计算表是反映项目借款偿还期内借款支用、还本付息和可用于偿还借款的资金来源情况,用于计算借款偿还期指标,进行清偿能力分析的一种报表。

按照现行财务制度规定,归还建设投资借款的资金来源主要是项目投产后的折旧、摊销费和未分配利润。

2. 借款还本付息表的结构(格式见表8-8)。该表从结构上看包括借款及还本付息和偿还借款本金的资金来源两大部分。在借款尚未还清的年份,当年偿还本金的资金来源等于本金还本的数额;在借款还清的年份,当年偿还本金的资金来源等于或者大于本年还本的数额。

3. 借款还本付息表的填列。

在项目建设期,"年初借款本息累计"等于上年借款本金和建设期之和;在项目的生产期,"年初借款本息累计"等于上年尚未还清的借款本金。

本年借款、本年应计利息(建设期利息)按照"投资总额与资金筹措表"填列;本年应计利息(生产期利息)可以根据当年的年初借款本息累计与贷款年利率的乘积求得;本年还本可以根据当年偿还借款本金的资金来源填列;利润可以根据"利润表"填列,折旧和摊销可以根据"总成本估算表"填列。

表8-8　　　　　　　　　借款还本付息估算表　　　　　　　单位:万元

序号	年份 项目	利率 (%)	建设期		投产期		达到设计能力生产期			
			1	2	3	4	5	6	……	n
1	借款及还本付息									
1.1	年初借款本息累计									
1.1.1	本金									
1.1.2	建设期利息									
1.2	本金借款									
1.3	本年应计利息									
1.4	本金还本									
1.5	本年付息									
2	偿还借款本金的资金来源									
2.1	利润									
2.2	折旧									
2.3	摊销									
2.4	其他资金									
	合计(2.1+2.2+2.3+2.4)									

表 8–9　　　　　　　　　　借款还本付息计算表　　　　　　　　单位：万元

序号	项目	合计	计算期					
			1	2	3	4	……	N
1	借款1							
1.1	建设期利息							
1.1.1	期初借款余额							
1.1.2	当期借款							
1.1.3	当期应计利息							
1.1.4	当期还本付息							
	其中：还本							
	付息							
1.1.5	期末借款余额							
2	债券							
2.1	建设期利息							
2.1.1	期初债务余额							
2.1.2	当期债务							
2.1.3	当期应计利息							
2.1.4	当期还本付息							
	其中：还本							
	付息							
2.1.5	期末债务余额							
3	还款资金来源							
3.1	未分配利润							
3.2	折旧费							
3.3	摊销费							
3.4	其他短期借款							
4	用于维持运营投资							
5	盈余资金替换流动资金借款							
计算指标	利息备付率（%）							
	偿债备付率（%）							

注：（1）本表与财务分析辅助表 8–8 "借款还本付息估算表" 可合二为一。

（2）本表直接适用于新设法人项目，如有多种借款或债券，必要时应分别列出。

（3）对于既有法人项目，在按有项目范围进行计算时，可根据需要增加项目范围内原有借款的还本付息计算；在计算企业层次的还本付息时，可根据需要增加项目范围外借款的还本付息计算；当简化直接进行项目层次新增借款还本付息计算时，可直接按新增数据进行计算。

（4）本表可另加流动资金借款的还本付息计算。

8.2 资金的时间价值

同等数量的资金由于处于不同的时间而具有不同的价值。比如今天的 100 元与明年这时的 100 元相比,两者价值不同,前者大于后者。这就是所谓的资金时间价值的概念。

对于资金时间价值可以从另一方面对它加以定义,即从量的角度来说明资金时间价值究竟是什么。我们说:同等数量的资金由于处于不同的时间而产生的价值差异,我们称之为资金的时间价值。比如:

2004 年 1 月 1 日的 100 元,到了 2005 年 1 月 1 日相当于 102 元。尽管资金量是一样的,价值量却是不同的,两者的价值差,即 2 元的差额,就是这一年当中产生出来的时间价值。本节将分析资金时间价值的相关概念、理论以及应用。

8.2.1 资金时间价值的概念及理论基础

(一) 资金时间价值的概念

资金的时间价值又称"货币时间价值",是一定量资金经历了一定时间在不同时点上所形成的价值差。因为任何资金使用者把资金投入生产经营用以购买生产资料与劳动力相结合以后,都会生产新的产品,创造新的价值,带来利润,实现增值。周转使用的时间越长,所获得的利润越多,实现的增值额越大。所以资金时间价值的实质,是资金周转使用后的增值额。

(二) 资金时间价值的理论基础

1. 西方经济学中资金时间价值产生的理论基础。在西方经济学中,认为资金具有时间价值是因为资本产生利息。某人手中的一笔钱,如果自己不使用,即不用来购买消费品,借给别人,或是进行投资,到一定时候收回这笔钱时,除了原有的本金以外,使用资金的人还要给他一笔报酬,即要付出一定的代价,也就是利息。

西方经济学家认为资金本身就能产生利息。货币只有当它进入生产、流通过程的时候才能称做资本,才会有利息,即时间价值,否则人们手中现有的货币只是一般意义上的交换媒介,是没有时间价值的。这与马克思的劳动价值论从某种意义上讲也是吻合的。马克思认为,资金作为资本时,就成为剥削剩余价值的工具,资本的不同形式的变幻,产生出剩余价值,而利息则是剩余价值的一种转化形式,是职能资本家分给银行(借贷)资本家的一部分工人在生产过程中创造的剩余价值,即职能资本家给予银行资本家的报酬。

基于西方经济中资本产生利息的理论,长期以来,人们形成了一种时间偏好,即对于不同时期的同等数量、同等质量的财物,估价不同,喜欢近期的,不喜欢远期的,这就是所谓的资金时间价值的概念。

2. 社会主义经济学中,资金时间价值产生的理论基础。我们这里所说的资金,不是政治经济学当中所说的特殊商品,即作为交换媒介的货币。如果仅仅作为交换媒介,其价值量是不变的。这里说的资金是资源的价值形态。所谓价值,也不是商品二重性的价值,只是一般概念上的价值,即值得与否。按照马克思关于社会再生产的理论,再生产一般可分为以下三种形式。

  如:2004 年 1 月   2005 年 1 月

  ① 100 万元一年的再生产,只投入 80 万元;

  ②或者 100 万元一年的再生产,保持 100 万元;

  ③或者 100 万元一年的再生产,再投入 120 万元。

第一种形式下,后一年的生产规模小于前一年的,经济发生了萎缩。第二种形式下,生产维持在原有的水平上,经济也无法增长。一般说来,社会生产总是以扩大再生产的形式进行的,只有这样生产才能不断地发展。这就要求经过一段时间,原来投入的资金应该增值,数量应该有所增加。增值资金则来源于劳动者通过劳动为社会创造出的剩余产品,也可以称之为利息。因此按社会主义经济学的解释,资金的时间价值是由于再生产过程,当然是扩大再生产过程产生的增值,即利息。

(三) 资金时间价值的内涵

一般地讲,代表资金时间价值的利息是以百分比,即利率来表示的。在市场经济条件下,利率是由三部分组成的。

(1) 时间价值:纯粹的时间价值,资金随着时间的变化而发生的价值增值。

(2) 风险价值:现在投入的资金,今后能否确保回收。

(3) 通货膨胀:资金会由于通货膨胀而发生贬值。

其中时间价值观念以及风险价值观念,是我们进行财务管理的重要观念。但在这里,以及今后如果不特别提及,我们将只考虑纯粹的时间价值,而不考虑其他两者。

8.2.2 资金时间价值的表现形式

(一) 等值的概念

等值概念是时间价值计算的前提和根据,是指不同金额在不同时点可以具有相等的价值量。例如,现在的 100 元,每年资金增值率为 2%,1 年后价值是 102 元,2 年后价值量是 104.04 元,三年后是 106.12 元,4 年后是 108.24 元……等值的概念是指在年资金增值率为 2% 的条件下,现在的 100 元与一年后的 102 元、2 年后的 104.04 元、3 年后的 106.12 元和 4 年后的 108.24 元具有相等的价值量,或者说各年的价值量是相等的。同样,现在一笔资金,在一定的年利率条件下,也可以同若干年前的一笔资金等值。

等值概念还表现在,当各时点的价值量都等于某一时点的价值量时,则各时点的价值量是相等的。因此,在一定利率条件下,任何时点用于偿还现时一笔资金,其一次支付或等额年金支付序列都和现时金额等值。

第8章 项目的财务效益评估

【例 8-1】

理解经济"等值"概念

Enrico 刚获得工程学学士学位,并找到了一份年薪 48000 美元的工作。接下来他必须为自己的资金进行一些规划。首先他要开始偿还学校的贷款(总共 20000 美元),还要减少信用卡上的透支(共 5000 美元)。Enrico 为了工作必须买一辆汽车,另外还要存一笔钱为将来买一套公寓,最后也是最重要的是还要为将来自己退休后的生活存一笔养老金。

Enrico 选定 10 年来作财务计划。在 10 年末他要偿还清学校的贷款和信用卡欠款,同时要攒够 40000 美元来付购房首付。如果可能,Enrico 希望从工资中提出 10% 作为养老金。他收集以下信息来帮助自己制订财务计划。

学校贷款的利率是 8%,Enrico 打算在 10 年中每月等额地偿还贷款,而且贷款也是每月复利一次。

信用卡索取的利率差别很大,典型的 APR 接近 17%,并采用 10 年支付期计算每月最低偿还额。Enrico 的信用卡的利率是 18%。

购车贷款一般要在 3 年、4 年或 5 年内偿还清。购车贷款的 APR 最低是 2.9%,最高是 12%。作为初次购买汽车,Enrico 能够获得贷款 15000 美元,并以 9% 的月复利利率在 5 年内还清贷款。

30 年期抵押贷款的固定年利率是从 5.75% 上升到 6%。但如果 Enrico 有足够的钱支付 20% 的购房首付,那么他可以不用支付每个月的抵押保证金 60 美元。

投资机会所提供的回报不同。"安全的"投资可保证年回报率是 7%,"高风险"投资的年回报率可能是 30% 甚至更高。

Enrico 的父母和兄长们提醒他每月的工资要扣除个人所得税和其他扣除项。那么 Enrico 所能支配的工资不超过总工资的 80%。

如果你是 Enrico 的朋友,现在被邀请评价 Enrico 的财务计划。Enrico 的目标可行吗?

解:

因为所有欠款都是按月来偿还,所以我们采用月为时间单位。Enrico 的现金流量可以分为 5 种类型:贷款偿还、交通费用、购房支出、其他生活支出和储蓄。下面汇总了 Enrico 对每个月费用支出的估计。

(1)贷款偿还。Enrico 的学校贷款总额是 20000 美元,将分 120 个月(10 年)等额偿还,名义利率是 8%,按月复利计算。他的月偿还额应该是:

A(学校贷款)$= 20000 (A/P, 8/12\%, 120) = 20000 (0.1213) = 242.60$(美元)

Enrico 的信用卡欠款是 5000 美元,名义利率是 18%,也是分 120 个月等额偿还,假设期间没有其他附加费用:

A（信用卡）＝5000（A/P, 18/12%, 120）＝5000（0.01802）＝90.10（美元）

Enrico 的月偿总额：242.60＋90.10＝332.70（美元）。

（2）交通支出。Enrico 计划购买价值 15000 美元的汽车。作为初次购买汽车的客户并且没有资产和信用记录，Enrico 可以享受到的最低贷款利率是 9%。Enrico 打算在 5 年内也就是分 60 个月偿还贷款。根据以上信息，Enrico 每月需要偿还的汽车贷款是：

A（汽车）＝15000（A/P, 0.75%, 60）＝15000（0.02076）＝311.40（美元）

虽然 Enrico 可以在 5 年后偿还完购车贷款，但 Enrico 知道到一定的时间还需要更新汽车。所以 Enrico 计划每月拿出一部分钱积累起来作为 5 年后的汽车更新基金。

每年汽车保险费支出是 1200 美元，Enrico 估计每月汽车的燃油和保养支出为 100 美元。因此 Enrico 每个月交通费总支出是：

311.40＋1200/12＋100＝511.40（美元）

（3）住房支出。在 Enrico 工作附近租一套舒适的公寓每月的租金是 800 美元，每个月的水电费用大约为 150 美元。根据以上信息，对于租房的每月费用是 800＋150＝950（美元）。

（4）其他生活开支。其他的开支科目的估计量最令 Enrico 头疼，因为前面几个计划可以比较简单地直接制订出来，但 Enrico 每天的日常支出是非常不固定的并且很容易发生超支。但是他还是对每月不包括在以上科目的各项开支作了以下估计（单位：美元）。

①食物：200 美元；

②电话：70 美元；

③娱乐：100 美元；

④其他杂项（衣服、家用物品）：150 美元。

以上总计：520 美元。

（5）存款。Enrico 计划在 10 年后存款可以达到 40000 美元，用来作为购买一套公寓的首付款。如果他选择相对安全的投资（定期存款或债券），那么他可以获得 6% 的年利率，按月复利计算。那么他要在 10 年后累计达到 40000 美元的目标，就要每月存入：

A（公寓）＝40000（A/F, 0.5%, 120）

＝40000（0.00610）＝244.00（美元）

Enrico 的月工资是 48000/12＝4000（美元）。根据从其家庭成员获得的信息，他每月实际的净工资收入是 4000×0.80＝3200 美元。Enrico 每月的养老金储蓄额是 3200×0.10＝320 美元。因此 Enrico 现在每月要向银行存入 244＋320＝564 美元。

根据前面的计算，现在可以制订出 Enrico 每月的财务计划表，如表 8－10 所示。

表 8-10　　　　　　　　　　　　　财务计划表

	净收入/美元	费用/美元
工资	3200	
偿还贷款		332.70
在汽车方面的费用		511.40
租房费用		950.00
生活开支		520.00
存款		564.00
总和	3200	2878.10

Enrico 意识到他没有考虑 10 年后物价的变化，同时也没有考虑到自己年薪也可能会变化。当然 Enrico 希望通过自己的努力可以保持增加的工资收入至少弥补支出的增加。

我们应该对 Enrico 表示祝贺，从计划中我们可以看出他除去支出之外还为将来存了钱。同时我们从表 8-10 发现，Enrico 每个月还有 3200 - 2878.10 = 321.90 美元的余款来应付一些突发事件。有了这些余款，相信 Enrico 可以顺利地实现他 10 年后的目标。

表 8-11　　　　　　　　　　　常用资金等值换算公式小结

公式名称		已知	求解	公式	系数名称符号	现金流量图
一次支付	终值公式	现值 P	终值 F	$F = P(1+i)^n$	一次支付终值系数 $(F/P, i, n)$	
	现值公式	终值 F	现值 P	$P = F(1+i)^{-n}$	一次支付现值系数 $(P/F, i, n)$	
等额支付	终值公式	年值 A	终值 F	$F = A\dfrac{(1+i)^n - 1}{i}$	年金终值系数 $(F/A, i, n)$	
	偿债基金公式	终值 F	年值 A	$A = F\dfrac{i}{(1+i)^n - 1}$	偿债基金系数 $(A/F, i, n)$	
	现值公式	年值 A	现值 P	$P = A\dfrac{(1+i)^n - 1}{i(1+i)^n}$	年金现值系数 $(P/A, i, n)$	
	资本回收公式	现值 P	年值 A	$A = P\dfrac{i(1+i)^n}{(1+i)^n - 1}$	资金回收系数 $(A/P, i, n)$	

（二）资金时间价值的表现形式

资金时间价值的基本表现形式有两种：终值与现值。终值是指现在的一笔钱按一定的利率来计算将来的价值。现值则是指将来某一时期的金额现在的价值。

1. 终值（Future Value）。终值即现在的一笔钱按一定的利率来计算，将来的价值。

那么按照不同的计算方法，终值可以分为单利值和复利值。

（1）单利值。单利值是以原始本金为基础计息的本利和，其计算公式：
$$F = P \times (1 + n \times r)$$
式中：F 为终值；P 为现值；r 为利率；n 为计息期数。

（2）复利值。复利值是在单利值的基础上发展起来的，它是以上期期末的本利和为基础计息的本利和。复利值的计算公式应为：
$$F = P \times (1 + r)^n$$
式中：$(1 + r)^n$ 称做复利因数，它的含义是 1 元本金，按一定利率计算，若干年以后，本利和是多少。

（3）利率的确定——名义利率与有效利率。我们前面所讲的复利值，都是以一定的利率，一年计息一次得出来的。但是在实际生活中，贷款的计息方式并不是固定的，可能是一年计息一次，也可能是半年，或是一个季度，一个月，根据合同的规定是有所不同的。那么请问这与前面得出的利息值是否有所差别呢？

例如，现在的 100 元，按 10% 的利率计算，每半年计算一次利息，到第 5 年年末，复利值是多少？显然，计息次数越多，利息值越大。由此，我们引进以下基本概念。

年名义利率：实际给出的年利率。

年有效利率：年名义利率按给定的计息次数计算出的实际利率（Annual Effective Rate）。

前面介绍了资金时间价值的基本表现形式之一——终值（单利值与复利值）以及利率的确定。在我们评估投资项目的经济效益时，一般都是采用复利的概念，即"利滚利"的方式。因为项目投资及借款往往不止一期时间，需要很多年才能完成的，而投资一般总是能带来利润的，新的利润可以重复投资又带来更多的利润，从而使原有的资本不断增长。

【例 8 - 2】

假设你目前借了 8000 元，4 年后一次性偿还贷款本金和所有累积信息，年利率为 10%，那么 4 年末你应该还多少钱？

解：

表 8 - 12　　　　　　　　　　　现金流量表

年份	1	2	3	4
年初借款	8000	8800	9680	10648
利息率	10%	10%	10%	10%
应付利息	800	880	968	1064.8
年终借款	8800	9680	10648	11712.8

$F = P(1 + i)^n$，所以要偿还的总量为 11712.8 元。

2. 现值（Present Value）。现值即未来某一笔资金的现在价值。一张期票（将来某个时间可以兑现的票据）要求提前兑现，这种经济活动叫做贴现（Discount）。计算现值的过程就是贴现的过程。我们在计算复利值时，是将现在的一笔钱，计算其将来的价值，即本利和。计算现值，正好是与复利计算相反，是"倒扣"利息。如：

0 年　　　100 元　　　10% 利率

5 年　　　161.1 元

就是将 5 年后的 161.1 元，每年扣除 10% 的利息，现在正好是 100 元。计算现值的公式是复利值公式导出的：

$$P = F/(1+r)^n$$

式中：P 为现值；F 为终值；r 为利率；n 为计息期数。

现值因素即将来某个时期（第 n 期）的一元钱，按一定的利率（r）贴现，现在的价值是多少。贴现过程使用的利率，称为贴现率。

例如 5 年后的一元钱，按 10% 的贴现率计算，现值是多少？

贴现率越大，现值越小，时间越长，现值也越小。

我们前面讲过，因为项目投资一般总是能带来利润的，用新利润再投资，获得更多的利润，利上加利，因此在评估项目时，一定要采用复利值的概念。但是在实际运用过程中，我们更多的是采用复利值的"逆运算"——贴现的方法，来评价项目效益的。这是为什么呢？因为项目的不同投资方案可能支出的起点时间不同，在进行建设时，有的方案可能要求早投资，而有的方案则可以晚一些投资，投资发生的时间不同，就无法确切地知道后方案的实际价值。

为了比较不同时期的资金的价值，只有把它们都折算成现在的价值（第 0 年的价值），才使得不同时期的资金有一个共同的起点，才具有可比性。因此，我们在评估项目时，更多的是采用现值法。

在计算现值时，如果不加说明，一般都把每年的资金流入或流出看成是在年末发生，而不是年初发生。年末与年初是有区别的，年初发生，则第一年年初的资金为现值（0 年的价值），无须贴现，如果是年末发生，则要将年末价值折算到年初来，倒扣一年的利息。一般把年初资金看做是前一年年末发生的，这样有利于确定贴现因数。

【例 8–3】

使用现值法来评价新设备的购买

某公司的工程师们提议购买一种新设备来提高手动焊接操作的生产率。投资额是 25000 美元，有 5 年的使用期，期末市场残值为 5000 美元。由于采用新设备而带来产量的增加所增加的收益减去额外的经营成本之后，每年的收益为 8000 美元。如图 8–2 所示，这次投资机会的现金流量图。如果公司的最低吸引力收益率为每年 20%，那么这个方案是否可接受？请使用现值方法进行求解。

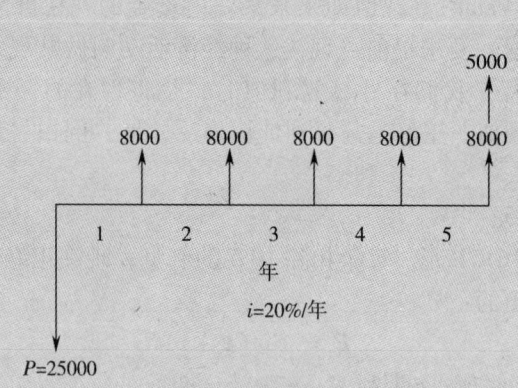

图 8-2 现金流量图

解：
(1) $PW = $ 现金流入的 $PW - $ 现金流出的 PW
或者，$PW(20\%) = 8000(P/A, 20\%, 5) + 5000(P/F, 20\%, 5) - 25000$
$= 934.29$（美元）

因为 $PW(20\%) > 0$，所以应该购买该设备。

应用 Excel 求解。

表 8-13　　　　　　　　　　　累计现金流量表

年份	0	1	2	3	4	5
现金流出	25000					
现金流入		8000	8000	8000	8000	13000
折现率	20%	20%	20%	20%	20%	20%
净现值	-25000	6666.67	5555.56	4629.63	3858.03	5224.41
累计净现值	-25000	-18333.33	-12777.8	-8148.15	-4290.12	934.29

3. 年金（Annuity）。在一定时期内，每隔相同的时间，收入或支出等量的款项，这笔款项叫做年金。年金的支付方式在经济分析中使用非常广泛，如积累基金、偿债基金、保险金、折旧金等均采用这种形式。

由于款项的发生时间可能在期末，也可能在期初，会影响到计息次数，正如在介绍现值法时提到的，如果是期末款项，则按一般的计息次数贴现即可，而如果是期初款项则贴现次数要减少一次。因此，根据同样的原因，我们把年金分为普通年金和期初年金。普通年金即指发生在每期期末的定额收入或支出的款项。期初年金则指发生在每期期初的定额收入或支出的款项。因此，如果是计算终值，则期初年金比普通年金多计一次利息；而如果是计算现值则期初年金比普通年金少计一次利息。根据资金时间价值的基本形式，年金也同样有两种形式，年金终值和年金现值。我们分别予以介绍。

(1) 年金终值（Future Value of Annuity）。年金终值，也就是年金的复利值（根据资金时间价值的概念，我们一般说的终值即复利值，而不考虑单利值的问题），是指在规定的时期内，每隔相同的时间收入或支出一笔等额款项，对这些款项按期以复利计算的本利和。

①普通年金终值。普通年金终值是指等额款项都发生在期末，其计算公式如下：

$$F = A\left[\frac{(1+r)^n - 1}{r}\right]$$

式中：A 为等额款项——年金；F 为年金终值；r 为年利率；n 为期数。

例，如果在 5 年内，每年年末存入银行 1000 元，年利率为 5%，那么 5 年后的本利和为多少？

②期初年金终值。期初年金，即在每期期初发生的等额款项，在计算期初年金终值时，它要比普通年金多计一期利息。期初年金终值的计算公式如下：

$$F = A\left[\frac{(1+r)^{n+1} - 1}{r}\right]$$

式中：A 为等额款项——年金；F 为年金终值；r 为年利率；n 为期数。

由于期初年金复利因数与期末年金复利因数之间有着明显的直接关系，可以利用期末年金复利因数表计算，不用另行制表。一般期末年金比期初年金更常用。

(2) 年金现值。年金现值是指在一定时期内，每年收入（或支出）等额款项的现值和。期末年金和期初年金存在着计息次数的差异，一般来说，如果不特别指明，我们总是说期末年金。先考虑期末年金的现值。

①普通年金的现值。根据年金终值计算公式：

$$F = P(1+r)^n = A\left[\frac{(1+r)^n - 1}{r}\right]$$

因此，可得普通年金现值计算公式：

$$P = A\left[\frac{(1+r)^n - 1}{r(1+r)^n}\right]$$

式中：A 为等额款项——年金；P 为年金现值；r 为年利率；n 为期数；$\frac{(1+r)^n - 1}{r(1+r)^n}$ 也称为普通年金现值因数。

例，如果在 5 年内，每年年末存入银行 1000 元，年利率为 5%，那么其本利和的现值是多少？

②期初年金现值。期初年金现值计算公式为：

$$P = A\left[\frac{(1+r)^n - 1}{r(1+r)^n}\right]$$

式中：A 为等额款项——年金；P 为年金现值；r 为年利率；n 为期数；$\frac{(1+r)^n - 1}{r(1+r)^n}$ 也称为期初年金现值因数。

(3) 不等年金。所谓不等年金是指每年支出或收入的金额不相等。在实际中，无论是收益还是成本，都不可能总是保持一个数额，有几年，经济稳定，则可能是相等的，而一旦出现波动则就不等了，那么如何解决这种情况下的年金现值或终值呢？

计算现值时可以对不等年金分别查出其相应的现值因数，而对年金现值因数，则要减去已计算过的现值因数。注意年金值均是指总和值，第10年的年金现值因数，实际上就是前10年的贴现因数之和，现值因数则是独立的，每一年的年金现值因数等于相当年份的现值因数之和。

【例8-4】

每天存1元你将成为百万富翁

如果你现在只有20岁，从今往后每天存1元，你就可以成为百万富翁。我们假设你可以活到80岁，年利率是10%。我们用复利来计算将来值 F：

$$F = 365 \times (F/A, 10\%, 60)$$
$$= 365 \times 3034.81$$
$$= 1107706（元）$$

因此，我们应该早点开始存钱，让复利给你带来更多的利益。

【例8-5】

可以继承多久

假设你的叔叔拥有1000000元的财产，并且打算每年给他的继承人100000元。如果这1000000元存入一个银行账户，年利率是6%，那么经过多少年才能把这笔钱取完？

解：根据公式解出，$1000000 = 100000 (P/A, 6\%, n) = 15.7$ 年。当利率变为8%时，同理我们需要20.9年才能把银行里的钱取完。

8.3 盈利能力的分析

盈利能力分析是项目财务评价的主要内容之一，可以分为静态评价指标与动态评价指标两类。其中财务内部收益率、财务净现值为项目的主要盈利能力评估指标，其他指标根据项目的特点及财务评价的目的、要求等选用。

8.3.1 静态指标的计算与分析

静态指标是指不考虑货币的时间价值因素的影响而计算的指标，主要包括总投资收益率、投资利税率、资本金利润率和资本金净利润率等，可以根据"建设投资估算表"、"投资总额与资金筹措表"和"利润表"中的有关数据计算。

（一）总投资收益率

总投资收益率是项目达到设计生产能力后的一个正常年份息税前利润与项目总投资之比，计算公式为

$$总投资收益率 = \frac{息税前利润}{总投资} \times 100\%$$

式中的息税前利润，可选择项目达产后正常年份的年息税前利润，也可以计算出平均年息税前利润。选择前者还是后者，根据项目的运营期长短和年息税前利润总额波动的大小而定。若项目运营期较短，且年息税前利润波动较大，原则上要选择运营期的平均年利润总额；若项目运营期较长，年息税前利润在运营期又没有较大的波动，可选择正常运营年份的年息税前利润。

式中的总投资为建设投资、建设期利息和流动资金之和。

计算出的总投资收益率要与规定的行业标准投资收益率（若有的话）或行业的平均投资收益率进行比较，若大于或等于标准投资收益率或行业平均投资收益率，则认为项目是可以考虑接受的，否则是不可行的。

（二）投资利税率

投资利税率是项目的年利润总额、营业税金及附加之和与项目总投资之比，计算公式为：

$$投资利税率 = \frac{年利税之和}{总投资} \times 100\%$$

式中的年利税之和，可以选择正常生产年份的年利润总额与营业税金及附加之和，也可以选择运营期平均的年利润总额与营业税金及附加之和。选择前者还是后者，依据项目运营期长短和利税之和的波动大小而定，选择原则与计算投资利润率中的选择同理。式中的总投资也是建设投资、建设期利息和流动资金之和。

计算出的投资利税率要与规定的行业标准投资利税率（若有的话）或行业的平均投资利税率进行比较，若前者大于或等于后者，则认为项目是可以考虑接受的，否则是不可行的。

（三）资本金利润率

资本金利润率是项目的年利润总额与项目资本金之比，计算公式为：

$$资本金利润率 = \frac{年利润总额}{资本金} \times 100\%$$

式中的年利润总额是选择正常生产年份的年利润总额，还是选择运营期平均年利润总额，原理同于投资利润率的计算。式中的资本金是指项目的全部注册资本金。

计算出的资本金利润率要与行业的平均资本金利润率或投资者的目标资本金利润率进行比较，若前者大于或等于后者，则认为项目是可以考虑接受的，否则是不可行的。

（四）资本金净利润率

资本金净利润率是项目的年税后利润与项目资本金之比，计算公式为：

$$资本金净利润率 = \frac{年税后利润}{资本金} \times 100\%$$

式中的年税后利润是选择正常生产年份的税后利润,还是选择运营期平均年税后利润,原则同于投资利润率的计算。式中的资本金也是指项目的全部注册资本金。资本金净利润率应该是投资者最关心的一个指标,因为它反映了投资者自己的出资所带来的净利润。

(五) 静态回收期

投资回收期(P_t)也称返本期,是反映项目盈利能力的重要指标,投资回收期分为静态投资回收期和动态投资回收期。静态投资回收期指以项目的净收益抵偿项目全部投资所需要的时间,一般以年为单位从项目建设开始年算起。其表达式为:

$$\sum_{t=1}^{P_t} (CI - CO)_t = 0$$

式中:$(CI-CO)_t$为第t年的净现金流量;CI_t为第t年的现金流入量;CO_t为第t年的现金流出量。

累计现金流量(所得税前)由负值变为0时的时点,即为项目的投资回收期。计算公式为:

$$P_t = 累计净现金流量开始出现正值的年份数 - 1 + \frac{上年累计净现金流量的绝对值}{当年的净现金流量值}$$

投资回收期越短,表明项目的盈利能力和抗风险能力越好。投资回收期要求的基准期限,可根据行业水平或投资者的要求确定。静态投资回收期的主要优点是能反映项目本身的资金回收能力,比较容易理解、直观。对于那些技术上更新迅速的项目进行分析特别有用。其主要缺点是由于过分强调迅速获得财务效益,没有考虑回收资金后的情况,而且没有评价项目计算期内的总收益和获利能力,因而在使用这个指标进行方案选择和项目排队时,必须与其他指标(例如财务内部收益率或财务净现值)合并使用,否则可能导致错误的结论。

8.3.2 动态指标的计算与分析

动态指标是指考虑货币时间价值因素的影响而计算的指标,主要包括财务净现值和财务内部收益率。

(一) 财务净现值

财务净现值(FNPV)是指把项目计算期内各年的净现金流量,用设定的折现率折算到第零年的现值之和。表达式为

$$FNPV = \sum_{t=1}^{n} (CI - CO)_t (1 + r)^{-t}$$

式中:CI_t为第t年的现金流入量;CO_t为第t年的现金流出量;$(CI-CO)_t$为第t年的净现金流量;n为计算期(1,2,3,……,n);r为设定的折现率;$(1+r)^{-t}$为第t年的折现系数。

计算出的净现值可能有三种结果，即 $FNPV > 0$，或 $FNPV = 0$，或 $FNPV < 0$。当 $FNPV > 0$ 时，说明项目用其净效益抵付了相当于用折现率计算的利息以后，还有盈余，从财务角度，项目是可以考虑接受的。当 $FNPV = 0$ 时，说明拟建项目的净效益正好抵付了用折现率计算的利息，这时，判断项目是否可行，要看评价所选用的折现率。在财务评价中，若选择的折现率大于银行长期贷款利率，项目是可以考虑接受的；若选择的折现率等于或小于银行长期贷款利率，一般可判断项目不可行。当 $FNPV < 0$ 时，说明拟建项目的净效益不足以抵付用折现率计算的利息，甚至有可能是负的效益，一般可判断项目不可行。

财务净现值指标计算简便，只要编制好现金流量表，确定好折现率，净现值的计算仅是一种简单的算术方法。另外，该指标的计算结果稳定，不会因算术方法的不同而带来任何差异。

财务净现值指标有两个缺陷：①需要事先确定折现率，而折现率的确定又是非常困难和复杂的，选择的折现率过高，可行的项目可能被否定；选择的折现率过低，不可行的项目就可能被选中。特别是对那些投资收益水平居中的项目。所以，在运用财务净现值指标时，要选择一个比较客观的折现率，否则，评价的结果往往"失真"，可能造成决策失误。②财务净现值指标是一个绝对数指标，只能反映拟建项目是否有盈利，并不能反映拟建项目的实际盈利水平。

为了克服财务净现值指标所带来的评价方案或筛选方案的不利影响，在财务评价中，我们往往选择财务内部收益率作为主要评价指标。

（二）财务内部收益率

财务内部收益率（FIRR）是一个重要的动态评价指标，它是指使计算期内各年净现金流量现值之和为零时的折现率，又称为内部报酬率或内含报酬率。内部收益率反映拟建项目的实际投资收益水平。其表达式为：

$$\sum_{t=1}^{n}(CI-CO)_t(1+FIRR)^{-t}=0$$

式中：FIRR 为财务内部收益率；其他符号含义同前。

财务内部收益率与财务净现值的表达式基本相同，但计算程序却截然不同。在计算财务净现值时，预先设定折现率，并根据此折现率将各年净现金流量折算成现值，然后累加得出净现值。在计算财务内部收益率时，要经过多次试算，使得净现金流量现值累计等于零。财务内部收益率的计算比较繁杂，一般可借助计算机或功能较强的计算器完成，如用手工计算时，应先采用试算法，后采用插入法。

运用试算法计算项目财务内部收益率的基本步骤是：

1. 用估计的某一折现率对拟建项目整个计算期内各年财务净现金流量进行折现，并得出净现值。如果得到的净现值等于零，则所选定的折现率即为财务内部收益率。如所得财务净现值为一正数，则再选一个更高一些的折现率再次试算，直至正数财务净现值接近零为止。

2. 在第一步的基础上，再继续提高折现率，直至计算出接近零的负数财务净现值为止。

3. 根据上两步计算所得的正负财务净现值及其折现率，运用插入法计算财务内部收益率。因为内部收益率与净现值之间不是线性关系，如果两个折现率之间的差太大，计算结果会有较大的误差，所以，为保证计算的准确性，一般规定，两个折现率之差不应大于5个百分点，最好是在1~2个百分点。

插入法是将试算法得出的数据代入插入法计算公式来求财务内部收益率的一种方法。插入法的计算公式如下：

设折现率为r_1时，$FNPV_1 > 0$；折现率为r_2时，$FNPV_2 < 0$：

$$FIRR = r_1 + (r_2 - r_1) \frac{FNPV_1}{FNPV_1 + |FNPV_2|}$$

式中：r_1为偏低折现率；r_2为偏高折现率；$FNPV_1$为正净现值；$FNPV_2$为负净现值。

计算出的财务内部收益率要与国家规定的基准收益率或称折现率，或投资者的目标收益率进行比较，如果前者大于或等于后者，则说明项目的盈利能力超过或等于国家规定的标准或投资者的目标收益率，因而是可以考虑接受的，否则是不可行的。

财务内部收益率表明项目的实际盈利能力或所能承受的最高利率，是一个比较可靠的评价指标，一般可作为主要评价指标。但应当指出，内部收益率是数学表达式：

$$\sum_{t=1}^{n} (CI - CO)_t (1 + FIRR)^{-t} = 0$$

上式之解，亦即一个高次方程之解，所以，可能出现这样几种情况：内部收益率是唯一的；内部收益率有多个，即有多根内部收益率；无实数内部收益率（即无解），即现金流量有不确定的内部收益率。多根与无解是内部收益率的重要特性。使用内部收益率指标，需持慎重态度。如果拟建项目有多根内部收益率或无实数内部收益率，则运用内部收益率指标将会使投资决策误入歧途，在此情况下，应当运用别的指标。

为了说明内部收益率的多根或无解，有必要了解常规项目与非常规项目的区别。常规项目是指项目计算期内各年净现金流量在开始一年或数年为负值，在以后各年为正值的项目；非常规项目是指项目计算期内各年净现金流量的正负符号的变化超过一次的项目。一般来讲，常规项目有唯一实数内部收益率；非常规项目有多根内部收益率或无实数内部收益率。

【例8-6】

某房地产投资项目投资500万元，建成租给某企业，第1年净收入为66万元，以后每年净收入132万元，第10年末残值为50万元，折现率12%，该项目从财务效益讲是否可行？

解：第一步，确定项目有效期内各年度的净现金流量。

初始现金流量为-500万元；营业现金流量，第1年净现金流量为66万元，第2年至第10年每年净现金流量为132万元；终结点残值回收净现金流量为50万元。

第二步，将各年度的净现金流量用折现率（12%）折现至零期。

则，该投资项目在有效年份内的财务净现值为

$$FNPV = -500 + \frac{66}{1+0.12} + \sum_{t=2}^{10} \frac{132}{(1+0.12)^t} + \frac{50}{(1+0.12)^{10}}$$

$$= -500 + 703 = 203（万元）$$

第三步，投资评价：由于 $FNPV = 203$ 万元 > 0，所以，该房地产投资项目在财务上是可行的。

（三）动态投资回收期（P_t）

动态全部投资回收期是按现值法计算的投资回收期，其计算公式如下：

$$\sum_{t=1}^{P_t}(CI-CO)_t(1+r)^{-t} = 0$$

式中：CI_t 为第 t 年的现金流入量；CO_t 为第 t 年的现金流出量；$(CI-CO)_t$ 为第 t 年的净现金流量；n 为计算期（1，2，3，……，n）；r 为设定的折现率。

动态回收期计算公式为：

$$P = 累计折现净现金流量开始出现正值的年份数 - 1 + \frac{上年累计折现净现金流的绝对值}{当年折现现金流量}$$

与静态投资回收期相比，动态投资回收期的优点是考虑了现金收支的时间因素，能真正反映资金的回收时间，缺点是比较麻烦。

【例 8-7】

计算静态回收期和动态回收期

某公司的工程师们提议购买一种新设备来提高手动焊接操作的生产率。投资额是 25000 美元，有 5 年的使用期，期末市场残值为 5000 美元。由于采用新设备而带来产量的增加所增加的收益减去额外的经营成本之后，每年的收益为 8000 美元。

表 8-14 投资回收期计算表

年份	0	1	2	3	4	5
净现金流量	-25000	8000	8000	8000	8000	13000
累计现值	-25000	-17000	-9000	-1000	7000	20000
现值（$i=20\%$）	-25000	6666.67	5555.56	4629.63	3858.03	5224.41
累计现值（$i=20\%$）	-25000	-18333.33	-12777.8	-8148.15	-4290.12	934.29

静态回收期：$4 - 1 + \frac{1000}{8000} = 3.125$

动态回收期：$5 - 1 + \frac{4290.12}{5224.41} = 4.82$

（四）折现率的确定

从上述两个指标可以看出，折现率是一个重要的参数，它不但是货币时间价值的度量，而且是一个衡量投资收益率的标准，对动态指标的计算和评价结果都是举足轻重的。所以，需要借鉴成功的经验，选择合理的折现率。通常可以借鉴以下几种选择折现率的观点。

1. 西方发达国家选择折现率的方法。在西方，折现率的使用是很广泛的，不但使用于新建项目和改、扩建项目的经济评价，而且存量资本的调整和像购买一台设备这样的简单的投资活动也都要用折现率作为标准，选择最合理的实施方案。同时，决策者选择折现率的理论依据和基本方法是比较统一的，即主要依据当时没有风险条件下的资本市场上的长期贷款利率和投资机会所包含的风险程度确定所使用的折现率。

西方资本市场理论如资本资产定价模型、套利定价理论分别建立了资本市场的收益与风险的均衡模型，并可以用于确定与投资项目相适应的折现率。资本资产定价模型（1964）通过假设条件的简化，每个投资者具有相同的信息，对证券的未来预期也是相同的，也即投资者分析信息的方法是相同的。证券市场是完全市场，没有阻碍投资的因素存在。有限可分、税收、交易成本、不同的无风险收益率被假设所排除。这使问题的焦点集中在如果投资者都以相同的方式投资，将对证券价格产生怎样的影响，投资者将如何选择证券组合。通过验证市场中所有投资者的组合行为，可以得到证券风险和收益之间的均衡关系。

CAPM 刻画了在资本市场达到均衡时，资产收益的决定机制，但它基于众多的假定，其一些假定与现实不甚吻合，这激励人们去建立新的资本市场均衡理论。

Stephen. A. Ross 在 1976 年提出一种新的资本资产均衡理论——套利定价理论（简称 APT）。假定投资者在其组合中持有大量的证券，并且能够卖空，同时假定证券的收益与一个或多个因素有关且呈线性关系。从而建立了资本市场上，风险与收益的均衡模型。

在资本市场理论中，风险与收益的关系一般可表示为

$$资产收益率 = 无风险收益率 + 风险回报$$

而且资产收益率与风险收益率是成正比的。下面根据资本资产定价模型（CAPM）和套利理论（APT）给出支持收益率与风险的定量关系。

（1）资本资产定价模型。在资本资产定价模型下，资产收益率的公式表示如下：

$$E(R) = R_f + \beta[E(R_m) - R_f]$$

式中：R_f 为无风险收益率；$E(R_m)$ 为市场组合的收益率；β 为个别资产的贝塔系数。

在该模型中，R_f 在实际操作中一般使用 5 年期、10 年期或 30 年期国库券的利率；β 值反映了个别资产的风险收益率与市场收益率的相关性，它度量的是个别资产的不可分散风险。β 值的确定是一件很复杂的事。对于上市公司，财务学研究者和一些商业性服务机构可以提供证券的 β 值。

（2）套利定价理论（APT）。该模型与资本资产定价模型都是研究不可分散风险的。但是与 CAPM 的用单一因素来解释预期收益率不同的是，APT 在研究不可分散风险时考

虑了更加复杂的因素。虽然 CAPM 估计风险参数 β 的过程与 APT 不同，但是 CAPM 中许多涉及风险因素方面的问题都是与 APT 相关的。

许多资本市场实证的证据证明套利理论解释预期收益率比资本资产定价模型准确。但是套利定价模型的操作难度较之资本资产定价模型也更大。在套利理论下，资产收益率的公式表示如下：

$$资产收益率 = R_f + \sum_{j=1}^{j=k} \beta_j [E(R_j) - R_f]$$

式中：β_j 为第 j 个因素的 β 值；$E(R_j) - R_f$ 为第 j 个因素的风险溢价；k 为因素的个数。

一般认为，对于已经有很大市场的产品、意在降低成本的技术改造投资项目的风险最小。因为这种产品的市场已经很大，成本降低后，利润至少在短期内应该能够增加。风险较大的是增加产量的改扩建或新建投资项目。因为企业要推销新增产量，要有新的顾客，甚至要与别的企业竞争市场领域。风险最大的则是研制生产新产品的投资项目。因为推销新产品要克服顾客的习惯。这样，在评价不同项目时，降低成本的投资项目，选择较低的折现率，如 10%，增加产量的投资项目就要选择较高的折现率，如 12%，而对生产新产品的投资项目就要选择像 15% 或 16%，甚至更高的折现率。

2. 联合国工业发展组织的方法。为了帮助发展中国家进行可行性研究和项目评估，联合国工业发展组织编写了一套《项目拟订预评价丛书》，相继出版了《工业可行性研究编制手册》、《项目评估准则》等，并且与阿拉伯国家发展中心联合编写了《工业项目评价手册》一书。上述文献倾向于用长期贷款利率作为折现率，并认为折现率应该尽可能地根据资本市场的实际利率考虑，以便对可能选择的投资用途反映出优越的时间和机会成本。假如投资是采用长期贷款的方式，则应以实际贷款利率作为折现率。如果项目的投资未采用贷款方式，则应把中央银行对长期贷款所收的利率作为折现率。

3. 折现率的选择。选择合理的折现率，西方国家和联合国工业组织推荐给发展中国家的理论可供借鉴：①以当时的资金市场上的长期贷款利率作为折现率的基本要素；②充分考虑多种投资机会的风险因素。

选择合理的折现率，还应当考虑我国的实际情况：①尚未形成完全的资本市场，资本自由流动受到一定的阻碍；②现行价格体系不完善，比价不合理；③产业、区域布局、项目决策受到一定程度的行政干预；④基础工业发展不是很完善，"瓶颈"产业影响国民经济平衡发展，等等。考虑上述因素就可能确定合理的适用的财务评价的折现率。

对于一般项目，先制定行业基准折现率，然后以此为基数确定评价项目的折现率。基本思路是：计算其各部门或本部门或行业的平均投资收益率，以此为基数，依据国家的有关政策和相应时期的经济形势确定一个"可调系数"，用部门或行业的平均投资收益率加上各自确定的"可调系统"，即可得出各部门或行业的基准折现率，对于具体的投资项目，根据其风险程度，再在其部门或行业基准折现率的基础上加风险报偿率。我们可以得出以下表达式：

$$项目的折现率 = 本部门或行业的基准折现率 + 风险报偿率$$

部门或行业的平均投资收益率可根据历史统计数据计算。即用各当年的部门或行业的全部利润总额与其他效益之和除以累计到当年的固定资产原值和当年占用的流动资金。比如，可选择5年的数据计算各年的投资收益率，然后可计算出5年平均的投资收益率，但要求是最近5年。另外，统计数据是静态的，需要借用一个转换模式把静态数据转换成动态的数据，即转换成动态的平均投资收益率（类似于部门或行业的平均内部收益率）。

风险报偿率根据各类项目风险的大小而定，风险较小的项目，可取1%至2%。这是指那些产品市场前景很好、收效快、得益时间长的投资项目。风险较大的项目，风险报偿率可在3%~5%之间选择。这是指那些产品市场前景不明朗，需要开拓，所用的又是专用设备的投资项目。对于风险特别大的投资项目，选择较大的风险报偿率，可在10%至20%之间取值，这类项目的特点是风险大、收益高，采用的技术是最先进的，产品无论是从质量还是从花色、品种上来讲都是比较新的，甚至是全新的，而使用的设备往往是专用设备。

8.4 清偿能力的分析

反映项目清偿能力的指标包括资产负债率、流动比率、速动比率、借款偿还期、利息备付率和偿债备付率。

（一）资产负债率、流动比率、速动比率

资产负债率、流动比率和速动比较（简称"三率"）全部依据资产负债表计算。在计算"三率"时，既可以计算计算期内前几年（一般考虑10年）的"三率"，也可以计算整个计算期内各年的"三率"。评估人员可根据项目的实际情况来掌握，但必须能反映出各种比率所要说明的问题。

1. 资产负债率。资产负债率是反映项目各年所面临的财务风险程度及偿债能力的指标。计算公式为：

$$资产负债率 = \frac{负债合计}{资产合计} \times 100\%$$

当资产负债率大于100%，表明企业（项目）已资不抵债，已达到破产的警戒线，合适的资产负债率一般为60%~70%。

2. 流动比率。流动比率是反映项目各年偿付流动负债能力的指标。计算公式为：

$$流动比率 = \frac{流动资产总额}{流动负债总额} \times 100\%$$

计算出的流动比率一般应大于200%，即1元的流动负债至少有2元的流动资产作为偿还的保证，以保证项目按期偿还短期债务。这是提供贷款的机构可以接受的。

3. 速动比率。速动比率是反映项目快速偿付流动负债能力的指标。计算公式为：

$$速动比率 = \frac{流动资产总额 - 存货}{流动负债总额} \times 100\%$$

计算出的速动比率一般应接近于100%，即1元的流动负债有1元的速动资产以资抵偿。这是提供贷款的机构可以接受的。

(二) 借款偿还期

借款偿还期是反映项目偿还借款能力的重要指标，是指按照国家财政规定及项目具体财务条件，以项目投产后获得的可用于还款的资金偿还借款本金和建设期利息（不包括已用于项目资本金支付的建设期利息）所需要的时间，一般以年为单位表示。该指标可由借款还本付息计划表推算。不足整年的部分可用线性插值法计算。指标值应能满足贷款机构的期限要求。用下列方程式求解 P_d，即为借款偿还期。其表达式为：

$$I_d = \sum_{t=1}^{P_d} R_t$$

式中：I_d 为建设投资国内借款本金和建设期利息之和；P_d 为建设投资国内借款偿还期（从借款开始年份算起，当从投产年算起时，应予注明）；R_t 为第 t 年可用以还款的资金，包括税后利润、折旧、摊销费及其他还款资金。

借款偿还期指标适用于那些计算最大偿还能力，尽快还款的项目，不适用于那些预先给定借款偿还期限的项目。对于预先给定借款偿还期限的项目，应采用利息备付率和偿债备付率指标分析项目的偿债能力。

对于涉及外资的项目，还要考虑国外借款部分的还本付息，应按已经明确的或预计可能的借款偿还条件（包括偿还方式及偿还期限）计算。国外借款往往采取等额本金或等额本息偿还的方式，借款偿还期限往往都是约定的，无须计算，或者由贷款方提出，或者由评估人员根据贷款方提出的条件和项目的具体情况（如每年的外汇收入等）进行分析来确定。

1. 等额本金法。等额本金法是借款偿还期内每年等额偿还本金，而利息按年初借款余额和利息率的乘积计算，利息不等，且每年偿还的本利和不等。其计算公式为：

$$每年支付利息 = 年初借款本息累计 \times 年利率$$

$$每年偿还本金 = \frac{P}{n}$$

式中：P 为建设期末的累计借款本金和未付的资本化利息之和。

2. 等额本息法。等额本息法是借款偿还期内每年偿付的本金利息之和是相等的，但每年支付的本金数和利息数均不相等。

$$A = P[A/P, i, n] = P \times \frac{i(1+i)^n}{(1+i)^n - 1}$$

式中：A 为每年的还本付息额；P 为建设期末的累计借款本金和未付的资本化利息之和。

还本付息额中，偿还的本金部分将逐年增多，支付的利息部分将逐年减少。计算公式为：

每年支付利息 = 年初借款本息累计 × 年利率

每年偿还本金 = A - 每年应计利息

计算出借款偿还期后,要与贷款机构的要求期限进行对比,等于或小于贷款机构提出的要求期限,即认为项目是有清偿能力的。否则,认为项目没有清偿能力,从清偿能力角度考虑,则认为项目是不可行的。

(三) 利息备付率

利息备付率也称已获利息倍数,是指项目在借款偿还期内各年可用于支付利息的息税前利润与当期应付利息费用的比值,即

$$利息备付率 = \frac{息税前利润}{当期应付利息费用}$$

息税前利润 = 利润总额 + 计入总成本费用的利息费用

当期应付利息是指计入总成本费用的全部利息。

利息备付率可以按年计算,也可以按整个借款期计算。利息备付率表示使用项目利润偿付利息的保证倍率。对于正常经营的企业,利息备付率应当大于2。否则,表示项目的付息能力保障程度不足。而且利息备付率指标需要将该项目的指标与其他企业项目进行比较,来分析决定本项目的指标水平。

(四) 偿债备付率

偿债备付率是指项目在借款偿还期内,各年可用于还本付息的资金与当期应还本付息金额的比值,即:

$$偿债备付率 = \frac{可用于还本付息资金}{当期应还本付息金额}$$

可用于还本付息资金包括折旧和摊销、成本中的利息和可用于还款的利润。当期应还本付息金额包括当期应还贷本金及成本中的利息。如果项目在运营期内有维持运营的投资,可用于还本付息资金应扣除维持运营的投资。

偿债备付率可以按年计算,也可以按项目的整个借款期计算。偿债备付率表示可用于还本付息的资金,偿还借款本息的保证倍率。正常情况应当大于1,且越高越好。当指标小于1时,表示当年资金来源不足以偿付当期债务,需要通过短期借款偿付已到期债务。

8.5 财务生存能力分析

财务生存能力分析,应在财务分析辅助表和利润与利润分配表的基础上编制财务计划现金流量表,通过考察项目计算期内的投资、融资和经营活动所产生的各项现金流入和流出,计算净现金流量和累计盈余资金,分析项目是否有足够的净现金流量维持正常运营,以实现财务可持续性。

财务可持续性应首先体现在有足够大的经营活动净现金流量,其次各年累计盈余资

金不应出现负值。若出现负值，应进行短期借款，同时分析该短期借款的年份长短和数额大小，进一步判断项目的财务生存能力。短期借款应体现在财务计划现金流量表中，其利息应计入财务费用。为维持项目正常运营，还应分析短期借款的可靠性。

财务生存能力分析应结合偿债能力分析进行，如果拟安排的还款期过短致使还本付息负担过重，导致为维持资金平衡必须筹措的短期借款过多，可以调整还款期，减轻各年还款负担。

通常因运营期前期的还本付息负担较重，故应特别注重运营期前期的财务生存能力分析。

通过以下相辅相成的两个方面可具体判断项目的财务生存能力：

1. 拥有足够的经营净现金流量是财务可持续的基本条件，特别是在运营初期。一个项目具有较大的经营净现金流量，说明项目方案比较合理，实现自身资金平衡的可能性大，不会过分依赖短期融资来维持运营；反之，一个项目不能产生足够的经营净现金流量，或经营净现金流量为负值，说明维持项目正常运行会遇到财务上的困难，项目方案缺乏合理性，实现自身资金平衡的可能性小，有可能要靠短期融资来维持运营；或者是非经营项目本身无能力实现自身资金平衡，提示要靠政府补贴。

2. 各年累计盈余资金不出现负值是财务生存的必要条件。在整个运营期间，允许个别年份的净现金流量出现负值，但不能容许任一年份的累计盈余资金出现负值。一旦出现负值时应适时进行短期融资，该短期融资应体现在财务计划现金流量表中，同时短期融资的利息也应纳入成本费用和其后的计算。较大的或较频繁的短期融资，有可能导致以后的累计盈余资金无法实现正值，致使项目难以持续运营。

财务计划现金流量表是项目财务生存能力分析的基本报表，其编制基础是财务分析辅助报表和利润与利润分配表。

【本章小结】

财务效益评估是项目评估的重要组成部分。本章在国家现行财税制度、现行价格和有关法规的基础上，鉴定、分析项目可行性研究报告提出的投资、成本、收入、税金和利润等财务费用和效益，从项目（企业）角度，测算和考察项目建成投产后的获利能力、清偿能力和财务生存能力等财务状况。

财务效益分析结果的好坏，一方面取决于基础数据的可靠性；另一方面取决于所选取的指标体系的合理性。财务效益分析指标是指用于衡量和比较投资项目可行性优劣、便于进行方案决策的定量化标准和尺度，是由一系列综合反映长期投资的效益和项目投入产出关系的量化指标构成的指标体系。

本章介绍了项目财务效益分析中的几种基本报表和财务效益分析的指标体系，它们之间的关系可以总结如下：

表 8-15　财务效益分析指标与基本报表关系

分析内容	基本报表	静态指标	动态指标
盈利能力分析	项目投资现金流量表	静态投资回收期	财务内部收益率 财务净现值 动态投资回收期
	项目资本金现金流量表	静态投资回收期	财务内部收益率 财务净现值 动态投资回收期
	利润表	投资利润率 投资利税率 资本金利润率 资本金净利润率	
清偿能力分析	借款还本付息表 资金来源与运用表 资产负债表	借款偿还期 利息备付率 偿债备付率 资产负债率 流动比率 速动比率	
生存能力分析	财务计划现金流量表	经营净现金流量 累计盈余资金	
其他		价值指标、实物指标或比率指标	

【习题】

1. 财务评价有哪些基本报表?
2. 反映项目盈利能力的指标有哪些?
3. 净现值指标有哪些优缺点?
4. 内部收益率指标有哪些优缺点?
5. 怎样进行内部收益率的计算?
6. 折现率怎样确定?
7. 反映项目清偿能力的指标有哪些?
8. 某市为地铁新建一个行人地下通道,需要初始投资 50 万元,建设期 1 年。因方便乘客出入,估计每年可给地铁增加 6 万元的收益,但每年用于通道照明和看守的费用将为 1 万元,如果资金的机会成本是 10%,通道的计算期设为 30 年,计算通道是否应该建设?
9. 某省欲新建一段铁路,有两个定线备选方案,建设期 2 年,经济寿命均为 30 年,无残值,其他预测数据列于表 8-16 中。如果该类公共投资的最低收益率为 12%,请帮助该省有关部门作出选择。

表 8-16　　　　　各备选方案的预测数据　　　　　单位：百万元

	定线 A	定线 B
初始投资	102	140
年运营和维护费	4	2
年收入	21	26

10. 某工程的净现金流量如表 8-17 所示，$ic=10\%$，求方案的 IRR 为多少？

表 8-17　　　　　某工程的净现金流量表　　　　　单位：万元

年	0	1~10
净现金流量	-200	39

11. 某项目 A、B 两方案现金流量如表 8-18 所示，$ic=10\%$，试对两方案进行选优。

表 8-18　　　　　某项目 A、B 两方案现金流量　　　　　单位：万元

方案	0 年	1~10 年	FIRR（%）	FNPV
A	-200	39	14.5	39.64
B	-100	20	15	22.89

12. 一个大型投资项目需要你作出决策。总投资数额是 640000 美元。预测在 8 年的投资期内，每年年底的收入是 180000 美元。预测年度费用是 42000 美元。但是从第 4 年末开始费用以每年 4000 美元的数额减少直到第 8 年。假设第 8 年的市场残值是 20000 美元，最低吸引力收益率为每年 12%，请回答下列问题。

(1) 该项目的现值 PW 是多少？
(2) 你对该项目的可接受性的结论是什么？

13. 一家公司计划建造一家新工厂来生产新产品。土地要花费 300000 美元，房屋要花费 600000 美元，250000 美元是设备的成本，还有 100000 美元是增量营运资本。估计这个产品每年的销售收入是 750000 美元，并且可以持续销售 10 年。到时候土地能卖 400000 美元，房屋能卖 350000 美元，设备能卖 50000 美元。所有的营运资本能在第 10 年年底全部收回。每年用于劳动力、材料和所有其他项目的费用估计总数为 475000 美元。如果公司在相应的风险情况下要求每年达到 15% 的最低吸引力收益率，请用现值方法来判断是否应该投资建设新工厂。

14. 你的老板刚刚向你提供了采用一条新产品线将会付出的成本和获得的收入，如表 8-19 所示。他叫你计算一下这个投资机会的内部收益率。那么你要提交什么结果给你的老板，你将怎样解释你的分析结果（众所周知，老板喜欢看到关于这类问题的现值与利率关系图）？该公司的最低吸引力收益率是每年 10%。

表 8-19　　　　　　　　　　　　项目现金流量　　　　　　　　　　　　单位：美元

年份	现金流量/美元
0	-450000
1	-42500
2	92800
3	386000
4	614000
5	-202200

15. 高级模拟技术通常会在较长一段时间后获得净收入。从长远来看，按内部收益率来计算，高级模拟技术项目应该是盈利的，但是如果按静态回收期来看，项目就可能是不被接受的。当公司的最低吸引力收益率为15%时，考虑一下高级模拟技术项目，该项目最长能接受的回收期为3年，其现金流量如表8-20所示。

表 8-20　　　　　　　　　　　　项目现金流量　　　　　　　　　　　　单位：美元

初始资本投资/美元	100000
k 年净现金收入/美元	$20000+10000(k-1)$
市场残值/美元	10000
生命期/年	5

计算该项目的内部收益率（采用直线内插法确定内部收益率）、静态回收期等。并总结你对该项目的结论。

16. 一家公司正在大批量生产一种产品，每个产品能卖0.75美元。这种产品的可变成本是0.30美元。如果投入全部生产能力，这个公司每年能够生产10000000个产品。这种产品的关键属性是它的重量。目标重量是1000克，误差限制在±50克以内。计量产品的灌注机能够将产品的重量服从均值为1000克，标准差为40克的正态分布。由于较大的标准差（考虑到规格限制），有21.12%的物品不能达标（不是小于950克就是大于1050克）。因此每生产1000万个产品就有2112000个是不符合标准的，如果不重新加工就卖不出去。

假设这些不合格的产品重新加工成合格产品需要额外0.10美元的固定成本。重新加工后还是能卖0.75美元。未来5年里这种物品的年需求量仍保持1000万件。

为了改进该产品的质量，公司打算购买新的灌注机器。这个新机器能将产品的重量计量服从均值1000克，标准差为20克的正态分布。结果不合格率将降低到1.24%。购买这个新机器将花费710000美元，至少可以使用5年。第5年年末，这个机器能卖100000美元。

（1）如果这个公司每年的最低吸引力收益率是15%，那么购买这个新机器来提高产品质量在经济上是否可行？用年度等值法计算。

（2）计算该项投资的内部收益率、静态回报期以及动态回收期。

（3）除了可以降低重新加工成本外，还有什么因素会影响公司改进质量的决定？

第8章 项目的财务效益评估

17. 使用现值来计算一个项目的经济可行性。有一个项目，期初投资为10000美元，今后5年每年将产生5311美元的收益，并且第5年年末的市场价值（残值）为2000美元。每年的费用为3000美元。公司愿意接受任何收益率大于等于10%的项目。使用现值法来计算该项目是否可接受。

18. 使用现值法来评价新设备的购买。某公司的工程师们提议购买一种新设备来提高手动焊接操作的生产率。投资额是25000美元，有5年的使用期，期末市场残值为5000美元。由于采用新设备而带来的产量的增加所增加的收益减去额外的经营成本之后，每年的收益为8000美元。图8-3展示了这次投资机会的现金流量。如果公司的最低吸引力收益率为每年20%，那么这个方案是否可接受？请使用现值方法进行求解。

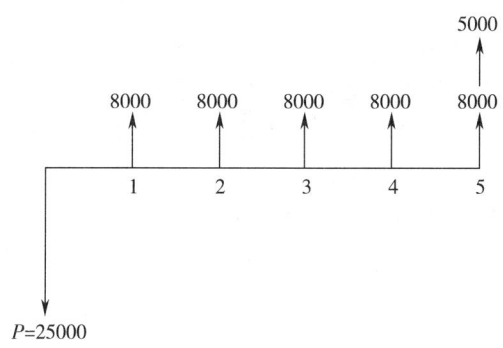

图8-3

19. 用年度等值法来确定月租。一个投资公司打算在一个经济成长的镇里建造一栋有25个单元的公寓楼。因为从长期来看，这个镇有增长的潜力，公司认为平均每年入住率可达90%。如果下面的数据估算合理精确，每年要求的最低吸引力收益率是12%，那每个月至少要收多少房租？采用年度等值法。

表8-21　　　　　　　　　　项目现金流量　　　　　　　　　单位：美元

土地投资成本/美元	50000
建筑投资成本/美元	225000
计算期/年	20
每月每单元租金/美元	?
每月每单元维护费用/美元	35
每年财产税和保险费/美元	初始投资总额的10%

20. 案例研究——一个改善生产收益的资本投资方案。许多工程项目的目标是提高设备的利用和生产效率，该案例研究说明工程经济分析在重新设计半导体生产里一个主要部件所起的作用。

半导体制造包括准备一平面的硅制圆盘，叫做晶圆。在上面存放很多层的材料，每层都有一个图形，在完成时，固定这个完成的微处理器的电子电路。每8英寸的晶圆上有100个微处理器。然而，通常生产线的平均产出为每个晶圆上有75%的合格微处理器。

在一家当地的公司里，负责一种镀层的化学气象沉积器具（CVD，一种加工设备）开发的工程师们想出一个提高总产出的点子。他们提议重新设计该器具的一个主要部件以改进该器具的真空空间。工程师们认为该项目将导致每个晶圆无缺陷微处理器的平均产出增加2%。

这个公司只有一部CVD，它每小时能处理10个晶圆。工程师已经计算出CVD的平均利用率为80%，制造一个晶圆需要花费5000美元，一个合格的微处理器价格为100美元。这些半导体制作车间每周工作168个小时，所有生产出来的合格微处理器都可以销售出去。

项目需要的总投资是250000美元，维修和保养费用为每个月25000美元。改进的工具使用寿命为5年，公司用每年12%的MARR（按月复利）作为它的基准收益率。

如果实施项目之前，你被聘请为独立的顾问，该公司最高管理层提出以下问题请你评估该提案：

（1）根据现值法，这个方案是否应该被批准？

（2）如果工艺工程师高估了生产效率所取得的改善，产出提高多少比例项目会收支相抵？

【推荐阅读】

（1）林根祥，欧阳巧兰，贺力．中外合资经营项目的财务评价［J］．武汉工业大学学报，1998（3）：122～124．

（2）李云龙．工业项目经济评价三种状态综合分析方法的运用［J］．中国工程咨询，2001（6）：20～23．

（3）陈燕，林丽，陈飞．基于Excel的三表联动法计算借款偿还期［J］．山西建筑，2009（31）：364～366．

（4）赵君榕．浅谈盈利能力指标在方案比选时的应用［J］．有色冶金设计与研究，2009（3）：87～88．

（5）张国敏，任宏，竹隰生．模拟法在建设项目财务评价中的运用［J］．重庆建筑大学学报，2000（3）：39～45．

（6）于国安，杨建基．模拟法在特许权项目投资回报分析中的运用［J］．水利水电科技进展，2004（2）：36～39．

（7）李闻一．基于Excel的项目投资前财务评价体系构建［J］．中国管理信息化，2009（8）：8～11．

（8）李延喜，李莉，刘巍．基于动态现金流量的折现率定量模型［J］．科研管理，2004（2）：59～64．

（9）伯渊，苏一纯．美国评估界常用的折现率计算方法评析［J］．中国注册会计师,2003（12）:48~49.

（10）陈珠明.投资回收期研究［J］.工业工程,2001（1）:41~44.

（11）张龙.项目财务评价指标的分析与评价［J］.中国工程咨询,2004（2）:39~40.

（12）刘凯,万和平.中小型水电工程项目财务与经济评价有关问题的探讨［J］.四川水力发电,2007（2）:80~83.

（13）张志宇,蒲凌.商品住宅开发项目盈利能力分析方法探析［J］.商业会计,2010（9）:40~41.

（14）姜素君,李雪,马蕊,李长文.利用资金的时间价值控制工程造价［J］.辽宁建材,2004（3）:77.

第 9 章

项目的经济费用效益分析

项目的经济费用效益分析是从资源合理配置的角度,分析投资项目的经济效率和对社会福利所作出的贡献,采用影子价格、影子工资、影子汇率和社会折现率等国家参数,计算、分析项目对国民经济的净贡献,以评价项目经济合理性的经济评价方法。对于财务现金流量不能全面、真实地反映其经济价值的投资项目,需要进行经济费用效益分析,将经济效益分析的结论作为项目评估的重要组成部分,是投资决策的重要依据。

9.1 费用效益分析概述

9.1.1 经济费用效益分析与财务效益评估的主要区别

在一个投资项目中同时进行费用经济效益评估与财务效益评估,一方面说明两种评估对正确认识与评价项目都是非常重要的,另一方面也说明两种评估方式之间存在区别。只有认识了两者之间的区别,在评估项目时,才能够很好地运用两种评估方式,并结合两种评估的内容,更好地分析项目。经济效益评价由于涉及的领域更广泛,考虑的经济关系更为复杂,因而分析的过程也要比财务效益分析更为复杂。两种评估方式的差异主要体现在经济目标、价值尺度、折现率和汇率等几个方面(见表 9-1)。

表 9-1 经济费用效益分析与财务效益分析的主要区别

	财务效益分析	经济费用效益分析
目标	企业利润最大化	国民经济效益最大化
价格	现行价格	影子价格
折现率	各部门、各行业的基准收益或平均综合收益率加风险系数	社会折现率
外部费用和外部效益	不计入	计入
主要计算指标	财务内部收益率、财务净现值和投资回收期等	经济内部收益率、经济净现值等

1. 经济目标不同。财务效益分析是站在企业的角度上,只考察企业的微观利益,所

追求的经济目标是企业的盈利。而经济费用效益分析不同，它是站在国民经济角度上进行宏观分析和评价，不仅仅关心项目给企业带来的盈利，而且还要关心项目对整个国民经济的贡献。

2. 价值尺度不同。财务效益分析是计算和分析在现行价格下企业的实际盈利水平，所以，计量费用和效益的价值尺度是现行价格。经济费用效益分析要考虑资源的稀缺性和有效使用，以及国民经济的最佳投资方向和投资结构。另外，国内外市场供求关系和市场价格变化也是经济费用效益分析所必须考察的因素。作为价值尺度的价格，应该是满足以上要求的合理的价格，即为反映资源的稀缺性和有效使用，追求国民经济结构的合理化，纳入国内国际市场价格体系，反映市场供求关系的价格。

3. 折现率不同。财务效益分析采用的是各部门、行业的基准收益率，或者是综合平均利率加风险系数，不同的项目有不同的折现率。经济费用效益分析采用的是全国统一的社会折现率。

4. 汇率不同。财务效益分析使用官方汇率，而经济费用效益分析使用的是影子汇率。汇率实质是一种外汇价格，官方汇率体现了现行的外汇价格，所以在财务效益分析中，用官方汇率换算、计量费用和效益。经济费用效益分析要求使用一种反映资源稀缺性和市场供求关系的外汇价格，所以要对现行汇率进行调整，用比较合理的汇率进行换算和计量。

【例 9 – 1】

经济评价在西方国家的发展与应用

经济评价理论的发展历程，可以追溯到 20 世纪 30 年代经济大萧条时代。在此之前，自由放任的经济学说支配着西方国家特别是英美的经济思想和政府政策。那时人们相信，政府的主要任务是维护社会秩序，以及提供少数不可缺少的公共设施和服务。在那种情形下，除了公共财政、保障劳力、促进贸易和其他少数有益公众的事业外，没有政府投资和公共项目的社会效益问题，这时所有的投资项目评价是私人投资的财务评价。仅有的公共事业的研究，只被当做政府公务。

经济大萧条时代，形势出现重大变化。随着西方自由放任体系的崩溃，一些政府，特别是美国政府，运用新的财政政策、货币政策和公共建设工程来挽救萧条的经济。这类短期措施，后来成为宏观经济管理的常规手段，并取得了某种成效。在第二次世界大战期间，各国政府为了军事动员，在战后期间，又为了经济重建和恢复，运用了各种政策和行为干涉来控制经济事务，以动员人力和物力实现国家规定的目标。随着各国政府管理公共事务的经验积累和人民要求改善生活的强烈愿望，政府干预社会经济的需要和作用逐渐加强。在这种情况下，普遍要求在投资项目的评价中，从区域及国家经济发展的角度考虑项目的经济可行性。

西方国家早期进行投资项目经济评价所采用的方法主要是费用—效益分析法，该方法起源于法国工程师杜比特（Dupuit）在建桥时提出的消费者剩余标准。消费者剩余标准是消费者从各项投资项目中得到的满足，其量度的基础是物品和服务的效用，效用是各消费者为了获得某个物品所愿作出的最大牺牲。希克斯（Hicks）于1940年在《消费者剩余修正》一文中，提出了剩余标准由社会剩余标准、消费者剩余标准、生产者剩余标准和其他商品潜在的剩余损失构成。在此基础上，在西方国家逐步形成以消费者剩余为基础的经济评价理论体系。

由于私有制经济占主导地位，市场功能较为完善，费用—效益分析法在西方发达国家的应用范围受到限制。对于生产性的公共项目，市场价格和愿付代价的背离不大，费用—效益分析退化为财务分析。对于非生产性的公共项目，因效益定量困难、外部效益太大，政治因素太强，费用—效益分析的结果也不一定为决策者所接受。例如，1970年英国政府委托以Roskil为首的一个七人委员会对伦敦第三机场的场址方案进行了规模空前的费用—效益分析。1971年发表了著名的"Roskil报告"，提出从费用最小的角度出发，应将机场建在伦敦西郊的Cubbiington。该方案比最差方案（建在Foulness）能节省费用现值2亿英镑。这个分析几乎把所有的费用和效益都进行了量化，包括吸引旅客的多少，旅客到机场的费用，旅客多花的时间费用和噪声的费用等。英国政府可能出于政治上的考虑，并没有采纳这个结论，而倾向于建在社会费用最高的海边（Foulness）。因此，西方国家现在虽然也十分重视对国家资源，特别是公共设施资源配置的评价工作，但已经很少采用定量分析的方法通过计算FNPV或FIRR来进行投资决策。

最近十多年来，费用—效益分析在发展中国家得到了应用和推广。世界银行和联合国工业发展组织都在其贷款项目评价中同时使用财务分析和经济分析这两种方法。1968年牛津大学著名福利经济学家Little I.和经济数学教授Mirrlees I.联合为经济合作和发展组织（OECD）编写了《发展中国家工业项目分析手册》；1972年联合国工业发展组织（UNIDO）出版了一本重要著作《项目评价准则》；1974年Little和Mirrlees又联合发表了《发展中国家项目评价和规划》；1975年和1979年世界银行研究人员发表了《项目的经济分析》和《项目规划和收入分配》两本重要著作；1980年日本国际开发中心（财团法人）委托岛山正光编写了《工程项目可行性研究的理论及实践》。这些方法代表了当今西方国家建设项目经济评价的主要观点。

9.1.2 经济费用效益分析的对象与程序

（一）经济费用效益分析的对象

经济费用效益分析是从国家的角度宏观地认识和分析投资项目的效果，这就限定了经济费用效益分析主要关注的是涉及国计民生的重大投资项目，并不是所有类型的项目都必须进行经济费用效益分析。尤其是对于财务价格扭曲，不能真实反映项目产出的经济价值,财务成本不能包含项目对资源的全部消耗,财务效益不能包含项目产出的全部经济效果的项目,需要进行经济费用效益分析。

根据目前我国的实际情况和需要,一般应对下列类型的建设项目进行经济费用效益分析。

1. 具有垄断特征的项目。对于电力、电信、交通运输等行业的项目,存在着规模效益递增的产业特征,企业一般不会按照帕累托最优规则运行,从而导致市场资源配置失效。

2. 产出具有公共产品特征的项目。如果项目提供的产品或服务在同一时间内可以被共同消费,具有"消费的非排他性"和"消费的非竞争性"特征。由于市场价格机制只能通过将那些不愿意付费的消费者排除在该物品的消费之外才能得以有效运作,因此市场机制对公共产品项目的资源配置失灵。

3. 外部效果显著的项目。外部效果是指一个个体或厂商的行为对另一个体或厂商产生了影响,而该影响的行为主体又没有负相应的责任或没有获得应有报酬的现象。产生外部效果的行为主体由于不受预算约束,因此常常不考虑外部效果结果承受者的损益状况。这类行为主体在其行为过程中常常会低效率甚至无效率地使用资源,造成消费者剩余与生产者剩余的损失及市场失灵。

4. 资源开发项目与涉及国家经济安全的项目。对于涉及国家控制的战略性资源开发及涉及国家经济安全的项目,往往具有公共性、外部效果等综合特征,不能完全依靠市场配置资源。

5. 受过度行政干预的项目。政府对经济活动的过度干预会干扰正常的经济活动效率,这也是导致市场失灵的重要因素。

(二)项目经济费用分析的程序

投资项目的经济费用分析由于涉及内容和范围较广,测算数据较复杂,根据以往经验的总结,采取程序化的步骤进行评价,对顺利进行项目评估工作无疑是有巨大帮助的。一般可按下列五个主要步骤进行:

1. 对项目经济费用和经济效益的识别和计算评估。项目的经济费用与效益的识别主要依据项目评估目标及其性质、类型的不同而有所区别。经济效益是指项目对国民经济所作出的贡献,包括项目本身获得的直接效益和由项目引起的外部效益;经济费用则是指国民经济为项目所付出的代价,包括项目本身支出的直接费用和由项目引起的外部费用。其中应注意对项目转移支付的处理和对外部效果的鉴定与分析和评估。

2. 项目主要产出物和投入物的各种合理经济价格的确定与评估。必须选择能反映资源本身的真实社会价值,又能体现供求关系、稀缺物资的合理利用和国家经济政策的经济价格(如影子价格、效率价格)。按照国家规定和定价原则,合理选用和确定项目产出物和投入物的影子价格和国家参数,并对其评估。

3. 对项目费用和效益等经济基础数据的调整和评估。对已划定的项目经济费用和效益的各项财务基础数据,按照已确定的影子价格和国家参数进行调整,重新计算项目的营业收入、投资和生产成本的支出,以及项目投资余值的经济价值。

4. 项目经济评估基本报表评估。在项目经济费用和效益数据调整的基础上，编制项目经济评估的基本报表。例如"项目经济费用效益流量表"、"项目直接效益估算表"、"项目间接效益估算表"等，并对这些报表进行评估。

5. 经济效益指标评估。遵照国家统一测定颁发的国家参数（如社会折现率、影子汇率和影子工资率等），依据经济评估基本报表中的各项经济数据，估算项目经济评估的各项主要经济效益指标，考察项目给国民经济带来的净效益（净贡献），主要是对项目经济盈利能力、外汇效果及经济偿还能力进行静态和动态的定量分析和评估；对难以用货币价值量化的外部效果作定性分析和评估。

9.1.3　经济费用效益分析的原则与方法

（一）经济费用效益分析的原则

1. 遵循有无对比原则。
2. 对项目所涉及的所有成员及群体的费用和效益作全面分析。
3. 正确认识正面和负面外部效果，防止误算、漏算或重复计算。
4. 合理确定效益和费用的空间范围和时间跨度。
5. 正确识别和调整转移支付，根据不同情况区别对待。

（二）经济费用效益分析的方法

经济费用效益分析的方法有两种，一种是对项目直接进行国民经济分析，另一种是在项目财务效益分析的基础上进行国民经济分析。不过国民经济效益分析的方法与财务效益分析基本相同，也是用一系列技术经济指标评价项目的经济合理性。

9.2　费用和效益的鉴别与计量

经济费用效益分析采用的是费用—效益分析法，从国家和整个社会的角度出发，全面、综合地分析和评价投资项目的效益。采用费用—效益分析的前提是对投资项目的费用和效益进行鉴别与计量。在经济评估中经济费用与效益的识别应从整个国民经济的发展目标出发，考虑项目对国民经济的影响。凡项目对国民经济所作的贡献，即由于项目的兴建和投产为国家经济提供的总经济效益，均计为项目的效益，凡国民经济为项目付出的代价，即国家为项目建设和生产所付出的全部真实的经济代价，均计为项目的费用。项目的经济费用和效益根据其与项目本身的关系又有直接与间接之分。

9.2.1　费用和效益的分类

（一）直接费用和直接效益

直接费用是指项目使用投入物所产生并在项目范围内计算的经济费用，用影子价格计算其经济价值。直接费用包括项目本身的直接投资和生产物料投入，以及其他直接支出。项目产生的负效益亦统一划为费用，不能用货币量化的负效益可用文字作定性分析。

直接效益是由项目本身产生和提供的产出物或劳务，用影子价格计算其经济价值。它是指项目直接增加销售量和劳动量所获得的收益，或为社会节约的开支、减少的损失和资源的节省。

项目的直接费用和直接效益统称为项目内部效果。

(二) 间接费用和间接效益

间接费用系指国民经济为项目付出的代价，而项目本身并不实际支付的费用，是由项目引起的外部费用。例如工业项目产生的废水、废气和废渣引起的环境污染及生态平衡破坏所需治理的费用；又如为新建项目服务的配套和附属工程等相关项目所需的投资支出和其他费用；还包括商业、教育、文化、卫生、住宅和公共建筑等生活福利设施，以及邮政、水、电、气、道路、港口码头等公用基础设施的费用。如果这类设施专门和全部为此项目服务，则应作为该项目的组成部分，所有费用都包括在项目总投资之内，就不需另列计算；如果这类设施不全部为该项目提供服务，则应估算其项目外部效益或根据服务量大小，与其他接受服务的有关项目分摊建设投资和经营费用。

间接效益系指项目对社会作出的贡献，而项目本身并未得益的那部分效益。是由于项目的兴建和经营，使配套项目和相关部门因增加产量和劳务量而获得的收益。例如兴建大型水利工程，除了发电外，还能给当地农田灌溉、农产品加工业、防洪、养鱼业和旅游业带来的好处；交通运输建设项目对附近工厂、居民、商业，以及为该项目配套和有关项目的收益等。这些外部效益包括有形的和无形的、可以用货币计量的和不可计量的。除了经济效益外，还可体现为社会效益、环保效益、政治效益、资源利用效益和军事效益等。但地区间的效益转移，从国家角度来说可以不计。

项目的间接费用和间接效益统称为外部效果。

外部效果是经济评估的重要内容。在对项目进行经济评估时，应复核项目的外部效果，看计算范围是否合理，有无重复计算和漏算现象，外部效果的计量是否正确。应注意外部效果，能定量的要尽量进行定量分析，并将计算结果计入项目的总效益或费用中；不能定量的，应作定性描述。

(三) 项目经济费用和效益的调整评估

项目国民经济评估中的项目经济费用和效益，可以在财务评估的财务收入和支出的基础上进行调整获得，亦可用影子价格等国家参数直接估算，估算的方法结合项目的特点确定。一般情况，只将价格扭曲较大的主要投入物和产出物的财务价格调整为影子价格，据以计算项目的经济费用和效益。对这些经济费用和效益进行评估时，重点分析经济费用和效益的调整是否符合国家规定的调整原则，调整的内容是否齐全，主要包括固定资产投资、流动资金、经营成本和营业收入的调整计算。

在对经济费用和效益进行调整时，要注意遵循下述原则：一是调整不属于经济效益和费用的内容，应剔除国民经济内部转移支付；二是计算和分析项目的间接费用和效益（即外部效果）；三是按投入物和产出物的影子价格与国家经济参数（如影子汇率、影子工资率、社会折现率等），对有关经济数据进行调整。

9.2.2 费用的鉴别与计量

（一）内部费用的鉴别与计量

内部费用包括以下三种形式：

1. 为满足项目所需投入物而加大社会供应量所带来的费用。由于项目建设大量使用各种投入物，有时需要国民经济增加生产来满足这种需求，从而加大社会供应量，为满足这种增加的需求必然消耗社会有限的资源。为满足项目所需投入物而加大社会供应量所带来的费用，是为增加社会供给量所消耗的资源的真实成本，也就是作为项目投入物的资源的机会成本。

2. 减少对其他相同或类似企业的供给所带来的费用。在一定情况下，项目所需的投入物不是通过加大社会供应量解决的，而是通过减少对其他企业的供应来提供。在这种情况下，本项目因减少对其他相同或类似企业的供给所带来的费用，就是按影子价格计算的，上述企业因减少供应而不能正常生产的产品的边际效益。

3. 增加进口或减少出口所带来的费用。为满足项目对投入物的需要，除了上述两种途径外，还可以通过国家增加进口或减少出口来解决。增加进口所带来的费用，是指因项目使用了进口货物作为投入物，增加了国家进口量而多支付的外汇；减少出口所带来的费用，是指因项目使用了国家准备用来出口的商品作为投入物，减少了国家的出口量而损失的外汇收入。

（二）外部费用的鉴别与计量

在经济费用效益分析中所考虑的外部费用主要是指工业项目废物产生的环境污染给社会所造成的损失。环境污染包括空气污染、水污染、固体废物的堆积和噪音造成的污染等。对于项目所造成的污染，首先要进行鉴别，并与国家规定的标准进行比较，考察污染的程度。然后，对污染所付出的代价，能用货币量化的尽可能量化，量化确实有困难的，可作定性分析。量化可以考虑以下两个方面：一是为了清除污染或减少污染，社会所消耗的资源的价值；二是项目为其产生的污染所支付的赔偿金和罚款。后者可参照同类企业的经验数据估算。

9.2.3 效益的鉴别与计量

（一）内部效益的鉴别与计量

与内部费用的形式相对应，内部效益也包括三种形式。

1. 项目投产后增加社会总供给量所带来的效益。项目投产后增加的社会总供给量，是指由此而增加的国内最终消费品或中间产品。从理论上讲，其效益应当按消费者或用户愿意支付的价格来计量。在目前情况下，这种愿意支付的价格不太容易确定，因而也可以用依据调价方法调整后的价格来计量。

2. 项目投产后减少了其他相同或类似企业的产量所带来的效益。某些项目投产后并没有增加整个社会的产品数量，只是提供了与被替代企业等量的产品。从理论上讲，此种情况下的项目效益是被替代企业因为停产或减少产量而节省的资源价值。这些资源的价值可以按消费者或用户愿意支付的价格来计量，也可以用依据调价方法调整后的价格来计量。

3. 增加出口或减少进口所带来的效益。增加出口所带来的效益，是指项目投产后因增加国家出口产品的数量而增加的外汇收入；减少进口所带来的效益，是指项目投产后其产品可以替代进口产品，减少国家等量产品的进口而节省的外汇。

(二) 外部效益的鉴别与计量

外部效益的表现形式也是多种多样的，在经济费用效益分析中所考虑的外部效益主要包括以下几个方面。

1. 技术培训和技术推广。在某个地区建设一个技术先进的项目，会培养和造就数量众多的工程技术和管理人员，这些人才所带来的效益，大部分为本项目所吸收，但因为人才的流动、技术的交流，这些人才可能会给该地区，乃至整个社会经济的发展带来好处。这部分外部效益比较容易鉴别，但很难量化，在经济费用效益分析中一般只作定性分析。

2. 给"上下游"企业带来的效益。"上游"企业是指为项目提供原料或半成品的企业；"下游"企业是项目为其提供原料或半成品的企业。之所以会给"上下游"企业带来效益，这是项目的"联系效应"所致。所谓"联系"，是指一个部门（或项目）在投入或产出上与其他部门（或项目）之间的关系。一个部门（或项目）和向它提供投入的部门（或项目）之间的联系叫做"后向联系"，也就是项目与"上游"企业的联系。一个部门（或项目）和吸收它的产出的部门（或项目）之间的联系叫做"前向联系"，也就是项目与"下游"企业的联系。我们把项目与"下游"企业的联系产生的效果叫"前联"效果，把项目与"上游"企业的联系产生的效果叫"后联"效果。产生"前联"效果的项目，一般是指基础工业项目，如原材料工业、能源工业、交通运输业项目等。在整个国民经济中，可能由于原料产品或中间产品缺乏会使一大批有效益的加工和制造项目失去投资的机会，而所评价的基础工业项目投产后，会给这些项目创造投资和取得效益的机会。产生"后联"效果的项目，一般是指加工和制造工业项目，此类项目的建立会刺激和鼓励那些为它提供原料或半成品的工业发展。

项目的"前联"和"后联"效果，也即项目对"上下游"企业产生的效益主要表现在两个方面：

第一，是项目投产后，使"上下游"企业闲置的生产能力得以充分利用而增加的净效益。如某项目，在建设之前，为其提供原材料的企业产品的市场需求不足，因而不能充分利用现有的生产能力。该项目投产后，增加了市场需求量，使得"上游"企业提高了生产能力利用率，增加了净效益。

这里要注意以下两点：①未被利用的生产能力是国内需求不足或供给不足所致，除采取拟建项目投资措施外，并没有其他办法可以提高需求或增加供给；②只考虑整个项目运营期内这种闲置生产能力被利用所增加的净效益。

第二，项目投产后，使"上下游"企业的生产规模达到了规模经济，特别是"上游"企业，为了满足对投入物所增加的需求，不得不增加该种产品的供给，从而使其增加生产规模,达到规模经济。

这里也要注意以下两点:①"上游"和(或)"下游"企业的生产规模处于规模不经济状态;②"上下游"企业达到规模经济除采取拟建项目投资措施外,别无其他途径可以使其达到规模经济状态。

从实践来看,在计算"上下游"企业的效益时,往往重视第一个方面的表现,因为它可能产生较大的可量化的外部效益。而对第二个方面的表现,可忽略不计,因为对其鉴别和计量比较困难,产生的影响用数量表示又不是很明显。除非情况特殊,一般不需要花很大的精力考察这部分外部效益。

总之,项目对"上下游"企业产生的效益是非常复杂的,在鉴定时要进行充分的分析和论证。

【例 9 – 2】

上海市磁悬浮列车示范运营线经济评价

2000 年 1 月 5 日,国家发展计划委员会将计办(2000)1102 号文《国家计委关于审批建设上海浦东机场至陆家嘴悬浮列车示范线工程项目建议书的请示》上报国务院,并得到立项批复。该项目西起地铁二号线龙阳路站,东到浦东国际机场,沿线经过花木、康桥、孙桥、黄楼、川沙和机场等乡镇及单位,正线全长 30 双线公里,另有出入段线长约 5 公里。

全线近期共设车站 2 座,即龙阳路站和浦东机场站。在浦东机场北端设综合维修基地。一个运营控制中心及相应的车辆、线路结构、驱动供电系统、运行控制系统、维护设施和运营基础设施等,并考虑必要的基础附属设施。同时预留远期向两端延伸及中间设站的可能性。

上海申通集团有限公司作为上海市城市轨道交通网络规划实施单位,根据市政府常务会议通过的上海市轨道交通投融资体制改革方案,按照国家投资体制改革关于对重大项目实行项目法人制、组建项目公司的要求,联合申能(集团)公司、上海国际集团公司、上海宝钢集团公司、上海汽车工业(集团)公司、上海电气(集团)总公司、上海电器股份有限公司和上海巴士股份有限公司等八家企业,根据《中华人民共和国公司法》共同投资组建了上海磁悬浮交通发展有限公司,注册资本人民币 20 亿元,后调整为 30 亿元。

上海磁悬浮交通发展有限公司主营上海磁悬浮交通线项目的投资建设、经营和管理,以及沿线路、站区的综合开发。同时兼营机车车辆、物业租赁和管理、商品经营、停车场业务、技术咨询服务和旅游餐饮等业务。其中,磁悬浮交通线项目建成投入运营后,按照投资、建设、运营、监管"四分开"的改革要求,由上海磁悬浮交通发展有限公司下成立专门的运营公司负责经营。

社会效益分析:

1. 可量化的社会效益

(1) 节约在途时间效益。磁悬浮列车最高时速可达 505 公里/小时，而地面公交由于交通工具性能及道路交通限制，时速仅为 45 公里/小时，按同等的 30 公里乘距计算，每次乘车可节约时间 33 分钟。具体测算如下：

节约时间效益＝年客流量×人次节约时间×工作客流系数×人均小时收入

(2) 代替地面公交车的效益。磁悬浮列车运量大，按近期 5 辆/列的编组，额定乘员可达 500 人。而公交车运能一般是 45 人/标台，仅是磁悬浮列车 1/11 弱，假如公交车利用率为 10 车次/日标台，按磁悬浮列车近期预测的 3.24 双向、万人次日客流量，需新增加公交车数量 72 标台，假如每标台车辆购置价格为 35 万元，则可节约车辆购置费 2520 万元（增加公交车数量＝日客流量/公交车能力/公交车利用率；节约车辆购置费＝增加公交车数量×车辆购置价格）。

除此之外，考虑没有磁悬浮列车，而仅有地面公交车，还需要：

投入公交车配套设施费，假如每标台公交车一次性配套设施费为 10 万元，则可节约公交车配套设施费 720 万元（节约公交车配套设施费＝增加公交车数量×每标台公交车一次性配套设施费）道路维修费，以每年 100 万元计；公交车运营费，以 1.5 元/人次计，每年节约 1458 万元（节约公交车运营费＝年客流量×1.5 元/人次）。

(3) 减少交通事故的效益。使用磁悬浮列车可大大减少地面交通事故的损失。假如每人次交通损失为 0.2 元，则近期年减少交通事故损失 194.4 万元（减少交通事故损失＝年客流量×每人次交通损失）。

(4) 地价增值效益。上海市磁悬浮列车示范运营线建成后，将使其成为浦东地区又一标志性景观，并迅速带动周边地区的土地价值的增值，升值区域按其半径 100m 计，价值增值按 50 元/平方米计。

2. 不可量化的社会效益

(1) 可改善交通结构，减少能耗和减轻城市污染。上海市磁悬浮列车示范运营线建成，可以大量减少地面汽车因运量和运距的增加而造成的能源消耗，并由此减少汽车尾气的排放和噪声的干扰，有利于城市生活环境的改善和提高。同时，有利于地面道路通过能力的提高，节约在途时间。

(2) 促进浦东旅游事业的发展。上海市磁悬浮列车示范运营线，是一条城市交通、观光和旅游并重的商业运营线，如同东方明珠建成一样，将对浦东旅游事业的发展，产生极大的推动力。

(3) 促进浦东进一步发展。上海市磁悬浮列车示范运营线的建成，将促进浦东城市经济的进一步发展，尤其是对改善浦东地区的投资环境起到积极有效的促进作用。

9.2.4 转移支付的处理与评估

在鉴别和计量效益与费用时，要剔除"转移支付"。"转移支付"是指那些既不需要消耗国民经济资源，又不增加国民经济收入，只是一种归属权转让的款项，包括税金、补贴和国内借款利息等。

1. 税金。列为转移支付的税金包括营业税金及附加、房产税、土地使用税和车船使用税等。在财务效益分析中，房产税、土地使用税和车船使用税在管理费用中列支，计为项目的支付；营业税金及附加是企业拿出按营业收入的一定比例计算的款项上缴给国家财政，也是项目的支付。但经济费用效益分析是站在国民经济角度考察项目的，以是否增加国民经济的资源消耗或增加国民经济收入价值来判定费用或效益，各种税金支付，实际上并不花费任何资源，只是项目所在部门把这笔款项转付给财政部门。因此，在经济费用效益分析中，这些税金不列入项目的费用，否则就会高估项目的经济代价，从而降低项目的效益。

2. 补贴。补贴是指根据国家政策的规定给某种产品的价格补贴。我国在价格体系不合理的条件下，往往采取价格补贴的方式，鼓励人们消耗或购买某种产品。这种补贴，对作为使用者的项目来讲，它少支付了相当于补贴金额的款项，意味着项目降低了成本，增加了效益。因此，在财务效益分析中，这部分价格补贴金额表现的是项目的效益。但从国民经济角度考察项目，可以看出，为生产这些包含价格补贴的产品所消耗的资源并没有因价格补贴而减少，国民经济收入也没有因此而增加。所以，这种补贴实质上是与税金方向相反的转移支付。在经济费用效益分析中，不应把这种补贴作为项目的效益，以免低估项目的经济代价，人为地增加项目的效益。

3. 国内借款利息。在财务效益分析中，国内贷款利息是作为项目的费用来处理的，但从国民经济角度考察项目，它也属于一种转移性支付，即由项目拿出一部分款项转付给国家的金融机构。这种转付并没有因此而增加国民经济的收入或增加国民经济的资源消耗。故在经济费用效益分析中，不把国内贷款利息列入项目费用。

直接与项目有关的国内各种税金、国内贷款利息、职工工资等在财务评估中属于现金支出列入项目费用，而在国民经济评估中就属于国民经济内部的转移支付，不作为项目的费用；同样，国家对项目的各种补贴在国民经济评估中亦不作为项目的效益，而属于内部转移支付。因为上述情况都未造成国内资源的实际增加或耗费，应从项目的经济费用和效益中剔除。只有国民经济为项目所付出的代价（如投资、经营费用、自然资源、外汇等）才列为项目费用。在建设投资和其他物料投入中包含的工资，应看做其他行业和项目对国民收入的贡献，因此在评估中可不予扣除。

在项目经济评估时，应复核可行性研究报告的国民经济评估中是否从项目原效益和费用中剔除了增值税、营业税、消费税、所得税、进口环节的关税和投资方向调节税、土地税、城市维护建设税、资源税以及企业支付的国内借款利息和国家给企业的各种形式补贴等转移支付部分。

9.2.5 费用和效益鉴别与计量应注意的几个问题

1. 考虑项目"有"或"没有"条件下投入和产出之间的差别。在有些时候，没有项目的情况并不就是现状的简单延续。因为可以预料，产出和投入的增加总会以某一种方式发生。因此说，项目的"有"、"没有"状况并不对应于项目的"前"、"后"状况。

2. 区分不同的投入物（或产出物）所带来的费用（或效益）状况。因为项目的费用是由投入物而引起的，投入物对国民经济的影响不同，费用的计量方法就有所不同。项目的效益是由它的产出物提供的，产出物对国民经济的影响不同，效益的计量方法也有所不同。

3. 对外部效果的鉴别作充分的论证，弄清是否真正为项目所产生的。有时，和所评估项目有关的企业所增加的效益或所遭受的损失可能不是来自所评估项目，很有可能来自和所评估项目相同或相类似的其他项目，或者只是部分来自所评估项目。如果属于前一种情况，就不应该计算这部分外部效果；如果是后一种情况，则要根据项目投入物和产出物的实际情况与其他项目分摊外部效果。

4. 在鉴别时只考虑和所评估项目直接有关的外部效果。因为项目建设可能直接或间接地引起许多部门、企业的效益或费用增加，不能无限地连续计算这些增加的效益或费用。例如，拟建一个铝锭生产项目，项目投产后，将使生产铝材的企业增加效益。铝材是紧俏产品，市场上供不应求，铝锭项目投产后，铝材供应量增加又将使一些用铝材作原料的生产企业充分利用生产能力，增加效益。在这种情况下，可以把铝材厂和用铝材做原料的企业增加的效益都视做拟建项目的外部效益，但一般只计算铝材厂增加的效益。

9.3 影子价格

项目经济评价的关键是评价中所采用的价格。用现行价格来计算项目的费用与收益，不能正确反映项目的经济合理性，因此，在项目的经济费用效益评价中采用了一种更为合理的价格体系，即所谓影子价格。影子价格，又称效率价格、最优计划价格、计算价格、预测价格等，它是个含义广泛的经济范畴，这个范畴产生于数学方法对经济问题的深入研究。影子价格最早由荷兰经济学家丁伯根定义，并得到康托络维奇线性规划的对偶解。它是线性规划对偶解的经济解释，是现代数学与经济学相互渗透的产物。

【例 9-3】

市场价格如何转向影子价格

历史上从未像 2010 年那样有如此多的经济学术语和理论充斥在媒体的头版头条，试图向大家解释金融危机发生的原因及其解决之道。罗伯特·弗兰克是一个异类。这位美国康奈尔大学约翰逊管理学院经济学和管理学教授、《纽约时报》"经济现场"专栏特约评论员一直在努力用常识而非艰深的理论和术语来剖析经济现象，在深入浅出地娓娓道来中却往往能够给读者带来豁然开朗的洞见。

2007年，弗兰克的《牛奶可乐经济学》（*The Economic Naturalist*）一书面世，大有被公认为通俗经济学第一书的势头。在新著《牛奶可乐经济学3》中，他依旧以通俗易懂的经济学来解读国计民生，告诉大家经济政策如何影响你我的生活，我们又该如何理解、如何应对。

国内早有著名经济学家认为，只要弄懂价格与供求关系，就是半个经济学家或弄懂了一半的经济现象。观点对不对，姑且不作论断，不过这种删繁就简的思路是可取的。同样，弗兰克并没有用很多分析工具来解释经济现象，在本书中主要用到两个分析工具："比较"和"税收"。这两个分析工具在传统西方经济学里是用于"个体"的，弗兰克在这里用于"群体"。所以，弗兰克把玩的是行为经济学，他左手拿起对比这把刀，右手拿起税收这杆矛，却也舞得呼呼生风。一方面弗兰克与传统西方经济学教科书"市场价格"等概念彻底决裂，另一方面却无意识中产生了一种依赖感，笔者把这种现象归结为"影子价格"。

9.3.1 影子价格的含义

影子价格是投入生产的资源在最优配置和有效利用时所应得到的价格，即商品或生产要素可用量的任一边际变化对国家基本目标——国民收入增长的贡献值。国民收入的增长取决于资源的利用效率，所以上述定义的影子价格又称效率影子价格，以区别于其他影子价格。一般而言，影子价格并非现行价格，因为现实生活中供求不平衡的存在，使现行价格总是偏离均衡价格。当现行价格严重背离均衡价格时，必然导致某些生产资源过度需求，出现严重不足；而另一些生产资源可能出现过剩闲置。从资源优化配置和合理利用的角度来分析，如果企业购买生产资源的实际价格低于影子价格，就会盈利；反之，就会亏损。因此，影子价格是企业盈亏的临界点，是衡量企业经济活动的一个标志。

【例9-4】

美国房地产何以崩盘

为什么危机爆发之前美国房价长期走牛？很多经济学家们认为是格林斯潘自2001年以来的低息信贷导致的，弗兰克并不这么看。他认为最近20年来80%的收入增长落入1%的群体中，造成1%的群体要拥有更大的豪宅，拉开了与中档住房的距离，也拉开了与其他豪宅的距离。整个豪宅市场的面积从原来的1000平方米以下提高到1000平方米以上。随着豪宅面积不断扩张，中档住房也亦步亦趋，原来不超过150平方米，现在普遍提高到700平方米，弗兰克自己住的一套中档房子拥有三个半浴室。

不跟风不可以吗？如果不住在中档房子里，就意味着小孩不能进中档社区的中档水平的学校去读书。这对望子成龙的父母来讲是不愿意的，因为子女不能进较好的学校就很难进最好的高中，也就很难进最好的大学。而如果不是最好的大学本科毕业的律师，连进入招标的资格都没有。

过去20年，普通美国居民收入没什么增长，但支出成倍增长。同时小到炉具、玩具，大到汽车、住房，都是越买越豪华。如此的后果，就是借贷消费、降低储蓄。便捷的金融手段让人们纷纷借新债还旧债，陷入恶性循环，最后终于导致难以为继。

弗兰克驳斥西方经济学传统的理性人假设，认为人的理性是有限的。传统的西方经济学认为供求双方决定了价格，这是旁观者的观察，而弗兰克却指出当局者受到同事、朋友、处境等因素影响，而去买体面的产品。正是这种体面产品的总价格在不断上升，牵动着美国上亿人的神经末梢，这是价格导致行为抽筋，这显然与供求决定的价格大异其趣。虽然弗兰克不谈价格，只谈人群消费，但是总价格成为一个影子价格是一目了然的。西方经济学就是这样从市场价格向影子价格转变的。

9.3.2 影子价格的特征

1. 影子价格反映各种生产资源的稀缺程度。由于影子价格是资源得到最优配置和利用时的价格，所以影子价格反映各种生产资源的稀缺程度。某种资源的影子价格越高，就表明该种资源短缺程度越严重，通常短线产品的影子价格高，长线产品的影子价格趋于零。

2. 影子价格同市场自由竞争的均衡价格相一致。按照市场的竞争理论，在完全自由竞争条件下，供求因素的自发调节可使生产资源得到合理配置，从而形成均衡价格。因此，影子价格是同市场自由竞争的均衡价格相一致的。换言之，在完全自由竞争的条件下，各种资源在长期趋势中的市场价格就是它们的影子价格。

3. 资源的影子价格反映资源的边际生产力。根据资源配置理论，生产者可根据影子价格来增减资源的数量，以获得更大的收益。因此，资源的影子价格反映该资源的边际生产力，即在其他资源投入量保持不变的条件下，该资源投入每增加一个单位所带来的总收益的增加，或者是社会总收益产品或资源的一阶偏导数、各种资源的稀缺程度是不同的，且随着生产力的发展，各种资源的增加量或消耗量也不同。资源增加越快，其影子价格下降越快，资源越稀缺则其影子价格越上升。较稀缺的资源，每增加一单位，就可增加较多的收益，其影子价格也就高。稀缺性较小的资源，增加投入所增加的收益较少，与资源增加到过多的地步，其影子价格为零。这意味着再增加投入，收益也不增加。

4. 影子价格与机会成本在含义上是一致的。一般而言，项目投入品的影子价格就是它的机会成本——资源用于国民经济其他用途时的边际产出价值，即资源用于该项目而不能用于其他用途时所放弃的边际收益。项目产出品的影子价格就是用户的支付意愿——用户为取得该产品所愿意支付的价格。

对项目进行国民经济评价的着眼点是整个国民经济，因而确定影子价格的过程是对国民经济在生产、交换、分配和消费过程中的全部环节及其相互关系的全面考察过程。因此，要正确确定商品和生产要素等的影子价格是比较困难的，如果在考虑到社会资源可用量的变化、政策和社会经济未来变动等各种不定因素的存在及其影响，要精确测定影子价格是相当困难的。目前，获得影子价格的基本途径是以交换价格为起点，将交换价格调整为影子价格。通常把资源分为外贸品、非外贸品和生产要素（土地、资金和劳务）三大类，分别对其影子价格进行调整和计算。

【例9-5】

医疗改革何以失败

美国的医疗费用平均比另外21个国家多两倍，但是这21个国家的人均寿命全比美国高。法国医疗保健支出不到美国的一半，但每个人摊到的医生和病床数比美国更多，而且全民入保。美国人的医疗费用为何这么高？弗兰克认为，部分原因在于私人保险增加了数倍的管理费用（目前在总费用中占31%）。目前美国每年的保险支出高达2万亿美元，如果换成单一保险人制度，把管理费用减少到其他国家的水平，每年大概可以节省3000亿美元，节省下来的钱足以赔偿保险公司损失的利润。

那么美国2万亿美元医疗保健资金流向了何方？很大一部分流向了精品医疗方案，即每年缴纳高达2万美元的年费，换回医生精心的诊治，享受酒店式住院服务。而政府的减税政策主要是给1%的高端收入人群带来了更多的收入，这使得精品医疗进一步走向豪华。可是另一边却是4500万人连最基本的医疗都没有，以至于发生钱不到，超过10分钟就拔去氧气管这种不道德的事情。所以，弗兰克提倡对1%的高端人群加税，借此打击相互攀比的心理，缩小医疗待遇上的贫富差距。

精品医疗使一部分医生不再面对成千上万的病人，只向一小部分人提供服务，而收费总额反而上升，这是有意在医疗上进行等级分化。精品医疗之于医疗总价格的影响，根据传统西方经济学供求关系根本无法解释，这个价格并不是很多人参与抬高的，而正是医疗总价格太高导致大量美国大众无法进入。但是中上层收入的人，通过对比也想进入精品医疗，这里仍然有影子价格。

传统西方经济学认为是供求决定价格，而价格进一步影响了上游产品。而鼓吹行为经济学的弗兰克认为是价格决定了行为，行为决定了借贷和储蓄。前者的逻辑是"行为→价格"，后者是"价格→行为"。至此，西方经济学价格理论发生了回归。正是这种回归，使得西方经济学完成从市场价格到影子价格的转变。

面对经济危机，很多经济学家开出的常见处方有增加储蓄、减少消费、技术创新、节约能源等。按照弗兰克的思路，这些办法都无法改变美国攀比的社会习惯。为什么攀比？主要是因为望子成龙要进好学校。病灶已摸到，出路就在于全面改善学校教育质量。如果学校教育质量实现相对均质化，较低收入群体的人们完全可以安于住小房，可以吃一般食品，可以送一般礼物。由此可见，行为经济学对于摸准一国病灶确实有用。

第9章 项目的经济费用效益分析

9.3.3 国家参数

国家参数是指在项目经济评价中从国民经济角度为计算费用和效益，衡量技术经济指标所使用的各种参数的统称。

从社会观点看，国家参数应反映资源的最佳配置，体现国家的价值判断、国家目标和国家政策，参数是指标计量的依据，又是价值判断的标准，因而在经济费用效益分析中发挥着重要的作用，直接影响着项目评价和选定的结果。原则上，所有部门、所有地区和所有的项目所使用的国家参数应当是一致的。但在极特殊的情况下也有可能不一致，如一些由于历史和自然条件原因而比较落后的地区，或那些国家急需发展的，以及从战略考虑比较重要的部门的项目，就有可能不采用统一的国家参数。

国家参数应随着时间的进程而不断变化。因为在不同时期，国家有不同的价值判断、经济发展目标和经济政策，所以应该有不同的国家参数。随着经济的发展，项目经济费用效益分析方法和理论体系的日臻完善，国家参数也要不断地进行测算和修订，力求达到投资资金的最佳配置，反映国家的价值判断、经济目标和经济政策。

（一）国家参数的分类

在项目经济评估中，国民经济评估参数是计算和分析评估项目投入费用和产出效益、判断项目宏观经济合理性所使用的基础数据和判别标准。它是项目经济费用和效益计算的基础和决定项目取舍的主要依据。它是衔接微观项目投资选择与宏观经济目标的纽带，促使项目选择符合国家社会经济发展目标和宏观调控意图。使用经济评估参数的目的是为保证各类项目评估标准的统一性和评估结论的可比性。因此，要求经济评估参数取值合理，符合客观实际。

经济评估参数的分类。从参数制定颁布的层次结构上可分为国家级与项目级参数。

第一类是国家级参数，它包括社会折现率、影子汇率、投资影子价格、影子工资率、贸易物和重要非贸易物的影子价格与换算系数，是由国家综合计划部门统一测定、定期修改、调整和发布的通用国家参数，供各类项目统一使用。

各部门和行业也可根据本部门本行业的需要与特点，在国家参数的基础上，制定出适合本部门或行业特点的经济评估参数，作为部门（行业）参数。对于普通货物的影子价格，作为非主要投入物时，项目评估人员可以直接使用，否则将自行测定。

第二类是项目级参数，它是根据项目对国民经济的具体影响所决定的、在项目一级自行确定的项目专用参数。如项目的主要投入物和产出物的影子价格，项目占用资源的机会成本等。这些参数应由项目评估人员根据项目评估的需要和国家参数要求，按国家统一规定的原则和方法自行测定。有关影子价格的计算和评估请参阅本章附件。

国家参数主要包括货物影子价格、社会折现率、影子汇率和影子工资等内容。

1. 货物影子价格。在经济数学中，影子价格是指对现行价格进行调整所依据的合理价格。理论意义上的影子价格是指当经济处于某种最优状态下时，能够反映社会劳动的消耗、资源稀缺程度和对最终产品状况的价格，也就是说，影子价格是人为确定的，比交换价格更为合理的价格，这里所说的"合理价格"从定价原则来讲，应该能更好地反映产品的价值，反映市场供求关系，反映资源的稀缺程度；从价格产出的效果来讲，应该能使资源配置向优化的方向发展。

价格是经济费用效益分析中的一个关键因素。价格是计量项目费用和效益的统一尺度，价格合理与否关系到费用和效益计算的正确性，从而关系到计价结果的客观性。合理的价格应该反映市场的供求关系、资源的稀缺程度和国际市场价格因素。我国相当一部分产品现行价格不反映或不完全反映这几种因素，原因是：

①由于历史的原因，为了鼓励工业的优先发展，工业产品，特别是加工工业产品的价格定的偏高。随着劳动生产率的提高，工业产品的社会劳动消耗不断下降。与此同时，有些资源（如能源、木材和矿物等初级产品）相对紧缺，而且开采条件逐渐恶化，社会劳动消耗不断增加，但价格调整不及时，致使加工工业产品的价格过高，而原材料、能源等初级产品的价格偏低。

②我国政府为了保证人民的基本生活有一定保障，对生活必需品如粮食、食油、棉布和住房等实行低价供应，政府为此每年需提供大量补贴。这些物品的价格低估了它们的边际社会效益。

③政府为了扶持某些工业的发展，对这些工业产品征收比较高的进口关税，以维持相对较高的国内市场价格。如果用这样的"失真"价格来评价项目，往往会得出不正确的评价结论。因为在一个价格被"扭曲"了的市场上，由于价格体系的失真，采用现行市场价格进行宏观经济评价的结果，不足以反映项目对国民经济的贡献。所以，在经济费用效益分析中，要用合理的价格对投入物和产出物的现行价格进行调整，这就涉及影子价格问题。

影子价格的概念是20世纪30年代末40年代初由荷兰数理经济学、计量经济学创始人之一詹恩·丁伯根和前苏联数学家、经济学家康特罗维奇分别提出来的。理论意义上的影子价格是通过线性规划计算出来的，规划从优化资源配置出发，本身并不含资源的价格，但由于对偶规划的存在，一旦实现了资源的最佳配置，各种资源的最优计划价格也就如影随形地产生了。这就是影子价格这一用语的由来，也就是我们通常所说的"影子价格是线性规划对偶解"的含义。但是这种理论意义上的影子价格要求的条件比较严格，在实际生活中很难计算出来。按照国内外惯例，实际的影子价格通常以口岸价格（国际市场价格，下同）为基础。

2. 社会折现率。社会折现率是资金的影子价格，即投入资金的机会成本。是从国家角度对资金机会成本和资金时间价值的估量，它表示社会可接受的最低投资收益率的限度。在项目国民经济评估中用做计算合理价格和经济净现值的折现率，并作为衡量经济内部收益率的基准值，它是判断项目经济可行性和方案比选的主要依据。适当的社会折现率可以促进资源的合理分配，引导资金投向对国民经济净贡献大的项目。原则上，选取的社会折现率应能使投资资金的供需基本平衡。如果社会折现率定得过高，投资资金供过于求，将导致资金积压，也会过高估计货币的时间价值，使投资者偏爱短期项目；如果定得过低，在经济评价中有过多的项目通过检验，将导致投资资金不足，同时也会过低地估计货币的时间价值，偏爱长期项目。

3. 影子汇率。影子汇率是指两国货币实际购买力的比价关系,即外汇的影子价格,体现从国家角度对外汇真实价格的估量。在项目的经济费用效益分析中,需要利用影子汇率将外汇折算为人民币;对非美元的其他国家货币,可先按当时国家外汇管理局公布的汇价折算为美元,再用影子汇率折算为人民币。它是项目经济评估的重要通用参数,用做计算各类项目投入物与产出物中外贸货物影子价格的计算基础,亦是衡量经济换汇(或节汇)成本等经济外汇效果指标的判据。影子汇率能够影响投资项目决策中的进出口抉择,间接影响项目的经济合理性。一般认为,在国家实行外汇管制和没有形成外汇市场的条件下,官方汇率(国家公布的正式汇率)往往低估了外汇的价值。所以,经济费用效益分析中必须对官方汇率进行调整,选用较能反映外汇交易经济价值的影子汇率,即外汇的机会成本。影子汇率可通过国家外汇牌价(即官方汇率)乘以影子汇率换算系数求得,由国家统一测定发布。根据我国的进出口结构水平、外汇机会成本、换汇成本和供需状况,1993 年发布的影子汇率换算系数为 1.08(即为官方汇率的 1.08 倍)。我国主要采用加权平均关税率法测定影子汇率。外汇的机会成本是在一定的经济政策和经济状况下,由于项目投入或产出而减少或增加的外汇收入给国民经济带来净损失或净效益。对于投入物来讲,是指因为投入 1 美元的外汇,国家实际要支付或国家要消耗多少人民币;对产出物来讲,是指因为增加 1 美元的外汇,国家实际所得到的人民币收入。

4. 影子工资。影子工资是指劳动力的影子价格,在经济费用效益分析中,需要利用影子工资来计量劳动力费用。它体现了国家为投资项目使用劳动力而付出的代价,它由两部分组成:一是劳动力的机会成本,即由于所评估项目的建设而使其他部门流失的劳动力的边际产出;二是因劳动力就业或转移所增加的社会资源消耗,如交通运输费用、城市管理费用等。但实际上,劳动力的机会成本是很难计算的,即难以准确地计算出已有的边际劳动力产品。至于后一部分的估算就更加困难了,因为在项目评估阶段,难以预测到时会增加多少社会资源的消耗。所以,一般以财务效益分析中的现行工资及福利费为基础,乘一个换算系数,即变换为影子工资。影子工资换算系数是影子工资与财务评估中的名义工资之比值,是项目经济评估的通用参数,并由国家统一测定颁布。根据我国劳动力现状、结构和就业水平,一般的项目,可选用 1.0,对于某些特殊项目,在有充分依据的前提下,可根据项目所在地劳动力的充裕程度,以及项目技术等特点,适当提高或降低工资换算系数,即或者大于 1.0,或者小于 1.0。若是项目所在地区就业压力大,或所用的劳动力大部分是非熟练劳动力的项目,可取小于 1.0 的工资换算系数。因为在这种情况下,劳动力的机会成本是相对比较小的,如在建设期内使用大量民工的项目(例如水利、公路、铁路等项目),其民工的影子工资换算系数可取 0.5。若是占用大量短缺的专业技术人员的项目,可取大于 1.0 的工资换算系数。因为在这种情况下,劳动力的机会成本相对比较大,为培训、转移所消耗的社会资源也较多。上述只是给出一个范围,在确定一个具体数值时,还要由评估人员根据项目及项目环境的特点,按照上述原则进行分析和判断。

（二）国家参数的评估

1. 项目经济评估时，对国家参数选取的评估，应重点评审选用国家参数的使用条件、货物（或服务）影子价格的测算方法，取值依据及其可靠性。

2. 对社会折现率、影子汇率和影子工资的评估，主要审核项目是否选用国家有关部门最新颁布的数值，使用是否合理。

（三）影子价格的评估

1. 评估时，应重点审核项目评价中影子价格的估算方法和使用条件，是否符合《方法与参数》等国家有关规定，选取的数据是否符合项目的具体情况，是否根据市场发展的新情况，综合考虑测算货物或服务的影子价格。

2. 在选用外贸货物影子价格时，是否充分分析了国际市场供求变化趋势，并特别注意到由于倾销或暂时紧缺出现价格过低或过高的情况，口岸价是否考虑货物的来源和产品出口流向，并力求做到准确合理。

3. 对非贸易货物的影子价格的测算，是否根据市场情况，判断项目使用或生产对市场产生的影响，并分别采用了不同的计算方法。

4. 是否根据市场发展的新情况，综合考虑和测算了特殊投入物的影子价格。

5. 是否根据项目的实际情况，审核选用参数的使用条件及调整数据的依据及其合理性，并要注意各种影子价格之间的协调，使用最新发布的数据。

9.3.4　价格的调整

（一）价格调整范围和货物的划分

1. 调价范围。因为现行价格不甚合理，需要在进行经济费用效益分析时对投入物和产出物的价格进行调整。但我们所说的价格不合理，指的是现行价格体系不合理，并不否认有些产品的价格基本合理。另外，有些投入物和产出物在项目的费用和效益中占的比重较大，而有些占的比重较小，所以我们可以得出结论，即并不是每一种投入物和产出物都要调价，大致有一个范围，即有两个约束条件：①价格严重不合理；②费用或效益中占的比重较大。只有符合这两个条件的投入物和产出物，才调整其价格。

2. 货物的划分。调整价格就是把不合理的现行价格调整为基本合理的价格——影子价格。在确定影子价格时，我们把项目的投入物和产出物划分为外贸货物、非外贸货物和特殊投入物三种类型。

（1）外贸货物是指其生产、使用将直接或间接影响国家进出口水平的货物。产出物中包括直接出口、间接出口（替代其他企业的产品使其增加出口）或替代进口；投入物中包括直接进口、间接进口（占用其他企业的投入物使其增加进口）或占用原可用于出口的国内产品（减少出口）。

（2）非外贸货物是指其生产或使用将不影响国家进出口水平的货物。除基础设施产品和服务外，还包括受运输、贸易政策等条件限制不能进行外贸的货物。

（3）特殊投入物包括劳动力和土地。

(二) 外贸货物影子价格的确定方法

影子价格属于重要的国家参数,一般应由国家计委(或其他有关权威机构)测算并颁发。但可作为投入和产出的货物成千上万,因受各方面条件的限制,不可能测算出所有的投入物和产出物的影子价格,大部分需要项目评估人员自己进行测算。为此,需要了解确定影子价格的基本方法,首先介绍外贸货物影子价格的确定方法。

外贸货物的影子价格以口岸价格为基础,加减国内长途运输费用和贸易费用来测算。

1. 产出物(以出厂价计)的定价方法

(1) 直接出口的产出物

$$影子价格 = 离岸价格 \times 影子汇率 - 国内运费 - 贸易费用$$

有关地点是拟建项目与口岸(见图 9–1),离岸价格减国内运费和贸易费用为项目产出物的出厂价格。

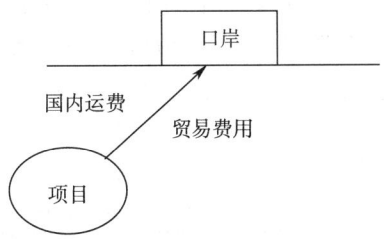

图 9–1 直接出口的产出物影子价格确定示意图

(2) 间接出口的产出物

$$影子价格 = 离岸价格 \times 影子汇率 - 原供应厂到口岸的运费和贸易费用$$
$$+ 原供应厂到用户的运费和贸易费用$$
$$- 用户到拟建项目的运费及贸易费用$$

有关的地点是拟建项目、原供应厂、用户和口岸(见图 9–2)。离岸价格减原供应厂到口岸的运费及贸易费用为原供应厂的出厂价格,再加上原供应厂到用户的运费及贸

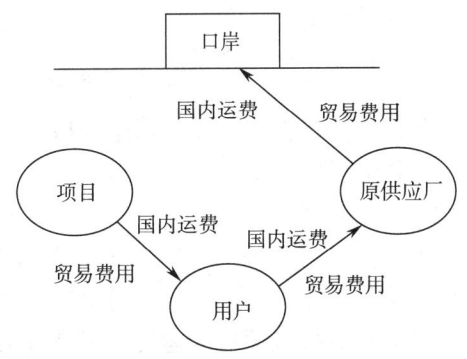

图 9–2 间接出口的产出物影子价格确定示意图

易费用为用户的进厂价格,再减去用户到拟建项目的运费及贸易费用,即换算为拟建项目产出物的出厂价格。

从增加或减少资源消耗来理解,可以看出:没有拟建项目,不会发生原供应厂到口岸以及用户到拟建项目的运输费用和贸易费用,但有原供应厂到用户的运输费用及贸易费用发生。有拟建项目,前者发生了,后者不再发生,显然,作为计算效益的价格应当从中减去增加的资源消耗(即前者),加上减少的资源消耗(即后者)。

(3) 替代进口的产出物

影子价格 = 到岸价格 × 影子汇率 − 口岸到用户的运费和贸易费用
+ 用户到拟建项目的运费和贸易费用

有关的地点是口岸、用户和拟建项目(见图 9 − 3)。到岸价格加口岸到用户的运输费用及贸易费用为用户的进厂价格,再减去用户到拟建项目的运输费用及贸易费用,即换算为项目产出物的出厂价格。

从增加或减少资源消耗理解,可以看出:没有拟建项目,不会发生用户到拟建项目的运输费用和贸易费用,但会发生用户到口岸的运输费用和贸易费用。有拟建项目,前者发生了,后者不再发生。显然,作为计算效益的价格,应当从中加上节省的资源消耗,减去增加的资源消耗。

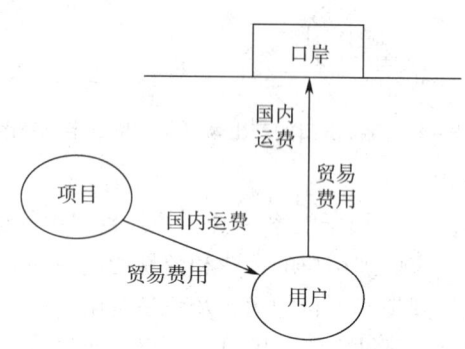

图 9 − 3 替代进口的产出物影子价格确定示意图

2. 投入物(以进厂价计)的定价方法

(1) 直接进口的投入物

影子价格 = 到岸价格 × 影子汇率 + 口岸到拟建项目的运费和贸易费用

有关的地点是拟建项目和口岸(见图 9 − 4),到岸价格加口岸到拟建项目的运输费用及贸易费用为拟建项目投入物的进厂价格。

(2) 间接进口的投入物

影子价格 = 到岸价格 × 影子汇率 + 口岸到用户的运费和贸易费用
− 原供应厂到用户的运费和贸易费用
+ 原供应厂到拟建项目的运费和贸易费用

有关的地点是口岸、用户、原供应厂和拟建项目(见图 9 − 5),到岸价格加口岸到用户的运输费用及贸易费用为用户的进厂价格,再减去用户到供应厂的运输费用及贸易

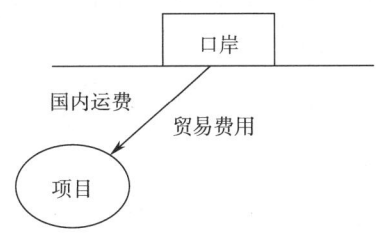

图9-4 直接进口的投入物影子价格确定示意图

费用为原供应厂的出厂价格,再加上原供应厂到拟建项目的运输费用及贸易费用,即换算为拟建项目投入物的进厂价格。

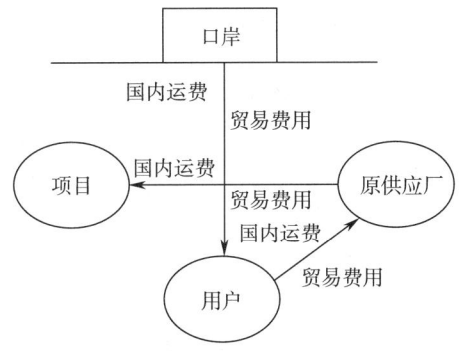

图9-5 间接进口的投入物影子价格确定示意图

从增加或减少资源消耗来理解,可以看出:没有拟建项目,不会发生口岸到用户及原供应厂到拟建项目的运输费用及贸易费用,但会发生原供应厂到用户的运输费用及贸易费用。有拟建项目,前者发生了,后者不再发生。显然,作为计算费用的价格,应当从中加上增加的资源消耗,减去节省的资源消耗。

(3) 减少出口的投入物

影子价格 = 离岸价格 × 影子汇率 − 原供应厂到口岸的运费和贸易费用
    + 原供应厂到拟建项目的运费和贸易费用

有关的地点是口岸、原供应厂和项目(见图9-6)。离岸价格减去原供应厂到口岸

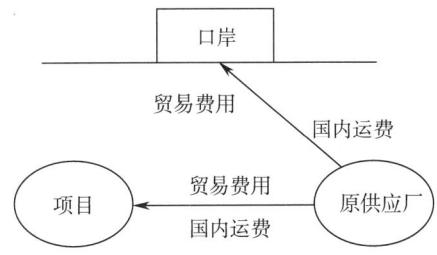

图9-6 减少出口的投入物影子价格确定示意图

的运输费用及贸易费用为原供应厂的出厂价格,再加上原供应厂到拟建项目的运输费用及贸易费用,即换算为拟建项目投入物的进厂价格。

从增加或减少资源消耗来理解,可以看出:没有拟建项目,不会发生原供应厂到拟建项目的运输费用和贸易费用,但会发生原供应厂到口岸的运输费用和贸易费用。有拟建项目,发生了前者;后者不再发生。显然,作为计算费用的价格,应当从中加前者,即增加的资源消耗,减去后者,即减少的资源消耗。

(三)非外贸货物影子价格的确定方法

1. 产出物

(1)增加供应数量满足国内消费的产出物。供求均衡的,按财务价格定价;供不应求的,参照国内市场价格并考虑价格变化的趋势定价,但不应高于相同质量产品的进口价格;无法判断供求情况的,取上述价格中较低者。

(2)不增加国内供应数量,只是替代其他相同或类似企业的产出物,致使被替代企业停产或减产的。质量与被替代产品相同的,应按被替代企业相应的产品可变成本分解定价;提高产品质量的,原则上应按被替代产品的可变成本加提高产品质量而带来的国民经济效益定价,其中,提高产品质量带来的效益,可近似地按国际市场价格与被替代产品的价格之差确定。

(3)产出物按上述原则定价后,再计算为出厂价格。

2. 投入物

(1)能通过原有企业挖潜(不增加投资)增加供应的,按可变成本分解定价。

(2)在拟建项目计算期内需通过增加投资扩大生产规模来满足拟建项目需要的,按全部成本(包括可变成本和固定成本)分解定价。当难以获得分解成本所需要的资料时,可参照国内市场价格定价。

(3)项目计算期内无法通过扩大生产规模增加供应的(减少用户的原供应量),参照国内市场价格、国家统一价格加补贴(如有时)中较高者定价。

(4)投入物按上述原则定价后,再计算为进厂价格。

3. 非外贸货物的成本分解方法。测算非外贸货物的影子价格,分解成本方法是一种重要的方法。用分解成本作为某些产出物或投入物的影子价格,是基于如下的判断:口岸价格基本代表了国际市场价格,国际市场价格是基本合理的价格,对现行价格进行调整,应该以口岸价格为基础。另外,外贸货物的影子价格以口岸价格为基础进行测算,非外贸货物也必须以相同的基础来估价,以保证每种产出物和投入物始终都用相同的基础进行估价。非外贸货物不能直接以口岸价格为基础定价,因为它们是不可对外进行贸易的。但生产非外贸货物所用的原材料、零部件、燃料、动力等可能是外贸货物。为了符合上述判断,要对非外贸货物的财务成本进行分解,并分别对各生产费用要素进行调价,其中的外贸货物,以口岸价格为基础,按照外贸货物的调价方法调价,非外贸货物用规定的方法调价。

用成本分解法测算影子价格的非外贸货物,在产出物中仅包括项目产品替代其他同类企业的产出物,致使被替代企业停产或减产的情况;在投入物中,除减少用户的原供应量的情况外,通过现有企业挖潜和通过增加投资扩大生产规模来满足项目对投入物的需求的情况,都要用成本分解方法调价。分解成本可分解变动成本,还可分解总成本。对于上述的产出物和通过现有企业挖潜满足项目投入物需求的情况,用分解变动成本的方法调价;对通过增加投资扩大生产规模满足项目投入物需求的情况,则用分解总成本的方法调价。

分解成本,首先要对所分解的投入物或产出物按现有生产该种物品的企业的成本费用要素进行分解,并剔除其中的税金,因为税金属于转移性支付,不计入物品的费用。这里的税金主要是指包括在成本中的房产税、土地使用税、车船使用税、进口原材料的关税、进口增值税等。其次对分解出来的原材料、燃料、动力及其他物料投入进行分类,分为外贸货物、非外贸货物、特殊投入物,并按规定的各自调价方法分项进行调价。其中重要的,即在总费用中占的比重较大的属于非外贸货物的物料投入要进行第二轮分解。再次,调整在生产费用中的折旧和流动资金贷款利息。因为折旧是用静态方法计算出来的,并且作为计算基础的建设投资是没有调过价的。调整这项费用是要用调过价的建设投资和动态方法进行。流动资金贷款利息调整是基于这样的考虑,在原成本费用中,利息是按照没有调过价的流动资金计算的,所用的利率是现行利率。对其调整,是要按调过价的流动资金和社会折现率来计算。

成本分解的步骤为:

(1) 按费用要素列出某种非外贸货物的财务成本、单位货物的建设投资额及流动资金,并列出该货物生产厂的建设期限、建设期各年投资比例。

(2) 剔除上述数据中包含的税金。

(3) 对外购原材料、燃料和动力等投入物的费用进行调整。其中有些可直接使用给定的影子价格或换算系数。对重要的外贸货物应自行测算其影子价格,重要的非外贸货物可留待第二轮分解。有条件时,也应对投资中某些占比例较大的费用项目进行调整。

(4) 工资及福利费和其他费用原则上不予调整。

(5) 计算单位货物总投资(包括建设投资和流动资金)的资金回收费用(M),对折旧和流动资金利息进行调整。

(四) 特殊投入物影子价格的调整方法

1. 劳动力影子价格的确定方法。劳动力影子价格即为劳动力的影子工资。

$$劳动力的影子价格 = 财务效益分析中所用的工资及福利费 \times 影子工资换算系数$$

影子工资换算系数由国家统一测定发布。一般来讲,影子工资换算系数的大小取决于项目所在地区劳动力的充裕程度以及项目所用劳动力的技术熟练程度。项目所在地区劳动力越充裕,项目所用劳动力的技术熟练程度要求越低,影子工资换算系数越低,反之则相反。

2. 土地影子价格的确定方法。土地影子价格即为土地的影子费用。土地作为项目的一项投入,国民经济为此而付出的代价为增加的资源消耗和土地的机会成本。因而,土地影子费用可用国民经济为项目使用土地而增加的资源消耗和土地的机会成本来计量。

国民经济为土地投入而增加的资源消耗是指项目所支付的拆迁费、安置费等。没有项目，不会发生这部分支付；有项目，这部分资源的消耗不可避免。这部分费用在项目的投资中已经支付，经济费用效益分析仍作为费用处理。但在对建设投资进行调整时，要扣除这部分支付外的其他因征用土地而支付的费用，如土地征用费、青苗补偿费等。因为这部分支付属于国民经济内部的转移支付，不再作为费用处理。

土地的机会成本有两种考虑：①若投入的土地除项目使用外，别无其他潜在用途（如该土地是荒山秃岭），则土地作为一种投入，其机会成本为零；②若投入的土地还可做他用，则土地作为一种投入，其机会成本为已不能再做他用所放弃的净效益。与项目的其他物料投入的机会成本是已不再做他用所放弃的效益不同，土地的机会成本是放弃的净效益。因为，其他物料投入，作为项目的投入物，既要有费用发生，又要产生效益，而做他用，也要有费用发生，有效益产生。取得的效益与放弃的效益中都包括一定比例的费用，所以具有可比性。而土地不同，作为一项投入物，它只会产生效益，而不会因此发生费用，而放弃的效益中包括一定比例的费用，这样，取得的效益与放弃的效益没有可比性。若把土地的机会成本定义为所放弃的效益，就人为地增加了土地费用。

在经济费用效益分析中，以机会成本作为土地费用有两种处理方法：一是计算项目占用土地期间各年净效益的现值之和，作为一项土地费用计入项目的建设投资中；二是将各年的净效益现值之和换算成等值效益，作为项目每年的投入。一般采用第一种处理方式。

9.4 费用效益分析的报表

编制项目经济费用效益流量表，主要用于计算经济内部收益率和经济净现值等评价指标，进行国民经济盈利能力分析。根据投资计算基础不同，选择不同的方法编制经济费用效益流量表，即项目投资经济费用效益流量表和经济费用效益分析投资费用估算调整表。

（一）项目投资经济费用效益流量表

项目投资经济费用效益流量表不分投资资金来源，以全部投资作为计算基础，用以计算全部投资的经济内部收益率和经济净现值等评价指标，考察项目全部投资的国民经济盈利能力，为各个投资方案（不论其资金来源如何）进行比较建立共同基础，其格式如表9-2所示。

表9-2　　　　　　　　　项目投资经济费用效益流量表　　　　　　　　　单位：万元

序号	年份 项目	建设期		投产期		达到设计能力生产期				合计
		1	2	3	4	5	6	……	n	
	生产负荷（%）									
1	效益流量									

续表

序号	年份\项目	建设期		投产期		达到设计能力生产期				合计
		1	2	3	4	5	6	……	n	
1.1	项目直接效益									
1.2	资产余值回收									
1.3	项目间接效益									
2	费用流量									
2.1	建设投资									
2.2	维持运营投资									
2.3	流动资金									
2.4	经营费用									
2.5	项目间接费用									
3	净效益流量（1－2）									

计算指标：经济内部收益率经济净现值（ic = %）。

注：生产期发生的更新改造投资作为费用流量单独列项或列入建设投资项中。

表9-2中的效益流量和费用流量中的内部效益和内部费用依据辅助报表的各对应项填列。外部效益和外部费用则要依据所鉴别的外部效益和外部费用中可定量的部分填列。

该表中的效益流量和费用流量中的内部效益和内部费用依据前述的辅助报表的各对应项填列。外部效益和外部费用则要依据所鉴别的外部效益和外部费用中可定量的部分填列。

（二）经济费用效益分析投资费用估算调整表

经济费用效益分析投资费用估算调整表从财务投资角度出发，以财务分析计算为基础，根据影子价格把各项财务基础数据进行调整，作为费用流量，主要为了调整投资（包括建设投资和流动资金）中价格不合理的部分，以确定经济费用效益分析中的投资额。用以计算国内投资的经济内部收益率和经济净现值等评价指标，项目的国民经济盈利能力，其格式如表9-3所示。

表9-3　　　　　　经济费用效益分析投资费用估算调整表　　　　　　单位：万元

序号	项目	财务效益分析				经济费用效益分析				经济费用效益分析比财务效益分析增减
		合计	其中			合计	其中			
			外币	折合人民币	人民币		外币	折合人民币	人民币	
1	建设投资									
1.1	建筑工程费									
1.2	设备购置费									
1.2.1	其中：进口设备									

续表

序号	项目	财务效益分析			经济费用效益分析			经济费用效益分析比财务效益分析增减
		合计	其中		合计	其中		
			外币	折合人民币		外币	折合人民币	
1.2.2	国内设备							
1.3	安装工程							
1.3.1	其中：进口材料							
1.3.2	国内部分财料及费用							
1.4	其他费用							
1.4.1	其中：土地费用							
1.4.2	专利及专有技术费							
1.5	基本预备费							
1.6	涨价预备费							
1.7	建设期利息							
2	流动资金							
3	合计（1-2）							

表9-3是用于财务效益分析中投资各项金额的比较调整投资的，列出财务效益分析中投资各项的金额，再列出经济费用效益分析中调整以后的投资各项的金额，看经济费用效益分析比财务效益分析中的投资各项金额的增减情况。一般来讲，可能调整的建设投资项目中包括建筑工程、设备、安装工程和其他费用；可能调整的流动资金项目中主要是存货。该表财务效益分析中的金额依据"建设投资估算表"和"流动资金估算表"填列，经济费用效益分析中的金额通过调价计算得出，经济费用效益分析比财务效益分析增减是经济费用效益分析中各项与财务效益分析中对应各项之差。差为正值表示该项投资调增，差为负值，表示该项投资调减。

（三）经济费用效益分析经营费用调整计算表

编制经济费用效益分析经营费用调整计算表，主要是为了调整在费用中占较大比重的投入物的价格，以合理确定经济费用效益分析中的内部费用，其格式如表9-4所示。

表9-4　　　　　　经济费用效益分析经营费用调整计算表　　　　　　单位：万元

序号	项目	单位	年耗量	财务效益分析		经济费用效益分析	
				单价	年经营费用	单价（或调整系数）	年经营费用
1	外购原材料						
2	外购燃料和动力						
2.1	煤						
2.2	水						

第9章 项目的经济费用效益分析

续表

序号	项目	单位	年耗量	财务效益分析		经济费用效益分析	
				单价	年经营费用	单价（或调整系数）	年经营费用
2.3	电						
2.4	气						
2.5	油						
3	工资及福利费						
4	修理费						
5	其他费用						
6	合计						

在表9-4中，经济费用效益分析的数据与财务效益分析是对应的。财务效益分析中的数据依据总成本费用估算表填列。经济费用效益分析中的数据依据该表中所列的年耗量和影子价格计算结果填列。

（四）项目直接效益估算调整表

编制项目直接效益估算调整表，主要是为了调整在效益中占较大比重的产出物的价格，以合理确定经济费用效益分析中的内部效益，其格式如表9-5所示。

表9-5　　　　　　　　　　项目直接效益估算调整表　　　　　　　　单位：万元

序号	产品名称	年销售量					财务评价					国民经济评价						
		单位	内销	替代进口	外销	合计	内销		外销		合计	内销		替代进口		外销		合计
							单价	营业收入	单价	营业收入		单价	营业收入	单价	营业收入	单价	营业收入	
1	投产第一年负荷（%）																	
	⋮																	
	小计																	
2	投产第二年负荷（%）																	
	⋮																	
	小计																	
3	正常生产年份（100%）																	
	⋮																	
	小计																	

注：（1）本表适用于新设法人项目，以及既有法人项目的"有项目"、"无项目"和增量的营业收入、营业税金与附加和增值税估算。

（2）根据行业或产品的不同可增减相应税收科目。

在表9-5中，经济费用效益分析的数据与财务效益分析相对应。财务效益分析中的数据依据营业收入（产品营业收入）和营业收入（产品营业收入）及附加估算表填列。经济费用效益分析中的数据依据该表中所列的销售量和影子价格计算结果填列。若拟建项目的产品单一，可不编制该表。

（五）出口（替代进口）产品国内资源流量表

涉及产品出口创汇及替代进口节汇的项目，需要编制出口（替代进口）产品国内资源流量表，以便计算经济换汇成本或经济节汇成本指标，其格式如表9-6所示。

表9-6 出口（替代进口）产品国内资源流量表 单位：万元

序号	年份 项目	建设期		投产期		达到设计能力生产期				合计
		1	2	3	4	5	6	……	n	
	生产负荷（%）									
1	建设投资中国内投资									
2	流动资金中国内投资									
3	经营费用中国内投资									
4	其他国内投资									
5	国内资源流量合计 (1+2+3+4)									

计算指标：出口产品中国内投入现值：国内资源流量现值（ic= %）

表9-6具有两个功能：一是汇总计算期内各年国内资源的消耗价值量，包括全部投资中的国内投资和经营费用中的国内费用和其他的国内投入价值。二是依据汇总的国内资源流量总额和设定的社会折现率计算国内资源流量现值和出口产品中国内投入现值。各项国内资源消耗价值量依据各对应的辅助报表填列，或直接填列，或经过分析、综合整理后填列，如"建设投资中国内投资"依据建设投资估算表填列。

9.5 费用效益分析指标

经济费用效益分析包括国民经济盈利能力分析和外汇效果分析，以经济内部收益率为主要评价指标。根据项目特点和实际需要，也可计算经济净现值等指标。产品出口创汇及替代进口节汇的项目，要计算经济外汇净现值、经济换汇成本和经济节汇成本等指标。此外，还可对难以量化的外部效果进行定性分析。

9.5.1 国民经济盈利能力分析指标

经济评价是从国民经济整体角度考虑项目给国民经济带来的净贡献（即净效益），主要包括国民经济盈利能力分析和外汇效果分析。此外，还应对难以价值量化的外部效果作定性分析评价。分析主要采用经济内部收益率和经济净现值等评价指标。根据项目特点和实际需要，在多方案经济效益比选时，还可采用经济现值率、差额投资内部收益率等指标对不同投资项目进行排序；在项目初选时，也可采用投资净收益率和投资净增值率等静态指标。

（1）经济内部收益率（Economic Internal Rate of Return，EIRR）。内部收益率是在项目生命期（即计算期）内逐年累计的经济净效益流量的现值等于零时的折现率，即项目动态投资最大收益率。它是反映项目对国民经济净贡献的一项相对效果指标，是项目评价的主要判断依据。其表达式为：

$$\sum_{t=1}^{n}(CI-CO)_t(1+EIRR)^{-t}=0$$

式中：CI 为效益流入量；CO 为费用流出量；$(CI-CO)_t$ 为第 t 年的净效益流量；n 为计算期。

经济内部收益率等于或大于社会折现率表明项目对国民经济的净贡献达到或超过了要求的水平，这时应认为项目是可以考虑接受的，或者与目标经济收益率（也称最低预期资本回收率、资本机会成本）进行比较，大于等于目标经济收益率就判断项目是可以考虑接受的。按照亚洲开发银行现行的做法，经济内部收益率一般应该在 10%~12%。如果确实可以证明某一项目具有很好的社会效益，经济内部收益率也可以低于 10%。

经济内部收益率与投资项目的财务评价中财务内部收益率的计算方法一样，也可采用试差法公式计算，其计算公式为：

$$EIRR=I_1+(I_2-I_1)\frac{|ENPV_1|}{|ENPV_1|+|ENPV_2|}$$

计算时，试算的两个折算率之差（I_2-I_1）最大不超过 5%。同样也可采用图解法求得内部收益率。一般情况下，经济内部收益率大于或等于社会折现率的项目，应认为是可以考虑接受的，这表明项目对国民经济的净贡献能力超过或达到了要求的水平。

（2）经济净现值（Economic Net Present Valve，ENPV）。经济净现值是指用社会折现率将项目计算期内各年的净效益流量折算到建设期初的现值之和，它是反映项目对国民经济净贡献的绝对指标。其计算公式是：

$$ENPV=\sum_{t=1}^{n}(CI-CO)_t(1+i_s)^{-t}=0$$

式中：i_s 为社会折现率。

经济净现值是用来进行项目评估和方案选择的主要依据，经济净现值等于或大于零表示国家为拟建项目付出代价后，可以得到符合社会折现率的社会盈余，或除得到符合社会折现率的社会盈余外，还可以得到以现值计算的超额社会盈余，这时就认为项目是可以考虑接受的。

（3）经济净现值率（Rate of Economic Net Present Value，ENPVR）。经济净现值率是反映项目单位投资对国民经济所作贡献的相对效果的动态评价指标。它是经济净现值与总投资现值之比，即单位投资现值的经济净现值。其表达式为：

$$ENPVR = \frac{ENPV}{EI_P}$$

式中：$ENPVR$ 为项目的经济净现值率；EI_P 为项目的经济总投资现值。

经济净现值率一般可按全部投资和国内投资分别计算。在分别计算时，公式中的数据应根据指标的要求作相应的调整。

（4）投资净增值率。投资净增值率（DVR）是指项目达到正常生产能力规模年份所带来的国民收入净增值与项目的总投资额之比。它是衡量项目单位投资所能获取的国民收入净增值的静态效益评价指标，多用于项目的初选阶段。其计算公式为：

$$投资净增值率 = \frac{国民收入的净增值}{项目的经济总投资额}$$

投资净增值率也可按全部投资和国内投资分别计算：在以全部投资作为计算基础时，其净增值部分为项目的直接收益和间接收益之和减去项目的物料投入（直接和间接部分）及折旧；在以国内投资作为计算基础时，其增值部分为项目的直接收益和间接收益之和减去项目的物料投入、项目流到国外的资金（主要有外籍人员工资、国外借款本息、支付给外国投资者的利润、股息、技术转让费、保险费等）及折旧。

一般地，计算出的投资净增值率应高于国家规定的有关标准且越大越好。

（5）投资净收益率。投资净收益率（TVR）又称投资利税率，是指项目达到正常生产规模年份所获得的社会净收益（包括利润与税金）与项目的经济总投资额之比。它也是进行项目评价和初选排队时常用的静态指标。其计算公式为：

$$TVR = \frac{SS}{EI} \times 100\%$$

式中：SS 为项目正常年份的净收益；EI 为项目的经济总投资。

年净收益 = 年产品销售收入 + 年外部效益 − 年经营成本
− 年折旧 − 年技术转让费 − 年外部费用

投资净收益率也可按全部投资和国内投资分别计算。其中，净收益的数值应分别等于国民收入净增值减去项目支付给职工的工资及福利费。

9.5.2 外汇效果分析指标

对于涉及产品出口创汇及替代进口节汇的项目，需要进行外汇效果分析，主要通过计算经济外汇现值、经济换汇成本或经济节汇成本等指标来反映。外汇效果分析也是评估项目实施后对国家外汇状况的影响程度及外汇经济效益。

（一）经济外汇净现值

经济外汇净现值（Economic Net Present Value of Foreign Exchange，$ENPV_F$）是指生

产出口产品项目的外汇流入和外汇流出的差额,采用影子价格和影子工资计算按规定的折现率(国外贷款平均利率或社会折现率)折算到基年的现值之和。它可用来分析评价拟建项目实施后对国家的外汇净贡献程度,也可用来分析评价项目实施后对国家外汇收支的影响。一般该指标可通过经济外汇流量表直接求得。其表达式为:

$$ENPV_F = \sum_{t=1}^{n} (FI - FO)_t (1 + i_s)^{-t}$$

式中:$ENPV_F$ 为项目的经济外汇净现值(在整个生命期内);FI 为生产出口产品的外汇流入(包括外汇贷款、出口产品的收入、替代进口的价值);FO 为生产出口产品的外汇流出(包括以外汇形式支付的原材料、设备、外籍人员工资、技术转让费、外汇借款本息等);$(FI - FO)_t$ 为第 t 年的净外汇流量;i_s 为社会折现率;n 为计算期。

一般情况下,要求经济外汇净现值指标大于或等于零。当有产品替代进口时,可按净外汇效果计算经济外汇净现值。在多方案比较或项目排队时,应选择净外汇效果和经济外汇净现值大的项目。一般情况,当净现值大于零时项目即可取。

(二)经济换汇成本

经济换汇成本,亦称换汇率。它是用货物影子价格、影子工资和社会折现率计算的为生产出口产品而投入的国内资源现值(以人民币表示)与生产出口产品的外汇净现值(通常以美元表示)之比,亦即换取 1 美元外汇所需要的人民币金额,它表示换取 1 美元外汇净收入所需投入的国内资源耗费的价值。是分析评价项目实施后在国际上的竞争力,进而判断其产品应否出口的指标。这项指标适用于产品面向出口的建设项目。

$$经济换汇成本 = \frac{\sum_{t=1}^{n} DR'_t (1 + i_s)^{-t} (人民币元)}{\sum_{t=1}^{n} (FI' - FO')_t (1 + i_s)^{-t} (美元)}$$

式中:DR_t 为项目在第 t 年为生产出口产品投入的国内资源价值(人民币),包括国内投资、原材料投入和劳务工资、其他投入和贸易费用,可从国内资源计算表求得;FI' 为生产出口产品的外汇流入,计量单位为美元;FO' 为生产出口产品的外汇流出(包括应由出口产品分摊的建设投资及经营费用中的外汇流出),计量单位为美元;$(FI' - FO')_t$ 为第 t 年产品出口的净外汇收入;i_s 为社会折现率;n 为计算期。

(三)经济节汇成本

有些项目的产品虽属内销,但经主管部门批准可按替代进口对待时,则可按下式计算节汇成本,即节约 1 美元外汇所需的人民币金额,它等于项目计算期内生产替代进口产品所投入的国内资源现值与生产替代进口产品的经济外汇净现值之比。

$$经济节汇成本 = \frac{\sum_{t=1}^{n} DR'_t (1 + i_s)^{-t} (人民币元)}{\sum_{t=1}^{n} (FI' - FO')_t (1 + i_s)^{-t} (美元)} \leq 影子汇率$$

式中:DR_t 为项目在第 t 年为生产替代进口产品投入的国内资源;FI' 为生产替代进口产品所节约的外汇,计量单位为美元;FO' 为生产替代出口产品的外汇流入,计量单位为美元。

经济换汇成本或经济节汇成本指标都应与国家颁布的影子汇率进行比较分析，以判断项目耗费国内资源的经济合理性，并要求经济换汇成本或经济节汇成本（元/美元）都应小于或等于影子汇率，表明该项目产品出口或替代进口都是有利的，项目可考虑接受。

总之，贸易货物与非贸易货物的划分，不能仅仅取决于当前的现状，还要依赖于国家在今后一段时期内（至少在项目寿命期内）经济发展政策及外贸政策的变化和国内外市场情况的改变。一般来说，在区分这两类货物时，主要应分析项目的产出或投入是影响国家进出口贸易水平还是影响国内消费与供求关系。如属前者，则为贸易货物；如属后者，则为非贸易货物。

【例9-6】

上海拟建设迪斯尼项目的利弊分析及其国民经济贡献

一份来自政府部门的研究报告显示，以每年3000万的游客数量计算，其全年的门票销售近60亿元。按照以往的迪斯尼产业链效应，1元钱的门票将拉动8元钱的消费，也就是说，单计算行食住、游购娱等最基本的游客消费，迪斯尼每年带来的服务业产值将达到480亿元。由此，上海旅游、酒店、餐饮、观光、交通等产业将直接受益。

一位在2001年亲赴奥兰多考察迪斯尼项目的上海专家告诉记者，20世纪60年代，为了发展本地经济，奥兰多市政府引入了迪斯尼项目，经过5年建设后对外开放。很快，奥兰多由一个农业县发展为重要的旅游城市，80%的就业人口直接或间接为迪斯尼世界服务。目前奥兰多年旅游收入过百亿美元。

"并不是每个迪斯尼都赚钱。我们在考察中发现，迪斯尼项目不能做成微型或袖珍的，一定要大，才能让游客尽兴，才能形成规模经济。香港迪斯尼面积1.26平方公里，东京迪斯尼0.43平方公里，巴黎迪斯尼1.26平方公里，但奥兰多迪斯尼有111平方公里。"专家称。

"480亿元的收入只是吃用住行等最直接的服务业，这里不包括周边土地和房地产、不包括动漫等文化产品和工业增加值。更大范围的迪斯尼经济拉动是无法量化的。但一个可以比较的数据是，上年上海浦东新区的GDP也不过3150多亿元。迪斯尼项目一旦全面建成并投入使用，对上海经济贡献将是巨大的。"专家表示。

另据了解，数年前，上海为提高旅游业竞争力，向中央申请了72小时落地免签证政策，最终获得的批复是批准48小时免签证。"一旦迪斯尼建成，上海不排除重新申请72小时免签证。这在技术层面上没什么问题。"知情人士透露。

根据目前迪斯尼项目的选址情况，其到上海浦东国际机场的距离仅10公里左右。"大巴车开过去也就十几分钟。到时候将迪斯尼专线大巴直接开进浦东机场出口处是非常可行的做法。"专家表示。

由此可以说明上海迪斯尼的建成对上海乃至全国的经济发展是有一定的推进作用的。

但是迪斯尼这样的项目，目前在国内环境下是不可能靠私人投资完成的项目，建议给外资和民营企业平等的竞争机会，给国内和国外的创意产业平等的机会。

当年，家乐福在沪开第一家店曾直接导致周边三家较大的国有商业企业倒闭，同样，迪斯尼一旦建成，上海已有的锦江乐园等项目恐怕不可避免要受到冲击。笔者并非主张封闭以保护落后，但是，国内文化创意产业不发达并非企业单方面的原因，这跟严密的监管、知识产权保护不力和市场法治环境等因素也有关系，换言之，国内企业与迪斯尼这样的巨头不仅仅是起跑线不同，竞争的环境也迥然相异。在国内民营企业尚不具备基本抗衡的条件下，过快让外资超大项目进入，笔者目前持保留意见。就算我们控股，但品牌等核心知识产权毕竟是人家的，到头来还是为人作嫁。根据国际通行的知识产权法律规则，使用知识产权都是要付出代价的，也就是说项目成功，其可以凭借知识产权分利，赚取高额利润；一旦失败，其损失的主要是商业机会的边际成本损失，而我们损失除此之外却还要加上真金白银！一个开放的世界市场应该是各主要国家都有自己的品牌和核心知识产权，在产业链分工上相对均衡合理，以期实现共赢。如果以国际化的命运要求我们做产业链低端的文化代工者，资源消耗和污染承担者，那也肯定不是我们的初衷。

传统文化在上海渐成衰弱态势，有大学生告诉笔者能看懂英文小说而看不懂红楼梦，这一点殊堪忧虑。这就不是经济问题了，上海当然一直以国际大都市自居，不应该受狭隘的民族主义情绪羁绊，但是适度学习法国人的捍卫自己的语言，韩国人购买自己的汽车的精神，也许并非坏事。任何事情都不是绝对的，历来都是自由贸易倡导者的美国这次在奥巴马上台的经济刺激计划不也搞保守主义吗？

记得当年上海磁悬浮开通之日，人山人海，据说当年媒体采访时总经理笑得合不拢嘴，但是今天却沦落到几乎可以用"门可罗雀"来形容了。任何生意都难免商业风险，华尔街都能在次贷危机中倒下，上海迪斯尼项目成功与否都不足为奇。

【本章小结】

经济费用效益分析是从国民经济的角度对项目配置资源合理性进行经济评价的方法，关注的主要是涉及国计民生的重大投资项目。在分析的方式上，一种是对项目直接进行经济费用效益分析，另一种是在项目财务效益分析的基础上进行经济费用效益分析。

经济费用效益分析与财务效益评估的主要区别：(1) 经济目标不同；(2) 价值尺度不同；(3) 折现率不同；(4) 汇率不同。

经济费用效益分析采用费用——效益分析法，分析的前提是将投资项目的费用和效益进行鉴别与计量。项目的经济费用和效益根据其与项目本身的关系分为直接费用、直接效益和间接费用、间接效益。项目的直接费用和直接效益统称为项目内部效果,项目的间接费用和间接效益统称为外部效果。

在鉴别和计量效益与费用时,要剔除"转移支付"。"转移支付"是指那些既不需要消耗国民经济资源,又不增加国民经济收入,只是一种归属权转让的款项,包括税金、补贴和国内借款利息等。

费用和效益鉴别与计量应注意的几个问题:(1)考虑项目"有"或"没有"条件下投入和产出之间的差别;(2)区分不同的投入物(或产出物)所带来的费用(或效益)状况;(3)对外部效果的鉴别作充分的论证,弄清是否真正为项目所产生的;(4)在鉴别时只考虑和所评估项目直接有关的外部效果。

影子价格是投入生产的资源在最优配置和有效利用时所应得到的价格,即商品或生产要素可用量的任一边际变化对国家基本目标——国民收入增长的贡献值。

国家参数是指在项目经济评价中从国民经济角度为计算费用和效益,衡量技术经济指标所使用的各种参数的统称。从参数制定颁布的层次结构上可分为国家级与项目级参数。国家参数主要包括货物影子价格、影子工资、影子汇率和社会折现率等内容。

【习题】

1. 经济费用效益分析有什么意义?
2. 在经济费用效益分析中为什么需要用机会成本来计量费用?
3. 国家参数反映哪些因素?
4. 项目的内部效益和外部效益如何鉴别与计量?
5. 经济费用效益分析与财务效益分析的主要区别是什么?
6. 劳动力影子价格是如何确定的?
7. 某项目需要一种进口设备 A,现已知 A 在美国港口的离岸价为 40 万美元,其他相关数据列于表 9-7 中,试利用该表估算进口货物 A 的影子价格(到厂价)。

表 9-7　　　　　　　　　进口设备 A 的影子价格估算

计算步骤	有关说明与数据	经济价值
1. 美国港口的离岸价		40 万美元
2. 至我国港口的运费、保险费、卸船费	3 万美元	
3. 至我国港口的到岸价	1+2	43 万美元
4. 将到岸价(美元)换算为人民币	国家外汇牌价中人民币与美元比价为7.95:1,影子汇率换算系数为 1.08	43×7.95×1.08＝369.20 万元
5. 我国港口贸易费用估算	场地费等 0.5 万元	
6. 我国港口到项目所在地的运费估算	汽车运费 0.6 万元	
7. 进口设备 A 的到厂价	4+5+6	370.30 万元

8. 设某化工厂位于江苏地区,占用耕地 30 年,共 100 亩,土地最好可行替代用途

的年均净收益增长率 $g=2\%$，若项目 2003 年开工，试计算占用土地的机会成本。该区域 2001 年不同农作物亩年净收益如表 9-8 所示：

表 9-8　　　　　　　　　不同农作物的年净收益　　　　　　　　单位：元/亩

粳稻	小麦	玉米	大豆	花生	油菜籽	大棚西红柿	大棚黄瓜	圆白菜
328.27	78.81	174.66	105.37	200.23	51.25	3109.21	938.1	436.81

【推荐阅读】

(1) 鲍香台．国民经济评价中"土地影子价格"的分析 [J]．石家庄铁道学院学报，2001 (3): 75~77.

(2) 王志江，胡日东．资源影子价格的一个计算案例分析 [J]．数量经济技术经济研究，2003 (3): 146~149.

(3) 杨桂元．影子价格及其灵敏度分析 [J]．运筹与管理，2002 (6): 12~19.

(4) 张国初．影子工资的理论及其测算 [J]．国外社会科学，1993 (8): 31~36.

(5) 林晓言，荣朝和．中日铁路项目国民经济评价方法比较与分析 [J]．北方交通大学学报，2001 (5): 6~10.

(6) 王冬梅，姜帆．城市大型客运交通枢纽经济费用效益分析 [J]．数量经济技术经济研究，2003 (7): 40~43.

(7) 寇团明，李海斌．公路项目经济费用效益分析 [J]．公路交通科技，2001 (5): 9~11.

(8) 张呢喃．火电投资项目国民经济评价 [J]．科技情报开发与经济，2005 (21): 133~134.

(9) 郝前进，邹晓元．"金砖四国"社会折现率的影响因素分析 [J]．世界经济研究，2009 (10): 14~18.

(10) 刘智慧，叶锐，岳刚．费用—效益分析法在环境经济损益分析中的应用 [J]．辽宁城乡环境科技，2004 (4): 5~6.

(11) 傅杨帆，黎长欢．浅谈国民经济评价及编制 Excel 程序自动计算报表 [J]．第五届中国国际救捞论坛论文集，2008: 419~426.

(12) 谭运嘉，李大伟，王芬．中国分区域社会折现率的理论、方法基础与测算 [J]．工业技术经济，2009 (5): 66~69.

第 10 章

项目社会效益评估

项目可行性研究与项目评估是实现我国投资项目决策科学化、民主化的重要措施。从费用与效益的角度来考察,投资项目评估一般包括财务评价、经济费用效益分析和社会效益评估三个层次。有关项目财务评价和经济费用效益分析方法的规定,在前面各章也已作了详细的阐述,本章从社会的角度,阐述投资项目社会效益评估的理论和方法,用以分析和评价投资项目的社会可行性和合理性。

10.1 社会效益评估概述

国外的经验表明,对有些拟建项目如果仅从财务上和经济上进行评价,是不足以对项目作出最优选择的,还必须从项目对社会发展目标的贡献和影响方面分析其利弊得失,使项目得以整体优化,以保证其顺利实施,提高投资效益,促进社会进步。

(一) 社会效益评估的含义

投资项目社会效益评估,是指分析评价项目为实现国家和地方的各项社会发展目标所作的贡献与影响,以及项目与社会的相互适应性的一种系统的调查、研究、分析和评价的方法。

概括地讲,社会发展目标,基本上有两个:一是经济的增长,亦称效率目标;二是公平分配,亦称公平目标。二者合称国民福利目标。效率目标要求增加国民收入,而公平目标则要求增加国民收入的分配效果,即收入的时间分配和收入的空间分配。收入的时间分配是指投资和消费之间的分配,收入的空间分配是指收入在不同的收入阶层和地区之间的分配。

国家和地方的各项社会发展目标的实现,有赖于各项社会政策的贯彻执行,如就业政策、公平分配政策、扶贫政策、社会福利政策、社会保障政策,等等。因此,项目的社会效益评估是以各项社会政策为基础,分析研究项目对各项社会政策的效用,及其对各项社会发展目标的作用。

项目对各项社会发展目标的贡献,是指由于项目的实施给社会创造的效益,或者说是项目对社会的有利影响,如增加人民的卫生设施,使人民的保健水平提高;提高人民的教育、文化水平，改善人民的劳动条件等。

投资项目的社会效益评估包括投资项目的效益与影响评价以及项目与社会相互适应性分析。

项目的社会效益与影响评价是以各项社会政策为基础，针对国家与地区各项社会发展目标而进行的分析评价。其评价内容可以分为四个方面三个层次的分析，即项目对社会环境、自然与生态环境、自然资源以及社会经济四个方面的效益与影响评价，对国家、地区、项目三个层次的分析，一般项目对国家与地区的分析可以视为项目的宏观影响分析，项目与社区的相互影响分析可以视为项目的微观影响分析。

项目与社会相互适应性分析的目的是使项目与社会相适应，以防止发生社会风险，保证项目生存的可持续性；促使社会适应项目的生存与发展，以促进社会与发展。

投资项目的效益与影响评价以及项目与社会相互适应性分析是紧密结合的。因为在项目层次分析公平、贫困、妇女、参与、组织机构发展以及持续性等问题，都是随着项目的效益与影响带来的社会变化而变化的。没有项目的效益与影响引起的人民群众在收入分配、住房、基础设施、服务设施、自然环境、资源等方面的社会变化，就不存在项目与社会是否相互适应，是否存在社会风险的问题。因此两部分分析在实践中是紧密结合，互有交叉的。

（二）公平问题

公平指的是公正，或公平原则所追求的目标，它意味着只要人们认为某种方式或方法是公平或正当的，人们就可以给予不同的待遇，或者相同的需求应获得相同的供给（或相同的获取机会）。这在发展研究中已经被视为社会发展的一项主要目标，同时在国际社会中也被视为投资项目社会效益评估的一个重要指标。

在现实世界中，公平作为社会发展的一个目标，常常与平等或不平等紧密联系在一起的。因此，当公平被视为社会效益评估中的一个指标时，必然要涉及不平等问题。在现实社会中，有各种各样的不平等，如经济的、社会的不平等，地位、权力的不平等，分配性不平等及关系性不平等。不同种类的不平等应当在不同的层次上予以考虑。因此，公平也应在不同的层次上考虑。

在具体的项目分析中可提出如下一些问题：（1）项目的收入分配是否公平？使社区居民间的贫富差距是扩大了，还是缩小了？群众是否不满？需要采取什么措施？（2）项目的收益在各群体间的分配的比重如何？它使哪些群体增加了收入，哪些群体、哪些人受损？对受损的人如何补偿？（3）项目的收益分配是否存在目标受益人得不到，而被其他单位或有权势的个人夺走的问题？如果有可能，采取什么预防措施防止效益流失？（4）目标受益人是否包括妇女在内，如果由于当地特殊情况，妇女应得的收入实际可能拿不到，如何解决？（5）项目的收益分配如果存在不公平的问题，是否将影响项目的效益，是否将影响项目的持续性，如果是，需要采取什么措施。

（三）参与问题

参与不仅是社会发展的一个目标，而且是促进社会发展和项目成功的一种手段，因为在项目的立项、准备及实施阶段，各利益集团的参与，可以改进项目的实施，获得当地人民的支持与合作，加强人们对项目的所有感，帮助处于不利条件下的群体等。

投资项目社会效益评估中，必须涉及参与的两个方面。当参与被认为是社会发展的一个目标时，方可以作为投资项目社会效益评估的一个指标。这样就应当进行一些定量的分析，如当地人民参与项目的立项，准备及实施的人数。与此同时，应当分析参与的形式与渠道。通常，参与可以通过不同的渠道以主动的和被动的方式进行。项目社区内，当地人民参与的程度不仅反映了社会发展的程度，而且也影响着项目目标的实现。因此，参与也经常被认为是一种手段。当参与被认为是一种手段时，社会效益评估人员应当分析影响参与的各种社会因素。

社会效益评估中有关参与的分析应当包括以下内容和步骤：（1）分析项目社区中不同利益集团参与项目活动的重要性；（2）分析对当地人民的参与有影响的关键的社会因素；（3）分析在项目社区中是否有一些群体被排除在项目设计之外，或在项目的设计中没有发表意见的机会；（4）找出项目地区的人民参与项目的设计、准备及实施的适当的形式和方法。

【例10-1】

公共能力建设项目支持计划
(Public Sector Capacity Building Program Support Project)

埃塞俄比亚政府公共能力建设项目支持计划的目的是：（1）完善国家级、区域级和地方级公共服务规模、效率和责任机制；（2）允许市民能更有效地参与规划自身发展；（3）提升公共部门的管理和责任机制。新增的融资将形成资产池，来填补已有项目的融资缺口；新增的融资将帮助PSCAP完成已设想和评估但由于缺乏资源而没完成的活动。新增的融资能够从国家和区域两个层面使正在进行的体制改革能力建设活动得到持续的支持。这些活动包括PSCAP下属的六个合理支出的子项目（政府体制改革、区域分散化、城市管理能力建设、税收体制改革、司法体制改革和信息通信技术）和一个强制性项目。新增的融资同时还会支持项目新签约的活动。除了财务管理报告改由期中财务报告代替以外，项目发展目标、构成和执行方式（包括政府采购和财务管理）不会发生变化。

（四）持续性问题

自20世纪80年代以来，持续性已成为国际发展研究中的一个主要课题，因为环境的恶化已造成了巨大的灾祸，非再生资源的枯竭及再生性资源再生能力的丧失已显而易见，许多发展中国家的人民遭受着贫困和苦难。近几年来，持续发展也已列入我国政府的议事日程。因此，在投资项目的社会效益评估中应当包括持续性。

根据我国的实际情况，当把持续性作为投资项目社会效益评估的一个指标时，应当包括三个方面的内容：（1）环境功能的持续性；（2）经济增长的持续性；（3）项目效果的持续性。

环境功能的持续性是一个全球性的长期发展目标。但它与人类的生产和生活方式紧密联系在一起。几乎所有的项目在它们的建设和实施过程中对环境都会有影响，因此，环境功能的持续性应作为投资项目社会效益评估的一个指标。

经济增长的持续性即国民经济以一个持续的速度增长。这是我国的一个国家发展目标，这一目标已经列入我国政府议事日程的首要位置。因此，投资项目的社会效益评估应把经济增长的持续性作为一个主要指标来考虑。经济增长持续性社会效益评估的内容和步骤包括：（1）分析项目主要投入物和产出物的关系；（2）分析不同利益集团对项目的态度；（3）找出对项目的实施和运行有影响的主要社会因素；（4）分析实现经济持续增长的各种可能方式。

在社会效益评估中，项目效果的持续性能力被作为一个主要指标来判断项目的成功与否。项目效果的持续性，意即实现项目所计划的目标为人民提供商品和服务，满足人类需要（包括当代人和未来几代人的需要）的一种持续的能力。影响项目效果持续性的各种社会因素，应在项目周期的各阶段都进行分析。实际上，有很多因素，如环境的、技术的、资金的、经济及社会的因素对项目效果的持续性都有影响。这些因素又相互作用相互影响。关于项目效果持续性的社会效益评估应包括如下内容：（1）在项目的立项阶段确定影响项目效果持续性的主要因素；（2）在项目的准备阶段设计实现项目效果持续性的计划方法；（3）在项目的实施阶段分析项目和利益集团之间相互影响关系；（4）分析实现项目效果持续性的途径。

（五）机构发展问题

实践经验表明，如果没有一个良好地组织起来的机构来负责项目建设，实施运行的管理，将很难实现预定的项目目标。因此，机构发展已经成为社会效益评估的一个主要部分。机构发展不同于公平、参与和持续性。它不能被认为是一个国家的发展目标，它是实现项目目标和社会发展目标的手段。

社会效益评估中的机构发展，在一开始是集中于能从项目结果中得到益处的人民自己组织起来的社区组织上。目前，多边机构关于机构发展的兴趣在很大程度上涉及行政的体制政策，尽管社会效益评估所涉及的机构发展仅触及微观的层次。

关于机构发展的社会效益评估的内容，应当包括对现有机构的能力分析及建立新机构的可能性分析。在对具体项目进行组织机构建设问题分析时，可提出如下一些问题进行分析：（1）项目的组织机构设置是否合理，能否适应项目建设与运营的需要？（2）项目的组织机构设置方案是否与项目采用的技术相适应？（3）项目承担建设、运营、维护的机构能力如何？能否保证项目持续实施？如何提高项目承担机构的能力，以保证项目的持续性？（4）根据项目实施的具体需要，是否需要建立非政府的群众组织机构，协助承担机构保证项目持续实施？

（六）妇女问题

在社会效益评估中，关于妇女问题的分析，主要是基于在项目的设计中应当考虑到

不同的性别具有不同的作用和需要。

性别问题的作用涉及由于男女性别的差异而所分配的工作有所不同。通常，它随着文化的不同和时间的推移而有所不同。但在大多数发展中国家，男性担负生产性的工作及其他一些工作，而妇女的作用包括生产、哺育孩子及社区管理。

实践经验表明，在项目的设计及实施中，如果能考虑妇女的地位与作用，则能促进发展过程，同时会使项目更加成功。因此，在项目社会效益评估中应当包括对妇女地位与作用的分析。

在对具体项目进行妇女问题分析时，可以提出下列问题：（1）当地社区的妇女在生产劳动、就业、收入分配方面有无与男人不平等或有所不同的情况？是否影响项目效益的发挥？是否影响项目实施？采取什么措施解决？（2）妇女在文化方面、政治权利方面与男人有差别吗？这些差别是否妨碍妇女参与项目活动？是否妨碍收集妇女对项目的意见与要求？（3）社区有无因妇女的特殊情况，影响项目的投资效果的？如果有，用什么方法解决？（4）项目的实施，对当地妇女的政治、经济地位有何影响，是否促进妇女的地位提高，或使妇女的地位反而降低？如果影响妇女地位降低，如何解决？

【例10-2】

苏丹南部两性平等支持和发展项目
（Sudan South Sudan Gender Support and Development Project）

1. 国家和地区背景。苏丹持续数十年的内战给南部的人民尤其是女性和儿童，带来了毁灭性打击。苏丹南部人口大概有950万，据估计贫穷率达到90%。国内大部分地区都很封闭，十分落后，几乎没有任何公共服务。国内的关键发展指标都显示出苏丹属于世界上发展最差的国家之一。食品安全是苏丹面临的主要问题，而基础设施不足和市场的匮乏严重阻碍了农业产出的持续增长。

根据性别普查数据，国内教育、医疗、经济等几乎所有人口统计指标都显示出，国内所有领域都存在着严重的性别歧视。女性生育医疗保障措施的低覆盖率（只有10%的妇女能在专业医疗人员的陪同下生产），加上高生育率，共同导致了非常高的孕产妇死亡率（每10万例生产中就有2054例孕妇死亡）。在苏丹南部，超过90%的女性不识字，仅有3.5%的女孩完成了小学教育。虽然战争给苏丹男性人口数量带来了负影响，但是与世界普遍的人口形态相比，苏丹国内成年男性数量上仍多于女性。这种状况加上苏丹人对传统文化的信奉进一步巩固了男性的传统角色——一家之主，决策的制定者。苏丹南部90%的人口每天赚的钱不足1美元，因此也是世界上最贫穷的地区之一。从贫穷比率和其重男轻女的文化（比如倾向于男性的继承权，正式或非正式的工作获取上的不平等，对土地的获取、所有权和控制权的限制）来看，苏丹南部的女性处境堪忧。

2. 项目目标。本项目的目标是通过下述两个手段使苏丹南部目标女性群体得到即时的和平股息（Peace Dividends，指冷战结束、军备缩减而节约下来的资金）：（1）增加她们获得现有工作机会的渠道；（2）支持两性平等、社会工作和宗教事务部门（Ministry of Gender, Social Work and Religious Affairs）完善和执行两性平等的相关政策和战略。

项目完成时，预期会有以下成效：（1）目标女性群体获得更多的谋生机会和工作收入；（2）在地方或国家层面，在各个领域建立两性平等规范；（3）有效监督和管理性别规范的能力得到提高。

3. 项目描述。该项目由三个单元组成。

单元一：改善妇女经济状况

本单元的目的是通过在苏丹南部五个州实施农牧业和渔业等行业的创收子项目，进一步改善女性经济权利。子项目将会经过鉴定、挑选，其所依据的标准由GoSS技术顾问、州政府部门和两性平等理事协商制定。根据选民的要求，两性平等部门（MoG, Ministry of Gender）的首要任务是增加工作机会。在苏丹南部，女性劳动力的缺乏，女性在社会最贫困阶层中的集中性，再加上妇性突出的悲剧状况都限制了当地的农业发展。为这些贫弱的女性提供创收项目将使她们能够快速地发展。并且，这些农业项目能使当地目前严峻的食品安全形势得到改善。

单元二：两性平等、社会工作和宗教事务部门（MoGSW&RA）建设

2005年，全面和平协议（Comprehensive Peace Agreement）的签订、苏丹临时政府的设立和苏丹临时宪法的制定确定了苏丹的和平基础和半自治政府，也为两性平等、社会工作和宗教事务部的建立奠定了基础。两性平等、社会工作和宗教事务部的职责包括三个主要方面：促进两性平等发展，社会保障和儿童保障，以及宗教事务。尽管直辖范围广泛，该部门还未能进行人员统编，因为它缺乏必要的基础设施，比如工作场所，来协调多方面工作。

单元三：两性平等促进部门的体制发展

本单元主要关注增强两性平等促进部门、GoSS的相关部门以及各州各郡等的人力和体制建设，以更有效地使分部门履行其制定有力政策和执行策略的关键职能。MoG

在管理其自有项目的同时也会促使 GoSS 的相关部门及各州相关部门的工作。MoG 的发展可增强其持续发展的能力,并更好地完成他们在各州正在从事的工作。近年,MoG 计划培训大约 500 名员工(每个州 50 名)。该培训已经在朱巴大学开始,将近 78 名员工已经完成培训课程并毕业。

(七)贫困问题

发展的主要目标就是消除贫困。许多社会科学家已经花费了大量的精力研究贫困问题。贫困的不同方面已经由不同学科的学者从不同的观点进行了分析。经济学家往往从收入、财富等方面来考察贫困,而社会学家则可能从基本需要、社会分化等方面来考察贫困。然而,无论是什么学科,都趋向于用"生活标准"来描述贫困问题;这不仅指收入,而且还指教育、卫生、供水、住房及人们的其他社会经济条件。

【例 10-3】

印度国家级农业创新项目(National Agricultural Innovation Project)

印度国家级农业创新项目有助于印度农业的市场导向型转型,进而降低贫穷率,增加国民收入。具体来说,本项目意在促进公共研究机构、农民、私人部门和股东在农业创新应用方面的合作。本项目由四个单元组成。项目单元一重点关注:(1)信息、沟通和传播系统;(2)商业计划和发展;(3)学习和能力建设;(4)政策和性别分析及预测;(5)财务管理和执行系统改造;(6)项目实施,并着眼于增强印度农业研究委员会(Indian Council of Agricultural Research)在印度国家农业研究系统中变革管理的作用。项目单元二资助生产—消费系统研究。项目单元三资助农村长期民生安全研究。项目单元四支持农业科学前沿领域的基础性和战略性研究。

资料来源:世界银行网站。

在对具体项目进行分析时,首先要分析如下一些问题:(1)项目的实施是否可减轻当地的贫困,在多大程度上有助于社区的贫困户脱贫?(2)项目是否使当地贫困户受益?受益的贫困户有多少?有无任何贫困户因项目而受损?如果有,如何消除这种情况?(3)如果是扶贫项目,该项目是否能真正达到扶贫目的?有无更好的方案使当地贫困户更快脱贫?(4)项目是否符合当地贫困户的需求?有无任何群体或个人对拟建项目不满或反对,如何解决?(5)当地社区人民的文化、民族关系、风俗习惯、宗教信仰、乡规民约等有无可能妨碍群众接受此项目而使扶贫目标达不到，如果有可能？如何采取措施防止这种社会风险？

10.2 社会效益评估的特点

从投资项目社会效益评估的一般概念可知，项目的社会效益评估相对于财务评价、经济费用效益分析而言，具有以下特点。

10.2.1 宏观性

社会发展目标（如经济增长目标、公平分配目标等）是根据国家的宏观经济与社会发展需要制定的，因而投资项目社会效益评估必须从全社会这一宏观范围考察投资项目的实施为社会作出的贡献。投资项目社会效益评估是研究项目的社会效益与影响；是针对国家、地方与当地社区各层次的社会发展目标。国家、地方、社区的社会发展目标是根据国家、地方、社区的社会发展战略与发展任务制定的。虽然并不是每一个投资项目为社会作出的贡献都能涉及社会的各个不同的领域，然而，由于社会的发展目标涉及范围很广，因此，每个项目社会效益评估的考察角度应包括社会各个方面。就是说投资项目社会效益评估是从全社会宏观角度对项目作出的分析和评价。这就是投资项目社会效益评估具有宏观性的特点所在。

10.2.2 定量难

社会的发展目标是可以用货币定量的，或者是用实物定量的，但是作为衡量投资项目对社会发展目标作出的贡献与影响的这种评价方法，有许多是不能通过定量的方法加以衡量的，如不同行业、不同类型项目对国家各层次社会发展目标的贡献与影响有很大差异，各个项目的社会因素比较复杂，影响面广，评价指标差异很大，即使是同一行业不同类型的项目社会因素也各异，因此多数社会因素不能或难以定量计算，常常不能以一定的公式进行定量计算。近年来，在对投资项目进行社会效益评估时，也采用一些综合定量方法，运用较多的是多准则分析方法，它主张对社会发展目标的贡献和影响，可利用权重和评分的方法进行定量化，但这种方法也有一定的缺点，如主观偏好强，费时费力，不能客观地给以详细的具体描述，让决策者自己判断选择最佳方案。因此，投资项目社会效益评估必须采用定量与定性分析相结合的方法，其中定性分析在社会效益评估中占有重要地位，这是当前投资项目社会效益评估方法发展趋势。

10.3 社会效益评估与经济评价的区别

投资项目社会效益评估以经济评价为基础，但又区别于经济评价，主要表现在以下几个方面。

（一）评价角度不同

财务评价是从企业或项目的角度评价项目；经济费用效益分析是从国民经济的角度评价项目，旨在从经济角度追求资源最佳配置；而社会效益评估则是从全社会的角度考察评价项目，旨在从全社会更广泛的领域，实现资源的最佳配置。

（二）评价目标不同

财务评价追求的目标是企业财务盈利的最大化，即追求财务盈利目标；经济费用效益分析则以国民收入增长的最大化为追求目标，即追求经济增长目标。财务评价和经济费用效益分析的目标是比较单一的。投资项目社会效益评估的内容涉及国家、地方、社区各层次社会生活各个领域的发展目标，必须分析多个社会发展目标、多个有关的社会政策效用，属于多目标分析。因此社会效益评估的目标，它不仅要求项目产生的国民收入最大化，而且要求这些收入在全社会各收入阶层和地区得到公平分配，从而产生最大的社会效益，因而其目标是多元化的（见表10-1）。

表10-1　　　　　　　　经济评价与社会效益评估的主要区别

评价层次	考察范围	评价目标	价格	折现率
财务评价	项目（或企业）	利润增加	现行价格	基准折现率
经济费用效益分析	国民经济	国民收入增加	效率影子价格	社会折现率
社会效益评估	全社会	国民收入的增长和分配	社会价格	计算利率

（三）评价采用的价格不同

项目的财务评价使用的是现行价格，经济费用效益分析采用的是效率影子价格，而项目的社会效益评估则是在效率影子价格的基础上，考虑了收入分配的影响，采用的是社会影子价格，简称社会价格。

（四）采用的折现率不同

财务评价采用的折现率是该行业的基准收益率或现行贷款利率加风险报酬率，经济费用效益分析中所使用的折现率是以资金的边际产出率为依据制定的社会折现率；社会效益评估采用的折现率是在社会折现率的基础上，考虑各种形式的收入给社会边际价值的贡献而确定的计算利率。

10.4 社会效益评估的必要性

对投资项目进行社会效益评估是项目评估体系中的重要组成部分，是全面衡量投资项目是否可行的重要一环。因此,有必要对投资项目进行社会效益评估。

10.4.1 社会效益评估是追求国民福利最大化的需要

判断拟建项目的合理性,必须要考察其所创造的社会价值。经济费用效益分析仅仅把国民收入的增加(即经济的增长)作为评价的主要内容,考察项目的经济效益,这显然是不够的。作为一个国家,一个社会,所追求的目标,不仅仅是经济的增长,也应该包括国民福利的最大化。国民福利的最大化包含两方面的含义:其一,是指经济增长速度的最优化;其二,则是指经济效益的合理分配。一定数量的经济效益,因分配格局的不同会形成不等值的国民福利,即会产生不同的社会价值。在经济效益(如国民收入量)一定的条件下,只有实现公平合理的分配,才能使其产生最大的社会效益。投资项目是实现国民福利最大化的必要手段,因此判断拟建项目的价值就不应仅取决于它所产生的经济效益的大小,而还应取决于对这些效益如何进行分配。显而易见,进行社会效益评估,从经济增长和收入的公平分配两个方面考察项目的可行性,会有利于具有较大社会价值的项目入选,进而会使国民福利趋于最优化。

10.4.2 社会效益评估是财政、税收等政策的必要补充

从理论上讲,国家可以通过财政、税收和价格等手段进行合理的经济资源的分配,但由于各方面因素的影响,比如地方局部利益的影响,以及财政、税收和价格制度执行上及财政承受能力上的困难等,并不能完全达到从社会角度最佳配置资源的目标,所以需要借助于利用资源的一种主要方式——投资项目社会效益评估,对上述各方面的政策进行必要的补充,以期合理分配有限的资源。

10.4.3 社会效益评估是解决投资资金短缺问题的需要

经济费用效益分析以经济增长为目标,隐含着这样一个价值判断,即不同用途的项目对国民经济基本目标的贡献都相同,亦即用于积累(再投资)和用于消费具有同样的价值,这显然有悖于实践。在某一经济中,当投资水平低于政府所需要的增长目标对它所提出的要求时,就认为投资比消费更有价值。为了实现经济增长,扩大就业和提高人民的生活水平等目标,我国需要进行大量的投资资金进行建设,但在我国目前的经济条件下,投资资金尤为短缺,特别是国家集中的投资资金,社会可供投资的资金不能满足国家为实现上述目标对其数量的要求。这样,一个项目所产生的新增国民收入中,用于再投资的单位收入比用于目前消费的单位收入有更大的价值。所以需要在项目评价时,把项目对投资与消费分配的影响考虑在内,对于分配于目前的项目收入赋予较低的价值。只有通过这样的评价,才能更多地选择产生较多积累资金的项目,增加再投资资金的数量,提高国家的投资水平。

10.4.4 社会效益评估是区域布局合理化的要求

从我国目前情况看,比较发达的地区,特别是工业发展水平和生活水平比较高的地区,大都属于"加工型"区域,即工业的支柱主要是加工工业。这些地区原来的基础就

比较好，加上体制和政策等方面的原因，增加的投资又多，所以整个区域的产值和收入增长较快，人们的生活水平也有较大幅度的提高。比较落后的地区，特别是工业发展水平和人们生活水平落后的地区，大都属于"资源型"区域，即工业的支柱主要是矿产工业和其他基础工业，这些地区大都有丰富的矿藏资源，但因投资不足，限制了资源的开发，整个区域的产值增长较慢，人们的收入和生活水平提高缓慢。显然，在这些地区增加单位投资所创造的产值比发达地区增加单位投资所创造的产值有更大的社会效益。同样地，增加单位边际消费所产生的社会效益也大于发达地区增加单位边际消费所产生的社会效益。形成这种畸形的布局结构，除了历史的原因外，主要是由于投资结构不合理造成的。要改变这种布局结构，仅依靠行政和其他经济手段和职能是很难奏效的，而通过项目社会效益评估却有助于实现这一目标。在进行项目社会效益评估时，给分配于比较落后地区的项目收入赋予较高的社会价值，相反地，给分配于比较发达地区的项目收入赋予较低的社会价值。这样，在进行项目投资决策时，有利于比较落后的地区拟建项目的入选，从而通过投资资金流向的调整，逐步改变我国不合理的区域布局。

另外，拟建项目是否能够取得比较好的经济效益与社会效益，和其与社会环境的协调密切相关。任何投资项目都生存于一定的社会环境中，与社会生活各领域有着诸多联系，社会环境对项目建设的费用与效益，企业的未来生存和发展，必将产生或多或少的影响。这种客观的、现实的存在不容忽视。比如，项目建设与所在地区的文化生活水平的协调，项目建设与当地所有的资源（包括自然资源和人力资源）的协调，项目建设与当地环境保护的协调，等等。这些问题都属于社会问题，项目社会效益评估应充分考虑这些因素，只有选择社会效益好并与社会环境相协调的项目，才能保证项目的顺利实施，提高投资的经济效益。

总之，项目社会效益评估的意义在于，在项目决策过程中，使那些有益于落后地区而不是有益于比较发达地区的项目，有益于产生较高的积累和进一步增长，而不是有益于产生较高的目前消费的项目易于入选，从而使有限的投资资源产生最大的社会效益。这一点已为世界银行贷款项目实践所证实。由此可见，投资项目社会效益评估，对提高项目的投资经济效益具有重要意义。

10.5 社会效益评估的原则、应用范围及程序

投资项目社会效益评估是完善投资项目评估体系的核心工作。社会效益评估是衡量投资项目的社会效益的客观尺度，其质量的高低将会直接影响到评价结果的质量，因此，为了能够如实地、全面地反映投资项目的社会效益，我们应遵循一定的原则和方法进行具体的评价。

10.5.1 社会效益评估应遵循的原则

投资项目社会效益评估涉及的内容较多，难度较大，需要花费大量的时间，进行较

多的价值判断，因此在对投资项目进行社会效益评估过程中，应遵循如下原则。

(一) 客观性原则

投资项目社会效益评估，是整个项目评估工作的重要组成部分，社会效益评估的结果将会直接影响到整个投资项目效益水平的评价质量。因此，为了准确、全面地反映投资项目的效益水平，社会效益评估应建立在科学的基础上，评价方法要有科学依据，从而在客观上成为分析项目和评价项目的衡量标准。同时，在现阶段要结合我国社会主义初级阶段这个历史时期和当前经济体制的特点，根据中国特色进行投资项目的社会效益评估，对国外的投资项目社会效益评估的先进方法和经验应予以借鉴，但不可生搬硬套。

(二) 可操作性和通用性原则

投资项目的社会效益评估涉及面广，且由于各个投资项目种类、规模和用途各不相同，难度是很大的，因此对投资项目的社会效益评估人员的要求比较高，不但要掌握评估方法，而且要灵活运用，所以对投资项目进行社会效益评估所采用的评价方法要具有可操作性和通用性。应避免使用高深繁杂的数学模型等评价方法，而是应根据各类项目所具有的共性，采用易懂的、建设性质各异的项目均可通用的评价方法，对项目进行社会效益评估。这样一方面可以大大减少项目社会效益评估的工作量，另一方面为项目社会效益评估的广泛推广提供了可能性。

(三) 可比性原则

比较择优而取是我们判断优劣的一般的方法，也是进行项目社会效益评估的目的所在。因此对不同投资项目进行社会效益评估时，应遵循可比性原则，即对不同项目进行社会效益评估过程中，无论是进行定性分析还是定量分析，均应注意可比性。目前由于我们在社会效益评估过程中采用的方法和数据的限制，应充分注意可比性，尤其是对公平目标的分析中，一般来说，不求公平目标的全面性，只求适用性和项目之间具有可比性，即可以只考虑公平目标中的某一个或某几个方面的因素。评价不在同一地区拟建的互斥项目，或者对不在同一地区拟建的一系列项目进行排队时，要考虑项目收入在积累和消费之间的分配以及在不同地区之间的分配两个因素。评价在同一地区拟建的互斥项目或独立项目，可只考虑一个因素，即项目收入在积累和消费之间的分配。

(四) 定性分析和定量分析相结合原则

定量分析是对投资项目中能直接或间接量化的部分进行定量计算和分析。定量分析的基本原理是运用社会费用效益分析理论，进行成本（费用）效益分析，即将项目所创造的社会效益与社会为项目所付出代价相比较，力争以最小的代价取得同样的社会效益。定性分析则是对不能量化部分进行的分析和评价，定性分析要客观公正、全面交流，防止主观片面，并采用现代科学方法，如德尔菲法、评分法等使定性指标定量化。由于投资项目的社会效益评估涉及范围广、内容繁杂、难度大，因此在社会效益评估过程中，要尽量多采用定量分析，以定量分析为主。但由于我国目前项目社会效益评估所采用的方法和数据的限制，加之评估人员的素质水平，不可以忽略定性分析，应采取定量分析和定性分析相结合的方法，以定量分析为主，定性分析要力求准确、全面、客观地评价项目，避免给决策部门提供错误的信息。

10.5.2 社会效益评估的应用范围

任何投资项目都与人和社会有密切关系,既然社会效益评估是分析项目与人和社会关系的方法,那么,它在投资领域中的应用,从理论上讲,适用于各类投资项目的评价。但是,由于项目的社会效益评估难度大、要求高,而且各类项目各具特点、功能各异,因此,一般来说,评价的重点是当地人民受益型项目和对当地社区居民影响大的项目以及易引起社会动荡的项目。

(一) 农业、林业项目

农业项目一般目的在于增加农业收入,其中包括品种改良、增加灌溉设施、改良土壤、加快农业科技的发展、强化农业科教及农技服务网建设,增加农业生产资料投入、解决农村能源、牧场建设,农村公路建设等。林业项目如植树造林、林业副产品加工等。这样一类项目的直接受益者一般是项目所在地的农民,项目的运营直接涉及项目所在地人民的生产与生活,项目引起的社会变化对社区各方面的影响较大。特别是现阶段,我国扶贫工作转向开发性扶贫为主,过去的单纯"输血"改为"造血",因而,过去的单纯经济投入进一步转变为复杂的建设工程。在这种情况下,项目的建设必须十分注意分析项目是否适应当地的需要,当地人民的文化可接受性如何,对项目的吸收能力如何,项目的收入分配是否有利于贫困户,妇女是否得到应得的收益,承担项目的机构能否适应项目的持续实施等一系列项目与社会相互适应的问题。通过社会效益评估,研究采取适当措施使项目与社会相适应,避免社会风险。这对取得投资的成功是十分必要。

【例 10 - 4】

陕西杨凌农业科技示范园

由陕西杨凌新天地设施农业开发有限公司建设的农业科技示范园,位于杨凌邰城南路中段,是目前陕西省内乃至西北地区最大的农业高新科技示范基地。示范园占地 200 亩,主要建设内容:连栋温室大棚 4 座,25 亩;双拱节能日光温室 7 座,11.2 亩;并建设有组培楼、科研培训楼等设施。棚内设施具有国内先进水平,光、温、湿均采用电控装置;蔬菜、花卉种植采用无土栽培,施肥灌溉采用滴灌技术,电脑自动控制;采用基质、水培等多种栽培方法。先进的设施,先进的种植技术,可使您领略到现代农业全新发展模式。同时,生产的瓜果蔬菜,堪称绿色食品,备受游客的青睐。园区现已成为科研、教学、实习、培训、推广、旅游的基地,也是对青少年进行科普教育的理想场所。

目前,已有一批教授、专家进园开展科研、教学、生产活动,并引进了一批国内外先进的技术成果,现代农业的展示功能已经凸显,旅游参观者络绎不绝。目前已接待国内外游客 20 多万人次,国家及省领导多次来园视察,都给予了很好的评价。

资料来源:http://www.nasuan.com/jingclian/jieshao/112722.html。

(二) 水利项目

水利项目的建设具有发电、防洪、灌溉、养鱼等效益,小型项目一般是当地人民直接受益,大中型项目一般是省、市甚至全国受益,但库区建设在当地一般也受益,水利项目造成的影响也较大,其中对社会环境的影响主要涉及人口迁移及其安置。根据以往的经验,移民及其安置所产生的社会影响直接关系到当地人民生活、生产方式,而且,项目执行过程中由于移民安置未能做好所形成的阻力和困难,往往对项目的建设产生很大的副作用。除此之外,当地移民与安置地居民间的矛盾也产生许多社会问题,影响社会安定。因此,一般水利项目与其他大规模移民项目(如扶贫项目的异地开发)都是进行社会效益评估的重点。

【例10-5】

葛洲坝

葛洲坝水电站是中国长江干流上的第一座大型水利枢纽,兼顾兴利、防洪和通航功能。大坝位于湖北省宜昌市三峡出口南津关下游约3公里处。长江出三峡峡谷后,水流由东急转向南,江面由390米突然扩宽到坝址处的2200米。由于泥沙沉积,在河面上形成葛洲坝、西坝两岛,把长江分为大江、二江和三江。大江为长江的主河道,二江和三江在枯水季节断流。葛洲坝水利枢纽工程横跨大江、葛洲坝、二江、西坝和三江。

葛洲坝水电站是三峡水利枢纽工程的反调节工程,位于三峡大坝下游38千米处,它的成功实践,为长江三峡水利枢纽工程建设进行了实战准备。大坝顶全长2606.5米,最大坝高53.8米,控制流域面积100万平方千米,总库容量15.8亿立方米。整个工程分两期。一期工程包括二江的发电站、泄水闸和三江的二、三号船闸、冲沙闸及其他挡水建筑物。二江电站装有7台水轮发电机组,一、二号机组容量为17万千瓦,其余5台机组容量为12.5万千瓦。工程于1970年12月30日开工,1981年1月3日大江开始截流。6月21日三江船闸正式通航,7月31日二江电站一号机组并网发电。二期工程包括大江电站、一号船闸、大江冲沙闸和混凝土挡水坝等。电站设计装机14台,机组容量12.5万千瓦。1988年葛洲坝工程全部完成,水电站设计总装机容量271.5万千瓦,平均年发电量141亿千瓦时。

资料来源:百度百科。

(三) 社会事业项目

社会事业项目除大型项目外,中小型项目以为当地人民提供社会服务为目的,其投资效益难以用经济指标衡量,主要是社会效益如教育、卫生项目,文化事业、体育事业项目等。此类项目的效益好坏,很大程度上是以当地居民的满意程度来衡量的。社会事业的建设和发展,直接关系到千家万户,因此,对社会事业项目进行完整的社会效益评估,是此类项目发挥作用的基本保证。

【例10-6】

中国—默沙东艾滋病合作项目

中国—默沙东艾滋病合作项目由中国卫生部和美国默克公司合作建立，项目总经费3000万美元，为期5年，项目实施地区为四川省，旨在通过一个综合性的预防、治疗和关怀模式，缓解艾滋病对公共健康的影响，防止艾滋病对中国经济增长和稳定造成潜在的灾难性影响。

资料来源：网易新闻。

（四）能源、交通、大中型工业项目

这几类项目的经济效益是主要的，同时，社会效益也不容忽视。基础性项目，往往为国民经济和社会发展提供必要的条件，有时经济效益难以量化计算，社会效益的评价则涉及更为广泛的范围。因此，对基础性工业项目的评价，不仅要计算其经济产出，亦要评价其社会影响。大中型工业项目，一般对环境影响较大，从而影响到社区人民的生活，并且通常涉及土地征用、人口迁移等问题，对项目所在地人民的影响是直接的、长期的，并且对社区结构、社区发展，均有相当的影响。通过社会效益评估，可以有效地扩大有利影响，减轻项目产生的对当地的不利影响，搞好群众参与，消除社区人民对项目的不利反应，以促进项目与当地社会的协调发展。

【例10-7】

青藏铁路

青藏铁路北起青海省西宁市，南至西藏自治区拉萨市，全长约1956公里，其中西宁至格尔木约846公里已于1984年建成。青藏铁路格尔木至拉萨段2001年6月29日开工，从青海省西部重镇格尔木市火车站引出，过南山口后，上青藏高原腹地，途经纳赤台、五道梁、沱沱河、雁石坪，翻越唐古拉山进入西藏自治区，再经安多、那曲、当雄、羊八井，至西藏自治区首府拉萨市。线路走向与青藏公路基本并行。青藏铁路是当今世界海拔最高、线路最长的高原铁路。线路经过地区海拔4000米以上的地段有960公里，翻越唐古拉山线路最高处达5072米；经过多年连续冻土地段550公里，经过九度地震烈度区216公里。沿线高寒缺氧，生态环境脆弱，地壳运动活跃。在这样的区域修建铁路，具有很强的探索性和科研性，建设任务艰巨。青藏铁路已于2006年7月1日9:00全线通车。青藏铁路的修建，结束了西藏自治区不通铁路的历史，进一步改善青藏高原的交通条件和投资环境，促进西藏资源开发和经济快速发展。对加强内地与西藏的联系，促进藏族与各民族的文化交流，增进民族团结，造福沿线人民，将发挥重要作用。

此外，边远地区、少数民族地区及多民族聚居区项目不论属于哪种类型和行业，均有社会风险大的特点。各民族发展的不平衡，形成了项目建设的特殊环境；各民族人民自己的文化历史、风俗习惯、宗教信仰、生活方式等因素，一般都对项目建设产生一定的影响，从而对项目产生不同的作用。因此，在考虑上述地区的项目评价时，必须更加重视各种社会因素对项目的作用及影响，尽可能促进人民对项目的参与和支持，以保证项目的顺利实施和项目与当地社会的协调一致。

总之，我国各类、各行业项目，尤其是公共投资项目，一般均应进行程度不同的社会效益评估，以利于对项目进行全面的分析评价，然后正确决策。社会效益评估应贯彻于项目周期的始终，如项目立项、可行性研究、项目评估、实施和项目后评价。但各类项目进行社会效益评估的侧重点、内容有所不同，深度要求不一。在开展项目社会效益评估中，要按项目的类型、行业的特点和各个项目所处环境的具体情况，进行具体分析和评估。

10.5.3 社会效益评估的程序

项目社会效益评估虽因项目的类型、行业、规模、复杂程度不同而有差异，但从总体上说，一般社会效益评估都遵循一个客观的、循序渐进的基本工作程序。这个工作程序一般可归纳为筹备计划、调查研究、分析评价、总结报告四个阶段。对于一般大中型投资项目，在可行性研究阶段，深入进行社会效益评估时，具体工作可分为筹备计划，确定项目目标与评价范围，选择评价指标，调查预测、确定评价基准，制订备选方案，进行分析评价，选出最优方案，专家论证，评价总结，编制"项目社会效益评估报告"九个步骤。

（一）筹备与计划

项目社会效益评估一般应由独立的咨询单位，选派社会效益评估专家和若干社会效益评估的工作人员组成一个社会效益评估小组。

一旦社会效益评估小组组成，应着手进行评价的准备工作，如熟悉项目的基本情况，研究小组成员的分工，确定调研地点，制订评价工作计划等。工作计划一般应包括所有九个步骤的工作安排与进度。工作计划经过论证认为可行时即可开始进行调研、分析、评价工作。

（二）确定项目目标与评价范围

1. 确定项目目标。根据项目投资的任务，项目的功能，运用逻辑框架法，分析研究项目的内外部关系，从而明确项目的目标。大多数项目，一般直接目标比较明确，而有的项目，目标比较模糊，需要在项目投资的不同阶段，通过多次分析才能逐步明确项目的目标及其内外部的逻辑关系。

2. 确定评价范围。分析研究评价的范围，包括项目的影响直接波及的空间范围与时间范围。空间范围一般是项目所在的社区、县市，有的大型项目如水利项目，影响区域涉及省、市较广泛的地域。时间范围一般是项目的生命期或预测可能影响的年限。如有的工业项目对自然环境与生态环境的影响，往往大大超过项目的生命期，所以评价的空间与时间范围，要根据项目的具体情况，经过分析研究适当确定。

（三）选择评价指标

根据国家（地方）的社会发展目标与社会政策，由评价人员结合项目的功能、产出等具体情况，找出项目可能产生的效益与影响，项目与社会相互适应的各种因素，选出项目评价的指标。

（四）调查预测、确定评价基准

社会效益评估重要的是要进行广泛深入的社会调查，包括社区调查，并预测项目生命期或影响时限内的社会变化，作为分析评价的基本资料。调查、预测主要解决以下问题：

首先，调查评价的基线情况，采用各种必要的调查方法，收集项目影响区域现有社会经济及项目评价指标涉及的有关社会环境、自然资源、自然环境等方面的资料，并采用科学预测方法预测项目影响时限内可能的变化，作为评价的基线情况。

其次，调查预测项目所在社区和受影响的社区的基本社会经济情况及其在项目影响时限内可能的变化作为对社区影响分析的基线情况及分析项目与社区相互适应性的基本资料。

再次，调查社区各群体对项目的反应与要求，作为分析项目与社区相互适应性的资料。

最后，调查社区参与项目活动的可能性，作为制定参与规划的基本资料。

（五）制订备选方案

根据项目的目标、不同的建设地点厂（场）址、不同的资源、不同的工艺技术路线等，提出若干可供选择的方案（或经济评价中已提出的不同建设方案，或与财务、经济评价组共同研究提出备选方案）。

（六）进行分析评价

根据调查预测资料，对每一备选方案进行定量与定性分析评价，其一般步骤是：

第一，对各备选方案计算各项社会效益与社会影响能够定量的指标。通过运用调查预测资料，各种有关的评价参数，对历史资料的分析，以及同类项目历史经验等资料，对比"有"和"无"项目实施的不同情况，从而计算出各项定量指标的数据，并评价其优劣。

第二，对各种不能定量的效益与影响，以及项目与社区相适应的社会因素进行定性分析。判断各种定性分析指标对有关社会发展目标与当地社会环境相互影响的程度；并找出项目实施期间，当地社区各群体将因项目带来的社会变化发生什么社会问题，揭示项目可能存在的社会风险。

第三，分析判断各种定量与定性指标对项目实施与社会发展目标的重要程度，进行各种效益与影响的权重、排序，并对若干重要指标，特别是不利影响的指标进行深入的分析研究，制定减轻不利影响的措施，研究存在的社会风险的性质与重要程度，提出防止风险的措施。

第四，对各备选方案进行综合分析评价。

（七）选出最优方案

对各备选方案的综合分析评价结果进行比较分析，选出最优方案。要注意的是，不仅要比较综合评价结论或评出的总分数，还要比较方案中重要的关键指标，并要注意比较各方案存在的社会风险。

选择最优方案应与项目的财务评价、经济费用效益分析结果结合起来研究，选择财务、经济效益好，社会效益也好，不利影响最小，受损群众最少，社会补偿措施费用最低，社会风险最小的方案为最优方案。如果财务、经济、社会效益评估最优方案有矛盾，一般应另选方案，或对有关方案的各项经济、技术因素进行调整。总的来说，应根据项目的具体情况，解决方案的财务、经济、社会方面存在的矛盾。

对最优方案的不利影响及存在的社会风险，提出补救措施与解决办法，并估算各项补偿费与措施费，计入项目总投资中。

（八）专家论证

根据项目的不同情况，召开不同规模的专家论证会，将选出的最优方案提交专家论证。必要时，根据专家意见，对方案予以修改、调整与完善。

（九）评价总结，编制"项目社会效益评估报告"

将上述调查、预测、分析、比较方案，推荐出最优方案的过程，分析、论证方案中的重要问题与有争论的问题，最优方案尚存的问题，特别是尚存的社会风险所在，以及采取的措施（包括参与规划与移民规划）涉及的费用等，写成书面报告，提出项目的社会效益评估的优劣，并从社会方面分析项目是否可行的结论和建议，形成"项目社会效益评估报告"，作为项目评估报告（包括财务、经济、社会效益评估）的重要组成部分。

10.6 社会效益评估的基本方法

投资项目社会效益评估涉及的内容比较广泛，面临的社会问题比较复杂，因此，遵循项目社会效益评估的原则，能够量化的则一定要进行定量分析和评价，不能定量的则要根据国家的方针、政策及当地具体情况和投资项目本身特点进行定性分析。

10.6.1 动态评价法

进行投资项目社会效益评估的基本方法是：根据效率影子价格，考虑公平分配目标确定出社会价格以后，用社会价格衡量项目的费用与效益，然后计算项目的社会效益指标，进行分析和评价。

（一）社会价格的确定

1. 社会价格的含义。社会价格是在效率影子价格的基础上，考虑收入分配影响所确定的价格，即社会价格等于效率影子价格与收入分配影响之和。

$$社会价格 = 效益影子价格 + 收入分配影响$$

收入分配影响是通过对项目收入用于积累和消费，以及分配于不同地区的分配权数来反映的。可见，社会价格是效率影子价格和分配的函数。

2. 确定社会价格的方法。社会价格包含了公平分配的目标，即考虑了项目收入的分配对社会的影响，所以，在社会效益评估中，投入物的效率影子价格不调整，只调整产出物的效率影子价格．产出物的效率影子价格加上收入分配的影响就是所要确定的社会价格，确定社会价格主要是根据投资和消费或不同地区的项目收入的不同权数来确定的。

项目产品价值分为三部分，即 $C+V+M$，$V+M$ 属于项目的净收入，这样，只需对 V 和 M 部分进行调整就可以了。V 属于目前的消费，M 用于积累。如前所述，单位收入用于消费和积累所产生的社会价值是不相等的，特别是在投资资金短缺、投资水平低的情况下，两者的差值尤为突出。所以在产品中，分出 V 和 M 部分，给各自赋予不同的权数。如果不考虑收入在地区之间分配的价值差异，用产出物中的 C 部分加上调整以后的 V 和 M 部分，就是该种产出物的社会价格。

如果既考虑消费和积累分配对社会的影响，又考虑项目收入在不同地区之间的分配对社会的影响，则还要在上述的基础上，再对 V 和 M 进行调整。

例如，某产出物的效率影子价格是 150 元，价格构成中，C 为 70 元，V 为 40 元，M 为 40 元，现在赋予 V 的权数是 0.95，M 的权数是 1.0，那么 V 的社会价值为 $40 \times 0.95 = 38$ 元，M 的社会价值为 $40 \times 1.0 = 40$ 元，则该种产出物的社会价格为 70 元 + 38 元 + 40 元 = 148 元。

根据上列数据，假定生产该产品的两个项目分别建在 A 地区和 B 地区。A 地区属于边远且比较落后的地区，消费水平和投资水平都比较低；B 地区属于沿海比较发达地区，相对 A 地区而言，消费水平和投资水平都较高。积累和消费分配影响的产品价值构成分别是：$C = 70$ 元，$V = 38$ 元，$M = 40$ 元。现在要考虑的是，项目净收入在两个地区分配的影响问题。假定项目的积累皆投资于本地区，消费也只限于本地区，赋予 A 地区消费的权数为 1.2，投资权数为 1.5，B 地区的消费和投资权数均为 1.2，则该种产出物在 A 地区的社会价格为：

$$70 + 38 \times 1.2 + 40 \times 1.5 = 175.6（元）$$

在 B 地区的社会价格为：

$$70 + 38 \times 1.2 + 40 \times 1.2 = 163.6（元）$$

（二）分配权数的估算

1. 基本原理。项目社会效益评估中使用分配权数的基本原理就在于，项目的收入分配于投资和消费，或分配于不同的地区，对社会具有不同的价值，因而需赋予它们各自不同的权数，以反映其各自的社会价值。权数的大小应根据它们对社会目标贡献的大小来确定，贡献大的，赋予较大的权数；贡献小的，赋予较小的权数。一般情况，只估算两个方面的权数，即项目收入用于投资和消费所加的权数和项目收入分配于不同地区所加的权数。在估算投资和消费的权数时，以投资为计算单位，投资的权数是 1.0，消费的权数小于 1.0；在估算地区的权数时，也要找一个计算单位，或以比较落后的地区为计算单位，或以比较发达的地区为计算单位，如果是前者，比较落后地区的权数是 1.0，比较发达地区的权数小于1.0；如果是后者，比较发达地区的权数是1.0，则比较落后地区的权数大于1.0。

2. 权数的估算。项目收入分配权数的估算，可采用数学的方法进行，也需价值判断。投资和消费的权数应由国家权威机构确定并颁布，收入分配于各地区所加的权数的计算，也应有一个比较统一的方法。

（1）投资和消费的权数的估算。因为计算单位是投资，所以投资的权数为1.0，消费的权数则以投资价值为基础进行估算。项目所创造的 M 部分，可以用于再投资，可在将来创造一系列的 V 和 M，所以可以简单地根据边际资金产出率（即边际投资所产生的净产值率）来计算单位消费的社会价值，即消费的权数。估算方法为：

设 C 代表单位消费，I 代表单位投资，R 代表边际投资净产值率，W_c 代表消费权数，则：

$$W_c = \frac{C}{1+R}$$

如有关资料表明，我国一段时期内各年的边际投资净产值率在 16.4% ~ 18.09%，五年平均的边际投产净产值率为 17.16%，再综合考虑其他一些因素，可推算出我国的边际投资净产值率大约在18%左右。如果按这一数据计算，消费的分配权数为：

$$W_c = \frac{1}{1+0.18} = 0.85$$

在国家尚未正式颁布投资和消费的分配权之前，可以用该种方法确定消费的权数。

（2）地区分配权数。比较发达地区和比较落后地区的收入分配权数由两个地区的人均投资水平和人均消费水平决定。计算方法为：

设 W_{RI} 和 W_{RC} 分别代表比较发达地区的投资和消费权数，W_{PI} 和 W_{PC} 分别代表比较落后地区的投资和消费权数。CR、CP 分别代表比较发达地区的人均消费水平和比较落后地区的人均消费水平；IR、IP 分别代表比较发达地区的人均投资水平和比较落后地区的人均投资水平。

如果以分配给比较发达地区的收入为计算单位，则：

$$W_{RI} = W_{RC} = 1.0$$

$$W_{PI} = \frac{IR}{IP}$$

$$W_{PC} = \frac{CR}{CP}$$

如果两个项目分别建立在A地区和B地区，A地区的人均消费水平是1000元，人均投资水平是10万元；B地区人均消费水平是1500元，人均投资水平是13万元，用上述公式计算得：

$$W_{RI} = W_{RC} = 1.0$$

$$W_{PC} = \frac{CR}{CP} = \frac{1500}{1000} = 1.5$$

$$W_{PI} = \frac{IR}{IP} = \frac{13}{10} = 1.3$$

如果以分配给比较落后地区的收入为计算单位,则:

$$W_{PI} = W_{PC} = 1.0$$

$$W_{RI} = \frac{IP}{IR}$$

$$W_{RC} = \frac{CP}{CR}$$

根据上述数据,则:

$$W_{PI} = W_{PC} = 1.0$$

$$W_{RI} = \frac{IP}{IR} = \frac{10}{13} = 0.77$$

$$W_{RC} = \frac{CP}{CR} = \frac{1000}{1500} = 0.67$$

(三) 费用和效益的计算

社会效益评估中的费用是指按效率影子价格计算的物料投入和劳动力的社会费用,以及项目的外部费用。这些费用与经济费用效益分析中的数据是一致的,社会效益评估中的效益是用社会价格计算的项目产出物的社会价值,即用项目产出物的数量与社会价格之积得出的,产出物的数量与经济费用效益分析中的数据是一致的。对于项目所产生的间接效益,可定量的部分,原则上也要用社会价格计算。用项目所产生的社会效益减去社会费用就是社会净效益,即项目的净收入。

(四) 评价指标的计算和分析

1. 社会效益费用流量表。社会效益评估的主要指标是社会内部收益率和社会净现值。计算这两个指标,首先需要编制社会效益费用流量表。无论项目的投资来源如何,都要编制全部投资的社会效益费用流量表(见表 10-2)。

表 10-2 社会效益费用流量表

序号	时期 项目	建设期		投产期		达到设计能力生产期				合计
		1	2	3	4	5	6	……	n	
	生产负荷(%)									
1	效益流量									
1.1	营业收入									
1.2	回收固定资产余值									
1.3	回收流动资金									
1.4	项目间接效益									
2	费用流量									
2.1	建设投资									
2.2	流动资金									

续表

序号	时期\项目	建设期		投产期		达到设计能力生产期				合计
		1	2	3	4	5	6	……	n	
2.3	物料投入									
2.4	劳动力的社会费用									
2.5	项目间接费用									
3	净效益流量									

注：计算指标：社会内部收益率（SIRR），社会净现值（SNPV）。

在社会效益费用流量表中，回收固定资产余值、流动资金回收、建设投资、流动资金、间接费用和效益均与经济费用效益分析中的国民经济效益费用流量表中数据一致。营业收入是用社会价格乘以各年的产量得出的结果，间接效益与费用也要用社会价格计算，物料投入是指除劳动力和折旧以外的所有投入物按效率影子价格计算的价值，劳动力的社会费用是指劳动力的机会成本，即劳动力的影子工资，此项与经济费用效益分析中的影子工资是一致的。

2. 评价指标

（1）社会内部收益率（SIRR）。社会内部收益率是指使项目计算期内的社会净效益流量累计为零时的折现率。其表达式为：

$$\sum_{t=1}^{n}(CI-CO)_t(1+SIRR)^{-t}=0$$

式中，CI 为现金流入量；CO 为现金流出量；$(CI-CO)_t$ 为第 t 年的净现金流量；n 为计算期（1，2，3，……，n）；$SIRR$ 为社会内部收益率。

一般来说，社会内部收益率大于或等于计算利率的项目是可以考虑接受的。

（2）社会净现值（SNPV）。社会净现值是指用计算利率把项目计算期内各年的社会净效益流量折算到第零年的现值之和。其表达式为：

$$SNPV=\sum_{t=1}^{n}(CI-CO)_t(1+ARI)^{-t}$$

式中，CI 为现金流入量；CO 为现金流出量；$(CI-CO)_t$ 为第 t 年的净现金流量；n 为计算期（1，2，3，……，n）；ARI 为设定的折现率。

一般来说，社会净现值大于或等于零的项目是可以考虑接受的。

10.6.2 静态评价法

（一）就业效益指标

就业效益指标是单位投资就业人数，即：

$$单位投资就业人数 = \frac{新增就业人数（包括本项目与相关项目）}{项目投资（包括直接投资与间接投资）}$$

总就业人数包括拟建项目的投资所产生的就业人数，与该项目直接相关的项目的间接投资所新增的间接就业人数。因此，上述指标可以分解为以下两项指标，即：

$$单位投资直接就业人数 = \frac{本项目新增就业人数}{本项目直接投资}$$

$$单位投资间接就业人数 = \frac{相关项目新增就业人数}{相关项目投资}$$

式中，相关项目新增就业人数，一般是指项目直接相关的配套项目增加的就业人数，计算时应注意新增就业人数与投资的计算口径一致。

就业效益指标，从国家层次分析，一般是项目单位投资所能提供的就业机会越多越好，即就业效益指标越大，社会效益越大。但项目创造的就业机会，往往与项目采用的技术和经济效益密切相关。劳动密集型企业与资金密集型企业，就业效益相差很大。前者创造就业机会多，后者增加就业人数少。行业不同，产品不同，单位投资创造的就业机会也相差悬殊。项目的就业效益与经济效益常有矛盾。因此，就业效益指标很难建立一定的标准衡量其优势。从地区层次分析来说，我国各地区劳动就业情况不同，有的地区劳动力富余，要求多增加就业机会，有的地区劳动力紧张，希望多建设资金、技术密集型企业，这就很难说就业效益指标越大越好。

因此，在评价就业效益指标时，应根据项目的行业特点，并结合地区劳动就业情况进行具体分析。一般来说，从社会就业角度考察，在失业率高的地区，特别是经济效益相同的情况下，就业效益大的项目应为优选项目。如果当地劳动力紧张，或拟建项目属高新技术产业，就业效益指标的权重就应减小，可以只作为次要的或供参考的评价指标。

（二）收入分配效益指标

收入分配分析，从国家宏观经济层次分析来说，是指社会在一定时期内创造的价值，或体现这部分价值的产品，即国民收入在社会集团或社会成员之间的分配效益分析。从项目的微观层次分析来说，即项目的净收益对社区居民的收入分配效益。

社会效益评估方法可设置"贫困地区分配效益指标"，以促进国家经济在地区间合理布局，并促进国家扶贫目标的实现。

贫困地区收益分析效益指标，按下列两步计算：

（1）贫困地区收入分配系数 $D_i = (G_0 / G)^m$

（2）贫困地区收入分配效益 $= \sum_{t=1}^{n} (CI - CO)_t \times D_i \times (1 + I_s)^{-t}$

D_i 为贫困地区 i 的收入分配系数，G_0 为项目评价时的全国人均国民收入，G 为同时期当地人均国民收入，I_s 为社会折现率，m 为国家规定的扶贫参数。国家规定的 m 值愈高，贫困地区收入分配系数愈大。确定的 m 值对贫困地区算出的收入分配系数应大于 1。

$\sum_{t=1}^{n} (CI - CO)_t \times (1 + I_s)^{-t}$ 为项目的经济净现值 ENPV 计算式，其年净现金流量乘以 D_i 将使项目的经济净现值增值，有利于在贫困地区建设的项目优先通过经济评价，得以被国家接受。

在国家未发布扶贫参数以前，可按 $m = 1 \sim 1.5$，由评价人员根据具体情况确定 m 值计算，并予以说明。

（三）环境影响指标

自然环境与生态环境影响是工程项目对社会影响的重要方面。现代环境问题已同经济与社会发展结合起来作为一个整体来研究。无论是社会影响评价方法或社会分析方法，都同分析研究项目对自然环境影响分不开。项目对自然环境的影响往往是项目对社区居民生活影响的根源，社会效益评估常常离不开环境影响评价。我国社会效益评估中设立的环境影响指标为环境质量指数，此指标是在环保系统工作的基础上，将环境治理的效益与影响纳入社会效益评估。分析评价由于项目实施对环境影响的后果及由此引发的社会问题。

环境质量指数指标，通过分析评价项目对各项污染物治理达到国家和地方规定标准的程度，从而全面反映项目对环境治理的效果。为了便于计算，环境质量指数采用各项对环境污染物治理的指数的算术平均数。如果项目对环境影响很大，比较复杂，则对各污染物聚集对环境影响的程度给予不同的权数，然后再求平均数。其计算式为：

$$Q = \sum_{i=1}^{n} \frac{Q_i}{Q_{i0} \times n}$$

式中，Q 为环境质量指数；Q_i 为 i 种有害物质排放量；Q_{i0} 为国家规定的 i 种物质最大允许排放量；n 为该项目排出的污染环境的有害物质的种类。

10.6.3 定性分析方法

定性分析方法基本上是采用文字描述，说明事物的性质。但定性分析与定量分析的区分也不是绝对的。定性分析在需要与可能的情况下，应尽量采用直接或间接的数据，以便更准确地说明问题的性质或结论，不过一般难以用一定的数学公式计算。社会效益评估科学的定性分析，要求与定量分析一样。首先，确定分析评价的基准线；其次，在可比的基础上进行"有项目"与"无项目"的对比分析；再次，制定定性分析的核查提纲，以利调查与分析的深入；最后，在衡量影响重要程度的基础上，对各种指标进行权重排序，以利综合分析评价。

【本章小结】

投资是国民经济与社会发展的重要推动力，投资决策关系到资源的合理配置、国民经济与社会发展目标的实现。

本章从社会的角度，探讨了投资项目社会效益评估的理论和方法，用以分析和评价投资项目的社会可行性和合理性。

社会发展基本上有两个目标：一是经济的增长，亦称效率目标；二是公平分配，亦称公平目标。二者合称国民福利目标。

项目的社会效益评估相对于财务评价、经济费用效益分析而言，具有宏观性和定量难的特点。

投资项目社会效益评估涉及的内容比较广泛，面临的社会问题比较复杂，因此，遵循项目社会效益评估的原则，能够量化的一定要进行定量分析和评价，不能定量的则要根据国家的方针、政策及当地具体情况和投资项目本身特点进行定性分析。

【习题】

1. 为什么要进行社会效益评估？
2. 社会效益评估有哪些特点？
3. 社会效益评估与经济评价有哪些主要区别？
4. 常用的社会效益评估方法主要有哪几种？
5. 某地区为减少洪水灾害，共设计了四个互相独立的修建水坝的方案，各方案的费用列于表10-3中，估计寿命均为75年。如果该项目融资的资金成本为4%，请利用指标收益/费用比进行比选。

表10-3　　　　　　　某地区的四个修建水坝的方案　　　　　单位：万元

方案	初始投资	年维护费	水灾年损失
0（不建）	0	0	240
A	1120	28	150
B	880	21	170
C	720	18	200
D	480	12	215

6. 为减少火灾损失，某地政府决定增加消防能力，并提出了三个备选方案：

A. 对于原有的6个消防站，每站增加2辆消防车，并增配相应设施、器材和人员。

B. 在A方案的基础上，同时在消防力量薄弱的两个地段新建2座消防站，每站配备3辆消防车及相应的设施、器材和人员。

C. 新建6个消防站，用以改善地理分布不均的问题。每个新站配备2辆消防车及相应的设施、器材和人员。原有各站不变。

试协助进行方案的选择。

【推荐阅读】

（1）刘佳燕. 社会影响评价在我国的发展现状及展望 [J]. 国外城市规划，2006 (4)：77~81.

（2）薛晓娟. 投资项目社会评价研究 [J]. 沿海企业与科技，2005 (2)：93~74.

（3）王媛，张东明. 投资项目社会评价制度框架对比研究 [J]. 四川建筑，2009 (6)：245~247.

（4）王奕清. 对投资项目社会效益评价有关问题的探讨 [J]. 中国工程咨询，2003 (4)：30~32.

(5) 史本山,杨季美,陈蛇. 建设项目社会评价理论体系新论 [J]. 软科学, 1998 (3): 13~15.

(6) 陈琳. 投资项目评估中的社会成本效益分析 [J]. 建筑经济, 2005 (3): 85~89.

(7) 易山,刘向忠. 世行项目评估的特点及对我们的启示 [J]. 技术经济, 2001 (5): 56~58.

(8) 朱东恺. 投资项目社会评价探析 [J]. 中国工程咨询, 2004 (7): 14~16.

(9) 赵国富,王守清. BOT/PPP 项目社会效益评价指标的选择 [J]. 技术经济与管理研究, 2007 (2): 31~32.

(10) 张立. 基于成本效益矩阵的投资项目社会影响评价 [J]. 上海金融, 2008 (7): 88~91.

(11) 罗剑丽. 图书馆的社会效益表现形式及其评估 [J]. 韶关学院学报 (社会科学版), 2005 (8): 98~100.

(12) 肖艳,尹宜红. 项目社会评价与环境影响评价的评价内容比较与区分建议 [J]. 港工技术, 2005 (2): 41~43.

(13) 刘尔烈,戴峙东. 模糊综合评价方法在工程项目社会评价中的应用 [J]. 港工技术, 2002 (4): 20~22.

第 11 章

项目的不确定性分析

项目评价所采用的数据，大部分来自于预测和估算，如项目产品的市场需求量、市场竞争者的供给量、原材料的价格等，有一定程度的不确定性。为了分析不确定性因素对经济评价指标的影响，需要对项目的经济性进行不确定性分析，以估计项目可能承担的风险，确定项目在经济上的可靠性。只有在考虑了各种容易发生的不确定性因素的不良影响后，有关主要技术经济指标仍然不低于基准值的项目，经济上才算是可行的。

11.1 项目不确定性分析概述

11.1.1 不确定性产生的原因

（一）未来事件的不确定性

项目评估是对未来投资效益的分析，而未来事件的发展总是不确定的，通货膨胀和价格的调整变化，政府政策和规定的变化，项目生产能力的变化，社会的发展状况、技术的进步程度、资源开发利用的过程，这些未来事件总是给投资项目的建设经营以各种各样的影响。未来事件的发展与变化的不确定性不可避免地导致投资项目的不确定性。

（二）主观判断的影响

投资项目的成本效益分析与评价有时需要依靠项目评估者个人的主观判断，市场未来的发展趋势与相关评价基准的确定总是主观判断与客观数据的结合。而主观判断总是因人而异，同一个投资项目或同一个投资项目中的同一个数据，不同的评估者评估也可能获得不同的结论，导致项目判断的不确定性。对于一些项目中无法量化的外部效果的确定更是主观判断的产物。

（三）信息的不完全

项目评估是在客观信息搜集与整理的基础上建立的分析方法，项目评估者掌握的信息总是有限的，不可能掌握完全的信息。项目的成本效益分析是在不完全信息基础上进行的推断与预测，由此而获得的项目分析结果需要大量的假设，这必然要影响项目分析的结果，产生不确定性。

(四) 数据的测不准原理

即使是能够收集到的项目经济效益分析的数据,依然有可能存在着不确定性,因为数据存在着测不准的性质。在确定项目规模、市场规模等方面,数据的测不准原理都将影响项目的分析与判断。

项目的不确定性主要由上述几个原因产生,为了评估项目能否经受各种风险的冲击,例如可能出现的投资超支、建设期的延长、生产能力达不到设计水平、投入物与产出物的价格变化等。项目评估要对不确定性进行分析。考虑投资项目不确定性因素的变化,可能导致投资项目的实际经济效益偏离方案评价时经济结论的认识。

【例 11 – 1】

上海环球金融中心

上海环球金融中心(Shanghai Global Financial Hub)以日本的森大厦株式会社(Mori Building Corporation)为中心,联合日本、美国等 40 多家企业投资兴建的项目,总投资额超过 1050 亿日元(逾 10 亿美元)。原设计高 460 米,原计划高度 460 米,地上 94 层,预计建成后将成为世界第一高楼。工程地块面积为 3 万平方米,总建筑面积达 38.16 万平方米,比邻金茂大厦。它曾被戏称为"世界第一烂尾楼",1997 年年初开工,1997 年 8 月工程奠基。因为 1997 年亚洲金融危机,工程停工达 7 年之久。2003 年 2 月曾短暂复工,不久再次停工。2004 年年初,当时中国台北和香港都已在建 480 米高的摩天大厦,超过环球金融中心的原设计高度。由于日本方面兴建世界第一高楼的初衷不变,对原设计方案进行了修改,把设计高度从 466 米增加到 492 米,造价也从 750 亿日元飙升至 1050 亿日元。修改后的环球金融中心比原来增加 7 层,即达到地上 100 层,地下 3 层,楼层总面积约 377300 平方米。除了工期和高度的变更,它的设计方案也有一波三折的经历:上海环球金融中心由美国 KPF 建筑事务所设计,KPF 主设计师威廉·佩德森(William Pedersen)1993 年就来到上海,1994 年开始设计环球金融中心。澳大利亚 Images 出版公司出版的《KPF 作品集》中这样描写他的最初设计:"塔楼在底部是正方形平面,往上逐渐变细直,到顶部成为一片。顶部的圆形洞口可以减小风荷载,同时也是底部正方形的补充,和中国传统宇宙观对天地区分的理解相一致。"简单地说,"天圆地方"是佩德森最初的设计理念,上部圆孔的设计灵感来源于苏州园林中月亮门洞的造型,同时,50 米直径的"圆洞"就是不远处"东方明珠广播电视塔"第二个球的大小,空心圆洞与实心球体正好形成一虚一实、遥相呼应的艺术美感。但这样的构思在一些人看来,同时也表现出了另一种形象,许多中国民众认为原设计方案看上去就像是两把日本刀架着日本国旗中的日之丸,遂向上海环球金融中心公司加压,甚至有民众抵制环球金融中心的建立。在众多非议之后 2003 年大厦再次开工,上海市有关方面和投资方、设计方讨论修改了部分设计。在圆孔上加上一座桥。日方解释是观光用的。不过整个设计的基本造型天圆地方,或者说军刀日丸并没有改变。争议和不满继续在网上出现。在注意到了造型争议后,根据日本开发商2005年10月18日公布的最新设计方案,圆形风洞已改为倒梯形,也就是我们现在看到的环球金融中心。

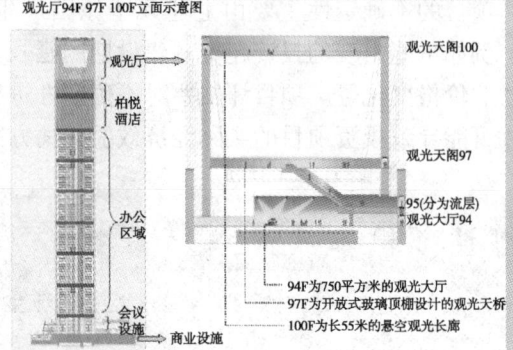

资料来源:百度百科,互动百科,搜房网SouFun。

11.1.2 不确定性因素的主要内容

在现实的项目评估过程中,有一些因素是主要的不确定性因素,许多项目都是由于这些因素的变化才导致项目效益的不确定。在项目不确定性分析中,可以根据这些主要的不确定性因素,分析对项目财务效益和项目整体经济效益影响程度,研究预防和应变的措施,减少和消除主要不确定性因素对项目的不利影响,保证项目的顺利实施,达到项目评估的最终效果,这也正是项目不确定性分析的积极意义。

导致投资项目存在不确定性的主要因素包括以下几方面。

(一) 价格

项目的产品价格或原材料价格,也即项目产出物和投入物的价格,是影响经济效益的最基本因素。它通过投资费用、生产成本和产品售价反映到经济效益指标上来。投资项目的生命期一般都在10~20年之间,在这一时期内,在市场经济的条件下,由于价值规律的作用,各种原材料或产品价格必然会发生变动,因此,价格因其变动的不确定性而成了项目评估中重要的不确定性因素。

(二) 投资费用

如果在投资估算时,项目的总投资额没有打足,或者是由于其他原因而延长了建设期,都将引起投资项目费用效益的变化,导致项目的投资规模、总成本费用和利润总额等项经济指标的变化。

(三) 项目计算期

项目经济效益分析中的许多指标,都是以项目整个生命周期为基础计算的,但是随着科学技术的发展,建设项目所采用的一些工艺、技术、设备等,很可能提前老化,从而使整个项目的技术生命期缩短。同时,随着经济的发展和市场需求的变动,使项目的产品生命周期也日趋缩短,这样,无疑会影响项目的收益。

(四)项目的生产能力

由于生产能力达不到设计生产能力导致生产能力利用率的变化,从而对项目经济效益产生影响。生产能力没有达到设计生产能力,是由种种原因造成的,例如,原材料供应;能源、动力的保证程度;运输条件;对技术的掌握程度;管理水平和市场变化等。但最重要的一条是市场销路问题。由于达不到设计生产能力,将使营业收入下降,而预期的经济效益可能无法实现。

(五)经济形势

投资项目的财务数据估算,是受国家现行法规制约或影响的。其中,税收制度、财政制度、金融制度、价格体制和经济管理体制等对投资项目的经济效益起着决定性的作用。随着经济形势的发展,现行经济法规也会有所变化。虽然在项目评估中无法预见和控制,但这些变化的结果,不仅会造成投资项目经济效益的变化,而且会给项目带来较大的风险。

虽然我们给出了影响项目不确定性的主要因素,但是应该认识到,不同类型的项目,不确定性的因素也各不相同,不同的因素对项目的影响程度也有所差异。因此,评估人员应该根据所评估项目的特点以及客观情况的变化特点,作出合理的判断,选择关键性的因素,提高项目评估的水平,确定影响项目效益的主要不确定因素,也是项目不确定性的重要工作之一。

【例 11 - 2】

悉尼歌剧院

悉尼歌剧院是澳大利亚表演艺术中心,又称海中歌剧院,占地近 2 万平方米,三面环海,其造型新颖奇特,外形宛如一组扬帆出海的船队,也像一枚枚屹立在海滩上的大贝壳,与周围的海上景色浑然一体,富有诗意,被誉为一件杰出的艺术品,也是许多来澳洲的外国游客的首要目的地。但是它的诞生,却是一波三折,充满坎坷。

1956 年,丹麦 37 岁的年轻建筑设计师约翰·乌特松凭着从小生活在海滨渔村的生活积累所迸发的灵感,完成了这项设计方案,按他后来的解释,他的设计理念既非风帆,也不是贝壳,而是切开的橘子瓣,但是他对前两个比喻也非常满意。设计方案一经公布,人们都为其独具匠心的构思和超凡脱俗的设计而折服了。但是,谁又曾知道,约翰·乌特松的方案最初很早就遭到了淘汰,被大多数评委枪毙而出局。后来评选团专家之一,芬兰籍美国建筑师依洛·沙尔兰来悉尼后,提出要看所有的方案,它才被从废纸堆中重新翻出,并最终确立了优胜地位。

1959 年,歌剧院正式破土动工,此时的乌特松春风得意,正野心勃勃,预备按自己的艺术理想,大干一番。然而,这个设计表现出了巨大的反潮流勇气,对传统的建筑施工提出了尖锐的挑战：如何支撑这个不规则的屋顶？如何才能保证其坚固耐久性……此外，工程陷入了一系列的技术及经费大超预算的难题之中，并成为当时朝野两党政治权力斗争的焦点和砝码，建设工程几度停止，人们讽刺它是"未完成的交响曲"。尤其是1965年支持歌剧院工程的工党政府在大选中失利下台，新上台的自由党政府继续对此工程不遗余力地批驳，指责前任政府"不惜巨额财力建一个世界上最大的歌剧院是奢侈和浪费"，拒绝为工程追加新的预算，并终止了与约翰·乌特松的合同，后者于1966年愤然辞职回国，当时工程才完成不到四分之一。澳大利亚政府不得不继续委任三名本国建筑师来完成余下的工程。

直到1973年，经过15年的艰难曲折，悉尼歌剧院终于在几度搁浅后，草草建成竣工。工程总花费超过10亿澳元，是设计预算的十五倍。为了筹措经费，除了募集基金外，澳洲政府还曾于1959年发行悉尼歌剧院彩券。

意想不到的是，掀起盖头来的悉尼歌剧院立即引来世人的好评，成为世界各地旅游者和艺术家们向往的地方，每年都有数百万人出席在这里举行的各种活动，参观者更是络绎不绝，它已经成了悉尼的骄傲、澳大利亚的象征。

但是，对于这座伟大建筑的设计师约翰·乌特松，虽然澳洲普通市民们都认为他应该获得英女王或者国家元首级的待遇，但是他在愤然拂袖而去后却再也没有踏上澳大利亚的土地，也未能亲眼目睹竣工后的悉尼歌剧院。

资料来源：中国网。

11.1.3 不确定性分析的基本方法

不确定性分析的基本方法包括盈亏平衡分析、敏感性分析和概率分析。其中，盈亏平衡分析只用于财务效益分析，敏感性分析和概率分析可以同时用于财务效益分析和国民经济分析。为了提高项目评估的可靠性与投资决策的科学性，《方法与参数》要求在投资项目经济分析的基础上，进行不确定性分析。

11.2　项目的盈亏平衡分析

11.2.1　盈亏平衡分析的基本原理

盈亏平衡分析是研究项目的产品产量、生产成本、营业收入等因素的变化对项目盈亏的影响。项目的盈利与亏损有个转折点，我们把这个转折点称为盈亏平衡点（Break-Even Point，BEP）。在盈亏平衡点上，项目产品的营业收入等于项目的总费用，即项目刚好盈亏平衡。项目盈亏平衡分析就是要找出这个盈亏平衡点，并据此判断投资项目对不确定性因素变化的承受能力，为项目投资决策提供依据。

鉴于盈亏平衡分析是对成本、销售量和利润三者之间关系进行的分析，下面就对这三者之间的关系进行简单的说明。

（一）总成本费用与产量

进行项目盈亏平衡分析，需要根据总成本费用与产量的关系，把项目建成投产后的正常生产年份的总成本费用划分为变动成本和固定成本。项目总成本费用的估计，在本书的前一部分内容已经对其进行了分析。

固定成本是指在一定时期内和一定条件下不随产量变化而变化的费用。变动成本是指与产品产量成正比例变动的费用。在项目评估中一般是将外购原材料费用、外购燃料动力费用作为变动成本，而将总成本费用构成中的工资及福利费、折旧费、修理费、摊销费、利息支出及其他费用均作为固定成本。

变动成本与固定成本的划分都不是绝对的，从长期角度看是不存在任何固定成本的，固定成本不受产量变动影响是有前提条件的，即产量在一定的范围内变动，如果产量超过这一范围，固定成本就可能发生跳跃性的变动，这是项目评估中要注意的问题。比如，由于市场需求的迅速增加，某品牌的汽车生产厂现有的生产能力已经不能满足需要，公司决定扩大生产规模，增加新的设备和生产线并招聘新员工，这时，总成本费用构成中的工资及福利费、折旧费、修理费、摊销费等都要相应的增加，固定成本也就发生了变化，但是，如果公司决定保持现有生产规模不变，那么以上费用就不会发生变化。

（二）销售收入与产量

项目的产品产量与销售收入存在密切的关系，一般而言，项目的销售收入是随着项目产品产量的增减变化而同向变化。但是同向变化也存在两种情况。

一是在没有竞争的市场条件下，即项目是在完全垄断条件下生产，此时项目产品的销售价格（P）基本不随产量（Q）的变化而变化，是一个固定的常数。在产品销售价格不变的情况下，项目的销售收入（S）就与产品产量呈线性关系。

$$S = P \times Q$$

二是在有市场竞争的市场情况下，产品的价格会随项目产品的供给状况而变化，即产品的价格是需求或产量的函数（$P(x)$）。此时项目的销售收入（$S(x)$）与产品产量呈非线性关系变化。

$$S(x) = P(x) \times Q$$

根据这两种情况，盈亏平衡分析可以分成线性盈亏平衡分析与非线性盈亏平衡分析。本教材主要介绍线性盈亏平衡分析在不确定性分析中的应用。

（三）盈亏平衡分析的假设条件

上述的成本—销售量—利润三者的关系，已经为盈亏平衡分析建立了理论基础，但是盈亏平衡分析还需要一些假设条件才能够进行，尤其是本教材所关注的线性盈亏平衡分析，假设条件更为严格。

项目评估中，盈亏平衡分析是在一些假设条件下进行的：

（1）所采用的数据均为正常年份（达到设计生产能力生产期）的数据；

（2）成本是生产量或销售量的函数；

（3）假定生产量等于销售量；
（4）在所分析的产量范围内，固定成本保持不变；
（5）变动成本随产量成正比例变化；
（6）某一产品或产品组合的销售价格，在任何销售量水平上都是相同的，因此，销售收入是销售价格和销售数量的线性函数；
（7）销售单价、单位变动成本和固定成本的水平应保持不变，即投入物和产出物需求的价格弹性为零；
（8）只计算一种产品的盈亏平衡点，如果是生产多种产品的项目，则计算产品组合，但生产数量的比率假定保持不变。

11.2.2 盈亏平衡分析的基本方法

在一个项目中，当项目的某一个因素为不确定状态时，该因素等于某一个值时，会使项目处于盈亏平衡状态，此值就是该因素的盈亏平衡点。由此可知不确定的因素不同，盈亏平衡点的表示指标就会不同，我们可以用盈亏平衡点产量、盈亏平衡点生产能力利用率、盈亏平衡点的销售收入等指标表示盈亏平衡点，通常采用的指标是盈亏平衡点产量。盈亏平衡分析就是通过求解盈亏平衡点，并据此点分析不确定性因素变动对利润影响程度的方法。盈亏平衡点的确定，可以采用图解法和代数分析法。

（一）图解法

图解法通过图示的方法，把项目的销售收入、总成本费用、产销量三者之间的变动关系反映出来，从而确定盈亏平衡点的方法。其中，以产品产销量为横坐标，以总成本费用或销售收入的金额为纵坐标，所绘制出的图表称为盈亏平衡图（如图11-1）。

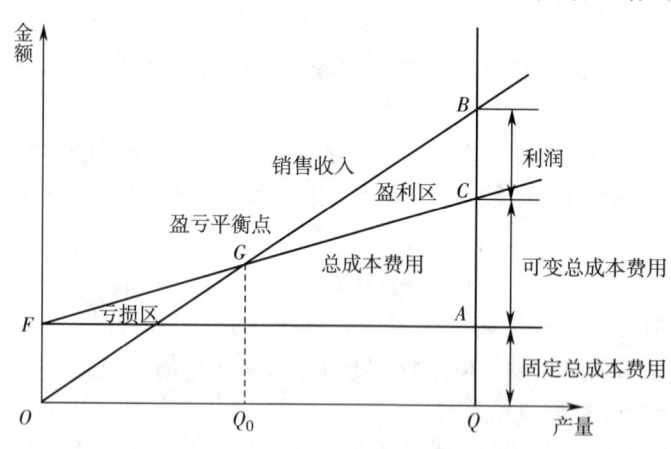

图 11-1 盈亏平衡图的绘制

图中销售收入直线与总成本费用直线的焦点 G 是盈亏平衡点，即项目盈利与亏损的临界点。在项目评估中，营业税金及附加通常可以看做必要的固定支出，如果考虑该部分内容将使盈亏平衡点上移。在盈亏平衡点 G 右侧，销售收入线与总成本线之间的区域，表示项目可能获得利润的区域，销售收入大于总成本费用。在盈亏平衡点 G 左侧，销售收入线与总成本线之间的区域，表示项目可能发生亏损的区域。在 G 点时，项目盈亏平衡，是 Q_0 项目盈亏平衡点的产量。

盈亏平衡图的绘制步骤：

（1）画平面直角坐标。以产销量为横坐标，总成本费用或销售收入的金额为纵坐标。

（2）根据数据资料，确定所分析的某一产量 Q 的固定总成本费用、可变总成本费用和目标利润。

（3）绘制在该产量 Q 的固定总成本费用、可变总成本费用和目标利润的点 A、C、B。

（4）连接固定总成本费用线 FA、总成本费用线 FC 和销售收入线 OB。

（5）总成本费用线 FC 和销售收入线 OB 的交点 G 即为所求的盈亏平衡点。G 点所对应的产量即为盈亏平衡时的产量 Q_0，也称为临界产量。

【例 11-3】

某新建项目，设计生产能力为年产量为 4200 台，预计销售价格为 6000 元/台，总固定成本费用为 630 万元，单位产品可变成本费用为 3000 元（未考虑营业税金及附加）。试用图解法表示盈亏平衡点的产量。

解：（1）画出直角坐标图，如图 11-2 所示。

（2）确定产品产量 4200 台时的固定总成本费用（630 万元）、可变成本费用（3000×4200 元＝1260 万元）和利润。

$$\begin{aligned}销售利润 &= 销售收入 - 可变总成本费用 - 固定成本\\ &= 6000 \times 4200 - 12600000 - 6300000\\ &= 630（万元）\end{aligned}$$

（3）确定 A、C、B 三点。

（4）连接 FA、FC、OB 三条线。

（5）确定 FC 与 OB 的交点 G，其对应的产量 2100 台，即为所求的盈亏平衡点产量。

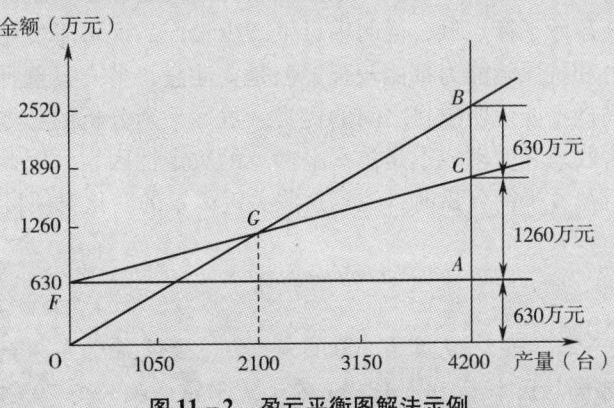

图 11-2 盈亏平衡图解法示例

（二）代数分析法

代数分析法也称为公式法，通过代数方程式表达产品销售的数量、成本、利润之间的数量关系，根据这些代数方程式之间的关系进一步确定盈亏平衡点。盈亏平衡点根据表示的变量不同，计算的公式有所不同。以产量表示的盈亏平衡点公式如下：

$$Q_{BEP} = F/(P - V)$$

式中：Q_{BEP} 为盈亏平衡点产销量；P 为产品单价；F 为年固定成本；V 为单位产品变动成本。

当产销量达到 Q_{BEP} 时，项目即可实现盈亏平衡，Q_{BEP} 是项目不发生亏损时必须达到的最低限度的产销量。

如果用项目的生产能力利用率表示盈亏平衡点，则计算公式有所不同，如下式所示：

$$R_{BEP} = Q_{BEP}/Q$$
$$= F/Q(P - V)$$

式中：R_{BEP} 为以生产能力利用率表示的盈亏平衡点；Q 为项目年生产能力。

当生产能力利用率达到 R_{BEP} 时，项目即可实现盈亏平衡。

上述的公式中，都没有考虑营业税金及附加的因素，因为新建工业项目多数只考虑增值税，不涉及营业税、资源税和消费税，而增值税属于价外税，在项目评估中可以按照不含税价格计算销售收入。

在项目评估中，一般不单独计算单位产品变动成本和单位产品营业税金及附加，而是直接计算产品销售收入、总成本费用、变动成本和营业税金及附加。所以，在盈亏平衡分析中，可以采取另外一种形式表示。即直接用达产期的年销售收入、年营业税金及附加、年固定成本总额和变动成本总额，计算达到盈亏平衡时的产销量和生产能力利用率，相关的公式如下所示：

$$R_{BEP} = 固定成本总额/(产品年销售收入 - 年变动成本总额 - 年营业税金及附加)$$

$$Q_{BEP} = R_{BEP} \times 设计生产能力$$

盈亏平衡分析获得了盈亏平衡点，根据该点的高低能够在一定程度上表明项目抵御风险的能力大小。盈亏平衡点低，说明项目生产少量产品即可不发生亏损，表示项目适应市场变化的能力和抗风险能力都比较强，但是要注意，多方案选择过程中，不同方案的盈亏平衡点的高低不能说明项目之间的优劣。盈亏平衡分析的公式还表明，项目的固定成本、产品销售收入和变动成本是盈亏平衡点的决定性因素。因此，在对同一项目的不同投资方案进行盈亏平衡分析时，注意这些关键因素的变化对项目效益的影响。

【例 11-4】

某钢铁联合企业，设计规模为 800 万吨/年，估计正常年份的年固定总成本为 25464 万元，年可变总成本费用为 18193 万元，年销售收入为 79390 万元，年营业税金及附加为 2948 万元，试求出该方案的盈亏平衡点产量和生产能力利用率。

解：
$$Q_{BEP} = 25464/[(79390 - 18193 - 2948)/800] = 349.72(万吨)$$
$$R_{BEP} = Q_{BEP}/Q = 349.72/800 = 43.72\%$$

该项目的盈亏平衡点产量是349.72万吨，盈亏平衡点的生产能力利用率是43.72%。

11.2.3 盈亏平衡分析的优点和局限

（一）盈亏平衡分析的优点

项目在开发研制，进行生产，直至投放市场的过程中，需要投入大量资金，花费很多的精力。如果项目的管理者不能很好地理解总成本费用、销售量和利润之间存在着的相互依存关系。当产品销售量低于一定的界限时，项目就可能无利可图，甚至于亏损。从传统的观点来看，如果先计算产量和成本，后确定利润，则利润处于被动的地位。项目管理与传统的做法相反，先制订一个利润计划，然后按照利润的要求，制订相应的产量计划和成本计划，它可以变被动管理为主动管理。盈亏平衡分析通过找出产量、成本、利润三者的最佳结合点，分析拟建项目适应市场变化的能力和风险大小，是项目评估控制成本和预测利润的有效手段。

盈亏平衡分析的思路除了应用在产量—成本—利润分析之外，还可以对项目的投资、收入、费用、残值、折现率、生命周期等进行盈亏平衡分析。例如财务内部收益率（FIRR）就是项目盈亏平衡点的折现率。

（二）盈亏平衡分析的局限

(1) 由于盈亏平衡分析建立在一系列假设的条件基础上，如果假定条件与实际情况有出入，分析结果就难以准确；

(2) 它只分析一些因素对项目盈亏的影响，无法对项目的盈利能力进行判断；

(3) 它虽然能对项目的风险进行定性分析，但难以定量测度风险的大小；

(4) 盈亏平衡分析是静态分析，不考虑资金的时间价值和项目生命期内的现金流量的变化，因而分析是比较粗糙的。

尽管盈亏平衡分析有着上述的不足，但是由于计算简单，并能直接对项目关键因素进行分析，它仍然是不确定性分析的一种广泛采用的方法，如果能够与其他方法结合使用，可以进一步提高分析的效果。

11.3 项目的敏感性分析

投资项目存在许多不确定性因素，每个因素对于项目风险大小的影响都是不一样的，比如火电厂建设项目中，未来的电价和煤炭价格将对项目收益产生较大影响，而通货膨胀因素的影响相对而言就比较小。因此，为了有效地管理项目风险，我们不仅要识别出这些风险因素，还要明确每个风险因素对项目影响的大小，从而提前采取适当的措施来应对。这就需要通过敏感性分析找出对项目影响最大的不确定因素，从而提高项目经济效益的稳定性和可靠性，为进行投资决策提供科学依据。

11.3.1 敏感性分析的基本原理

敏感性分析是研究分析与投资项目有关的一个或多个主要因素发生变化时，导致评估项目经济效益的主要指标发生变动程度的一种分析方法。这些可能变化的因素称为不确定因素。项目评估指标主要是项目内部收益率、净现值、投资收益率、投资回收期或偿还期。通过敏感性分析，就要在诸多的不确定因素中，找出对经济效益指标反应敏感的因素，并确定其影响程度，计算出这些因素在一定范围内变化时，有关效益指标变动的数量，从而建立主要变量与经济效益指标之间的对应定量关系。

（一）不确定因素和敏感性因素

可能发生变化的主要因素（即不确定因素）有产品产量、产品价格、主要原材料或燃料动力价格、建设投资、建设工期及汇率等。如果这些因素单独变化或多种因素同时变化，可引起某一个或几个经济效益指标的明显变化，以至于改变原来的决策，那么，这一方案对于某个因素或多种因素的不确定性是敏感的，被称为敏感性方案，发生变化的因素则被称为敏感性因素；反之，如果某种因素或多种因素可以在一个很大的数值范围内发生变化而不影响原来的决策，就说明该方案对这些因素的不确定性是不敏感的，被称为不敏感方案，发生变化的因素则被称为不敏感因素。

（二）相对值法和绝对值法

在敏感性分析时，项目经济参数（因素）的变动可以用相对值表示，称为相对值法；也可以用绝对值表示，称为绝对值法。相对值法是使每个因素都从其原始值变动一定的幅度（如±5%、±10%……），然后计算每次变动对经济效益指标的相对影响，根据指标值变化的大小，可以得到经济效益指标对各个因素变动敏感程度的大小排序。绝对值法是通过计算因素变化使项目效益指标由可行变为不可行的临界点的因素值，从而得到因素的最大允许变动幅度，然后把这个幅度与估计可能发生的幅度相比，如果所得值小于或等于1，则表示项目风险不大，项目经济效益指标对该因素的变动不敏感。

项目对某种因素的敏感程度，可表示为该因素按一定比例变化时引起评价指标的变动幅度（列在敏感性分析表中）；也可表示为评价指标达到临界点（如财务内部收益率等于财务基准收益率，或是经济内部收益率等于社会折现率）时，某个因素允许变化的最大幅度，即极限变化，超过此极限，就认为项目不可行。

（三）单因素敏感性分析和多因素敏感性分析

进行敏感性分析时，可以一次只变动一个因素，使其他因素保持不变，来研究项目经济效益指标的变化。这时称为单因素的敏感性分析，也可以一次同时变动几个因素，而使其余因素保持不变，来研究项目经济效益指标的变化，这时称为多因素的敏感性分析。本教材只针对单因素敏感性分析进行讲解。

(四)敏感性分析图和敏感性分析表

敏感性分析通常采用敏感性分析图与敏感性分析表的形式表述分析研究的结果,敏感性分析图如图 11-3 所示:

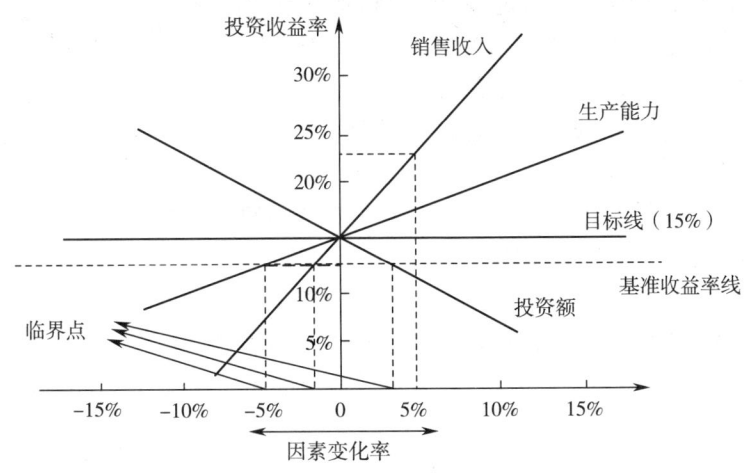

图 11-3 敏感性分析图

纵坐标表示项目投资内部收益率(或回收期等);横坐标表示几种不确定变量因素的变化率(%),图中按敏感性分析计算结果画出各种变量因素的变化曲线,选其中与横坐标相交的角度大的曲线为敏感性因素变化线。同时,在图上还应标出基准收益率(包括财务基准收益率和社会折现率)。从某种因素对全部投资内部收益率的影响曲线与基准收益率或社会折现率线的交点(临界点),可以得知该种因素允许变化的最大幅度,即变量盈亏界限的极限变化值。变化幅度超过这个极限值,项目就不可行。如果发生这种极限变化的可能性很大,则表明项目承担的风险很大。因此,这个极限对于决策十分重要。

从图 11-3 中可以看到,如果销售收入能增加 5%,则将影响投资收益率从目标值的 15% 增加到 23%;如果生产能力下降 5%,则将会影响投资收益率从目标值的 15% 下降到 13%。应该说任何一个不确定因素的变动,都必然影响经济效益的评价目标值,只是影响的程度不同而已。本图销售收入的变动对投资收益率的影响较大,而投资额的变动对投资收益率的影响较小。

敏感性分析表如表 11-1 所示:

表 11-1　　　　　　　　　　敏感性分析表

变化因素 \ 变化率	-30%	-20%	-10%	0%	10%	20%	30%
基准折现率							
建设投资							
销售价格							
原材料成本							
汇率							
……							

（五）敏感性分析的目的和作用

敏感性分析可以使决策者了解不确定因素对项目经济效益指标的影响，从而提高决策的准确性，还可以启发评估人员对那些较为敏感的因素重新进行分析研究，以提高预测的可靠性，降低投资风险。通过敏感性分析达到下列目的：

（1）通过敏感性分析可研究相关因素的变动对建设项目经济效果评价指标的影响程度，即引起的经济效果评价指标的变动幅度和变动方向。

（2）通过敏感性分析找出影响建设项目经济效果的敏感因素，并确定其影响程度，建立变量因素与经济效果指标之间的对应定量关系（即为变化率），进行项目投资风险估计，进一步分析与敏感性大的因素有关的预测或估算数据可能产生不确定性的根源，采取有效措施，进行重点监督和防范，就是找出防范风险重点。

（3）通过敏感性分析，比较不同的项目方案对某关键因素的敏感程度，进行排序，以便选取对关键因素敏感性小的方案，减小建设项目的风险性。

（4）通过敏感性分析可找出项目方案之最好与最坏的经济效果的变化范围，使决策者全面了解建设项目投资方案可能出现的经济效益变动情况和风险程度，以便通过深入分析可能采取的某些有效控制措施，来选择最现实的项目方案或寻找替代方案，达到减少或避免不利因素的影响，改善和提高项目的投资效果，为最后确定有效可行的投资方案提供可靠的决策依据。

（5）预测项目经济效果指标达到临界点（如财务内部收益率达到基准收益率，财务净现值等于零）时，主要变量因素允许变化的最大幅度（极限值），如果超过此极限，就认为项目不可行。

（6）敏感性分析不仅应用在拟建项目的经济评价中，帮助投资者作最后的决策，还可以用在项目规划阶段和方案选择上，如用敏感性分析区别出敏感性大的和敏感性小的方案，在经济效益相似的情况下，选取敏感性小的方案，即风险小的方案。

11.3.2　敏感性分析的基本步骤

（一）确定敏感性分析研究的对象

敏感性分析的对象包括敏感性因素的选择与目标经济效益指标的选择。

在项目评估工作中，会遇到各种各样的项目。例如，大型项目或中小型项目、工业项目或非工业项目、国内项目或合资项目等。因此，必须针对不同项目特点和要求、不同研究阶段和实际需要情况，选择最能反映项目经济效益的综合性评估指标（如投资利润率、投资回收期、内部收益率、净现值等），作为具体敏感性分析的对象。

最常用的敏感性分析综合指标是项目全部投资内部收益率，静态投资收益率常用于制定项目规划阶段的评价分析；借款偿还期适用于贷款项目和合资项目，可分析贷款和资金短缺对投资偿还能力的影响。

各个敏感性因素的内容，依项目的规模、类型不同而各异，因此，在进行敏感性分析时，只需要分析那些在成本、收益构成中占比重最大、对项目经济效益指标有较大影响的，并且在整个计算期内最有可能发生变化的因素。例如，对于火力发电站，其投入物中燃料占比重最大，产出物主要是电。进口大型设备为骨干的引进项目，建设投资在投资总额中占很大比重，而这些大型设备价格的变化、建设期的变化，都是影响其总投资变化的敏感性因素。通常是将建设投资、销售收入和经营成本作为敏感性因素。

（二）计算项目的目标值

确定了项目敏感性分析的对象后，需要计算在确定性情况下的经济效益评价的指标值，作为不确定性分析的比较基础。

（三）计算变化率和分析敏感因素

在固定其他因素的条件下，按预先指定的变化幅度（±5%、±10%），先改变某一个变量因素，而其他各因素暂不变，计算该因素的变化对经济效益指标（如收益率或投资回收期）的影响程度，并与原方案确定情况下的目标值对比，得出该变量因素的变化率，据此计算敏感度系数（敏感度系数＝效果指标变化率/变量因素变化率）；然后再选另一个变量因素（见表11-2）。这样，将不同变量计算出对同一效果指标的不同变化率，再进行比较，选择其中变化率最大的变量因素为该项目的敏感因素，变化率小的为不敏感因素。

表11-2　　　　　　　　　　　　敏感性分析表

序号	不确定性因素	变量因素变化率（%）	效果指标NPV变化率（%）	内部收益率（%）	敏感度系数	临界点（%）	临界值
	基本方案		11396	22			
1	投资额	-20	26.33	28	-1.32	75.97	11395.5
		-15	19.75	26	-1.32		
		-10	13.16	25	-1.32		
		-5	6.58	23	-1.32		
		0	0.00	22			
		5	-6.58	21	-1.32		
		10	-13.16	20	-1.32		
		15	-19.75	19	-1.32		
		20	-26.33	18	-1.32		
2	经营成本	-20	149.03	36	-7.45	13.42	17239.84
		-15	111.77	33	-7.45		
		-10	74.51	29	-7.45		
		-5	37.26	26	-7.45		
		0	0.00	22			
		5	-37.26	18	-7.45		
		10	-74.51	13	-7.45		
		15	-111.77	8	-7.45		
		20	-149.03	2	-7.45		

续表

序号	不确定性因素	变量因素变化率（%）	效果指标 NPV 变化率（%）	内部收益率（%）	敏感度系数	临界点（%）	临界值
3	产品价格	−20	−194.13	−7	9.71	−10.30	19734
		−15	−145.59	3	9.71		
		−10	−97.06	10	9.71		
		−5	−48.53	17	9.71		
		0	0.00	22	9.71		
		5	48.53	27	9.71		
		10	97.06	31	9.71		
		15	145.59	36	9.71		
		20	194.13	40	9.71		

需要注意的是，固定其他因素，变动其中某一个不确定因素，逐个进行计算的方法隐含着两个假设：一是计算某一不确定因素变化时，假定了其他因素不变；二是假定每个不确定因素变动的概率是相等的。

可以编制敏感度系数和临界点分析表（见表 11 −3），计算并反映各变量因素对经济效果指标的影响程度。

表 11 −3　　　　　　　　　　敏感度系数和临界点分析表

序号	不确定性因素	变化率（%）	内部收益率	敏感度系数	临界点（%）	临界值
	基本方案					
1	产品产量（生产负荷）					
2	产品价格					
3	主要原材料价格					
4	建设投资					
5	汇率					

（四）绘制敏感性分析图，求出变量因素变化极限值

作图表示各变量因素的变化规律，可以更直观地反映出各个变量因素的变化对经济效益指标的影响，而且可以求出内部收益率等经济效果指标达到临界点（指财务内部收益率等于财务基准收益率或经济内部收益率等于社会折现率）时，各种变量因素允许变化的最大幅度，即为变量因素变化的极限值。变量因素盈亏界限的极限变化值（即临界

值）的确定，可以通过敏感性分析图求得。

（五）项目风险估计

根据变量因素的变化率和盈亏界限的极限值就可以对投资项目作出风险估计。可用下式估计：

$$项目风险程度 = |变化率|/|盈亏界限的极限值（临界值）|$$

这表明，变量因素变化给评估指标带来的风险取决于评估指标对变量因素变化的敏感性（即变化率大小）和变量的盈亏极限临界值。并由上式可见，项目的风险性与变量因素的敏感性成正比，即变化率大的敏感因素对项目风险影响大；而与变量因素盈亏界限的临界值成反比，即临界值越小项目风险性越高。

（六）综合分析决定项目方案的取舍

对找出的强敏感性因素，应分析研究其存在不确定性的根源，并弄清哪些根源是主观原因，哪些是客观原因，以便采取相应的对策加以控制。如果不能有效地控制其不确定性，则此项目方案不可取，应从新考虑替代方案，确保达到规定的指标标准值，并注意留有余地。

【例 11-5】

某公司要投资一个电钻机项目，该项目的现金流量数据如表 11-4 所示。

表 11-4　　　　　　　　项目的现金流量数据　　　　　　　　单位：万元

年份	0	1	2~10	11
投资	15000			
营业收入			22000	22000
经营成本			15200	15200
营业税金（营业收入的10%）			2200	2200
期末资产残值				2000
净现金流量			4600	4600 + 2000

该项目数据是根据项目未来最可能出现的情况预测估算的。由于对未来影响经济环境的某些因素把握不大，投资额、经营成本和产品价格均有可能在 ±20% 的范围内变动。假设基准折现率为10%，试分别就上述三个不确定因素，对项目的净现值进行敏感性分析。

解：(1) 确定敏感性分析研究的对象。由题意可以看出，不确定因素有投资额、经营成本和产品价格；目标经济效益指标为净现值。

(2) 计算项目的目标值。设投资额为 K，年营业收入为 TR，年经营成本为 TC，年营业税金为 TA，期末资产残值为 V_L，则根据估计的可能情况，采用项目现金流量数据计算，得项目的净现值计算结果如下：

$$NPV = -K + \sum_{t=1}^{11} \frac{(TR - TC - TA)}{(1 + i_0)^{11}} + \frac{V_L}{(1 + i_0)^{11}} = 11394(万元)$$

(3) 计算变化率和分析敏感因素。将分析的三个不确定因素投资额、经营成本和产品价格分别设为 x、y、z，假定其他因素不变，只变动某一个因素时，计算项目方案的净现值，计算公式分别如下：

$$NPV = -K(1+x) + \sum_{t=1}^{11} \frac{(TR - TC - TA)}{(1+i_0)^{11}} + \frac{V_L}{(1+i_0)^{11}}$$

$$NPV = -K + \sum_{t=1}^{11} \frac{[TR - TC(1+y) - TA]}{(1+i_0)^{11}} + \frac{V_L}{(1+i_0)^{11}}$$

产品价格的变动将导致营业收入和营业税金的变动，营业收入和营业税金变动的比例与产品价格变动的比例相同，故分析产品价格变动对方案净现值影响的计算公式与投资额和经营成本变动对净现值影响的计算公式有所不同。

$$NPV = -K + \sum_{t=1}^{11} \frac{(B-TA)(1+z) - C}{(1+i_0)^{11}} + \frac{V_L}{(1+i_0)^{11}}$$

按照上述三个公式，使用表 11-4 中的数据，可计算出不确定因素在不同变动幅度下方案的净现值，计算结果如表 11-5 所示。

表 11-5　　　　　　　不确定因素的变动对净现值的影响　　　　　　　单位：万元

不确定因素 \ 变动率	-20%	-15%	-10%	-5%	0	5%	10%	15%	20%
投资额	14394	13644	12894	12144	11394	10644	9894	9144	8394
经营成本	28374	24129	19884	15639	11394	7149	2904	-1341	-5586
产品价格	-10725	-5195	335	5864	11394	16924	22453	27983	33513

(4) 绘制敏感性分析图（见图 11-4）

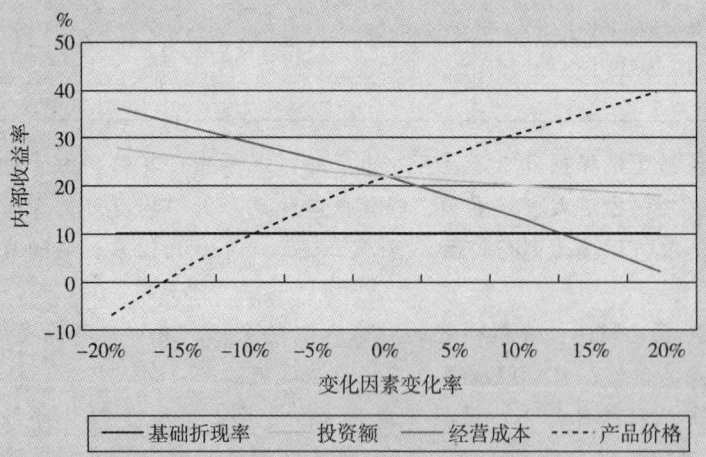

图 11-4　敏感性分析图

(5) 项目风险估计

项目风险程度 = |变化率| / |盈亏界限的极限值（临界值）|

11.3.3 敏感性分析评估

敏感性分析评估应包括项目财务敏感性分析评估和项目国民经济敏感性分析的评估。

1. 财务敏感性分析评估主要对产品销售价、产品成本、建设投资、产品产量、建设工期和外汇汇率等因素的变化趋势进行预测分析。根据项目的实际情况,评估单因素或多因素变化对项目内部收益率、财务净现值、投资回收期、借款偿还期的影响,找出最敏感因素,进一步分析项目抗风险能力。经济因素变化幅度小于本行业一般情况、项目的财务内部收益率低于行业基准收益率时,说明抗风险能力差。

2. 国民经济敏感性分析评估主要对产品的影子价格、经营成本、建设投资和产品产量等因素的变化趋势进行预测分析。根据项目的实际情况,评估单因素和多因素变化对项目内部收益率、经济净现值、经济换汇成本的影响。根据项目最敏感的因素变化大小的合理性,进一步分析项目的抗风险能力。经济因素变化幅度小于本行业一般情况,项目的经济内部收益率低于社会折现率,说明抗风险能力差。

3. 项目敏感性分析要判明多种变量因素的敏感程度,并对各种因素的敏感度进行综合评估分析。分析范围可根据各因素的具体情况而定,但最大变化幅度一般不超过30%。

11.3.4 敏感性分析的优点与局限

(一) 敏感性分析的优点

1. 敏感性分析使用了项目生命期内的现金流量及其他经济数据,在一定程度上就各种不确定因素的变动,对项目经济效果的影响作出了定量描述,我们可以从不确定因素中找出项目经济评价指标敏感的因素,及在项目可行的前提下敏感因素允许变动的范围,从而考察项目的风险程度或承受风险的能力。

2. 提供给我们在决策前,重点对项目的敏感因素进一步精确地进行预测、估算和研究的机会,减少敏感因素的不确定性,把敏感因素可能引起的项目风险尽量降低。

3. 便于在未来项目的实施中,采取有力措施控制敏感因素的变动,降低项目风险,以保证项目获得预期的经济效果。

(二) 敏感性分析的局限

敏感性分析并没有考虑各种不确定因素在未来发生变动的概率,因而在一定程度上影响分析结论的准确性。也许另外的、不大敏感的不确定因素未来所发生的对项目不利的变动的概率却相当大,实际上将比敏感因素带来更大的风险。这是敏感性分析无法解决的问题。

敏感性分析只能指出项目经济效益指标对各个不确定因素的敏感程度,但不能表明不确定因素的变化对经济效益指标的这种影响发生的可能性的大小,以及在这种情况下对经济效益指标的影响程度。因此,根据项目特点和实际需要,有条件时还应进行概率分析。

11.4 项目的概率分析

对于项目而言,不确定是其固有的内在属性,这也是对投资项目进行不确定性分析的基础。不同的项目,其不确定性的程度是有大小区别的,不同因素的变化也不是等概率出现的。比如,在某公路建设项目中,政治风险(如战争、动乱等)的发生将对项目造成毁灭性的打击,但是该国近几十年来政局一直很稳定,政治风险发生的可能性并不大,因此这个不确定因素给项目带来的风险并不大;相反,原材料价格也许并不是强敏感性因素,但是考虑到未来原材料涨价的可能性很大,所以这个不确定因素将给项目带来更大的风险,需要采取各种手段合理预防(比如与供货商签订单价合同)。如果考虑到这些原因,盈亏平衡分析与敏感性分析在不确定性分析中的应用就受到了限制,需要用概率分析的方法来处理了。

11.4.1 概率分析概述

(一)概率和概率分析

概率是可发生事件的次数与发生机会的比例,即可能事件发生的频率。概率分析是使用概率来研究预测不确定因素和风险因素对项目经济评估指标影响的一种定量分析方法。一般对大型的重要骨干项目,在经济评估时,可根据项目特点和实际需要,在有条件时进行概率分析。简单的概率分析可以计算项目净现值的期望值及净现值大于或等于零时的累计概率。方案比选时可只计算净现值的期望值。如果需要,有条件时可通过模拟法测算项目经济效益指标(如内部收益率)的概率分布,为项目决策提供依据。概率分析的目的并不是要取得一个指标完全准确的概率分布,而是要达到分析者对未来的最佳判断。

(二)主观概率和客观概率

在概率分析中,不确定因素发生的概率是影响概率分析准确性的重要因素。概率的获得有两种方式:一是客观概率,根据大量实验结果或历史数据得出的概率值;二是主观概率,是分析者主观预测或估计的值。主观概率受预测者或估计者知识和经验的影响,但实验证明主观概率的置信程度也是符合客观事物的一般规律的,所以在缺乏充分资料的情况下,特别是对投资项目来说,有主观概率不仅比没有概率好,而且主观概率也同客观概率一样是有效的。只是确定主观概率应十分慎重,否则会对分析结果产生不利影响。

(三)概率分析的目的

概率分析的目的在于确定影响项目经济效益的关键变量及其可能的变动范围,并确定关键变量在此范围内的概率;然后进行概率期望值计算,得出定量分析的结果。因此,概率分析亦称风险分析,它是在对不确定因素的概率大致估计的情况下,研究和计算各种经济效益指标的期望值及风险程度的一种分析方法。概率分析评估的重点是评估统计数据和经验推断的可靠性，以及计算方法的正确性。

（四）概率分析的几个基本概念

1. 随机现象。投资过程中某一参数（变量）的变化是具有不确定性的，至于这一参数会在什么时间变化，变化到什么程度，其结果是无法事先把握的，因此这一参数的变动，就是一种随机现象。比如，原材料价格，在项目生产期内的变动幅度是不确定的，无法事先预言或把握，因此原材料价格的变动，就是属于一种随机现象。

2. 随机事件。每一次随机现象连同其结果，就是一次随机事件。比如，原材料价格在某一时期内多次变动，并且其结果是可以描述并能把握住的，这每一件几乎可以确定的变动结果就是一次随机事件。

3. 随机变量。表示随机事件结果或程度的变量，称为随机变量。比如，原材料价格下降了10%，它表示原材料价格变动的结果或程度，这就是一个随机变量。但是由于原材料价格的变动幅度不定，是随着偶然因素的变动而变动的，故原材料价格的变动结果可以用若干个随机变量来表示。

4. 概率。某一随机事件出现的数量标志，称为该随机事件的概率，或者说，出现某种随机事件的次数与各种可能出现随机事件的次数总和之比，称为某一随机事件的概率。通常用 $P(X)$ 标志随机事件 X 可能出现的概率。

概率的基本性质如下：

①概率是正值，即 $P(X) > 0$；

②任何随机事件 X 的概率都在0与1之间，即 $0 > P(X) > 1$；

③必然事件 A 的概率总是1，即 $P(A) = 1$；

④不可能事件 V 的概率总是0，即 $P(V) = 0$；

⑤所有随机事件的概率总和为1，即 $P(x_i) = 1$，其中，x_i 为随机事件发生的次数。

5. 概率分布。所有随机变量可能出现的概率取值的分布情况称为概率分布。概率分析就是要分析和研究随机变量的概率分布情况，并据以测得期望值和标准差。在项目评估中进行概率分析时，一般只分析和研究离散型随机变量的概率分布情况。

离散型随机变量的概率分布，是指根据分析人员的主观判断，只取有限个随机变量，并能以各种确定的概率值表示的概率分布情况。

6. 期望值。由于随机变量可以分为离散型随机变量和连续型随机变量，期望值分析的计算公式有所不同，离散型随机变量的计算公式为：

$$E(x) = \sum_{x=1}^{n} x_i p_i$$

式中：$E(X)$ 为随机变量 X 的期望值；X_i 为随机变量 X 的各种取值；P_i 这对应于 X_i 的概率值。

连续型随机变量的计算公式为：

$$E(x) = \int_{-\infty}^{+\infty} xf(x)dx$$

$f(x)$ 为随机变量的概率密度,在项目评估中,不确定性因素的变化一般为有限次数,故在分析时更多地使用离散型随机变量下的期望值概率公式。从随机变量期望值的定义可以看出,该指标实际上是一个加权平均值。随机变量 X 取值越多,相应的概率分布值 $P(X)$ 也就越多,其加权平均值也就越接近于实际可能的值。但它只是一个期望值,并不是一个真实的准确值。

7. 标准偏差(均方差)。标准偏差亦称均方差,是指数学期望值与实际值的偏差程度。随机变量 X 的标准偏差可定义为:

$$\sigma = \pm \sqrt{\sum_{t=1}^{n} (\bar{x} - x_i)^2 \times p(x_i)}$$

式中:σ 为随机变量 X 的标准偏差;$\bar{x}$ 为随机变量 X 的平均值,可用 $E(X)$ 代替;x_i 为随机变量 X 的各种取值;$p(x_i)$ 为随机变量 X 的概率值。

11.4.2 概率分析的基本方法

概率分析可以采用期望值分析法、随机现金流量法、确定性等值法和蒙特卡洛(Monte-Carlo)模拟法等。本教材主要介绍期望值分析法和蒙特卡洛(Monte-Carlo)模拟法。

(一)期望值分析法

不确定性因素可能发生的变化值为随机变量,其出现的可能性大小为随机变量的概率。期望值是随机事件的各种变量与相应概率的加权平均值,它代表了不确定性因素在实际中最可能出现的数值。期望值分析法一般是计算项目净现值的期望值及净现值大于或等于零时的累计概率。

期望值计算的一般公式与分析步骤。

概率分析所包括的内容较广,通常只计算净现值的期望值和净现值的累计概率。前者是以概率为权数计算出来的各种不同情况下净现值的加权平均值;后者是指在各种可能的情况下净现值大于或等于零时的累计概率。根据计算结果,可以编制净现值累计概率表和绘制净现值累计概率图。一般的计算步骤是:

(1)确定一个或两个不确定因素或风险因素(如投资、收益);

(2)设想各不确定性因素可能发生的情况,即其数值发生变化的几种情况;

(3)估算每个不确定因素可能出现的概率,每种不确定性因素可能发生情况的概率之和必须等于 1,这种估算需要借助历史统计资料和评价人的预测;

(4)分别求出各可能发生事件的净现值,加权净现值,然后求出净现值的期望值;

(5)求出净现值大于或等于零的累计概率,即 $p(NPV > 0) = \sum p_i(NPV_i > 0)$。

在具体计算中,是将所有财务净现值与相应概率按照财务净现值的升序排列,然后依次计算每一个财务净现值的累计概率,可以将财务净现值与相应累计概率值画在一个二维坐标图中,直接从图中读出财务净现值小于零的概率。其中财务净现值等于零的概率可用插值法确定。

第 11 章 项目的不确定性分析

期望值分析是在假设财务净现值服从标准正态分布的基础上进行的分析,即:

$$NPV \sim N[E(NPV), \sigma^2]$$

此时,财务净现值小于零的概率可以按照下面的公式计算:

$$P(NPV < 0) = P\left[Z < -\frac{E(NPV)}{\sigma}\right] = 1 - P\left[Z < \frac{E(NPV)}{\sigma}\right] = 1 - \Phi\left[\frac{E(NPV)}{\sigma}\right]$$

式中:$\Phi(x)$ 是标准正态分布的概率分布函数,可以直接从数学用表中查到。

【例 11 - 6】

某公用事业公司拟建一个火力发电厂,投资规模要视筹资情况而定,如果金融市场有大量游资,可能筹集资金 3000 万元,概率为 0.5;若资金市场资金供需均衡,能筹资 2000 万元,概率为 0.4;若资金供应紧张,能筹资 1000 万元,概率为 0.1。项目建成后的年收入与发电规模有直接关系,同时还受电力市场供求状况的影响,在市场状况良好时,年收入为投资规模的 40%,概率为 0.3;市场状况一般时,年收入为投资规模的 30%,概率为 0.5;市场萧条时,年收入为投资规模的 20%,概率为 0.2。该发电厂的年运行费受到煤炭供求关系影响,煤炭供应充足时,年运行费为投资规模 5%,概率为 0.2;煤炭供求平衡时,年运行费为投资规模的 10%,概率为 0.5;煤炭供应紧张时,年运行费为投资规模的 15%,概率为 0.3。该项目的基准贴现率为 10%,项目计算期为 10 年,期末无残值,试计算该项目的期望值及净现值非负的累计概率。

解:

(1) 项目不确定因素的变化范围及其概率,如表 11 - 6 所示:

表 11 - 6　　　　　　　　　　不确定因素的概率分布

不确定因素	变化范围	概率分布
投资 I	3000 万元	0.5
	2000 万元	0.4
	1000 万元	0.1
年收入 B	40%I	0.3
	30%I	0.5
	20%I	0.2
年运行费 C	15%I	0.3
	10%I	0.5
	5%I	0.2

(2) 利用决策树技术确定每一种状态的概率及净现值,如图 11 - 4 所示,共有 $3^3 = 27$ 个分支,每个分支都表示在上述不确定条件下可能发生的事件,圆圈内数字为

各不确定因素发生变化的概率。因此，第一分支是投资 3000 万元，年收入为投资的 40% 和年运行费为投资 15% 时的情况。可以容易地计算得出，第一分支在发生概率下的项目净现值：

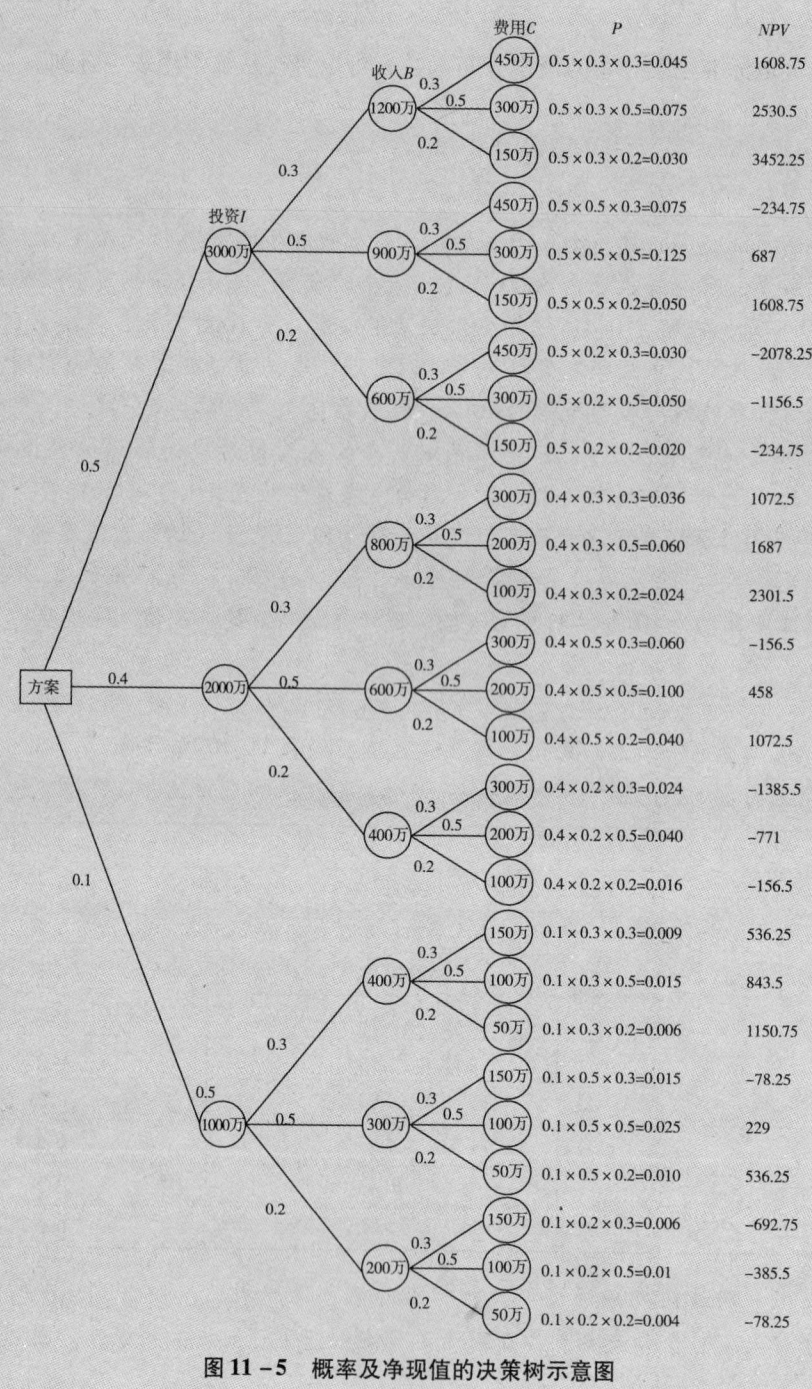

图 11-5 概率及净现值的决策树示意图

$$P_1 = P(I = 3000) \times P(B = 1200) \times P(C = 450) = 0.5 \times 0.3 \times 0.3 = 0.045$$
$$NPV_i = (B - C)(P/A, 10\%, 10) - I$$
$$NPV_1 = (1200 - 450) \times 6.145 - 3000 = 1608.75$$

其他各状态的概率与净现值计算同上,如图 11-4 所示。

(3) 计算期望净现值。

$$E(NPV) = \sum_{i=1}^{27} NPV_i P_i = 646.47 (万元)$$

(4) 计算净现值非负的累计概率。

$$P(NPV \geq 0) = 1 - \sum p_i(NPV_i < 0) = 65\%$$

财务净现值等于零的概率用插值法确定,由图 11-4 可知,净现值为 -78.25 万元的概率为 0.019,229 万元的概率为 0.025。应用该数据采用插值法计算净现值为零时对应的概率为

$$0.35 + \frac{|-78.25|}{|-78.25| + 229} \times (0.375 - 0.35) = 0.3564$$

经过计算可知项目的期望值为 646.47 万元,净现值非负的累计概率为 65%,等于零时的概率为 35.64%,说明项目的风险较大。

(二) 蒙特卡洛 (Monte-Carlo) 模拟法

蒙特卡洛模拟技术,是用反复进行随机抽样的方法模拟各种随机变量的变化,进而通过计算了解方案经济效益指标的概率分布的一种分析方法。

在实际工作中,用解析法对投资项目进行风险分析有时会遇到困难。例如,有时往往没有足够的根据来对项目经济效益指标的概率分布类型作出明确的判断,或者这种分布无法用典型的概率分布来描述。在这种情况下,如果能知道影响项目经济效益指标的不确定因素的概率分布,就可以采用模拟的方法来对投资项目进行风险分析。

采用模拟法的具体步骤:

(1) 确定要分析的不确定因素(随机变量)及其概率分布,并将其发生的概率转变为累计概率分布。一般比较实用的方法,是用一个适当的理论分布(如均匀分布、正态分布等)来描述随机变量的经验概率分布。如果没有可直接引用的典型理论分布,则可根据历史统计资料或主观预测判断来估计研究对象的一个初始概率分布。

(2) 随机抽样,产生随机变量值,即模拟不确定因素的随机变化,求出不确定因素的可能值。先按任意一组随机数为样本空间,依次取其中的随机数,并由累计概率分布求得对应的不确定因素的可能值。随机数既可以用一位数字来表示,也可以用两位数字来表示。它们可以通过计算机按一定的随机数发生程序计算产生,也可利用现有的随机数表获取。

(3) 求出项目经济效益指标。将每组不确定因素的可能值,连同其他有关参数,计

算出项目经济效益指标。该指标可以是净现值、内部收益率等。将每组不确定因素值逐一计算，即可得到一系列足够多的经济效益指标值，然后根据有限模拟次数的平均值，就可以分析和判断项目经济效益指标的期望值。这里应该指出的是，模拟的次数越多，模拟结果的可靠性越高，项目净现值的平均值越接近其实际值。同理，模拟的次数越多，项目净现值大于或等于零出现次数的相对概率与实际概率越接近。

模拟法一般都需要借助于计算机来完成，在模拟过程中所选取的样本数据可以成百上千，可望得到满意的模拟结果。但应注意，模拟次数的多少与原始数据的可靠性有关，而不是片面强调模拟次数越多越好。

蒙特卡洛模拟的工作流程如图11-6所示。

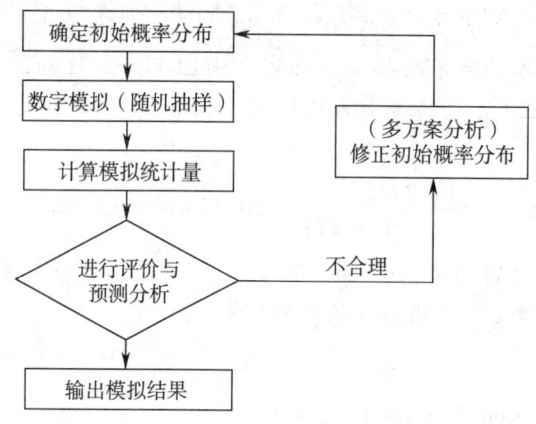

图11-6　蒙特卡洛模拟工作流程

【例11-7】

某企业计划投资50万美元建立某产品生产线，为此要对未来的利润进行预测。产品的利润取决于售价、成本和年销售量。经有关生产、计划、销售人员分析，考虑到原材料供应、市场竞争和价格浮动等因素的作用，估计售价、成本与总销售量可能出现的情况及其发生的概率如表11-7所示。

表11-7　　　　　项目售价、成本与总销售量分布估计

售价（元）	发生概率	成本（元）	发生概率	总销售量（万件）	发生概率
5	0.3	2	0.1	35	0.2
6	0.5	3.5	0.6	40	0.4
6.5	0.2	4.5	0.3	45	0.4

若限定项目的投资利润为30万元，项目评估小组认为可接受的项目利润基准是不低于限定投资利润的80%，试用蒙特卡洛（Monte-Carlo）模拟分析该项目能否被接受。

解：

首先构造出预测模型：

利润 =（单价 – 成本）× 销售量 – 50 万元

根据该模型，进行随机数模拟，模拟次数 n 应不小于

$$n = \frac{4s_x^2}{\Delta^2} = \frac{\sum_{i=1}^{n}(x_i - \bar{x})^2}{4n\Delta^2}$$

式中：s_x^2 为随机变量的方差，Δ 为给定误差值，用模拟方法求随机变量的数学期望时，要求模拟误差不大于给定的误差值 Δ。

本例为简化起见，只以 20 次的随机模拟演示，随机数的确定如表 11-8 所示。

表 11-8　　　　　　　　　工序时间的概率分布及其随机数

随机变量	取值	概率	代表工序时间取值的随机数
售价（元）	5	0.3	0，1，2，
	6	0.5	3，4，5，6，7
	6.5	0.2	8，9
成本（元）	2	0.1	0
	3.5	0.6	1，2，3，4，5，6
	4.5	0.3	7，8，9
总销售量（万件）	35	0.2	0，1
	40	0.4	2，3，4，5
	45	0.4	6，7，8，9

根据表 11-8 的资料，计算并填列表 11-9 的蒙特卡洛模拟结果。

表 11-9　　　　　　　　　蒙特卡洛模拟结果示例

模拟编号	抽样的随机数	售价（元）	成本（元）	总销售量（万件）	实现利润	平均利润
1	554	6	3.5	40	50	
2	135	5	3.5	40	10	
3	575	6	4.5	40	10	
4	691	6	4.5	35	2.5	
5	538	6	3.5	45	62.5	
6	294	5	4.5	40	-30	
7	317	6	3.5	45	62.5	
8	674	6	4.5	40	10	
9	460	6	3.5	35	37.5	

续表

模拟编号	抽样的随机数	售价（元）	成本（元）	总销售量（万件）	实现利润	平均利润
10	587	6	4.5	45	17.5	
11	012	5	3.5	40	10	
12	725	6	3.5	40	50	
13	864	6.5	3.5	40	70	
14	157	5	3.5	45	17.5	
15	238	5	3.5	45	17.5	
16	798	6	4.5	45	17.5	
17	146	5	3.5	45	17.5	
18	257	5	3.5	45	17.5	
19	340	6	3.5	35	37.5	
20	154	5	3.5	40	10	24.875

随机模拟的平均利润相对于可接受的投资利润比例为，24.875/30 = 82.92%。故，可以认为该项目投资是可以接受的。

11.4.3 概率分析的优点与局限

（一）概率分析的优点

概率分析方法可以定量地测定项目不可行的风险有多大。对于投资者来说，这是进行投资决策的重要信息。与传统的不确定性分析方法相比，概率分析的优点主要体现在三个方面：

1. 它使投资项目的不确定性明晰化。概率分析可以使与项目有关因素的不确定性突出地表现出来，并在项目经济效益分析中加以系统的分析。

2. 它是一种更全面的分析。概率分析技术能够确定与项目有关的各种不确定因素同时发生变化时对项目经济效益指标所产生的影响，通过随机现金流量模拟可以获得项目经济效益的各种可能的取值以及把握项目风险的总体趋势。

3. 它可以估算出经济效益变化的范围。概率分析技术能够测量项目经济效益指标对以预期现金流量为基础所得出的经济效益指标的离中趋势（偏离程度）。这种离中趋势或项目经济效益指标的变动性是决定项目取舍或方案比选时应当考虑的重要因素，在其他条件相同时，对于具有同样净收益的项目或方案，其变动性越低越好。此外，通过风险分析所得的项目经济效益指标的概率分布也将有助于评估人员对项目风险作出判断。

概率分析作为一种能改善风险条件下的投资决策过程并有助于获得最佳投资决策的技术，已经受到了人们的高度重视，并得到了日益广泛的应用。只要使用得当，概率分析能够使企业投资决策者更好地了解和把握投资项目的风险情况，从而大大地提高投资决策的可靠性和有效性。

(二) 概率分析的局限

概率分析对求出的项目 NPV 小于零的概率,无法提供一个决定项目取舍的标准或依据,但这并不是概率分析本身的不足,因为任何风险决策问题,项目的取舍都取决于两个方面:一是风险的大小,二是投资者对风险的态度和承受能力。例如,某项目的 NPV 期望值为 65.42 万元,但存在 NPV 小于零的可能性为 18.5% 的风险。该项目是否采纳,要看投资者是否愿意为取得 65.42 万元的 NPV 期望值而去冒 18.5% 亏损可能性的风险。

在概率分析中,不论使用客观概率分析还是主观概率分析,基础数据的取值及其发生的概率的估算,对分析的准确程度都有很大的影响。这里,工作人员的经验和能力成为重要的因素。

11.5 风险分析评估

风险分析是从项目建设的宏观经济条件、投资环境及投资决策的实际要求出发,借助不确定性分析的测算结果,重点分析项目存在哪些风险、风险的性质、类型及可能造成的影响,以及可能采取的防范措施。它是不确定性分析的补充和延伸,在内容上各有侧重。风险分析特别要把决定项目成败与否的关键风险因素识别出来,进行重点研究。

风险分析评估的内容主要包括对投资风险的识别、风险属性的分析、风险量的估算及风险规避方案的评估。

对投资项目风险识别的评估,要全面认真地识别和审核可行性研究报告中分析的项目资金筹措、投资建设、投产经营中可能面临的各类风险,评估风险存在的理由是否充分。为了保证将项目面临的各类潜在风险全部识别出来,在项目评估时,要通过调查项目(企业)的全面情况,包括市场情况,涉及社会、政治、经济、法律等投资外部环境,以及生产过程、经营管理体系与运作机制,还有项目法人的财务实力等情况,结合投资项目的具体特点,一个不漏地分析项目可能面临的各种风险,再进一步采取调查、访谈、分析等方式,寻找出该类项目投资风险因素存在的一般规律,充分利用同类项目曾经出现风险的历史经验,以及同类项目后评估的资料,依据项目实际情况,正确判断项目存在的各类风险。

在识别和揭示出项目可能面临的各类风险的基础上,进一步分析各类风险的属性和特性。评估风险因素发生的概率及其可能对项目造成的影响,再从中找出项目的主要风险,重点分析这些主要风险可能对项目造成的各种影响,估算其风险量并进行定量分析,据此提出风险规避措施方案,最后对风险防范措施方案进行分析评估。

【本章小结】

本章讨论了项目的不确定性分析问题,是为了分析不确定性因素对经济评价指标的影响,从而估计项目可能承担的风险。不确定性产生的原因包括未来事件的不确定性、主观判断的影响、信息的不完全和数据的测不准原理。

不确定性因素的主要内容包括价格、投资费用、项目计算期、项目的生产能力、经济形势。

不确定性分析的基本方法包括盈亏平衡分析、敏感性分析和概率分析。其中，盈亏平衡分析只用于财务效益分析，敏感性分析和概率分析可以同时用于财务效益分析和国民经济分析。

【习题】

1. 简述盈亏平衡分析的图解法及其优缺点。
2. 如何选择敏感性因素？
3. 概率分析需要哪些步骤？
4. 项目评估中不确定性产生的原因是什么？
5. 某投资项目，生命期为10年，初始投资（0年）200万元，年度收入及年度费用（1~10年）相应为80万元和40万元，期末残值为20万元，折现率为10%。已知项目的项目投资、年度销售收入和年度费用三个不确定因素是相互独立的，它们可能发生的变化及其发生的概率如表11-10所示。试求项目净现值的期望值以及净现值大于或等于零的累计概率。

表11-10　　　　　　　　投资项目状况表

概率　变化率　不确定因素	+20%	0	-20%
固定资产投资	0.6	0.3	0.1
销售收入	0.5	0.4	0.1
主要原材料价格	0.5	0.4	0.1

6. 某项目总投资额为2000万元，建设期为1年，项目在正常年份经营利润有三种可能：3000万元、400万元与600万元，各自的概率为0.3、0.4、0.3；项目经营年限也有三种可能：7年、10年与15年，各自的概率为0.2、0.45、0.35。以12%为项目评估的折现率，试用期望值分析法分析该项目。

7. 洗衣机厂年设计生产能力为4.5万台，市场预测售价为500元/台、年营业税金为225万元，年生产总成本估计为1570万元，其中固定成本为400万元。试在销售收入、总成本均与产量（即销量）呈线性关系的情况下，分别求出以产量、生产能力利用率、销售价格、单位产品变动成本表示的盈亏平衡点，并进行分析。

8. 生产某种产品有三种互斥的工艺方案，各方案的总成本分别为 C_1、C_2、C_3，均表示为产量 X 的函数。已知：

$$C_1 = C_{f1} + C_{v1}X = 800 + 10X$$
$$C_2 = C_{f2} + C_{v2}X = 500 + 20X$$

$$C_3 = C_{f3} + C_{v3}X = 300 + 30X$$

试应用盈亏平衡分析对方案进行选择。

9. 某企业有 A、B 两互斥建设方案，现金流量如表 11-11 所示，不考虑残值以及风险和通货膨胀的影响。该企业的最低期望收益率为 15%。鉴于产品的市场生命具有较大的不确定性，试就生命期 n 分析两方案的取舍临界点。

表 11-11　　　　　　　　方案 A 和方案 B 的现金流量　　　　　　　　单位：万元

方案	0 年投资	年净收益
A	70	15
B	170	35

10. 试对表 11-12 所展示的两互斥方案进行风险分析，并作出决策。

表 11-12　　　　　　　　某项目两方案的随机 NPV 及其概率

| 市场需求 | 发生的概率 | NPV_j（万元） | |
		方案 1	方案 2
大	0.25	70	30
中	0.5	8	7
小	0.25	-50	-10

11. 已知某工程项目生命期 10 年，基础数据如表 11-13 所示。基准折现率为 10%。通过统计资料分析和主观预测、估计，给出了年销售收入和经营成本两个独立的不确定因素可能发生的变动及相应发生的概率（见表 11-14）。试对项目进行概率分析。

表 11-13　　　　　　　　工程项目基础数据表　　　　　　　　单位：万元

项目 \ 年	0	1~10
投资 I	200	
年销售收入 S		80
年经营成本 C		40

表 11-14　　　　　　　　项目不确定因素变动率及概率

不确定因素 \ 变动率 概率	状态 1 +20%	状态 2 0	状态 3 -20%
年销售收入 S	0.5	0.4	0.1
年经营成本 C	0.5	0.4	0.1

12. 洪水疏浚渠道扩建工程。某地区的洪水疏浚渠道目前具备每秒 700 立方英尺的疏浚能力。经过工程分析及历史数据研究，得到不同地区的渠道容量下任何一个年份发生洪水情况的概率，并给出建设方案的投资额如表 11-15 所示：

表 11-15　　　　　　　　　项目发生洪水情况概率与投资额

流量/立方英尺/秒	洪水超过该流量的概率	扩建渠道使其承受该洪水流量所需的资本投资额/美元
700	0.20	—
1000	0.10	20000
1300	0.05	30000
1600	0.02	44000
1900	0.01	60000

历史记录显示，当洪水超过渠道疏浚能力时发生严重洪灾造成的平均损失为 20000 美元。该渠道扩建工程的建设通过发行期限为 40 年的债券募集资金，年利率为 8%，由 (A/P, 8%, 40) = 0.0839 计算得到债务偿还（债券本金加上利息）的资本恢复额为资本投资额的 8.39%。确定采用哪种扩建规模（水流疏浚能力）经济上最为合理。

13. 案例分析——欧沃特公司。唐雪女士是欧沃特公司的营运副总裁，她负责一家液压系统部件制造厂的生产运营。此时，她正考察这家工厂的产品生产能力，根据调查情况，她提出三种不同的方案以供决策。方案一是对该工厂目前的运营情况进行重大改革，大幅度提高自动化程度；方案二是进行小规模的调整，并不会增加任何新的自动化设备；方案三是不作任何改变。

假设你是该工厂的一名高层管理人员，由你来负责各方案的比较分析，并推荐合适的行动方案。与现在的运营状况相比，前面两个方案的增量资本投资和增量年度收入如表 11-16 所示。

表 11-16　　　　　　　　　增量资本投资与增量年度收入

方案	资本投资/美元	未来销售预期	年度收入/美元
1	300000	好	142000
		一般	119000
		差	50000
2	85000	好	66000
		一般	46000
		差	17000

其中，年收入的估计与未来市场情况有关。根据销售部提供的预计，未来市场销售情况为好、一般、差的概率分别为 0.30、0.60 和 0.10。

唐雪女士非常推崇应用决策树分析解决问题，根据她的要求，应用税前分析（MARR 为每年 20%，方案的研究期为 5 年，5 年结束后，所有方案的市场残值均为零）和 E（PW）作为决策判据，选择最优的方案，计算出该案例中完全信息的期望值。

【推荐阅读】

（1）吴锐. 考虑现值脱率和通货膨胀率的盈亏平衡公式及其应用 [J]. 四川工业

学院学报,2001(2):62~64.

(2) 汤学俊.盈亏平衡分析法[J].扬州工学院学报,1995(1):57~63.

(3) 杨鉴淞.基于Excel的盈亏平衡分析在投资项目不确定性分析中应用[J].中国管理信息化,2009(4):9~11.

(4) 熊志坚.多产品盈亏平衡分析的一种新方法——时序临界收益法[J].中国管理科学,1997(6):55~59.

(5) 高辉,李慧民.敏感性——概率分析在项目风险评估中的应用[J].西安建筑科技大学学报(自然科学版),2003(4):376~379.

(6) 柳洋.投资项目不确定性的分析方法[J].统计与决策,2005(10):137~138.

(7) 朱献忠.投资项目经济评价中不确定性分析方法研究[J].沿海企业与科技,2007(3):66~68.

(8) 王宝森,郑丕谔,李秋英.在投资项目不确定性分析中盲数法与概率法的比较[J].天津大学学报,2003(5):642~644.

(9) 易树平,任强,曾立平.投资项目经济评价不确定性分析方法及其应用[J].重庆大学学报,2003(5):10~13.

(10) 黄淑缄.对房地产开发项目的敏感性分析[J].科技管理研究,1999(4):58~60.

(11) 陈建安,雷勇,饶再新.不确定性分析家族的新成员一临界分析[J].化工技术经济,2006(6):34~38.

(12) 张干.不确定性因素对项目评估中确定值的影响分析[J].重庆工商大学学报(自然科学版),2005(6):641~643.

(13) 邵文武,黄训江.投资项目不确定性分析的一个新指标——风险敏感度[J].统计与决策,2007(8):27~28.

(14) 陈宝峰,马晓瑾.项目投资财务分析中致险因素辨识的敏感性分析方法及改进[J].中国农业大学学报,2002(4):113~116.

第 12 章

投资项目方案比选

在项目评估中也会涉及各种方案的比选,通常还要总结出选择方案的理由,为项目的最终决策提供帮助。可行性研究报告中,分析过程往往包括若干个不同方案的选择,并且各方案的投资额、资金筹措条件、建设条件和生产条件、技术水平、生产规模、收入、总成本费用以及产品质量均可能有所不同,需对所造成的财务效益、国民经济效益和社会效益差异进行分析。在项目评估中,应对可行性研究中提出的各个方案或评估时拟定的若干个有价值的方案进行比较,从中遴选出最优方案。投资项目方案比较与选择(简称投资项目方案比选),是在项目评估的过程中,按照一定方法和程序,对符合拟建项目目标的多个备选方案进行对比评价,并从中确定出最佳投资方案的过程,它贯穿于投资决策的始终。是寻求合理的经济和技术决策的必要手段,也是项目评估工作的重要组成部分。

12.1 投资项目的类型

(一) 互斥型投资

对工程项目进行投资是为了解决一个问题。例如,必须过一条河,因此就必须建一座桥。假设可供选择的设计为使用钢材或使用强化混凝土,这就是互斥型投资,因为仅有一个备选方案将被采纳。修建中采用两种方案是毫无意义的。下面这个多层建筑的例子甚至表述得更清楚些。假设必须在计划构建 75 层、80 层还是 85 层之间作出一种选择,而在这块可用的地皮上只能建设一栋有一个确定层数的楼房,则必须拒绝其他的建筑设计方案。在本书中几乎所有的问题和例子都涉及互斥型方案。

投资类型——相互排斥、相互独立、相互依存——是很重要的,因为根据不同的类型必须使用不同的分析技术。总之,除个别例子外,互斥型方案的投资必须用增量法分析。

(二) 相互独立型投资

西部诸州之一的交通部门面临着若干高速公路项目的提案,约有数百个参选提案。建设其中一条高速路在任何技术方法上并不会妨碍建设另一条。一些提案将获得建筑资格并被允许实施；另一些则不行。关键在于被建造的工程与那些建设资金不足的项目之间没有技术联系。它们全是相互独立的项目。再举另一个例子：考虑由一个大型精炼厂的工程部出的若干项目。选择建设某一确定项目或若干项目，将不会对任何其他的项目在任何技术方法上构成影响。同样，它们也是相互独立型项目。

通常被提交的项目清单都基于一个假设，即并非清单上所有的项目都将被建设，因为可用的资金不足以支付整个清单上的费用。在正常情况下，必须满足一个资本预算。因此，清单上某些项目将被建造，而其他的则不能；但那些被建设项目的总成本必须在可用资金的限制——预算以内。选择准许建设项目的过程称为资本预算。

在资本预算中，一种严格的分析方法是 0~1 整数规划，它是线性规划中的一种特殊方法。备选方案分析中运用的技术构成了预算过程的基础，而且为了在预算的范围内获得一套最优项目的方案，这些技术被合并进了整数规划分析。

（三）相互依存型投资

项目也可能是相互依存的。以机器和存放它的厂房为例，如果对其中之一进行投资就得考虑另外一个，那么必须同时分析机器及其厂房。或者可以分别分析它们，因为如果没有厂房，机器不能正常使用，但是厂房本身可能有其他用途，例如作为仓库。

12.2 投资项目方案比选的基础

投资项目方案的比选是以投资项目方案之间的差异为前提的，项目方案之间如果没有差异那么也就不需要比选，而存在差异就意味着不可比。可以说投资项目方案之间的不可比是客观存在的，尤其是一些定性的差异就更加难以比较。为了使不可比的项目能够进行优劣的比较，需要将一些不能直接对比的指标进行修正计算，使其价值等同化，达到可以比较的条件。无论是按方案的全部因素（相同因素和不同因素）计算各方案的全部经济效益和费用，进行全面的分析对比，还是就不同因素计算相对经济效益和费用，进行局部的分析对比，都要遵循效益与费用计算口径对应一致的原则，这是投资项目方案比选的必然思路。

对投资项目进行可比性处理，通常是使项目方案在以下四个方面满足可比性。

（一）满足相同的需要

任何一个项目的投资都是有目的，满足一定需要的，因此当多个项目方案比较时，首先要解决的就是项目方案的可比性原则，即各个方案以满足相同的需要为条件，否则，各个项目方案就不必要进行比较。

投资项目方案一般以其产品或服务的数量、品种、质量、功能等作为满足经济与社会需要的指标，所以不同项目方案满足需要的可比性的条件，就是项目在产品或服务的数量、品种、质量、功能等指标下的可比。在这些指标下的可比有一些修正计算的公式，如产品或服务数量不同的项目，可用单位产品指标进行比较，产品或服务质量不同的项目可用效果系数来修正比较。

(二) 消耗费用的可比性

每个投资项目方案的实现，都需要消耗一定的社会劳动和费用。项目评估的基本评价方法是成本效益分析。满足某种需要的投资项目的效益要可比，那么实现投资项目方案的成本费用也要满足可比性原则。并且要从整个社会和整个国民经济观点出发，从总的全部消耗的观点即综合的、系统的观点出发来分析和计算。概括起来有以下四个方面。

第一，从系统的观点及社会全部消耗的观点出发，既要考虑方案本身的消耗费用，也要考虑相关部门的消耗费用。如节能新产品与旧产品两方案比较，显然，试制节能新产品要多投入一些费用，若不考虑到用户使用节能新产品时带来的能源费用的节约，就不能与旧产品相比。

第二，不仅要考虑技术方案的直接消耗费用，还要考虑相关的消耗费用。如发电厂的建设，其消耗费用应包括电站、输电线建设和运行的消耗费用，还应包括煤矿、运输铁路的建设和运输费用。

第三，不仅要考虑技术方案的直接消耗费用，还要考虑由此而引起的国民经济其他部门消耗费用的增加。因为一个技术方案的实现，必然会占用资金、劳动力、土地资源、运输能力、能源、原材料，由此引起这些有关部门的消耗费用的增加。

第四，对多功能的技术方案，必须把全部消耗费用按多功能某种权数进行分摊以后，才能同某个只能满足单方面功能需要的技术方案进行比较。

(三) 价格指标的可比性

投资项目方案的投资构成有差异，而不同产业的产品价格与社会劳动消耗存在着背离，所以不同的方案在价格上缺乏可比性。特别是我国现行价格体系有不合理的部分，如工农业产品比价不合理；资料性产品和加工性产品价格比价不合理；公用事业价格比价不合理等。排除价格不可比因素，进行价格修正通常包括三方面内容：

第一，效益计算中的产出价格。在效益计算中所采用的各种产出价格，必须用统一的价格参数来计算，这些参数是影子汇率、影子工资、影子价格等。对于微观技术经济评价，仍用统一的财务价格。

第二，消耗费用中的投入价格。在消耗费用中，如成本费用中的燃料、动力、原料、材料和运输等价格，和计算产出价格一样亦采用影子价格等来计算。同理，对于微观技术经济评价，应采用统一的财务价格，不能甲方案用平价，乙方案用溢价。

第三，不同时期技术方案比较，应采用相应时期的价格指标。在进行不同时期技术方案比较时，应采用相应时期的价格指标。比如：对近期的技术方案进行比较时，应采用近期的价格指标；而对远期技术方案进行比较时，应采用远期的价格指标。

(四) 时间的可比性

进行比较的投资项目方案在生命周期上不一定是完全相同的，而对项目方案进行比较必须采用相同的计算期作为比较的基础。如甲、乙两个方案，它们的经济生命周期分别为10年和5年，不能拿甲方案在10年期间的经济效益与乙方案在5年期间的经济效益作比较，因为甲、乙两个方案在时间上不可比；只能采用相同的计算期，计算它们在同一时期内的效益与费用消耗，才有可比性。

进行比较的方案有效生命与选择的项目计算期的关系可能有两种情况：一种是所有备选方案的生命周期相同并等于项目计算期；另一种是备选方案之间生命周期不尽相同，至少有一个项目的生命周期不等于项目计算期。

为处理生命周期不等的方案比较，可以采用两种类型的假设处理方案的可比性，一种假设是可重复假设，另一种假设是共同截止假设。其中，可重复假设包括两种条件：一个是方案比较的研究期或者无限长或者等于不同方案的最小公倍数；另一个是发生在方案最初生命周期的经济结果可以在其后同样的生命周期内重复出现。实际上很少有比较方案完全满足这两个条件，但是并不妨碍两种假设在实践中的应用。

12.3 投资项目方案比选的程序

投资方案比选既可以在项目成本效益评价中对项目的规模、产品方案、工艺流程、主要设备选择、原材料和燃料供应方式、厂区和厂址及工厂布置等方面进行决策，也可以在项目的财务、国民经济、社会评价中对资金筹措、投资总额、成本费用和投资效益等进行经济决策。因此，进行投资方案比选时，可以按各个投资项目方案的全部因素，进行全面的技术经济对比，也可仅就不同因素，计算比较经济效益指标，进行局部的对比。不论是何种情况的投资方案比选，比选的原理与规律的总结对投资项目方案的选择是非常重要的。

采取程序化的方式进行投资方案的比选一方面可以帮助合理选择投资方案，另一方面可以使投资方案选择规范化，便于项目的理解与评估。

根据项目投资方案比选的一般过程，我们将投资项目方案比选的程序基本概括如下。

（一）对比项目方案的选择

在进行方案比较时，正确地选择对比方案是关键性的一步。首先要确立方案间的比较基础，即方案间要具有内容上的可比性。应根据项目的不同特点，选择适当的对比方案。有的项目侧重质量，有的项目侧重速度，有的项目侧重数量，有的项目侧重于对社会的影响。例如某个项目是为了使项目技术达到世界先进水平，那么对比就应该在最先进的技术方案间进行，而不能从经济效益高低的角度选择项目方案。注重项目比较的特点并不意味着项目比较能够以偏概全，根据掌握的资料和情况进行全面仔细的考虑是必要的。

（二）分析每个项目方案的优缺点

不同项目方案的优缺点是不同的，对每个方案的优缺点分析得越细致，越透彻，越全面，项目方案评价的结果就越准确。客观的分析是至关重要的，应尽量避免主观愿望与偏向性，对具体项目方案进行具体分析。例如电站建设中水电建设方案和火电建设方案的比选，水电建设方案可以减少电力系统的各种备用电容，减少电厂用电，不需要燃料以及能够发挥电力水利等综合效益,这是水电方案的优点。但是该方案也存在诸多缺点,包括淹没土地,引起土壤盐碱化,造价高,建设期长等。而火电建设方案有建设期短,占用土地面积少,输配电设施少,造价低的优点,缺点是环境污染严重,占用煤炭资源等。充分认识比选方案的优缺点是项目比选的重要内容。

(三)确定项目方案的对比指标体系

为了能够客观评价所比较的方案,建立全面完整的评价指标体系是重要的,全面的评价指标体系是对投资项目多角度的认识,建设项目方案的优缺点体现在指标体系的对比中,是对项目全方面的比较。合理的指标体系应该是带有共性的指标,如数量、品种、时间、成本、投资额与投资效益等,在表现项目的性质方面,既能反映项目的近期效益,又能反映项目的长远效益;既要反映项目的经济效益,又能反映项目的社会效益。

(四)对比项目方案的可比性处理

在项目评估时应特别注意项目的可比性,不仅是比选方案间的内容要可比,项目的其他许多方面的比较也要有可比性,当对比方案间的某些方面不可比时,可以通过适当的处理使方案间具有可比性,这一过程我们称之为可比性处理。如比较项目指标的使用价值不同时,不能直接进行比较,需要对其进行修正,比较项目方案之间的价格差异、生命周期差异的可比化处理等。

(五)比较项目方案的综合评价

项目的经济效益评价固然是评价的核心,但是不能忽略对项目方案的政治、国民效益、社会、技术、环境和资源等方面进行综合的评价。综合评价不仅要定性的分析,应尽可能地对项目进行定量的说明。

(六)选择最优方案

对所有的方案进行综合评价和系统分析后,应遵循一定的原则,选择出最优的方案,但是需要清楚,项目评估是在客观比较的基础上给出项目比较方案的优劣,并不是对项目方案的选择作出的决策。

12.4 投资项目方案比选的优选原理

投资项目经过综合评价要选择出一个最优的投资项目方案,这个选择的过程应该遵循成本效益比较原则进行,不仅要考虑经济效益,还要注意社会效益,要有战略性,不仅要考虑当前利益,还要考虑全局利益,特别要注意以下几个方面。

(一)局部最优与全局最优

全局最优和局部最优既有一致性,也有不一致性,在数量上既有叠加性,也有非叠加性,在项目评估的多方案比选中要注意区分。例如,三峡工程的建设势必会带来三峡景观的损失和周边居民的迁移安置问题,也许并不能达到局部最优,但是从全局角度出发,它比其他的对比项目更有优势。

(二) 静态最优与动态最优

在实践中，时间因素是客观存在的，时间因素在方案优化中的作用也是客观存在的，有时静态最优和动态最优的结果可能是不一致的，项目评估更倾向于动态最优的结果。例如，Google 的"20% 自由时间"项目，也许从静态角度看，该项目的产出并不显著，在某一时点真正有价值的或者表现出价值的项目很少，但是正是因为有"20% 自由时间"的存在，才使 Google 一直保持着积极创新的活力和动力，也才能在长期的坚持中孕育出了 Google 地图、Google 音乐等大获成功的产品。

(三) 单目标最优与多目标最优

一个投资项目方案可以看做是一个系统，在项目评估中，不仅存在单目标系统，还存在多目标系统，比如，现代项目管理中的项目目标不仅包括财务上的盈利，还包括客户满意、管理过程成功、社会效益和经济效益良好等众多方面的目标。单目标系统和多目标系统的优化方法也不相同，常用的方法是把多目标通过一定的手段变成一个假定的目标，然后进行优化。一般而言，多目标优化比单目标优化更为全面。

(四) 最优与满意

选择最优方案的目的是选择所有比较方案中的最优者，但在实际项目评估中，受项目的复杂性，资料数据的不确定性，时间、资金等条件的约束性等因素的影响，很难获得最优的投资项目方案，更多是令人满意的方案被选择。

12.5 投资项目方案比选的方法

根据不同方案所含的全部因素进行方案比较，可视不同方案类型的不同情况和具体条件，分别选用差额投资内部收益率法、净现值法、年值法、净现值率法、最小费用法，或可选用一组评估指标进行方案的比较选择。

作为一个基本原则，多方案选择必须用增量法来分析。在现值法和年值法中，仍可以使用各方案单独测算的指标值。我们强调增量分析的必要性。是因为适用于两方案选择的准则并不一定适用于两个以上方案的选择。每一个差额成本必须有差额的收益增长作补偿。如果某方案在成本上的增量不能有相应或更大的收益上的增量来补偿，那么该方案就被排除。下一个方案不必再与一个已被排除的方案相比较，被排除的方案已失去了作为一个比较标准的资格，就像一个被毁的水准点不能再用来测量高度一样。一个挑战方案取代一个防御方案所必须的条件是它产生的收益至少要等于以资金的机会成本投入的增量资源达到的收益。

(一) 净现值法

净现值法亦称现值法，是指通过比较不同方案的净现值（NPV）来进行方案比选的一种方法，它只适用于计算期相同的各方案的比选。按此法进行多方案比选的判别原则是净现值大的方案为较优的方案。

必须注意的是，只有 NPV≥0 的方案，才能参加方案比选。

此法只要计算出不同方案的净现值，然后比较它们的大小即可。

【例 12-1】

某公司准备以效率较高的新型设备（方案 A）更新现有的旧设备（方案 B），以便降低成本，提高效益。旧设备的原购置成本为 40000 元，已使用 5 年，使用寿命为 10 年，采用直线法折旧，无残值，估计现在转售税后净收入为 10000 元。旧设备每年可获收入 50000 元，每年的经营费用为 20000 元，销售税金为 10000 元。新设备的购置成本为 60000 元，使用寿命预计 5 年，期末有残值 10000 元，新设备每年创收 80000 元，经营费用为 27000 元，销售税金为 13000 元。假设该公司的资金成本为 10%，所得税税率为 40%，是否值得对旧设备进行更新改造？

答案：

表 12-1　　　　　　　　　A 的净现值计算表

序号		0	1	2	3	4	5
1	增量现金流入	10000	80000	80000	80000	80000	90000
1.1	营业收入		80000	80000	80000	80000	80000
1.2	回收固定资产余值	10000					10000
1.3	旧设备转售收入						
2	增量现金流出	60000					
2.1	固定资产投资	60000					
2.2	经营费用		27000	27000	27000	27000	27000
2.3	营业税金及附加		13000	13000	13000	13000	13000
2.4	所得税		12000	12000	12000	12000	12000
2.5	净现金流量（1-2）	-50000	28000	28000	28000	28000	28000
3	折现系数（10%）		0.909	0.826	0.751	0.683	0.621
4	现值	-50000	25452	23128	21028	19124	23598

所得税 = (80000 - 27000 - 13000 - 10000) × 40% = 12000（元）

$NPV = 25452 + 23128 + 21028 + 19124 + 23598 - 50000 = 62330$（元）

或者，

$NPV = 28000 \times 3.17 + 38000 \times 0.621 - 50000 = 62358$（元）

表 12-2　　　　　　　　　B 的净现值计算表

序号		0	1	2	3	4	5
1	增量现金流入		50000	50000	50000	50000	50000
1.1	营业收入		50000	50000	50000	50000	50000
1.2	回收固定资产余值						10000

续表

序号		0	1	2	3	4	5
1.3	旧设备转售收入						
2	增量现金流出						
2.1	固定资产投资						
2.2	经营费用		20000	20000	20000	20000	20000
2.3	营业税金及附加		10000	10000	10000	10000	10000
2.4	所得税		6400	6400	6400	6400	6400
2.5	净现金流量（1－2）		13600	13600	13600	13600	13600
3	折现系数（10%）		0.909	0.826	0.751	0.683	0.621
4	现值						

所得税 =（80000 - 27000 - 13000 - 10000）×40% = 12000（元）

$NPV = 25452 + 23128 + 21028 + 19124 + 23598 - 50000 = 62330$（元）

或者，

$NPV = 28000 \times 3.17 + 38000 \times 0.621 - 50000 = 62358$（元）

因存在正的 NPV，故更新设备为优。上述案例也可以采用增量法（投资额大的方案 - 投资额小的方案）直接计算。

表 12-3　　　　　　　　　　增量净现值计算表

序号		0	1	2	3	4	5
1	增量现金流入		30000	30000	30000	30000	40000
1.1	营业收入		30000	30000	30000	30000	30000
1.2	回收固定资产余值						10000
1.3	旧设备转售收入						
2	增量现金流出		15600	15600	15600	15600	15600
2.1	固定资产投资	50000					
2.2	经营费用		7000	7000	7000	7000	7000
2.3	营业税金及附加		3000	3000	3000	3000	3000
2.4	所得税		5600	5600	5600	5600	5600
2.5	净现金流量（1－2）	-50000	14400	14400	14400	14400	24400
3	折现系数（10%）		0.909	0.826	0.751	0.683	0.621
4	现值						

（二）净现值率法

净现值率（NPVR）是投资方案的净现值与该方案原始投资现值之和的比，净现值率法是指通过比较不同方案的净现值率来进行方案比选的一种方法。此法既适用于投资额相同的方案的比选，也适用于投资额不同的方案的比选。应用此法比选的判别原则是：如果是单一方案，则 NPVR > 0 方案予以接受；如果是多方案比选，则净现值率最大的方案为最佳方案。

（三）内部收益率法

在投资方案的比选中，内部收益率法只适用于单一方案的取舍，即当方案的内部收益率大于或等于基准折现率时，该方案具有财务可行性。但在互斥方案的比选中，若直接采用内部收益率法，可能导致其比选结果与采用其他方法进行比选的结论相互矛盾，必须应用差额内部收益率的方法进行比选。

例：IRR 与 NPV 产生矛盾

表 12-4　　　　　　　　　A、B 两个项目现金流量表

年份	项目 A（折现率 = 10%）	项目 B（折现率 = 10%）
0	-1000000.00	-1050000.00
1	325000.00	100000.00
2	325000.00	100000.00
3	325000.00	150000.00
4	325000.00	150000.00
5	325000.00	1500000.00
IRR	19%	16%
NPV	210914.27	245531.77

如果以内部收益率为标准进行方案比选，应该选择内部收益率较大的项目 A，但用净现值法进行方案比选的结果却应该选择净现值大的项目 B。

（四）差额投资内部收益率法

差额投资内部收益率法是指通过计算两个方案各年净现金流量差额（ANCFt）的现值之和等于零时的折现率（AIRR）来进行方案比选的一种方法。按此法进行多方案比选的判别原则是：在各个方案都可行的条件下，差额投资内部收益率大于基准折现率，则说明投资额大的方案较好；反之，则说明投资额小的方案较好。差额投资内部收益率的计算过程与前述的内部收益率的计算完全相同。

接上例，项目 A 和项目 B 的内部收益率都大于基准折现率（10%），所以可以参加方案比选。

表 12-5　　　　　　　　　差额内部收益率计算表

年份	项目 A（折现率 = 10%）	项目 B（折现率 = 10%）	差额净现金流量
0	-1000000.00	-1050000.00	50000
1	325000.00	100000.00	225000

续表

年份	项目A（折现率=10%）	项目B（折现率=10%）	差额净现金流量
2	325000.00	100000.00	225000
3	325000.00	150000.00	175000
4	325000.00	150000.00	175000
5	325000.00	1500000.00	−1175000
IRR	19%	16%	12%
NPV	210914.27	245531.77	−34617.49

由于差额净现金流量的内部收益率大于基准折现率，故应该选择投资额较大的项目B，与净现值法的结果一致。

需要特别注意的是，只有方案的内部收益率大于或等于基准折现率的方案，才能参加方案比选。

（五）年值法（或年费用法）

根据指标数值的大小来选择最优方案的决策方法。该法适用于原始投资不相同尤其是项目计算期不同的多方案比较决策。应用该法的判别原则是等额年净回收额最大的方案为优。等额年净回收额等于净现值与相关回收系数的乘积，亦等于净现值除以年金现值系数。

【例12−2】

某企业准备购买一套设备，有设备A和设备B可供选择，两者的产出相同，但生命期和费用不同，假设资金成本是10%，购买设备A还是设备B？

表12−6　　　　　　　　　　设备现金流量表

年份	设备A	设备B
0	−8000	−12000
1	−400	−300
2	−400	−300
3		−300
4		−300

由于本例两个方案的效益相同但费用不同，用方案重复假设，可采用年费用比较法，选择年费较低的A方案。计算过程如下：

表 12-7　　　　　　　　　　设备现金流量计算表

年份	设备 A		设备 B	
	原现金流量	年费用	原现金流量	年费用
0	-8000		-12000	
1	-400	-5008	-300	-4080
2	-400	-5008	-300	-4080
3			-300	-4080
4			-300	-4080
1. 现值（10%）	-8695	-8695	-12951	-12951
2. 资金回收系数	0.576		0.315	
1×2	-8695×0.576 = -5008		-12951×0.315 = -4080	

【本章小结】

本章基于货币时间价值的原理讨论了项目的比选问题，介绍了投资项目的类型，分析了项目比选的基础是满足相同的需要、消耗费用的可比性、价格指标的可比性和时间的可比性。并给出了投资项目比选的原理和方法。主要是基于现值法的方案比选。

【习题】

1. 某项目 7 个备选方案的投资和年经营成本如表 12-8 所示，表中投资额已经按从小到大排列。已知 $ic=8\%$，寿命 $n=15$ 年。试运用指标 ΔIRR 对其进行比选。

表 12-8　　　　某项目 7 个备选方案的投资和年经营成本　　　　单位：万元

方案	0 年投资	年经营成本	增量投资	年成本节约（看成增量收益）	ΔIRR	比选结论
0	0	1800				
1	1800	900	1800	900	49.9% > ic	1 优于 0
2	2545	590	745	310	41.3% > ic	2 优于 1
3	3340	450	795	140	15.6% > ic	3 优于 2
4	4360	360	1020	90	3.7% > ic	3 优于 4
5	5730	310	1370	50	负值 < ic	4 优于 5
6	7280	285	3940	165	负值 < ic	故 3 优于 5 3 优于 6

2. 为改善某城市公共交通，新建交通网有两个备选方案（如表 12-9 所示），如果

设定其基准收益率为12%，期末无残值，试进行选择。

表12-9　　　　　　　　　某城市新建交通网的备选方案　　　　　　　　单位：百万元

方案	初始投资	年收益	服务生命（年）
A	100	30	20
B	150	30	40

3. 有关部门正在考虑新建城市绿化喷灌管道两个方案的比选问题（如图12-1所示），可考虑管道的生命无限长。

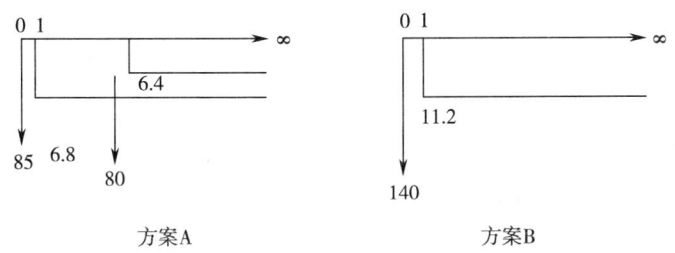

图12-1　新建城市绿化喷灌管道的现金流量图

方案A：预计投资额为85万元，年底开始使用，每年管理及维修费为6.8万元，但需要在第5年末再铺设一条，投资额为80万元，增加年管理及维修费为6.4万元。

方案B：同时铺设两条管道，需投资额140万元，每年管理及维修费为11.2万元。

如果设基准收益率为10%，试协助进行优选。

4. 解释两个或多个项目间的相互独立程度。如果一个或多个项目可行并且与某一给定项目是补充关系，这些补充项目应由管理者包括在一揽子建议里还是应该单独分析？

5. 等值法分析投资型方案。百思特航空有限公司正在考虑在机场实施自动旅客登机服务的三个互斥方案，每个方案均满足同样的服务要求，但投资额和效益（成本节约）不同。研究期为10年，所有三个方案的有用生命也为10年，生命期末的市场残值假定为0。如果航空业的MARR为每年10%，应选择哪个方案？数据估计如表12-10所示：

表12-10　　　　　　　　　　　等值分析数据表　　　　　　　　　　　单位：美元

	方案		
	A	B	C
投资额	390000	920000	660000
成本节约额	69000	167000	133500

6. 现值法与内部收益率法的对比：哪一个应用起来更简单？

镇上一个停车场的业主要求一家建筑工程公司确定在停车场的位置建办公楼在经济上是否有吸引力。如果这个场地继续留做停车用，就要作些改进。杜景天，是新雇用的土木工程师，也是该工程小组的成员，要求做这项分析并提供一个建议。他为工程小组提供的四个可行的互斥方案收集了一些数据，如表12-11所示。

表 12-11　　　　　　　　　　　　互斥方案数据表　　　　　　　　　　　　单位：美元

方案	资本投资（包括土地）	年净收入
P. 保留停车场，并改造	200000	22000
B1. 建一层楼的建筑	4000000	600000
B2. 建二层楼的建筑	5550000	720000
B3. 建三层楼的建筑	7500000	960000

研究期选择 15 年。对于每个方案，15 年末预计剩余（市场）价值为资本投资的 50%。停车场业主偏好内部收益法得到的信息，但公司的管理者仍然坚持现值分析法。因此，他决定用两种方法作分析。如果 MARR 为每年 10%，杜景天会建议哪种方案？

【推荐阅读】

（1）唐寰澄. 基础工程国际方案比选方法 [J]. 中国工程咨询, 2001 (9): 18~19.

（2）高峰. 建设项目前期策划分析的重要方法——方案比选 [J]. 科技情报开发与经济, 2007 (27): 261~262.

（3）常卫东. 有限资金约束下独立方案的比选 [J]. 河北建筑工程学院学报, 2003 (2): 80~82.

（4）张彩虹, 陆凤山. 技术经济中寿命不等方案的比选 [J]. 技术经济与管理研究, 2002 (3): 28~29.

（5）王武平, 杜纲. 企业投资项目比选决策方法研究 [J]. 经济问题, 2008 (4): 65~67.

（6）李锐, 李远富. 应用有无对比法对交通运输项目进行方案比选 [J]. 四川建筑, 2005 (4): 146~147.

（7）黄金如. 对项目投资经济评价比选方法的比较分析研究 [J]. 基建管理优化, 2001 (3): 6~18.

（8）赵国杰, 李卓华. 净现值率、净年值率法真是有效的方案比选法吗？——兼与黄金如先生商榷 [J]. 基建管理优化, 2002 (2): 24~28.

第 13 章

项目总评估

项目总评估是在汇总各分项评估结果的基础上,运用系统分析研究方法,对拟建投资项目的可行性及预期效益进行全面分析和综合评估,提出结论性意见和建议。项目总评估是整个评估工作的最后一个环节。通过对各分项评估内容的系统整理,保证项目评估内容的完整性和系统性,通盘衡量整体项目,作出全面、准确的判断和总评估,提出明确结论。它不仅综合反映了前期各分项评估工作的成果和质量,而且还能直接为项目投资决策提供科学依据。

13.1 项目总评估概述

项目评估工作内容繁多、涉及面广,是由多个子因素构成的系统。前述各章已经从不同的角度分别阐述了各个方面评估项目的具体内容。既有宏观评估,也有微观评估;既有项目(或企业)概况评估、项目必要性评估、建设生产条件评估和技术评估,也有财务效益分析、经济费用效益分析,必要时还要进行社会效益分析。在评估过程中采用的分析方法也是多样化的,既有定量方法,也有定性方法;并形成了包括静态指标和动态指标的多样化综合指标体系。说明判断拟建项目是否可行是一个复杂的多层次的论证过程。

但同时也应当看到,各个分项内容具有一定的独立性,且具有较强的专业性,亦即尚未形成完整的结论性意见。因此,需要在各分项评估的基础上进行综合分析,提出结论性意见,给投资项目决策者提供一个简明直观的判断依据。将项目从整体上形成一个科学的结论性意见是十分重要的,对分项项目评估的结论进行整合也正是项目评估的直接任务与意义。

在对项目分项评估结论进行整合的过程中,有可能处理两种不同的情况:一是各分项评估的结论一致,即其结论都认为是可行的或不可行的;二是各分项评估的结论相反或具有一定的差异,即有的分项评估的结论认为项目是可行的,而有的分项评估的结论则认为项目是不可行的,这种"可行"与"不可行"在程度上也往往有一定的差异。第一种情况的总体结论比较容易得出,第二种情况的总体结论则不易得出,应当加以综合分析论证，才能得出正确的结论。在现实经济生活中，有不少项目属于第二种情况。因此，需要在各分项评估的基础上进行总评估，得出总体评估结论，是项目评估中不可缺少的一个工作步骤。

项目评估工作是在可行性研究报告的基础上进行的，可行性研究报告是投资者取舍项目和有关政府部门审批项目的重要依据，也是项目评估工作的重要依据。项目评估人员应当对可行性研究报告进行全面细致的审查分析，但又不能完全拘泥于可行性研究报告，应当充分发挥项目评估人员的主观能动性，对项目提出一些建设性的建议，这些意见或建议不能简单地提出项目可行与否的结论性意见，而是应当针对可行性研究报告中存在的问题，结合项目的具体情况，通过进一步的调查研究与分析论证，得出的科学结论。

例如，某投资项目其他各分项内容评估的结论都认为项目是可行的，不足之处是该项目的财务效益较差（如财务净现值小于零、财务内部收益率小于基准折现率等）。进一步的深入分析表明，该项目财务效益较差的原因是项目生产规模过小，没有达到规模经济。针对这一问题，项目评估人员可以提出"重新组合"的建议，扩大该项目的生产规模，使其财务效益得以提高，进而使项目可行。当然，生产规模的扩大，必然会涉及一系列的问题，如市场问题、技术问题，项目评估人员应当提出相应的解决措施。"重新组合"要求项目评估人员有较高的素质，确能提出切实可行的建议，使投资资金充分发挥其应有的效益。

总之，对项目进行总评估是十分必要的，是协调各个分项评估结论和提出综合评估结论的客观需要。不能将项目总评估认为是对项目评估各个分项工作的简单汇总，项目总评估是项目评估形成最终结果的创造性工作。

13.2 项目总评估的任务

在具体的项目总评估过程中要完成的主要任务如下：

1. 在项目评估中，企业财务评估和经济费用效益分析的结论往往是初步的、分散的，有的评估指标有时可能有相互矛盾之处，如财务效益好而经济效益差，或经济效益好而社会效益差等，这就需要在充分调查研究、取得大量可靠的数据基础上，把分散的结论联系起来，进行综合分析，评价利弊得失，纠正分项评估中的偏颇之处，明确矛盾的主要方面，用尽可能少的社会劳动消耗，获得尽可能多的经济社会和生态环境效益，提出尽可能满意的方案，从而得出正确的总体的评估结论。

2. 不同的项目有不同的规模和特性，有的项目在某些问题上需要作特别周密深入的分析，因而在企业评估和国民经济评估完成后，还需要对某些方面作弥补缺漏或重点深入的分析。

3. 在项目可行性研究中，往往对项目提出几个不同的方案，有的表现在厂址上，有的在工艺上，有的在规模上，有的则涉及几个方面。虽然在分项评估时已对不同方案作了初步分析，但在分项评估完成后，需要联系各个方面作进一步分析，对方案作出最后抉择。

13.3 项目总评估的内容

投资项目评估的内容是由项目的特性和总评估的要求决定的，不同的投资项目，技术经济特点不同，总评估的具体内容也就不一样。然而，不同的投资项目也存在共性的内容，所有的投资项目都应该根据国家宏观经济管理的要求，在财务评估和国民经济评估的基础上，进行综合的计算、分析和论证。这就决定了项目总评估的内容一般包括以下六个方面。

（一）综述项目研究评估过程中重大方案的选择和推荐意见

项目评估的重要使命是为项目决策提供依据，因此项目总评估要对决定项目可行性与否的重大方案的选择进行说明并给出推荐意见。主要论述投资项目方案的必要性和可行性。必要性指项目符合国家的建设方针和投资的优先方向，产品适应市场要求。可行性指项目的建设条件和生产条件能得到充分保证。要进行工艺设备、生产技术等是否先进适用安全，产品方案、建设规模是否可行，项目所需各项投入物供应能否保证等方面的分析论证工作，并确定相关项目的同步建设问题。

（二）综述项目的财务效益和经济费用效益

项目投资是否必要，是否具有较好的生产建设条件，是否具有先进性、适用性和经济性的特点，都将集中反映到项目的效益上来，从微观上看，就是项目实施的财务效益能否达到要求。进行项目总评估时，要着重检查项目投资和经营的基础数据测算是否准确，评价指标是否完备，评价制表的计算方法是否正确。

微观上包括项目投资来源和筹措方式，以及生产成本、营业收入、利润、税金和贷款还本付息等财务基础数据的估算工作，应写明各项数据的估算依据和评估结果；编制现金流量表、损益表、资金来源与运用表和资产负债表，据此进行各种企业财务效益评估指标的计算、分析和论证工作。宏观上包括国民收入和社会净收益等经济效果指标的计算和分析，还应考虑收入分配效果、劳动就业效果、外汇效果、综合能耗和环境保护等社会效果的计算和分析，以及各种非数量化的社会效益与影响等定性分析。

（三）综述不确定因素对项目经济效益的影响以及项目投资的风险程度

为了给项目投资决策提供支持，项目评估还需要检验财务效益评估和经济费用效益评估的可靠性，运用盈亏平衡分析、敏感性分析和概率分析等不确定性分析方法，判断项目经济效果的客观性和真实性，采取积极措施，确保项目投资的可靠性，减少投资的风险程度。

（四）综述项目非数量化的社会效益

投资项目的非数量化社会效果越来越受到项目评估的重视，在项目评估中应根据项目的具体情况及特点，确定综合分析投资项目的社会效益内容。一般应包括以下方面：

(1) 对提高人民物质文化生活及社会福利的影响；
(2) 提高产品质量对产品用户的影响；
(3) 对节约及合理利用国家资源（如土地、矿产等）的影响；
(4) 对节能的影响；
(5) 对节约劳动力消耗或提供就业机会的影响；
(6) 对环境保护和生态平衡的影响；
(7) 对发展地区经济或部门经济的影响；
(8) 对减少进口、增加出口、节约外汇和创造外汇的影响；
(9) 对提高国家、地区和部门科学技术水平的影响；
(10) 对国民经济长远发展的影响；
(11) 对国防建设和国家安全的影响；
(12) 对工业布局和产业结构的影响；
(13) 对部门、地区公平分配的影响。

（五）提出项目评估中存在的问题和有关建议

在对项目经济效益进行综合判断后，要对影响项目经济各方面的问题提出改进建议，给出肯定或是否定的结论。包括对各种技术方案、总体建设方案、投资方案等进行多方案优选和论证，最后推荐一个以上的可行方案，或者对原方案提出改进或"重新设计"的建议，甚至作出项目不可行的建议。总之，根据上述各项计算、分析的结果，进行综合平衡的分析，将结论提供给上级决策部门，作为项目投资决策的科学依据。

13.4 项目总评估的步骤

项目总评估不是简单地罗列和汇总各分项评估的结论，也不能简单地重复可行性研究的内容，而是要以可行性研究和各分项评估为基础依据，将所获数据资料加以检验审核和整理，进行对比分析、归纳判断、"去粗取精、去伪存真、由此及彼、由表及里"的综合分析研究，结合拟建项目的实际情况，提出项目总的最终评估结论和建议。为此，项目总评估一般遵循下列步骤完成。

（一）检查和整理各分项评估资料

在进行项目建设必要性、生产建设条件、工艺技术与设备选型、财务效益和经济费用效益等各分项评估时，已经收集、测算了各项基础数据和评估指标，并作出了判断和结论。因此，到项目总评估阶段，首先应该对各分项评估所取得的数据资料和测算的指标进行检查、审核、整理和归类，剔除重复和不切实的内容，修正错误的数据，调整价格和参数，增补一些遗漏的资料，做到数据准确、内容完整、结论可靠，为编写评估报告打好基础。

（二）对比分析

对比分析和归纳判断是项目总评估阶段进行综合分析论证的两类工作。总评估阶段的对比分析主要有两个方面。

一是同可行性研究报告的结论进行对比。对比的结果通常可以表示为项目评估前后的基础数据与基本指标对照表、主要经济参数与投入物、产出物价格评估前后对比表。如表13-1的形式。

表13-1　　　　　项目评估前后的主要基础数据与经济指标对比表

序号	名称	单位	可行性研究报告	评估报告	增减	备份
1	基础数据					
1.1	年产量					
1.2	职工人数	人				
1.3	……					
1.4	项目总投资	万元				
1.5	资金筹措					
	……					
2	经济指标					
3	……					
4	……					

二是各分项评估结论之间的对比分析，考虑各分项评估的质量和深度，纠正各分项评估中某些结论的误差。

同时还要通过对比，考虑项目的必要性与可行性之间有无矛盾，项目的技术分析与财务分析，动态分析与静态分析，微观效益分析与宏观效益分析差异如何，进而作出必要的分析论证补充，修正原分项评估结论中不正确、不完善和彼此不协调的地方。

（三）归纳判断，提出最终结论和建议

这是将分项评估的初步成果，客观公正地进行分类，归纳出几个主要问题，判断项目建设的必要性及可行性，并对技术、财务、经济等各方面进行多方案比较和择优选择，抓住关键问题，进行深入研究、补充分析，最后进行综合分析论证，作出最终结论和建议。当各分项评估的结论相一致时，则各分项评估的结论即为总评估的结论；当各分项评估的结论不一致时，则应进行综合分析，抓住主要方面，提出结论性意见。如有些项目从国民经济的角度来看是必要的，市场前景也比较乐观，但原材料和能源供应有困难，或项目所采用的技术比较落后，在未找出解决问题的办法之前，该项目应予以否决。

（四）编写项目评估报告

这是项目总评估的最后一个工作阶段，它体现了整个项目评估的所有成果。评估报告应全面系统地反映各分项评估的内容和结果，提出综合评估结论，写明最终结论和决策建议。

13.5 项目评估报告

13.5.1 编写项目评估报告的内容和格式

项目评估报告是项目评估工作人员汇总评估结果的书面文件，也是国家综合部门与项目主管部门对项目投资决策的重要依据，是贷款机构与银行参与投资决策和贷款决策的重要依据，是对项目进行监督管理的基础资料。

评估报告的格式视项目的类型、规模以及复杂程度等而有所不同。对于大型的复杂项目，要编写详细的评估报告；对于小型的简单项目，可编写简要评估报告。一个项目评估报告一般包括以下几个部分。

（一）项目评估报告的封面

报告的封面应写上"×××项目评估报告"字样，写明评估单位全称及报告完成时间，在第一、二页上分别说明"评估小组人员名单及分工"和"评估报告目录"。

（二）项目评估报告的正文

评估报告在正文之前一般应有一个"提要"，简要说明评估报告的要点，包括企业和项目概况、项目的必要性、市场前景、主要建设内容、生产规模、总投资和资金来源、财务效益、经济费用效益、项目建议书、可行性研究报告和其他有关文件的批复时间和文号等。其目的在于使阅读者对项目的总体情况有一个大致了解。在"提要"之后，一般应按如下顺序编写评估报告：

（1）投资者概况。主要论述投资者的企业法人资格、注册资本、法定地址、在所在行业的地位、信誉、资产负债情况、人员构成、管理水平，以及近几年的经营业绩和投资者的发展规划与拟建项目的关系等，考察投资者是否有实施同类项目的经验，以判断投资者是否具备实施拟建项目的能力。

（2）项目概况。主要论述项目提出的背景和依据、项目的地理位置、主要负责人、注册资本、产品方案和生产规模，以及投资和效益概况。特别要求用一个综合的表格列出项目的基本技术和技术经济指标。

（3）项目建设必要性分析。要从宏观和微观两大方面进行分析，以考察拟建项目是否有实施的必要，如果是多方案的比较，还要进一步说明选择实施方案与项目建设必要性有什么关系。

（4）市场分析。要求对现有市场情况进行充分的论证。所考察的市场范围决定于项目产品销售市场覆盖面。如果只是在国内销售，只需要考察国内市场的供求状况；如果涉及产品出口或替代进口，还需要对国际市场供求关系进行论证分析；如果属于在国内某个区域内销售产品，除了对国内市场情况进行概括的分析外，主要侧重于该区域内的市场供求关系分析。在现有市场供求关系分析的基础上，调查和预测目标期产品供求状况。通过项目产品竞争能力的分析，判断项目产品是否有市场，建议项目适宜的生产规模。

（5）建设条件分析。考察项目的选址、工程地质、水文地质、交通运输条件和水、电、气等配套条件。另外，还要考察工程实施的计划和进度。

（6）生产条件分析。考察项目所需投入物的来源、运输条件、价格等方面因素，包括项目所需的矿产资源、主要原材料、辅助原材料、半成品、零配件、燃料和动力等的产地、用量、供应厂家、运输方式、质量和供应的保证程度以及价格合理性等。

（7）生产技术、工艺和设备分析。包括拟建项目所用技术的总体水平、技术的来源（投资者所有还是外购，国内还是进口等）、项目总图布置、生产工艺流程和设备选型分析、拟订的生产规模和产品方案等。另外，还要考虑环境保护问题，即应考虑环境保护的工艺和设备。

（8）组织机构和人员培训。包括拟建项目的组织机构设计和人员的来源配套及培训计划。

（9）投资估算与资金筹措。包括拟建项目的整个投资的构成、各项投资估算、资金的筹措方式、计划和各项来源的落实情况。对可行性研究报告中的有关数据的修改理由。

（10）财务基础数据的估算。包括计算期、汇率、营业收入、营业税金及附加、总成本费用、利润、所得税的估算依据和结果。对可行性研究报告中的有关数据的修改理由。

（11）财务效益分析。计算一系列技术经济指标，并用这些指标分析、评价项目财务角度的可行性。指标包括反映项目盈利能力的指标、反映项目清偿能力的指标和反映项目外汇效果的指标。

（12）经济费用效益分析。鉴别和度量项目的效益和费用，调整价格，确定各项投入物和产出物的影响价格，计算相应的一系列技术经济指标，并用这些指标分析、评价项目国民经济角度的可行性。

（13）不确定性分析。进行盈亏平衡分析、敏感性分析和概率分析（若必要的话），分析拟建项目的风险程度，提出降低风险的措施。

（14）总评估。提出项目是否值得实施，或选择最优方案的结论性意见，并就影响项目可行的关键性问题提出切实可行的建议。

（三）项目评估报告的主要附表

项目评估报告中的主要附表包括投资估算、资金筹措、财务基础数据、财务效益分析和经济费用效益分析各种基本和辅助表格。

13.5.2 项目评估常用报表

（一）项目评估的主要分析报表

（1）主要经济数据与经济指标评估前后对比表

(2) 投资估算评估前后对比表

(3) 项目投资现金流量表

(4) 项目资本金现金流量表

(5) 投资各方现金流量表

(6) 利润和利润分配表

(7) 财务计划现金流量表

(8) 资产负债表

(9) 借款还本付息计划表

(10) 项目投资经济费用效益流量表

(二) 项目评估的辅助报表

(1) 建设投资估算表

(2) 建设期利息估算表

(3) 流动资金估算表

(4) 项目总投资使用计划与资金筹措表

(5) 营业收入、营业税金及附加和增值税估算表

(6) 总成本费用估算表

(7) 外购材料费用估算表

(8) 外购燃料及动力费用估算表

(9) 工资及福利费估算表

(10) 其他费用估算表

(11) 固定资产折旧费估算表

(12) 无形资产和其他资产摊销费估算表

(13) 经济费用效益分析投资费用估算调整表

(14) 经济费用效益分析经营费用估算调整表

(15) 项目直接效益估算调整表

(16) 项目间接费用估算表

(17) 项目间接效益估算表

(三) 项目评估报告的附件

项目评估报告的附件主要包括以下几个方面：

(1) 有关项目资源、市场、工程技术、项目实施进展计划等方面的图表、协议、合同等；

(2) 各种批复文件，如项目建议书和可行性研究报告批复文件，规划批复文件（如选址意见书等）、偿还贷款担保函和项目的营业执照（若有的话）等；

(3) 证明投资者经济技术和管理水平等方面的文件，包括投资者的营业执照、近几年的主要财务报表、资信证明材料等。

13.5.3 项目评估报告撰写要求

项目评估报告是为政府有关部门、贷款金融机构和社会公众或机构投资者提供投资决策依据的论述性决策文件。要求评估者站在第三者的角度，以公正、客观的立场，依靠各种数据资料，对项目进行具体介绍和评估。报告撰写的文字要求是：语言要简练准确，结构要紧凑严谨，论据要充分可靠，结论要客观明确。要求重点突出、观点明确，提出的建议要有针对性，即根据项目的具体特点，对投资者和决策部门极为关心的问题进行重点论述，作出明确的结论，防止重复、遗漏和千篇一律的现象。项目评估人员必须按照国家规定的《建设项目经济评价方法与参数》（第三版）及其他有关规定，对项目进行严格、认真评估，并以实事求是的科学态度，按照统一的要求与格式编写评估报告。

1. 结论要科学可靠。项目评估是一项十分严肃的工作，小则关系到投资者的切身利益，大则关系到地区和全国的经济发展。项目评估人员应当坚持科学、公正的态度，实事求是地评估项目，在此基础上进行总评估，提出科学的结论。

2. 建议要切实可行。在总评估中，项目评估人员还应当根据项目的具体情况，提出切实可行的建议，以确保项目的顺利实施和按期投入运行。

3. 对关键内容要作重点分析。通过总评估可以发现，某些关键性内容对于项目的正常实施与投产运营具有十分关键的作用。对于这类内容，项目评估人员要予以特别的注意，在总评估中要对此作重点分析，并分析其变化对项目的影响程度，以便引起投资者与有关部门的重视。

4. 语言要简明精练。总评估具有总结的性质，没有必要面面俱到，而应当简明扼要，语言要精练，避免使用高度专业化的术语来表述，以利于决策人员准确理解。从总体来讲，项目评估是一种定量分析方法，需要收集和测算大量的数据，并计算有关技术经济指标。为了表述准确科学，应当尽量用数据和指标说明问题。对于难以量化的内容，要作定性分析，用文字加以说明。

【本章小结】

总评估是项目评估全过程的最后一个阶段，是对拟建项目进行评估的总结，从总体上判断项目建设的必要性、技术的先进性、财务和经济的可行性，进而提出结论性意见和建议。项目各分项评估的结论一般有两种情况：一是各分项评估的结论一致，即其结论都认为项目是可行的或不可行的；二是各分项评估的结论相反或具有一定的差异，即有的分项评估的结论认为项目是可行的，而有的分项评估的结论则认为项目是不可行的，这种"可行"与"不可行"在程度上也往往有一定的差异。

项目总评估的内容包括必要性评估结论、项目产品市场评估结论、建设条件和生产条件评估结论、技术评估结论，以及财务、经济可行性评估结论等。

进行项目总评估一般遵循如下程序：整理有关资料、确定分项内容、进行分析论证、提出结论与建议、编写评估报告。编写项目评估报告的要求包括结论要科学可靠、建议要切实可行、对关键内容要作重点分析、语言要简明精练。

项目评估报告是项目评估工作人员汇总评估结果的书面文件，也是项目投资决策的重要依据。项目评估报告的正文包括项目概况、项目建设必要性分析、市场分析、建设条件分析、生产条件分析、生产技术、工艺和设备分析、组织机构和人员培训、投资估算与资金筹措、财务基础数据估算、财务效益分析、经济费用效益分析、不确定性分析、总评估。

【习题】

1. 总评估的必要性何在？
2. 总评估包括哪些内容？
3. 编写项目评估报告有哪些要求？
4. 为什么要进行项目的总评估？
5. 最优方案的评价标准是什么？
6. 如何进行项目的总评估？
7. 项目的总评估一般需要经过哪些程序？
8. 怎样处理各分项结论的差异？
9. 项目总评估一般包括哪些结论？
10. 某人准备花 100 万元买房自住，他有三个付款方案可供选择：一是全款一次付清；二是一半公积金贷款（贷款最高限额为 50 万元），一半一次付清；三是首付 20 万元，银行房贷 30 万元，公积金贷款 50 万元。假设公积金贷款和银行房贷的期限均为 5 年，每年等额还本付息，年利息率各为 4% 和 5%。此外，假设他自己资金的最佳投资选择是 5 年定期存款，年利息率为 4.5%。问哪种付款方案对他来说费用最低？
11. 新兴公司 3 年前投资 100000 元买了一台设备，该设备采用直线法折旧，期限为 10 年，在此期间，每年可为公司创造 15000 元的营业净收入。目前，买一台同类的新型设备费用还是 100000 元，但每年可为公司创造的营业净收入为 28000 元。如果买新设备，旧设备可以折价处理掉，估计可得 35000 元的现金收入。假设公司所得税税率为 33%，资本的机会成本为 10%，如采用方案重复法，新兴公司是否应更新设备？
12. 某企业对现有的设备进行更新，可以有两种投资选择，购买生命周期为 3 年的设备 A 或购买生命周期为 6 年的设备 B，两者的现金流量分别如表 13 - 2 所示，请据此进行设备的选择。

表 13 - 2　　　　　　　　设备更新方案现金流量对比表　　　　　　　　单位：元

年份	设备 A	设备 B
0	-500	-700
1	250	200

续表

年份	设备A	设备B
2	250	200
3	250	200
4		200
5		200
6		200

13. 负责经营和管理某灌溉系统的某企业提出三个提高河道灌溉能力，从而满足农业增产需要的方案。方案1需要投资50万元购买生命期为10年的河道疏浚设备，该设备的年运营费用为4.5万元，生命结束时预计残值1.5万元，此外，该方案预计每年还要花费10万元治理淤塞河道的水生植物；方案2需投资350万元对河道加钢筋水泥衬，生命期假设永续，但每年要投入4000元用于日常维护，并需要每5年花费2.5万元对加衬河道进行一次翻修；方案3需投资480万元修建一条新灌渠，生命期为40年，每年的运营费用为2500元。假设资金成本为5%，从经济的角度讲哪个方案最优？

【推荐阅读】

（1）王福春. 靖西县实施世界银行贷款/英国政府赠款中国结核病控制项目终期评估报告［J］. 医学动物防制，2010（6）.

（2）章国枫. 企业技改项目节能评估报告编写的几点体会［J］. 宁波节能，2010（5）.

（3）国家发展改革委员会. 关于企业投资项目咨询评估报告的若干要求. 2008年第37号.

（4）蒋东明. 项目申请报告评估要点探讨［J］. 经济视角，2008（5）.

（5）王应龙等. 世界银行贷款血防项目湖南南县健康教育试点总评估报告［J］. 实用寄生虫病杂志，1999（3）.

附录一

公园沙滩排球场可行性研究评估报告

目 录

一、评估概况 ………………………………………………………………… 313
二、项目概况 ………………………………………………………………… 313
三、评估原则 ………………………………………………………………… 313
四、评估依据 ………………………………………………………………… 313
五、评估意见详述 …………………………………………………………… 314
 （一）项目建设必要性 …………………………………………………… 314
 （二）项目选址 …………………………………………………………… 314
 （三）用地规模及建筑规模 ……………………………………………… 314
 （四）建设方案 …………………………………………………………… 315
 （五）投资估算与资金筹措评估 ………………………………………… 318
 （六）资金筹措 …………………………………………………………… 324
六、结论 ……………………………………………………………………… 324
 （一）结论 ………………………………………………………………… 324
 （二）建议 ………………………………………………………………… 325

附录一 公园沙滩排球场可行性研究评估报告

一、评估概况

受 BG 有限公司的委托，BL 工程咨询公司对已编制的《××沙滩排球场可行性研究报告》（以下简称《可研报告》）进行评估。按照北京市发改委的要求，对该项目的评估重点为项目的建设规模和内容、建设标准、建设条件以及投资的合理性等内容。本次评估聘请了体育工艺、建筑、结构、工程经济等专业技术方面的 6 名专家参与本项目的评估工作。

BL 工程咨询公司在 2005 年 11 月 3 日接到评估任务后立即组成评估组，与项目建设单位和《可研报告》编制单位取得联系，了解项目情况并收集项目资料；11 月 4 日下午，评估组、项目代建单位、《可研报告》编制单位及有关专家共同赴项目建设现场进行了实地踏勘。11 月 5 日，召开了项目评估会。会上，评估组与项目建设单位、项目代建单位、《可研报告》编制单位及设计单位等相关人员进行了必要的交流与沟通。根据可研编制单位截至 11 月 5 日晚 6 点提供的项目补充资料、评估会审查结果并结合实地调研情况，评估组重点对项目建设规模、项目功能定位的合理性、建设条件、投资构成的真实性和合理性、前期手续办理情况等方面进行了论证，在此基础上编制了本评估报告。

二、项目概况

由于沙滩排球在我国尚未普及，到目前为止北京没有可进行国际性沙滩排球比赛的场馆，因此北京市决定把沙滩排球比赛场馆定位于临时建筑。

《可研报告》及补充资料中提出：沙滩排球比赛场馆拟建于公园内，可充分利用公园内现有的厂房建筑进行改扩建，总占地面积 150000 平方米，共设 9 片场地，其中 1 片比赛场地，6 片训练场地，2 片热身场地；功能用房建筑面积共 8844 平方米，其中竞赛办公及运动员、裁判员用房 4099 平方米（首层 3749 平方米、二层 350 平方米），场馆指挥中心用房 3329 平方米（首层 3179 平方米、二层 150 平方米），媒体、信息中心 1465 平方米，利用场内原有厂房装修改造。奥林匹克大家庭建筑面积 501 平方米，建于主场馆主席台下；比赛场设计座席 12000 座，其中主席台座席 572 座，媒体及运动员座席 224 席，评论员座席 56 席、观察员席 72 座、运动员席 128 座，其余为观众座席。该项目总投资 9985.3 万元人民币，建设资金来源于北京市专项资金。

三、评估原则

1. 实事求是，客观公正，独立科学。
2. 突出既满足比赛使用要求又节俭的原则。

四、评估依据

1. 国家发展计划委员会文件计社会〔2002〕2551 号"国家计委关于比赛场馆及相关设施建设总体规划方案的批复"；

2. 《沙滩排球场工程设计大纲》;

3. 北京市发展和改革委员会关于政府投资管理的暂行规定（京发改〔2004〕2423号）;

4. 北京市发展和改革委员会政府投资建设项目委托咨询评估的内容深度基本要求（京发政办〔2005〕12号）;

5. 国家有关政策法规。

五、评估意见详述

（一）项目建设必要性

沙滩排球比赛场地选在公园内，利用公园现有自然生态景观和原有建筑进行建设。评估认为，沙滩排球场作为临时场馆在公园建设，不仅符合我国政府提出"节俭"的原则要求，而且在比赛结束后，可结合公园的总体规划，考虑将部分设施场地保留下来，成为公园中进行沙滩活动、健身娱乐的新景区。也可作为沙滩排球训练场地，为促进沙滩排球体育事业的持续发展奠定基础。

（二）项目选址

《可研报告》提出该项目建设地点位于公园北部。公园北侧道路为城市主要干路宽45米，西侧公园路为城市次要道路宽20米，东侧东四环辅路为城市主要干路宽60米。主要场馆周围大部分为水面。用地范围内地势平坦，水文、地质状况良好。

经评估核实，拟建场地内有现状 DN400 上水管线、DN200 中压燃气管线。公园拟修建雨水、污水、电力、通讯等市政管线。市政基础设施可保证该项目使用需求。

评估认为：沙滩排球周围大部分为水面，环境幽雅。用地地势平坦，水文、地质状况良好。比赛的赛事用房将利用公园内原有煤气厂的厂房、变电站、办公等用房。减少了建设费用，体现了节俭办奥运的宗旨。场馆总平面布局充分考虑保留现有的大量树木和设施。保证了环境的可持续发展。

根据上述对建设地点、周边交通条件、市政基础设施的分析，项目建设地点满足比赛场馆使用的需要。规划选址合理可行，适合沙滩排球场的建设要求。

（三）用地规模及建筑规模

《可研报告》提出的项目总占地面积15万平方米，各类功能用房建筑面积8844平方米。由于《可研报告》中对总建筑面积的计算不完整，未给出项目总建筑规模的指标。按照评估要求，《可研报告》编制单位对此进行了补充说明，将各类功能用房建筑面积调整为10757平方米，仍未给出总建筑规模。

经评估组与设计单位就总建设规模问题进一步核实，确定项目总建筑规模为14169平方米。经与工程部协商，由使用方承担建设赛场外的部分功能用房，其建筑面积为3375平方米。因此由该项目承担建设10794平方米。详细测算结果见表1。

表1　　　　　　　　沙滩排球场各类面积及总建筑规模　　　　　　　　单位：平方米

序号	名称	大纲要求的使用面积	大纲建筑面积（按0.65折算）	项目设计建筑面积	使用方承担面积	本项目建设面积
1	公共流通区（观众服务区）	1500	2308	2681	1175	1506
2	场馆运行区	3218	4951	5125	1535	3590
3	体育竞赛区（运动员+赛事管理）	1950	3000	3352		3352
4	文字媒体区	950	1462	1423		1423
5	电视转播区	80	123	879	665	214
6	贵宾区	1000	1538	710		710
	合计	8698	13382	14169	3375	10794

评估认为：

（1）根据使用方制定的《沙滩排球工程设计大纲》的要求，其各类功能用房的使用面积需求为8698平方米，其中公共流通区（观众服务区）1500平方米、场馆运行区3218平方米、体育竞赛区（运动员+赛事管理）1950平方米、文字媒体区950平方米、电视转播区80平方米、贵宾区1000平方米。由于体育场馆的建筑形式不同于一般民用建筑，其交通面积占用较多。按照建筑使用率65%换算，则功能用房总建筑面积为13382平方米。沙滩排球场设计总建筑面积为14169平方米，比大纲多出的787平方米面积主要是根据使用方的要求相应增加了公共流通区（观众服务区）、体育竞赛区（运动员+赛事管理）、电视转播区的功能用房和交通面积。

评估认为，该项目设计建筑规模满足《沙滩排球工程设计大纲》的要求，并且该设计方案多次征求使用方意见，其布局和各分区面积按要求进行了不同程度调整。目前该项目方案已得到使用方的认可。因此评估认为项目规模是合理可行的。

（2）该项目总占地150000平方米，其中观众广场面积为47280平方米，每个观众达到近4平方米，若加上绿化面积，则人均达到5.6平方米。评估认为，对于人员疏散来说偏大，建议总平面布局可紧凑些，以节约用地。

（四）建设方案

评估认为，该项目建设方案应首先保证赛时运营的高效、合理，在此前提下，应充分利用原煤气设备厂厂房等现有资源以节约投资；应很好的组织不同人群的交通流线，以满足赛时复杂的通行及疏散要求；同时应创造良好的赛时景观，体现人文的理念；另外，还须考虑赛后的综合利用。

根据《可研报告》提出的建设方案，评估组逐项对其进行分析、评价。

1. 总平面规划

（1）总体布局。《可研报告》提出，该项目共设1片比赛场地（12000座观众席）、6片训练场地、2片热身场地及功能用房（包括赛时工作区及运动员区、媒体区、办公区及设备存放区）。

规模为12000座的比赛场馆位于选址的东北部,此位置目前为大片空地,比赛场馆所占位置上部只需伐移几棵大树,建成的比赛场将会位于绿树的环抱中。6片训练场地、2片热身场地位于比赛场的西北部,建于湖岸边。功能用房位于比赛场的东南方,利用现有的三栋厂房进行改造装修,形成比赛所需比赛工作区及运动员区、办公区及设备存放、媒体区。

评估认为:方案总体布局基本合理,功能分区基本符合比赛要求,同时充分考虑了利用现状地形地貌和现有闲置的厂房建筑,树木伐移量少,节约建设资金符合奥运临时场馆的设计理念。

(2) 交通组织。《可研报告》提出,赛场依靠环绕赛场的环形走道以及疏散楼梯来解决疏散问题。共设置12个观众疏散口,每个疏散口2.2米宽,满足4股人流的疏散宽度。看台的观众从疏散口通过疏散楼梯达到观众前院。所有观众席纵向走道之间的座位数均不超过40个,纵向疏散通道每条宽1.1m,满足两股人流的通行要求。

评估认为:《可研报告》对交通组织进行了一定的描述,但不够详细,对贵宾、媒体、运动员及观众等四条流线的详细组织情况缺少说明,观众出入口及停车设施较少。而赛事尤其是很具观赏性的沙滩排球赛事举办期间,场地将接纳万人以上的观众,人流非常集中,赛场的交通组织是一项非常重要而且比较复杂的工作。建议建设方在下阶段对交通组织进行更加细致深入的论证设计,应避免或尽量减少不同人流之间的交叉;同时结合场馆区的总体交通规划,在观众出入口及停车场的设计上更加人性化,使观众通行、疏散更加快捷高效。

2. 建筑设计方案

(1) 主赛场。《可研报告》提出,由于沙滩排球赛场为临时建筑,故其建筑设计以经济、简洁为主,主赛场场地呈矩形,四周设环绕看台,正西面主看台主席台所在范围上部采用遮阳罩棚,其他为露天看台。

评估认为:主赛场建筑设计原则明确,方案基本合理,总体外观风格简洁适用,与项目的临建性质相匹配。但该方案未充分考虑比赛期间的防雨问题,主席台上方的遮阳罩棚偏小。建议采用斜拉索结构增大罩棚。考虑到奥运会在夏季举行,届时看台下的卫生间将对看台区域的空气产生污染。建议将所有看台下的卫生间全部移到看台外的适当地方。另外,设计应保证主席台下计时记分和广播用房内的工作人员能直接看到赛场的情况,而现方案中主席台的楼梯对上述工作人员视线有一定的阻碍。建议建设方进一步与使用方沟通后,在计时记分和广播用房采用大型玻璃窗形式,将现设计中的楼梯移走。

(2) 功能用房。《可研报告》提出,功能用房主要位于比赛场的东南方(主席台下的功能用房另见下文"结构设计方案"),利用现有的三栋厂房进行改造装修,形成比赛所需比赛工作区及运动员区、办公区及设备存放、媒体区。

对现有三座废弃厂房外墙、顶面、内部公共空间分别提出如下装修方案:对原有外墙窗进行更换、原有外墙面进行清洗、刷外墙涂料;铲除原破损墙皮、重新刷环保型内墙涂料;更换所有门及门套,修补破损门洞;对现有地面进行整理找平,刷地面漆或彩色自流平。

评估认为：功能用房利用现有废弃厂房作为主体围护结构进行改造符合"节俭办奥运"的要求，改造方案基本可行。但应注意厂房改造后的总体外观与主赛场等协调一致。评估建议：

①根据临建、改建场馆应尽量使用可重复利用建材的要求，建议厂房内隔墙使用轻钢龙骨和复合板材，地面以水泥自流平和地毯、木地板为主，避免使用砌体隔墙和地砖等材料。

②位于改建厂房内部中央的房间在满足独立、隔音等要求后需封闭（设置隔墙和顶棚），在使用人工照明和分体空调制冷的同时应考虑局部设置新风系统（采用小型独立的新风换气机解决）来保证室内空气质量；外墙或屋顶应妥善安装空调室外机，避免对周边环境或行人产生不利影响。

（3）训练场。《可研报告》提出，6片训练场地、2片热身场地位于比赛场的西北部，建于湖岸边，为防止赛球落入湖水中，设彩钢板挡墙。

评估认为：训练场方案设计基本合理，能够满足训练及比赛前热身的需要。但湖边的彩钢板围墙对保证赛区的视线通畅及景观连续有不利影响，建议改为通透式围护，例如网栅等。

3. 结构设计方案。《可研报告》提出，依据主比赛场的建筑设计方案，主比赛场观众看台结构为临时结构，由专业制作厂家采用管架体系设计施工并负责赛后拆除。同样地，主比赛场的基础结构及罩棚结构的设计都将既考虑临时赛场功能及安全需要又考虑赛后易于拆除的要求。

评估认为：结构设计方案的指导原则明确，设计依据正确，设计方案基本可行；管架结构施工方便，形式美观。但《可研报告》及《补充说明》均未详述基础的结构形式及地基状况，而本项目回填土层及淤泥质土层厚度较大，且土层分布不均，考虑到主赛场看台尤其是主席台所在的西看台荷载较大，需对地基进行处理后能作为持力层，评估建议可考虑采用CFG桩复合地基或其他专业地基处理技术。另外，管架结构存在网格密，空间小的缺点，难以给看台下的功能用房留有足够空间；而且该项目看台整体较高且窄，整体稳定性不易保证，建议看台下的功能用房采用钢筋混凝土结构，其上再搭建管架形成看台，这样形成的结构体系安全稳定性更好，且更为经济。

4. 外部市政。《可研报告》未对此项内容给出详细说明，评估组经调查核实，北京市2008办公室将与公园签订土地使用协议，根据该协议，红线外市政将由公园负责提供，以满足本工程需要为准。

5. 设备方案。《可研报告》提出的设备方案包括电力工程设计方案、智能建筑工程设计方案、给排水工程设计方案、暖通工程设计方案等内容。

评估认为：设备方案基本可行，可满足沙滩排球比赛期间的运行要求。

6. 前期手续。根据评估了解的情况，目前该项目已完成环境影响评价、交通影响评价，正在进行报批程序，近期将得到批复。

目前2008办公室与公园及使用方经过多次协商，就土地使用及房屋加固改造问题及由使用方出资建设的功能用房及使用方提供的比赛专用设备等问题达成意向，近期将签订相关协议。

（五）投资估算与资金筹措评估

1. 投资估算编制范围评估。《可研报告》中提出投资估算包括12000座主赛场、8片训练及热身场地的建筑工程、给排水工程、通风空调工程、电气工程、弱电工程、体育场地工程、室外工程、比赛场馆专用设施工程及相应的费用。评估认为，《可研报告》提出投资估算编制内容基本符合沙滩排球临时场馆建设需要，编制范围满足《可研报告》研究的深度要求。

《可研报告》中提出投资估算编制不包括以下内容：

（1）沙滩排球比赛场馆用地内建筑物的拆除及树木的伐移，原有三栋厂房的加固、结构重新分隔、吊顶，室外部分绿化，红线外的市政管网等多项内容。依据北京市"2008"工程建设指挥部办公室与公园的初步协议，该项费用由公园负责建设。

（2）根据北京市工程建设指挥部办公室与使用方的初步意向协议，比赛期间的大屏幕、计时计分系统设备、电视转播终端设备、综合布线系统的部分网络终端、临时照明补光设备、所有临时用房（部分设施如观众服务区、餐饮服务区、安保用房、场外临时卫生间共计3375平方米）、办公用品、家具等，均由使用方提供。

（3）主赛场、训练场、热身场及环境用沙，由使用方负责投资建设。

评估认为，目前与公园还未签订土地使用及房屋加固改造协议，与使用方未签订由使用方出资建设的功能用房及使用方提供的比赛专用设备等协议。但鉴于2008办公室与公园及使用方经过多次协商，已就上述内容达成意向，《可研报告》投资估算暂不计入上述费用，是可以的。但该项费用最终是否计入项目投资估算中，需要以签订的协议为准。

2. 投资估算评估。《可研报告》提出总投资估算为9985.3万元，其中：工程费8578.5万元，工程建设其他费用667.1万元，预备费739.7万元。

评估认为，《可研报告》中的投资估算编制方法和深度基本符合国家相关要求，编制范围满足现阶段要求。但部分建设内容的估算不尽合理，评估对该项目的部分投资进行了调整。评估后项目总投资9606.2万元，较可研报告调减379.1万元，其中：工程费8309.6万元，调减269.0万元；工程建设其他费586.4万元，调减80.8万元；预备费710.3万元，调减29.4万元。投资对比见表2。

表2　　　　　　　　　　投资估算对比表　　　　　　　　　　单位：万元

序号	工程项目及费用名称	单位	评估前工程量	单方造价（元）	评估前投资	评估后工程量	评估单方造价（元）	评估后投资	核增减
一	工程费用				8578.5			8309.6	-269.0
（一）	比赛主场馆工程	m²	8600		3516.8			3231.8	-285.0
1	比赛主场馆建筑工程	m²	8600		2736.7			2511.5	-225.2
1.1	场平及基础工程	m²	6900	200	138.0	6900	200	138.0	0.0

续表

序号	工程项目及费用名称	单位	评估前工程量	单方造价（元）	评估前投资	评估后工程量	评估单方造价（元）	评估后投资	核增减
1.2	含CFG桩费用	m²	6900	350	241.5	6900		350.0	108.5
1.3	比赛专用场地基础及滤水、强夯	m²	1700	220	37.4	1700	200	34.0	-3.4
1.4	看台座席钢结构搭设	座	12000	1400	1680.0	12000	1245	1494.0	-186.0
1.5	看台普通座席	座	11520	150	172.8	11520	90	103.7	-69.1
1.6	特殊座椅	座	480	1000	48.0	480	1000	48.0	0.0
1.7	金属板罩棚	m²	500	900	45.0	500	900	45.0	0.0
1.8	罩棚钢结构	T	70	12000	84.0	99	12000	118.8	34.8
1.9	看台下卫生间（土建、装饰）	m²	1000	1800	180.0	1000	1000	100.0	-80.0
1.10	功能用房（土建、装饰）	m²	500	2200	110.0	500	1600	80.0	-30.0
2	给排水	m²	1500	500	75.0	1500	300	45.0	-30.0
3	通风空调工程	m²	500	150	7.5	500	280	14.0	6.5
4	电气工程	m²			508.4	0		452.5	-55.9
4.1	照明系统	m²	8600	440	378.4	8600		322.5	-55.9
4.1.1	比赛配电照明工程	套	4		0.0	4	650000	260.0	260.0
4.1.2	照明系统	m²	1500		0.0	1500	150	22.5	
4.1.3	主席台照明	套	40		0.0	40	10000	40.0	
4.2	变配电工程	kVA	1250		130.0	1250	1040	130.0	0.0
5	弱电工程	m²	8600		189.2			208.8	19.6
5.1	紧急广播及背景音乐系统	项	1		34.4	1		40.0	5.6
5.2	火灾自动报警及消防联动控制系统	m²	500	120	6.0	500		20.0	14.0
5.3	综合布线及计算机网络系统	项	1		80.0	1		80.0	0.0
5.4	安全防范系统	项	1	0	68.8	1	0	68.8	0.0

续表

序号	工程项目及费用名称	单位	评估前工程量	单方造价（元）	评估前投资	评估后工程量	评估单方造价（元）	评估后投资	核增减
（二）	场馆功能用房	m²	8127		1636.4			1892.7	256.3
1	装饰工程	m²	8127		590.9	8127.4		578.9	-11.9
1.1	竞赛办公及运动员、裁判员用房室内装饰工程	m²	3563	800	285.0	3563	600	213.8	-71.3
1.2	场馆指挥中心	m²	3077	670	206.2	3077	800	246.2	40.0
1.3	媒体、信息中心	m²	1487.4	670	99.7	1487.4	800	119.0	19.3
2	给排水工程	m²	8127		42.5	8127		42.5	0.0
2.1	给排水系统	m²	8127	40	32.5	8127	40	32.5	0.0
2.2	净水供水系统	套	1		10.0	1		10.0	0.0
3	消防工程	m²	8127	25	20.3	8127		0.0	-20.3
4	通风空调工程	m²	8127	150	121.9	8127	600	487.6	365.7
5	电气工程	m²	8127		373.8	8127		373.8	0.0
5.1	配电照明工程	m²	8127	300	243.8	8127	300	243.8	0.0
5.2	变配电工程	kVA	1250		130.0	1250	1040	130.0	0.0
6	弱电工程	m²	8127		487.0			409.8	-77.2
6.1	火灾自动报警及消防联动控制系统	m²	8127	80	65.0	8127	105	85.3	20.3
6.2	共用天线系统	m²	8127	40	32.5	8127	15	12.2	-20.3
6.3	紧急广播及背景音乐系统	m²	8127	40	32.5	8127	25	20.3	-12.2
6.4	综合布线系统	m²	8127	150	121.9	8127	120	97.5	-24.4
6.5	计算机网络管理系统	m²	8127	60	48.8	8127	40	32.5	-16.3
6.6	中央监控管理系统	项	1		40.0	1		40.0	0.0
6.7	安全防范系统	m²	8127		146.3			121.9	-24.4
6.7.1	保安监控系统	m²	8127	70	56.9	8127	70	56.9	0.0
6.7.2	防入侵报警系统	m²	8127	30	24.4	8127	20	16.3	-8.1
6.7.3	门禁管理系统	m²	8127	50	40.6	8127	30	24.4	-16.3
6.7.4	周界防范、电子巡更等系统	m²	8127	30	24.4	8127	30	24.4	0.0
（三）	训练场及热身场工程	m²	19760		936.3			1065.2	128.9
1	照明工程	套	32	150000	480.0	32	200000	640.0	160.0
2	场地基础及滤水、强夯	m²	19560	220	430.3	19560	200	391.2	-39.1

续表

序号	工程项目及费用名称	单位	评估前工程量	单方造价（元）	评估前投资	评估后工程量	评估单方造价（元）	评估后投资	核增减
3	室外练习场看台及基础处理	座	200	1300	26.0	200	1700	34.0	8.0
（四）	室外工程				2017.0			1667.9	-349.1
1	室外消防工程	项	1		17.0	1		17.0	0.0
2	道路、广场及停车场（前院）	m²	47635	150	714.5	47635	100	476.3	-238.2
3	道路、广场及停车场（后院）	m²	15878	100	158.8	15878	100	158.8	0.0
4	场区围墙	m	2000	400	80.0	2000	350	70.0	-10.0
5	泛光照明	项	1		100.0	1		100.0	0.0
6	广场及道路照明	m²	47635	50	238.2	47635	50	238.2	0.0
7	室外管网	m²	131700	50	658.5	113513	50	567.6	-90.9
8	高压电缆敷设	项	1		50.0			40.0	-10.0
（五）	比赛场馆专用设施配套工程	m²	8600		472.0			452.0	-20.0
1	比赛临时供电系统	项	1		50.0	1		50.0	0.0
2	比赛专用设施	项	1		412.0	1		382.0	-30.0
2.1	智能卡管理系统布线	项	1		13.0	1		13.0	0.0
2.2	电视转播录像系统布线	套	1		10.0	1		10.0	0.0
2.3	体育竞赛综合信息管理系统布线	套	1		25.0	1		25.0	0.0
2.4	仲裁录像系统布线	套	1		10.0	1		10.0	0.0
2.5	交通管理系统布线	项	1		20.0	1		20.0	0.0
2.6	扩声系统	项	1		80.0	1		80.0	0.0
2.7	专用有线电视系统布线	套	1		20.0	1		20.0	0.0
2.8	会议系统	套	1		40.0	1		40.0	0.0
2.9	电子显示屏系统布线	套	1		20.0	1		20.0	0.0
2.10	子母钟同步系统	套	1		10.0	1		10.0	0.0
2.11	系统集成	项	1		34.0	1		34.0	0.0
2.12	媒体综合区弱电预留	项	1		50.0	1		50.0	0.0
2.13	弱电进线	项	1		80.0	1		50.0	-30.0

续表

序号	工程项目及费用名称	单位	评估前工程量	单方造价（元）	评估前投资	评估后工程量	评估单方造价（元）	评估后投资	核增减
3	升旗设施	套	1		10.0	1		20.0	10.0
二	工程建设其他费用				667.1			586.4	-80.8
1	建设单位管理费（代建费）	万元	8578.5	1.2%	120.0	8309.6		99.7	-20.3
2	建设前期费用				52.5			32.1	-20.4
2.1	可研报告编制费				24.8			24.1	-0.6
2.2	可研报告评审费				9.0			0.0	-9.0
2.3	消防性能化设计及评估				10.8			0.0	-10.8
2.4	交通评估费				8.0			8.0	0.0
3	勘察费				9.6			9.6	0.0
4	工程测绘费				10.0			10.0	0.0
5	市政咨询费				10.0			10.0	0.0
6	设计费	万元	8578.5		245.6			238.1	-7.4
7	施工图审查费	m²	16727	3	5.5	16727		5.5	0.0
8	结算审查费	万元	8578.5	0.30%	25.7			0.0	-25.7
9	招标代理服务费	万元	8578.5		48.2	8309.6		47.4	-0.8
10	招标服务费				8.4			8.4	0.0
11	合同签证费				2.1			0.0	-2.1
12	竣工图编制费	万元	245.6	8%	19.6	238.1	8%	19.1	-0.6
13	工程监理费	万元	8578.5	1.20%	102.9			99.7	-3.2
14	施工人员意外伤害保险费	万元	8578.5	0.08%	6.9	8309.6	0.08%	6.6	-0.2
三	不可预见费	万元	9245.6	8%	739.7	8878.3		710.3	-29.4
四	工程建设总投资				9985.3			9606.2	-379.1

（1）工程费。《可研报告》中工程费8578.5万元，评估后8309.6万元，调减269.0万元，说明如下：

①比赛主场工程费。《可研报告》中比赛主场工程费3516.8万元，评估后3231.8万元，核减285.0万元。

a.《可研报告》中CFG桩处理费241.5万元。评估认为，《可研报告》中未作关于地基处理的详细说明，根据目前的地勘报告，比赛主场需要用CFG桩作地基处理。但由于现阶段没有桩基处理的设计方案，评估考虑到比赛主场占地面积较大（约8600平方米），CFG桩处理费暂按350万元考虑，核增108.5万元。

b.《可研报告》中看台座席钢结构搭设费用1680.0万元,评估认为临时看台钢结构采用的是非脚手架形式的管架体系,而是专业厂家制作的管架体系。该体系用在上海F1赛场。参考厂家报价,并考虑到该项目看台既高又陡(高度约19米),钢结构搭设费按1245元/座考虑,评估后看台坐席钢结构搭设费用1494万元,核减186.0万元。

c.《可研报告》中普通座椅按150元/座测算,评估认为该标准偏高,按90元/座测算,评估后普通座椅费用103.7万元,调减69.1万元。

d.《可研报告》中看台罩棚钢结构用钢量为70吨。经评估核实,该用钢量约99吨。评估后该项费用118.8万元,核增34.8万元。

e. 评估按看台下卫生间放在场外考虑,采用轻型板房结构;必须放在看台下的功能用房采用混凝土结构。评估后卫生间投资100万元,调减80万元;功能用房80万元,调减30万元。

f. 评估给排水按300元/平方米、通风空调按280元/平方米测算。评估后,给排水45万元,核减30万元;通风空调14万元,核增6.5万元。

g.《可研报告》中电气工程508.4万元。经评估核实,比赛主场中比赛照明灯具4套,单价为65万元/套,普通照明按150元/平方米,主席台拟安装40套灯具,约40万元。评估后电气工程费452.5万元,核减55.9万元。

h.《可研报告》中弱电工程189.2万元,评估后208.8万元,核增19.6万元,其中紧急广播及背景音乐系统核增5.6万元,火灾自动报警及消防联运系统核增14.0万元。

②场馆功能用房工程费。《可研报告》中场馆功能用房1636.4万元,评估后1892.7万元,核增256.3万元。

a.《可研报告》中装饰工程590.9万元,评估按竞赛办公用房600元/平方米、场馆指挥中心800元/平方米、媒体中心800元/平方米测算,评估后该项费用578.9万元,核减11.9万元。

b. 消防工程重复计算,评估给予核减,核减20.3万元。

c.《可研报告》中场馆功能用房按分体空调考虑。从厂房分割现状上看分体空调不能达到要求,评估建议采用全空气系统,单价按600元/平方米测算,评估后通风空调费用487.6万元,调增365.7万元。

d.《可研报告》中弱电工程487.0万元,评估后409.8万元,核减77.2万元,其中火灾报警及消防联运控制系统核增20.3万元,共用天线系统核减20.3万元,紧急广播及背景音乐系统核减12.2万元,综合布线系统核减24.4万元,计算机网络管理系统核减16.3万元,安全防范系统核减24.4万元。

③训练及热身场工程费。《可研报告》中训练及热身场工程费936.3万元,评估后1065.2万元,核增128.9万元。

a.《可研报告》中赛场照明按15万元/套测算,经评估核实,灯具单价约20万元/套。评估后赛场照明640万元,核增160万元。

b.《可研报告》中场地基础456.3万元,评估后425.2万元,核减31.1万元。

④室外工程费。《可研报告》中室外工程费2017.0万元,评估后1667.9万元,核

减 349.1 万元。

　　a.《可研报告》中前院道路、广场及停车按 150 元/平方米测算，共计 714.5 万元。评估考虑该项目是临时场馆，该项费用按 100 元/平方米测算，共计 476.3 万元，核减 238.2 万元。

　　b.《可研报告》中围墙按 400 元/平方米测算，评估考虑到除赛场附近围墙要求较高外，其余部分简单维护，评估按 350 元/平方米测算，共计 70 万元，核减 10 万元。

　　⑤比赛场馆专用设施配套费。《可研报告》中比赛场馆专用设施配套费 472.0 万元，评估后 452.0 万元，核减 20.0 万元，其中比赛专用设施核减 30.0 万元，升旗设施核增 10.0 万元。

　　（2）工程建设其他费。《可研报告》中工程建设其他费 667.1 万元，评估后 586.4 万元，核减 80.8 万元。

　　a. 评估取消可研报告评估费、消防性能化设计及评估、结算审核费、合同签证费，共计 47.62 万元。

　　b. 交通评估费、勘察费评估按实际发生额计取，其余按照国家相关标准计取。

　　3. 不可预见费。评估按工程费与工程建设其他费之和扣除交通评估费及勘察费的 8% 计取，共计 710.3 万元，核减 29.4 万元。

　　（六）资金筹措

　　《可研报告》中资金来源为奥运场馆专项资金。评估认为该项资金落实，可保证奥运场馆建设实施。

六、结论

　　（一）结论

　　1. 该项目建设是必要的。沙滩排球是正式比赛项目，到目前为止，北京还没有一座可进行国际性沙滩排球比赛的场馆，本项目的建设是为满足比赛需要。因此本项目的建设是十分必要的。

　　本项目已经原国家发展计划委员会计社会〔2002〕2551 号文批复，并且建设为临时设施符合节俭的精神，定位是适宜的。

　　2. 厂址选择是适宜的。公园是北京市面积最大的一座城市公园，内部拥有大量的水面、绿树，环境幽雅。厂址现状为绿地，其周边有可利用的原有建筑。公园周边交通便利，市政配套设施可满足需求。该场址经过了国际奥委会、国际排球联合会和使用方认可，场址选择是适宜的。

　　3. 场区平面布局、交通流线尚需下一步工作中进一步优化。现可研报告对赛场总的交通组织、各类人员交通流线论述不足，经补充说明后，基本可满足赛时要求。但下一步工作中需进一步细化完善。

　　4. 功能用房面积。可研报告中各功能区、功能用房设置论述较粗，该项目总建筑不明确。经补充调整后，评估认为，可满足奥运需求。总建筑规模为 10794 平方米是适宜的。

5. 投资估算。评估后项目总投资9606.2万元，较可研报告调减379.1万元，其中：工程费8309.6万元，调减269.0万元；工程建设其他费586.4万元，调减80.8万元；预备费710.3万元，调减29.4万元。

6. 项目前期手续办理进展顺利。评估认为，经补充调整后的《可研报告》基本达到可研评估深度要求。同时北京市工程建设指挥部办公室已就该项目做了大量前期准备和筹建工作。目前，项目设计方案的招标工作、地质勘察工作已经完成，项目已进行了交通影响评价和环境影响评价，有关批复正在办理中。评估认为，经补充调整后的可研报告基本可满足现阶段审批要求。

（二）建议

1. 建筑基础的设置需调整。经初步地质勘测结果表明，拟建场址地基基础较差，需作CFG桩基础处理，但可研报告中未考虑，在下一步工作中需结合看台下功能用房的建设要求，调整完善设计方案。

2. 完善设计方案。按照市政府的安排，该项目应在今年年底开工，时间比较紧。在下一步工作中需完善平面布置、交通组织、功能用房的设置，特别是应结合主赛场建筑结构，进一步调整看台下功能用房的设置及所采用的建筑形式，并应取得使用方现阶段的书面审查通过意见。

3. 进一步协调落实各项建设条件、建设内容及建设资金。《可研报告》中提出的本项目需由使用方负责出资建设的临时设施，如比赛用沙子、帐篷、大屏幕、计时计分系统等；由朝阳区政府及公园出资建设的设施，如红线外市政、现有厂房的结构加固等，都是本项目的重要组成部分，应进一步落实。以便该项目各项工作顺利进行。

4. 应落实各相关协议。该项目比赛功能用房、竞赛设备、市政设施等建设内容将由北京市、使用方及朝阳区政府分别承担。因此，建议北京市尽快明确与另两方的责任范围，以保证临时赛场的建设顺利完成。

附录二

北京××××酒店项目可行性研究报告

（一）项目背景

××××酒店设计建造于 20 世纪 80 年代末期，90 年代初投入经营，经营标准为老三星级标准，其落后的建筑标准和严重老化的内部设施已远远落后于地区环境的发展，不能够充分体现其区位土地利用价值。该酒店设计理念已明显落后，不符合城市设计的要求，而且由于建筑标准的落后，目前酒店面临的一些结构性问题（如层高偏低，客房面积过小等）已经无法通过内部改造解决。

××××酒店用地内的建筑密度过大（达到 60% 以上），而且建筑布局极不合理，造成相邻建筑间的间距过小，且酒店地下停车位不足（仅 40 辆左右）。因此使得××××酒店用地紧张，具有一定程度的消防安全隐患；同时导致饭店客源定位低，经营业绩较差。因此，××××酒店急需翻扩建。

（二）项目概况

项目名称：××××酒店

建设地点：北京东城区××××胡同 5－15 号（用地面积 5883.9 m²）

投资主体：国有企业

投资金额：项目总投资为 10.09 亿元（其中南侧××××酒店主楼投资 7.82 亿元；北侧四合院别墅投资 2.272 亿元）

资金来源：银行贷款 6.56 亿元（65%），股东筹措 3.53 亿元（35%）

主要建设内容：项目总建筑面积 43300 m²，包括 1 栋 12 层的主体建筑、建筑高度 50m（34200 m²）；2 座四合院别墅（9100 m²）。

主要财务指标：ROIC 7.95%（十年平均）、ROE 10.96%（十年平均）、EVA 0.26 亿元（十年平均）、EBITDA 回报率 12.71%（十年平均）；投资回收期为 10.04 年

（三）项目建设方案

表 1　　　　　　　　　　　项目建设方案

	××××酒店	××××酒店现状
用地面积（m²）	5883.9（酒店主楼用地 3663 m²；四合院别墅用地 2220.9 m²）	5883.9 m²

续表

	××××酒店	××××酒店现状
总建筑面积（m²）	4.33 万（酒店主楼建面 3.42 万 m²；四合院别墅建面 9100 m²）	3.03 万（主楼建面 23808 m²；附楼建面 6516.2 m²）
地上建筑面积（m²）	2.38 万（酒店地上建面 22200 m²；四合院别墅地上建面 1600 m²）	2.06 万（酒店地上建面 17731 m²；附楼地上建面 2869 m²）
地下建筑面积（m²）	19500（酒店主楼地下建面 12000 m²；四合院别墅地下建面 7500 m²）	9724（酒店主楼地下建面 6077 m²；附楼地下建面 3647 m²）
建筑容积率	4.04（酒店主楼容积率 6.06；四合院别墅容积率 0.72）	3.5
绿地率	25%	
建筑高度（m）	酒店主楼建筑高度 50m；四合院别墅建筑高度 7.9m	主楼建筑高度 40m；附楼建筑高度 18m
建筑层数	最高 12 层	
客房数	174 间 + 2 套四合院别墅	292 间
机动车停车位（辆）	地下停车位 280 个	地下停车位 40 个

（四）项目战略意义

1. 现有××××酒店设计理念明显落后，酒店面临的一些结构性问题，如层高偏低，客房面积过小，建筑密度过大（达到60%以上）等，且酒店地下停车位不足（仅40辆左右），由于上述等原因使得现状××××酒店用地紧张，具有一定程度的消防安全隐患；

2. 项目地块处于北京市核心商圈位置，资源极为稀缺，通过拆除新建可有效发挥该地块的商业价值；

3. 项目符合酒店事业部发展战略，通过引入国际知名酒店管理品牌，提升酒店事业部竞争力，增加中粮集团优质持有型物业的面积；

4. 项目可进一步提升该国企集团品牌形象，扩大社会影响力。

（五）市场分析

1. 北京旅游行业收入增长率在一线城市排名首位。北京作为中国的政治、文化中心，拥有深厚的人文底蕴和众多历史古迹；同时，因为其独有政治地位，会议市场也一直居于同类城市前列；2008 年旅游行业收入增长率在京、沪、深、穗等一线城市中排名首位。

2. 近年来北京国内外客流量均保持持续增长。在 2002 年至 2007 年期间国际访客以年均 7% 的速度强劲增长（其中 2003 年受"非典"影响；2008 年受奥运会期间的旅游限制及国际经济环境影响有所下降），并且构成北京旅游市场主体的国内访客在 2008 年之前保持健康增长的趋势（如图 2 及图 3 所示）。

3. 北京星级高级酒店供给增幅将保持在年均 10%。STR Global 发布的 2009 年 9 月亚太区新增供给情况报告显示：北京预计新增高星级房间数 6267 个，在建客房数量

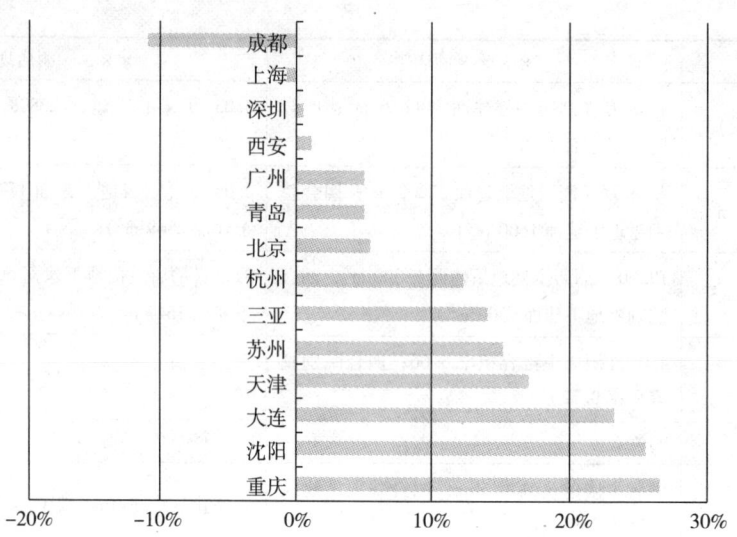

资料来源：中国国家旅游局。

图1　主要旅游城市行业收入增长情况（2008）

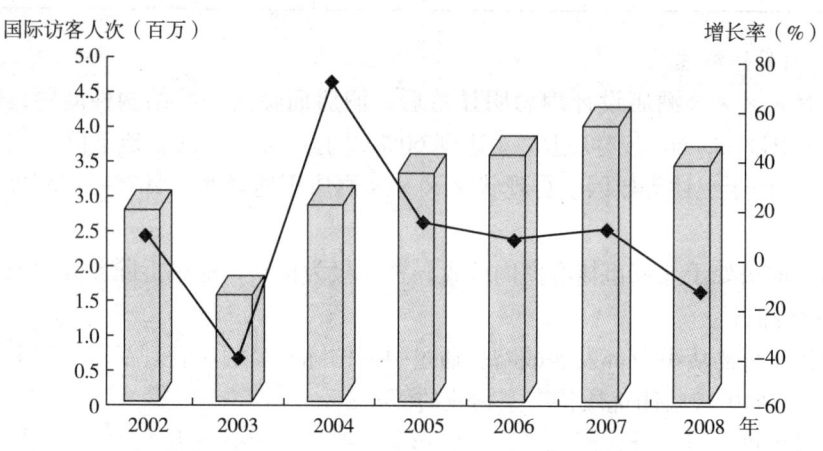

资料来源：北京市统计局。

图2　2002—2008年国际访客情况

4388个，紧随上海和新德里之后位列第三。2004—2008年，五星级酒店客房供应量年均增长11%；2008年有7家五星级酒店开业，提供约3300间新客房，增长16%，达到约24230间。2004—2007年，五星级酒店市场平均房价保持着较强增长，年均增长达到9%；同时，入住率基本稳定在69%左右。2008年五星级酒店市场入住率虽然下降10%，但由于平均房价同比上升34%，所以仍较上年增长14%。2009年前三季度接待情况同比上年处于增长趋势；入境住宿者的接待人数和天数同比上年仍处于下降趋势，但降幅较上半年收窄5个百分点；从星级酒店表现来看，五星级酒店接待住宿情况好于四星级酒店。

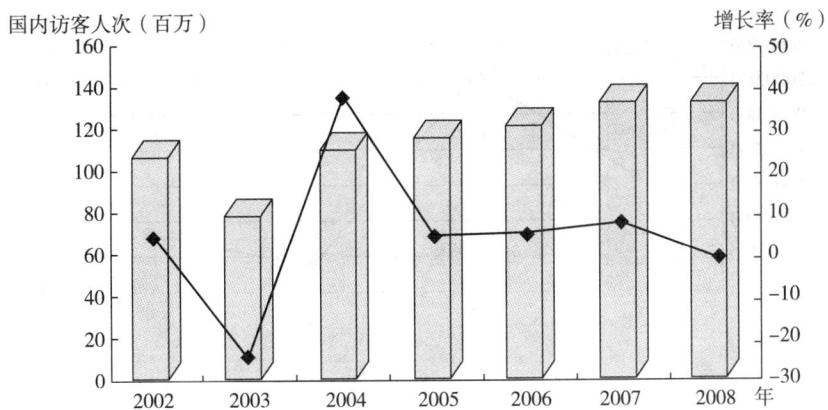

资料来源：北京市统计局。

图3 2002—2008年国内访客情况

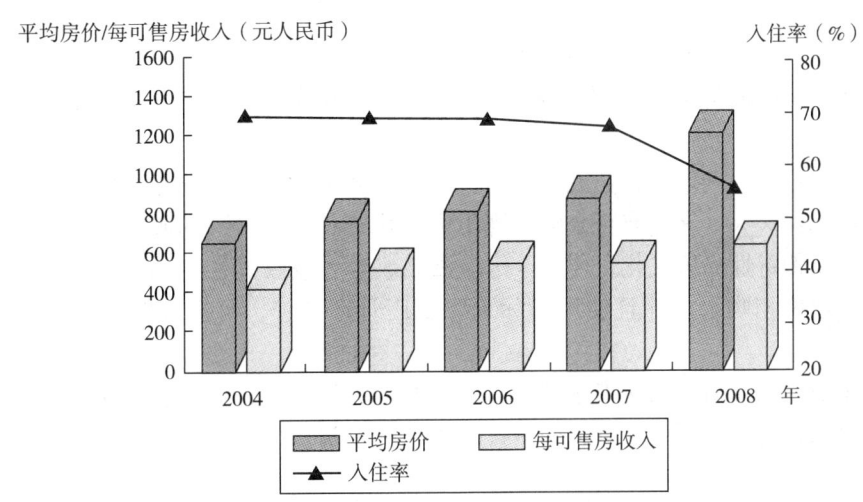

资料来源：华盛国际。

图4 2004—2008年平均房价及入住率情况

4. 市场需求预测。××××酒店主要的目标客户是针对高端商务、高端休闲以及高端旅游。高端商务主要需求来自于高端政事客户需求和高端会议需求。如，世界各国首脑政要是主要政事需求来源，大型国内公司和实力强大的跨国公司的会议。高端休闲是世界各地上界领袖和社会名流举办各种PARTY及私人派对等需求。高端旅游的客源主要来自于北美洲或欧洲，也有来自居住在中国大陆地区主要城市（上海、北京、广州）中的外籍人士的高端度假需求。国际高端市场将是未来客源市场的重点。

（六）品牌定位

品牌选择：××××。

品牌定位：北京顶级豪华酒店，平均房价位列北京酒店前三名。

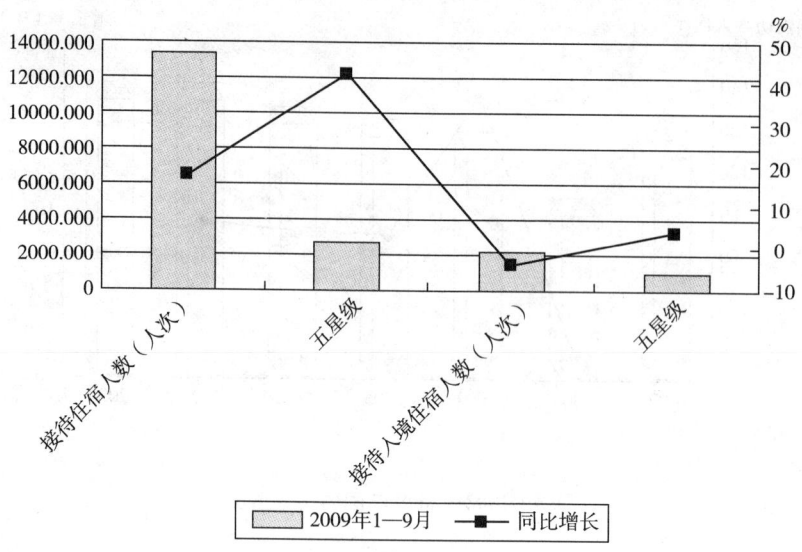

图5　2009年接待住宿情况

目标客户：政商界要人、社会名流，30～55岁的成功人士，年收入在15万美元以上。

品牌发展：目前全球已开业五家酒店，纽约××××酒店为其旗舰店。

品牌特色：××××拥有百余年品牌历史，其"宾至如归"的服务理念、非凡特性和服务设施及传奇性品牌文化，使××××酒店成为"极致尊贵"的象征，与北京特有的政治文化地位相吻合。并且使用国际顶级酒店管理品牌，可提升整个该地块的商业价值。

品牌排他限制：由于丽兹卡尔顿、瑞吉、四季、莱佛士、费尔蒙特等豪华酒店品牌均已落户北京，受上述酒店管理合同中排外条款的限制，××××项目不宜再选择上述品牌。

（七）财务分析

表2　　　　　　　　　　　　　项目地块成本　　　　　　　　单位：万元人民币

项目	金额	备注
股权收购	5800	算式：$19600m^2 \times 3900$ 元$/m^2 + 9724m^2 \times 3900$ 元$/m^2 \times 1/3$
债权收购	21100	算式：$(26500m^2 - 19600m^2) \times 3900$ 元 + $(15000m^2 - 9724m^2) \times 3900$ 元$/m^2 \times 1/3$
已交土地出让金	8847	新增规划面积的土地出让金金额目前无法确定，暂做估算；地下部分，按北京规定，以1/3计算。
新增土地出让金	3377	
合计	39124	地块成本 = 股权收购 + 债权收购 + 已交土地出让金 + 新增土地出让金

附录二 北京××××酒店项目可行性研究报告

表3 项目楼面地价

	金额	算式
楼面地价	14764 元/m²	39124 万元/26500m²
按总面积分摊	9035 元/m²	39124 万元/43300m²
按房间数分摊	225 万元/间客房	39124 万元/174 间客房

表4 建设成本估算表1：南侧××××酒店主楼

序号	项目	单位建筑面积造价（元/平米）	单房建设成本（万元/间）	总造价（万元）
一、建设成本		9553	189	33887
1	结构工程	1372	27	4692
2	建筑工程	361	7	1235
3	机电工程	2810	56	9610
3.1	空调/采暖和通风	750	15	2565
3.2	给排水系统	350	7	1197
3.3	电梯系统	300	6	1026
3.4	强电系统	650	13	2223
3.5	弱电系统	340	7	1163
3.6	消防/安保/天然气系统	220	4	752
3.7	其他系统（厨房/康体/泳池设备）	200	4	684
4	精装修工程	4660	92	15937
4.1	室内精装修	3800	75	12996
4.2	室外精装修	860	17	2941
5	小市政工程	217	4	742
6	室外工程（道路/景观/自建设备房）	133	3	455
7	预备费			1216
二、酒店专用投资			33.5	5829
8	酒店开业采购		33.5	5829
三、其他费用		2249	62	10711
9	员工安置费	313		1070
10	建设期间资本化的利息			3019
11	拆除及场地平整（拆除/围挡/消纳）	373		1276
12	扰民费用（暂定）	72		246
13	勘察/方案/设计费用	1237		4231
14	咨询顾问费	152		520
15	工地管理费	102		349
四、建设总费用(合计)		11802	284.5	

注：总建筑面积3.42万平方米（地上2.22万平方米，地下1.2万平方米），客房数174间，未包括开办费3415万元。

表5　　　　　建设成本估算表2：北侧四合院别墅建设成本估算

序号	项目	单位建筑面积造价（元/平方米）	单套建设成本（万元/套）	总造价（万元）
一、建安成本		9706	2487	4971
1	结构工程	1272	579	1158
2	建筑工程	561	255	511
3	机电工程	2373	1081	2160
3.1	空调、采暖和通风系统	550	250	501
3.2	给排水系统	300	137	273
3.3	强电系统	700	319	637
3.4	弱电系统	300	137	273
3.5	消防、安保、天然气系统	270	123	246
3.6	其他系统（厨房、康体、泳池等设备）	253	115	230
4	精装修工程	5150	412	824
4.1	室内精装修	4000	320	640
4.2	室外精装修	1150	92	184
5	小市政工程	217	99	197
6	室外工程（道路、景观、自建设备房）	133	61	121
二、酒店专用投资			100	200
7	酒店开业采购		100	200
三、其他费用		2583	1399	2797
8	建设期间资本化的利息			447
9	拆除及场地平整（拆除、围栏）	373		339
10	勘察、方案、设计费用	1868		1700
11	咨询顾问费	240		218
12	工地管理费	102		93
四、建设总费用(合计)		12289	3986	7968

注：总建筑面积9100平方米（地上1600平方米，地下7500平方米），共2套四合院。每套四合院地上局部2层，地下4层。精装修及酒店专用采购仅按照地上建筑面积计算造价，无开办费。

表6　　　　　　　　　成本测算汇总

项目	（亿元）				间/套	（平方米）			万元/套（间）		（万元/平方米）（含地）		（万元/平方米）(不含地)	
	投资总额	地块成本	建设成本	开办费	数量	地上+地下	地上	地下	含土地成本	不含土地成本	地下	地上+地上	地下	地上+地下
南侧×××酒店	7.82	2.43	5.04	0.34	174	34200	22200	12000	449	309	3.52	2.29	2.43	1.58
北侧四合院别墅	2.27	1.48	0.79		2	9100	1600	7500	11363	3984	14.2	2.5	4.98	0.88
项目合计	10.09	3.91	5.84	0.34		43300	23800	19500						

表7　北京××××酒店运营数据（四合院销售）

指标	2012年	2013年	2014年	2015年	2016年	2017年	2018年	2019年	2020年	2021年
营业收入	15000	19032	23036	24879	26552	27348	28169	29014	29966	30865
其中：客房收入	10421	13304	16148	17440	18613	19171	19746	20339	21006	21636
餐饮收入	3664	4568	5483	5921	6319	6509	6704	6905	7132	7346
其他收入	916	1161	1405	1518	1620	1668	1718	1770	1828	1883
平均房价（元/间）	2555	2811	3063	3309	3408	3510	3615	3724	3835	3951
平均出租率	64%	75%	83%	83%	86%	86%	86%	86%	86%	86%
每间可用房收入RevPAR（元）	1640	2094	2542	2746	2931	3019	3109	3202	3299	3398
GOP	5976	8715	11344	12386	13288	13686	14097	14520	14996	15446
GOP率	39.80%	45.80%	49.20%	49.80%	50.00%	50.00%	50.00%	50.00%	50.00%	50.00%
净利润	−5014	2046	4184	4310	4855	5163	5480	5806	6168	6512
EBITDA	4434	6767	9112	10035	10701	11048	11406	11774	12190	12582
EBITDA回报率	6.02%	9.40%	12.89%	14.42%	15.62%	16.40%	17.22%	18.08%	19.04%	20.00%
ROE	−16.54%	6.32%	11.80%	12.01%	13.35%	14.00%	14.64%	15.27%	15.97%	16.58%
ROIC	−0.96%	4.76%	7.30%	8.38%	9.21%	9.71%	10.24%	10.79%	11.42%	12.05%
EVA	(2130)	1182	2950	2793	3170	3300	3432	3564	3722	3853

（八）项目资金筹措

项目投资总额为100933万元，其中银行贷款65606万元（65%）+股东筹措35327万元（35%）。

针对各个项目，酒店事业部已初步和几家银行接触，探讨了将来可能的贷款形式，获取了相关贷款申请条件信息（如：1.有企业法人营业执照；2.已取得贷款项目的土地使用权，且土地使用权终止时间长于贷款终止时间；3.已取得贷款项目规划投资许可证、建设许可证、开工许可证、外销房屋许可证，并完成各项立项手续，且全部立项文件完整、真实、有效）。

由于项目各种开工手续尚未办理完成，在项目的前期酒店事业部无法靠自身资源从社会或银行获取资金，因此，项目前期开发所需资金还需要集团支持。

（九）结论

经计算分析得出，财务净现值（10年经营期）1.29亿元，投资内部收益率为11%，投资回收期为9.95年（静态、未含建设期）。

首先该项目具有较好的市场前景，符合城市规划的要求，土地产权清晰，项目的建设不会破坏生态，工程技术方案合理，项目业主将组织精干管理机构实施管理，经财务分析该项目盈利能力较强，具有较强的抗风险能力。其次符合北京市旅游业发展的需要，符合北京市规划，技术方案可靠合理、财务效益好，项目可行。更重要的是该项目的建设符合集团持有优质资产保值、增值的发展战略。

参考文献

[1] 成其谦：《投资项目评价》（第二版），北京，中国人民大学出版社，2007。

[2] 彼得·罗西，霍华德·弗里曼，马克·李普希：《项目评估——方法与技术》，北京，华夏出版社，2002。

[3] 陈锡璞：《工程经济》，北京，机械工业出版社，2000。

[4] 冯为民、付晓玲：《工程经济学》，北京，北京大学出版社，2006。

[5] 吴大军、王立国：《项目评估》，大连，东北财经大学出版社，2003。

[6] 宋国防：《工程经济》，北京，中国科学技术出版社，2005。

[7] 周慧珍：《投资项目评估方法与实务》，北京，中国计划出版社，2003。

[8] 亨利·马尔科姆·斯坦纳：《工程经济学原理》，北京，经济科学出版社，2000。

[9] 威廉·G. 沙利文、埃琳·M. 威克斯、詹姆斯·T. 勒克斯霍：《工程经济学》，北京，清华大学出版社，2007。

[10] 刘长滨：《建筑工程技术经济学》，北京，建筑工业出版社，2007。

[11] 国家建设发展改革委员会、建设部：《建设项目经济评价方法与参数（第三版）》，北京，中国计划出版社，2006。

21 世纪高等学校金融学系列教材

一、货币银行学子系列

书名	作者	角色	价格	出版时间
货币金融学	朱新蓉	主编	50.00 元	2010.01 出版
（普通高等教育"十一五"国家级规划教材/国家精品课程教材·2008）				
货币金融学	张 强　乔海曙	主编	32.00 元	2007.05 出版
（国家精品课程教材·2006）				
货币金融学（附课件）	吴少新	主编	43.00 元	2011.08 出版
货币银行学（第二版）	夏德仁　李念斋	主编	27.50 元	2005.05 出版
货币银行学（第三版）	周 骏　王学青	主编	42.00 元	2011.02 出版
（普通高等教育"十一五"国家级规划教材）				
货币银行学原理（第六版）	郑道平　张贵乐	主编	39.00 元	2009.07 出版
金融理论教程	孔祥毅	主编	39.00 元	2003.02 出版
西方货币金融理论	伍海华	编著	38.80 元	2002.06 出版
现代货币金融学	汪祖杰	主编	30.00 元	2003.08 出版
行为金融学教程	苏同华	主编	25.50 元	2006.06 出版
中央银行通论（第三版）	孔祥毅	主编	40.00 元	2009.02 出版
中央银行通论学习指导（修订版）	孔祥毅	主编	38.00 元	2009.02 出版
商业银行经营管理	朱新蓉　宋清华	主编	46.00 元	2009.03 出版
商业银行管理学（第二版）	彭建刚	主编	44.00 元	2009.04 出版
（普通高等教育"十一五"国家级规划教材/国家精品课程教材·2007）				
商业银行管理学（附课件）	李志辉	主编	45.00 元	2006.12 出版
（普通高等教育"十一五"国家级规划教材/国家精品课程教材·2009）				
商业银行管理学习题集	李志辉	主编	20.00 元	2006.12 出版
（普通高等教育"十一五"国家级规划教材辅助教材）				
商业银行管理	刘惠好	主编	27.00 元	2009.10 出版
现代商业银行管理学基础	王先玉	主编	41.00 元	2006.07 出版
金融市场学	杜金富	主编	34.50 元	2007.05 出版
现代金融市场学（第二版）（附课件）	张亦春	主编	46.00 元	2007.08 出版
中国金融简史（第二版）	袁远福	主编	25.00 元	2005.09 出版
（普通高等教育"十一五"国家级规划教材）				
货币与金融统计学（第二版）（附习题光盘）	杜金富	主编	37.00 元	2006.09 出版
（普通高等教育"十一五"国家级规划教材/国家统计局优秀教材）				
金融信托与租赁（第三版）	王淑敏　齐佩金	主编	32.50 元	2011.09 出版
（普通高等教育"十一五"国家级规划教材）				
金融信托与租赁案例与习题	王淑敏　齐佩金	主编	25.00 元	2006.09 出版
（普通高等教育"十一五"国家级规划教材辅助教材）				

书名	作者		角色	价格	出版时间
现代信用管理学					
金融营销学	万后芬		主编	31.00元	2003.03 出版
金融风险管理	宋清华	李志辉	主编	33.50元	2003.01 出版
金融信息系统					
网络银行（第二版）	孙 森		主编	36.00元	2010.02 出版
（普通高等教育"十一五"国家级规划教材）					
房地产金融					
银行会计学	于希文	王允平	主编	30.00元	2003.04 出版
金融稽核学					

二、国际金融子系列

国际金融学	潘英丽	马君潞	主编	31.50元	2002.05 出版
国际金融概论（第三版）	王爱俭		主编	29.00元	2011.07 出版
（普通高等教育"十一五"国家级规划教材/国家精品课程教材·2009）					
国际金融	刘惠好		主编	30.00元	2007.04 出版
国际金融管理学	张碧琼		编著	36.00元	2007.09 出版
国际金融与结算（第二版）（附课件）	徐荣贞		主编	40.00元	2010.08 出版
国际结算（第五版）（附课件）	苏宗祥	徐 捷	著	60.00元	2010.11 出版
（普通高等教育"十一五"国家级规划教材）					
国际资本市场					
各国金融体制比较（第二版）	白钦先		等编著	43.50元	2008.07 出版

三、投资学子系列

投资学	张元萍		主编	45.00元	2007.09 出版
证券投资学	吴晓求	季冬生	主编	24.00元	2004.03 出版
现代证券投资学	李国义		主编	39.00元	2009.03 出版
投资银行学教程	郑 鸣	王 聪	著	33.00元	2005.04 出版
证券投资分析	赵锡军	李向科	主编	30.50元	2003.06 出版
组合投资与投资基金管理	陈伟忠		主编	15.50元	2004.07 出版
风险资本与风险投资					
投资项目评估	王瑶琪	李桂君	主编	38.00元	2011.12 出版
项目融资（第三版）	蒋先玲		编著	36.00元	2008.10 出版

四、金融工程子系列

书名	作者	角色	价格	出版时间
金融经济学教程	陈伟忠	主编	35.00元	2008.09 出版
金融工程学				
金融工程案例				
固定收益证券				
衍生金融工具	叶永刚	主编	28.00元	2004.01 出版
公司金融（第二版）	陈琦伟	主编	28.00元	2003.06 出版
公司金融案例				

现代公司金融学	马亚明	田存志	主编	44.00元	2009.06 出版
金融计量学	张宗新		主编	42.50元	2008.09 出版
数理金融	张元萍		编著	29.80元	2004.08 出版

五、金融法子系列

金融法	甘功仁	黄 欣	主编	34.50元	2003.03 出版
金融法教程（第三版）	刘定华		主编	46.00元	2010.07 出版
（普通高等教育"十一五"国家级规划教材/司法部优秀教材）					
保险法学（第二版）	魏华林		主编	31.50元	2007.09 出版
（教育部法学专业主干课程推荐教材）					
证券法学	符启林		主编	31.00元	2003.08 出版
票据法教程	刘定华		主编	30.00元	2008.05 出版
信托法学	徐孟洲		主编	27.00元	2004.01 出版
（北京市高等教育精品教材立项项目）					

六、金融英语子系列

金融英语阅读教程（第三版）	沈素萍	主编	42.00元	2011.11 出版
（北京高等学校市级精品课程教材）				
金融英语阅读教程导读（第二版）	沈素萍	主编	16.00元	2007.02 出版
（北京高等学校市级精品课程辅助教材）				
金融英语教程				
保险英语教程				
保险专业英语	张栓林	编著	22.00元	2004.02 出版
财经英语教程				
金融英语函电				

21 世纪高等学校保险学系列教材

保险学	胡炳志	刘子操	主编	20.00 元	2002.10 出版
保险精算(第二版)	李秀芳	曾庆五	主编	36.00 元	2011.05 出版
人身保险(第二版)	陈朝先	陶存文	主编	20.00 元	2002.09 出版
财产保险(第四版)	郑功成	许飞琼	主编	43.00 元	2010.01 出版
(普通高等教育"十一五"国家级规划教材)					
财产保险案例分析	许飞琼		编著	32.50 元	2004.08 出版
海上保险学	郭颂平	袁建华	编著	34.00 元	2009.10 出版
责任保险	许飞琼		编著	40.00 元	2007.11 出版
再保险(第二版)	胡炳志	陈之楚	主编	30.50 元	2006.02 出版
(普通高等教育"十一五"国家级规划教材)					
保险经营管理学	邓大松	向运华	主编	42.00 元	2011.08 出版
保险营销学(第二版)	郭颂平	赵春梅	主编	28.00 元	2007.09 出版
(教育部经济类专业主干课程推荐教材)					
保险营销学(第二版)	刘子操	郭颂平	主编	25.00 元	2003.01 出版
风险管理(第四版)	许谨良		主编	28.00 元	2011.03 出版
(普通高等教育"十一五"国家级规划教材)					
利息理论					
保险会计学					
保险产品设计原理与实务	石兴		著	24.50 元	2006.09 出版
社会保险(第三版)	林义		主编	32.00 元	2010.08 出版
(普通高等教育"十一五"国家级规划教材)					